sternenkinder.org

Sternenkindermappe
Was Eltern und Mitfühlende tun können:
vor dem Abschied, beim Abschied,
nach dem Abschied und für immer

1. Auflage · erschienen am 16. Februar 2026 · München

Autorin: Tanja Wirnitzer · www.wortjuwelen.com
Korrektorat und Lektorat: Hanna Henke und Daniela Hartinger · www.danielahartinger.de
Gestaltung (Cover, Satz, Layout): Catherina Setiawan · catherina.setiawan@yahoo.com
Fotos: André Kentzler und Julia Gebert · julia@konsensnet.de
Illustrationen: Tanja Wirnitzer · www.wortjuwelen.com

Verlag: Wortjuwelen, Koppoldstr. 1, c/o COCENTER, 86551 Aichach
Druck: Libri Plureos GmbH, Friedensallee 273, 22763 Hamburg

www.sternenkinder.org
www.wortjuwelen.com

ISBN 9783912085082

Tanja Wirnitzer

Sternenkindermappe
Was Eltern und Mitfühlende tun können: vor dem Abschied, beim Abschied nach dem Abschied und für immer

sternenkinder.org

Tanja Wirnitzer (bürgerlich Kleinheinz) ist Mutter von zwei Sternenkindern. Ihre beiden ersten Kinder verstarben während der Schwangerschaft, in den Jahren danach folgten ihre drei Kinder an der Hand. Über sechs Jahre hinweg hat sie in drei Ländern – Deutschland, Simbabwe und China – recherchiert, mit mehreren Generationen gesprochen und ihre Erfahrungen dokumentiert. Als Lehrkraft für Wirtschaft und Recht entdeckte sie hilfreiche Ansätze für den Alltag. In ihrem Zweitstudium Philosophie fand sie vor allem bei Kant, Arendt und Russell Worte für das, was sprachlos macht. Auch ihre eigene Familiengeschichte, ›Enkelin von Sudeten‹ trat in ihr Bewusstsein und half, Worte für Schweigen, Abschied und Wurzeln zu finden. Als Begleiterin einer Online–Selbsthilfegruppe steht sie in besonderer Verbindung zum Verein ›Unsere Sternenkinder‹. Als Gründerin von www.sternenkinder.org veröffentlicht sie ihre Erkenntnisse aus unterschiedlichen Blickwinkeln, darüber ist sie im Austausch mit Eltern, Mitfühlenden und Initiativen. All das floss in die Sternenkindermappe und die begleitenden Schimmerbücher ein.

Für alle meine Kinder,
als Mama und Tata

Dieses Buch wurde mit größter Sorgfalt sowie nach bestem Wissen und Gewissen erstellt. Die Informationen gelten überwiegend für Deutschland und können regional abweichen. Alle Hinweise auf Beratungsstellen, Kliniken, Initiativen oder rechtliche Aspekte unterliegen Veränderungen und sind kein Ersatz für eine persönliche, professionelle Beratung.

Wenn Fehler entdeckt werden oder Ideen für Verbesserungen und Anregungen geteilt werden wollen, gerne an: kontakt@sternenkinder.org

Die Sternenkindermappe gibt es als Buch, E-Book, Hörbuch – und mit ergänzenden Begleitbüchern für die Spuren als Schimmer im Leben. Mehr Informationen auf: www.sternenkinder.org

Inhaltsverzeichnis

Vorwort

Und plötzlich war er da: ein Moment, den ich mir nie hätte vorstellen können.

Und ein Wort, das ich nicht kannte: Sternenkind.

Und mit ihm Gefühle und Gedanken, für die ich keine Worte fand.

Und genau dort musste für mich etwas beginnen: eine Sprache, eine Orientierung, eine Balance.

Und damit ein Weg. Für meine Schritte, auf meinem Weg.

Und ein Weg für uns alle – für unsere Schritte, auf gemeinsamen Wegabschnitten, an Weggabelungen, auf Serpentinenwegen zu Gipfeln, durch Täler, wieder zu Gipfeln, wieder zu Tälern, zurück und vor – zum Gipfelglück und Talblick. Um Trauer als Liebe zu leben.

Wenn geschwiegen wird, etabliert sich keine Sprache – und ein verbindender Austausch für Orientierung ist schwer möglich. Vor meinen Sternenkindern kannte ich dieses Wort nicht. Ich wusste nicht, was es bedeutet – und erst recht nicht, was es mit mir machen würde. Es hat mich viel Kraft gekostet, das alles zu begreifen. Kraft, die ich schon zu Beginn für meinen Weg der Trauer gebraucht hätte.

Ich wusste nicht, was für mich wichtig sein würde. Nicht, was mir hilft. Das weiß ich für andere Menschen auch heute noch nicht. Aber ich möchte begleiten. Ich möchte Optionen zeigen, damit jede Person wählen und ihren Weg gestalten kann. Darum habe ich mich auf den Weg gemacht – und genau deshalb ist diese Mappe entstanden.

Damit andere nicht so lange suchen müssen. Damit Orientierung möglich wird, wo sie am meisten fehlt. Damit Vertrauen wachsen kann – in den eigenen Weg, in die eigene Liebe, in sich selbst. Diese Mappe ist aus genau diesem Antrieb heraus entstanden: aus dem Wunsch, Orientierung zu geben, wo Orientierung kaum möglich scheint. Und aus dem Bedürfnis, das Schweigen zu durchbrechen – das so viele begleitet, die sich von einem Kind verabschieden mussten.

Sie richtet sich an alle, die lieben, trauern, fühlen – Eltern, Mitfühlende, Mitdenkende. Allen möchte ich Schritte zeigen: wie Eltern ihren eigenen Weg finden. Und wie Mitfühlende und Mitdenkende diesen Weg begleiten können. Den eigenen Weg – gemeinsam gehen. Diese anderen, das sind fast jedes zweite Elternpaar, das ein Kind verabschiedet. Und nicht nur die Eltern. Sternenkinder haben Großeltern und Geschwister –

ganze Familien. Und diese Familien haben Menschen als Freunde, bei der Arbeit, beim Sport, in den sozialen Medien, im Verein, in der Nachbarschaft. Das ganze Umfeld ist betroffen. Jede dieser Personen führt ihre eigene Beziehung zu diesem Sternenkind – weil Trauer Liebe ist.

Und jede Liebe ist einzigartig. Und jede Person liebt anders. Deshalb wende ich mich auch an alle Mitfühlenden und Mitdenkenden. Denn die Frage »Was kann ich tun?« lässt sich für alle beantworten.

Immer aus Liebe. Immer wieder neu. Immer wieder anders. Darum gliedert sich die Sternenkindermappe in vier Zeiträume: vor dem Abschied, beim Abschied, nach dem Abschied und für immer. Es ist wichtig zu wissen, wie viel getan werden kann. Nur wenn gar nichts geschieht, lassen wir einander allein. Dann verunsichern wir. Dann schließen wir aus. Die Sorge, etwas falsch zu machen, ist unbegründet. Was falsch ist – und es für immer bleiben wird – ist, was passiert ist: Ein Kind ist tot.

Es ist besser, etwas Falsches zu sagen oder zu tun, als zu schweigen. Unpassendes und Verletzendes lässt sich vergeben – mit Zeit, mit Blickwinkeln, mit Mitgefühl. Schritte für den eigenen Weg – und wie wir einander auf diesem Weg begleiten: Darum geht es in der Sternenkindermappe. Und dafür kann sie gerne in Etappen gelesen werden. Sie braucht nicht vollständig gelesen zu werden. Es gibt keine richtige Reihenfolge, nur den richtigen Moment. Die Texte können nacheinander gelesen werden, müssen es aber nicht. Jedes Kapitel spricht für sich, lässt sich unabhängig von den anderen verstehen. Die Sternenkindermappe soll begleiten: mit dem Inhalt, der gerade gut tut. Dann, wenn Raum da ist. Und wenn Zeit da ist.

Eltern haben ihre Kinder nicht zu überleben. Das soll nicht normal sein. Darf nicht normal sein. Und trotzdem ist es genau das – normal. Für mich war dieser Satz am schlimmsten: »Sie können nichts mehr tun.« Rückblickend zeigte sich mit jedem meiner Atemzüge ein kleiner nächster Schritt – für mein Kind, für unsere Familie, für Freundinnen und Freunde, für Bekannte. Wenn du sie jetzt nicht öffnen kannst, gib ihr ein Jahr, dann kann sie immer noch weg. Deshalb habe ich mich für ein Buch entschieden. Papier ist geduldig – so wie Worte es sind. Wann immer eine Person bereit ist, kann sie die Sternenkindermappe auf ihre Weise nutzen. Befreien wir das Tabu. Indem wir es loslassen. Indem wir uns öffnen. Indem wir gemeinsam trauern – und Trauer als Liebe leben.

Tanja von sternenkinder.org

Wofür eine Sternenkindermappe?

Als Einladung, den eigenen Weg gemeinsam zu gehen.

In der eigenen Zeit.

Im eigenen Tempo.

Wenn Eltern ihre Kinder überleben, ist das falsch. Und es bleibt falsch. Immer. Was anfangs vollkommen reicht, ist: Atmen.

Der Tod – als Abschied von einem Kind – wird nach Aufmerksamkeit verlangen. Früher oder später. Laut oder leise. Von allen: den Eltern des Sternenkindes, den Mitfühlenden, den Mitdenkenden. Für jede Person gilt: Aushalten.

Wir sind dem Tod – und damit dem Abschied – ausgeliefert. Gleichzeitig entscheiden wir, wie wir mit ihm umgehen. Gerade beim Tod eines Kindes entstehen besondere Fragen: Fragen nach Orientierung. Fragen nach Handlung. Die Sternenkindermappe will helfen, den eigenen Weg zu finden. Sie ist ein Werkzeugkasten voller Möglichkeiten. Daraus kann sich jede Person selbst versuchen zu wählen, was im eigenen Tempo, auf dem eigenen Weg, hilfreich sein kann. Sie gibt Eltern Schritte an die Hand, um ihren Weg zu finden. Mitfühlenden bietet sie Anregungen, um auf diesem Weg zu begleiten. Nicht jeder Schritt passt zu jeder Zeit – doch manche werden kostbar. Darum lohnt es sich, die Mappe ein Jahr lang aufzubewahren.

Mein Kind wird sterben. Mein Kind ist tot. Mein Kind bleibt tot. Ich fühlte mich machtlos. Ich fühlte mich ausgeliefert. Ich fühlte mich hilflos. Ich dachte, ich könnte nichts tun. Das Einzige, was etwas ändern könnte, wäre, den Tod aufzuhalten, und das ist nicht möglich. Also kann ich nichts für mein Kind tun. Und weil ich meine Kinder nicht kennengelernt hatte, sie nie in meinem Arm gehalten hatte, nie ihr Lachen gehört habe, hatte ich Angst. Ich hatte so unfassbare Angst, dass meine Gefühle, meine Verbindung zu meinen Kindern abbrechen würden, dass sie irgendwann nur noch eine Erinnerung sein werden, oder ich sie gar vergesse. Daran glaube ich nicht wirklich, aber dass die Gefühle verschwinden, so wie die Gefühle für die erste Jugendliebe verschwunden sind. Ich erinnere mich an diese Jugendliebe, ich weiß, wie ich mich beim Ende gefühlt habe, ich weiß, wie der Liebeskummer war, aber ich fühle diese Jugendliebe heute nicht mehr.

Lang wollte ich mich im Leid bewegen, mich dem Schmerz hingeben, aufpassen, dass das Leid und der Schmerz nicht vergehen, denn ansonsten wäre das wahre Ende gekommen. Mit dem Leid und dem Schmerz würden die letzten Gefühle und damit die Verbindung zu meinen Kindern verschwinden.

Und genauso wie beim Tod meiner Großeltern war es so schwer zu begreifen, dass nun nichts mehr kommen würde. Ich hörte mir vom Umfeld Geschichten darüber an, was für großartige Menschen meine Großeltern gewesen waren. Es würde keine weiteren Geschichten mehr geben: kein gemeinsames Weihnachten, kein Mittagessen, kein gemeinsames Lachen, keine Gespräche – keine gemeinsame Zeit.

Wie bei meinen Sternenkindern – und doch ganz anders: Wir hatten keine gemeinsamen Erinnerungen. Während der Schwangerschaft verstorben – das bedeutete, dass es keine einzige gemeinsame Erinnerung gab. Mit der letzten Kondolenzkarte, dem letzten Blumenstrauß, der letzten Geste, dem letzten Gespräch und Gedanken war alles vorbei. Ich dachte, ein Sternenkind sei kein Teil meines weiteren Lebens – es ist ja tot. Und der Tod ist das Ende. Und schon gar nicht war mein Sternenkind ein Teil des Lebens meines Umfeldes. Für manche Menschen hatte mein Kind noch nicht einmal als Mensch existiert.

Wenn die Liebe ein Mensch wäre, gäbe es wohl nichts, worüber sie mehr lachen und den Kopf schütteln müsste. Ein Mensch wirkt. Gefühle vergehen, Beziehungen bestehen, Verbindungen bleiben. Der Tod nimmt einem Menschen das Leben, aber den Menschen nicht die Liebe. Der Tod ist das Ende des Lebens, aber nicht der Liebe. Liebe bleibt – vom Beginn des Lebens an und über den Tod hinaus.

Bereits ab der Befruchtung beginnen hormonelle Veränderungen im Körper, die die Grundlage für die Schwangerschaft legen, auch wenn sie zu diesem Zeitpunkt noch nicht bewusst wahrnehmbar sind. Sie beeinflussen Knochen, Stimmungen, Befinden, Fitness, Stoffwechsel, Herz, Kreislauf und Blutzirkulation sowie den Neurotransmitterhaushalt, was Auswirkungen auf das Zentralnervensystem und damit auf Emotionen und Verhalten hat. Diese Hormone fördern Empathie und stärken die empathische Reaktion, die den Schutzinstinkt für das Kind auslöst. In der frühen Phase können diese Hormone auch die emotionale Verbindung verstärken und die Reaktionen auf das noch nicht geborene Kind beeinflussen.

Das alles und noch viel mehr – selbst wenn wir nichts davon bewusst wissen oder spüren. Sobald jedoch die Schwangerschaft bekannt ist, entfaltet sich eine weitere Wirkung im Gehirn: Mit der Bestätigung der Schwangerschaft verstärken sich hormonelle Veränderungen, die das Gehirn und die neurobiologischen Strukturen weiter beeinflussen und zu emotionalen und körperlichen Reaktionen führen. Sie beeinflussen uns sowohl körperlich als auch emotional, was sich in den Botenstoffen und Neurotransmittern widerspiegelt – abhängig von der moralischen Einstellung. Doch die körperlichen Reaktionen sind nicht das Thema der Sternenkindermappe. Um sie kümmern sich Medizin und Recht. Diese Mappe widmet sich der Liebe, die im Gehirn durch die Information »Kind« ausgelöst wird. Biologisch gesehen beginnt das Leben mit der Befruchtung der Eizelle und der Vereinigung von Eizelle und Sperma. Dieses Leben als Menschen, seine Existenz, seinen Status als Kind anzuerkennen, spielt hier keine Rolle.

Und genau das war meine allergrößte Herausforderung – und noch heute vergesse ich es manchmal. Der Liebe, unserem Hirn, ist es egal, ob wir uns anerkennen und welchem Status oder welche Rechte wir uns zuschreiben. Liebe bedeutet Leben. Auch nach dem Tod. Gefühle, Gedanken und Gesten sind Spuren und Schimmer von Verstorbenen im Leben.

In der Bindungs- und Traumaforschung wird das als ›intergenerationale Transmission‹ beschrieben. Psychische Muster – ob belastend oder stärkend – können über Generationen hinweg – bewusst und auch unbewusst – weitergegeben werden. Dieses unsichtbare Band zwischen Generationen überreicht Traumata, Verdrängung und Schweigen, genauso wie liebevolle, stärkende, heilende Erfahrungen und Muster von emotionaler Wärme über Resilienz bis hin zu moralischen Werten. Mit jedem Kind, egal welchen Alters, wirkt die Dynamik weiter. Von Beginn an.

Ein Kind löst Liebe aus, diese wirkt, sie verbindet uns alle miteinander durch Gefühle, Gedanken und Gesten. Gefühle, Gedanken und Gesten überdauern mit ihren Spuren im Herzen jedes Leben. Mein Opa war das Kind seiner Eltern, ich bin das Kind meiner Eltern, und wir werden alle die Kinder unserer Eltern bleiben.

Dafür können wir verdammt viel tun. Dafür gibt es noch so viel gemeinsame Zeit. Dafür müssen wir die Liebe nur leben. An manchen Tagen gelingt das weniger. An manchen Tagen gelingt das nicht. An manchen Tagen gelingt das mehr.

Meine Angst ist der Hoffnung gewichen.
Meine Machtlosigkeit ist dem Vertrauen gewichen.
Meine Ungewissheit ist der Sicherheit gewichen.
Und das möchte ich teilen. Und zwar mit allen:
Den Miterlebenden. Den Mitfühlenden. Den Mitdenkenden.
Und genau dazu dient diese Sternenkindermappe.

Wie ist die Sternenkindermappe gedacht?

Für Lesende, die dieses Buch über die Kompaktversion entdeckt haben, mag sich manches wiederholen, denn die Sternenkindermappe als Buch umfasst alle Inhalte. Darüber hinaus bietet sie vertiefende Abschnitte mit konkreten Beispielen und Einblicken in meine Erfahrungen.

Die Sternenkindermappe kann unmittelbar nach der Diagnose, während der Geburt oder auch Monate oder Jahre später zur Hand genommen werden. Sie soll durchgeblättert, gelesen, überflogen, aufgeschlagen oder beiseitegelegt werden – alles ist richtig, was gut tut. Eltern und Mitfühlende können sie gemeinsam nutzen oder getrennt – im Gespräch oder in der Stille. Viele Schritte wirken über die Zeit hinweg. Darum empfiehlt es sich, die Mappe mindestens ein Jahr lang aufzubewahren und in Etappen zu lesen.

Als Einladung. Diese Mappe ist ein Anfang – ein behutsamer, aber entschlossener Schritt in Richtung eines neuen Umgangs mit Abschied, Tod und Trauer. Wenn ein Kind stirbt, beginnt für viele ein Weg voller Fragen, Unsicherheiten und Ängste. Es braucht Zeit, diesen Weg zu gehen. Und es hilft, wenn es dabei Orientierung gibt. Die Sternenkindermappe bietet genau das: eine strukturierte Übersicht über Handlungsmöglichkeiten, Denkimpulse und einfühlsame Begleitung – geordnet in vier Zeiträume:

Vor dem Abschied
Beim Abschied
Nach dem Abschied
Für immer

Jeder Abschnitt spricht zwei Gruppen an: Eltern, die ihren Weg finden wollen. Mitfühlende, die diesen Weg begleiten möchten warum beide Zielgruppen – Eltern und Mitfühlende?

Direkt nach dem Abschied halfen mir vor allem Mitfühlende. Wir als Eltern mussten Entscheidungen treffen und irgendwie funktionieren – aber innerlich konnten wir kaum etwas tun. Am Anfang ist es oft das Umfeld, das sortieren, recherchieren und verknüpfen kann. Mit der Zeit kehrt sich das um: Wenn Eltern wieder fühlen lernen, wird das Dasein wichtiger – das bloße Mittragen.

Diese Mappe ist deshalb nach Zeiträumen gegliedert – und richtet sich an beide Seiten. Weil Trauer ein gemeinsamer Weg sein kann, bei dem sich die Rollen verändern. Diese Mappe dient als Werkzeugkasten: Sie bietet Anregungen, keine Anweisungen.

Einige Schritte werden sofort hilfreich sein, andere vielleicht erst später. Nicht alles muss umgesetzt werden – doch vieles kann Kraft geben. Unter jedem Abschnitt erzähle ich von meinen eigenen Erfahrungen. Sie zeigen, was in mir als Mutter von Sternenkindern vorging, und dienen als Ausgangspunkt, um zu verstehen, nachzufühlen, Verbindung zu spüren. So einzigartig jede Erfahrung ist, so vielfältig gehen wir mit ihr um. Und doch gibt es Berührungspunkte. Mitfühlende wie Eltern werden vielleicht denken: Das war bei mir genauso. Das war bei mir ganz anders. Das kommt mir bekannt vor. Das hätte ich nie so empfunden. Auch wer kein eigenes Sternenkind verabschiedet hat, könnte spüren: Das kenne ich – aus anderen Lebensmomenten, aus Gefühlswelten, aus Erfahrung. Oder: Das ist mir fremd. Und gerade deshalb berührt es mich. Vielleicht weckt ein Satz Erinnerungen. Ein anderer wirft Fragen auf. Manches bleibt still. Und manches klingt lange nach.

Bewusst lädt die Sternenkindermappe dazu ein, auch scheinbar »kleine« Gesten zuzulassen. Denn es ist besser, etwas Unvollkommenes zu sagen oder zu tun, als zu schweigen. Verletzendes lässt sich heilen – Stille hingegen schafft Distanz. Die Sorge, etwas falsch zu machen, ist menschlich. Aber was wirklich falsch ist, das steht bereits fest: Ein Kind ist gestorben. Deshalb ist es wichtig, nicht beim Schmerz stehenzubleiben, sondern weiterzugehen – in Liebe, in Verbundenheit, in Erinnerung.

Befreien wir das Thema vom Tabu.

Indem wir darüber sprechen.

Indem wir uns nicht zurückziehen.

Indem wir gemeinsam trauern – und Trauer als Ausdruck von Liebe begreifen.

Warum ich alle Zeiträume und beide Gruppen – Eltern und Mitfühlende – in einer Sternenkindermappe zusammengeführt habe, liegt an meiner Erfahrung mit den Fotos unserer Sternenkinder. Ein Foto lässt sich nicht nachholen.

Vor dem Abschied erfuhr ich nur durch Zufall von dieser Möglichkeit – und war schockiert: Mein totes Kind »zur Schau stellen«? Fotos? Von was denn? Ich hatte keine Vorstellung davon, wie ein Mensch in diesem Alter aussieht. Und ich fand es, ehrlich gesagt, pietätlos.

Beim Abschied entschieden wir uns für Fotos – und fotografierten selbst. Zu wenige, unscharf, selbst gemacht – aber sie waren da. Von professioneller, deutschlandweiter, ehrenamtlicher Sternenkindfotografie wussten wir nichts.

Nach dem Abschied wurden diese wenigen Bilder lange Zeit das Wichtigste. Wenn es um Anerkennung ging. Um die Existenz unserer Kinder. Um Verbindung. Um Vermissen. Um das Festhalten.

Und für immer bleiben diese Fotos eine kostbare Quelle der Verbindung – auch für das Gestalten weiterer Erinnerungsstücke.

Mein Blick auf Fotos von Sternenkindern hat sich über die Zeiträume sehr verändert. Hätte ich damals davon gewusst, hätte ich um erfahrene Sternenkind–Fotografierende gebeten.

Nach dem Tod unseres zweiten Sternenkindes fragte mich eine Freundin, wie sie helfen könne. Ich könne mit ihr über alles reden, mich jederzeit melden, sie würde alles für mich tun. Ich sagte: Reden kann ich nicht. Aber ich würde dir gern ein paar Fotos von unserem Sohn schicken. Ihre Antwort war: Bitte nicht. Von den Bildern deiner Tochter hatte ich drei Tage Albträume. Ich meldete mich nicht mehr bei ihr. Noch heute ist es schwer auszuhalten, wenn eine Person unsere Kinder nicht ansehen möchte. Ich hatte kein Verständnis für drei Tage Albträume – nur weil Kinder nicht das erwartete, gewohnte oder gewünschte Aussehen haben. Wenige Jahre später erfuhr ich zufällig, wie sehr sie selbst mit dem Tod von Kindern kämpft – und was es in ihr auslöst.

Heute verstehe ich: Sie muss sich nicht rechtfertigen. Nicht begründen. Wir stehen in aufrichtiger und noch festerer Beziehung. Diese Erfahrung hat mir noch einmal gezeigt, wie wichtig Dialog, Austausch und Miteinander sind. Wie unterschiedlich unsere Blickwinkel sein können. Wie sehr sie sich mit der Zeit verändern. Und wie viel wir alle gewinnen, wenn wir voneinander wissen. Wir reagieren oft, bevor wir wissen, was es für andere – oder für uns selbst – bedeutet.

Vieles ist im Moment.
Und gleichzeitig im Fluss.
Deshalb habe ich die Sternenkindermappe in vier Zeiträume gegliedert:
Vor dem Abschied.
Beim Abschied.
Nach dem Abschied.
Für immer.

Was sind Sternenkinder?

Wenn sich eine Person dem Thema rechtlich und medizinisch widmet, ist für sie die offizielle Definition des Familienministeriums folgerichtig: »Sternenkinder sind Kinder, die während der Schwangerschaft und im 1. Jahr danach verstorben sind.«

Die Sternenkindermappe widmet sich der Trauer. Trauer ist ein Wort für Liebe um Verstorbene. Und hier verfehlen Zahlen ihren Sinn und Zweck. Wenn Eltern ihre Kinder überleben, eint alle: ein totes Kind.

So einzigartig jedes Kinderleben ist – ob es Tage, Wochen, Monate oder Jahre währte – so universell sind die Gefühle. Liebe macht keinen Unterschied, in welchem Alter oder aus welchem Grund ein Kind stirbt. Daher meine Definition: Wenn Eltern ihre Kinder überleben, sind es Sternenkinder.

Ob das Kind 40, 14 oder 4 Schwangerschaftswochen alt war, 40 Jahre, 14 Wochen oder 4 Tage an der Hand war, durch Unfall, Krankheit oder medizinischen Eingriff starb,

oder ob gar nicht von »Kind« gesprochen wird, sondern von Zellhaufen, Morula, Zellmasse, Blastozyste, Dottersack, Windei, Blasenmole, Mole, Eileiterschwangerschaft, natürliche Selektion, Embryo, Fötus, Abgang, Missed Abort, Abort, Spontanabort, Frühabort, Blutung, Ausschabung, Schwangerschaftsgewebe, embryonaler oder fetaler Anteil, Plazentareststoff, Klinikmüll, Restmaterial, Fehlgeburt, stille Geburt, Abgang, Abtreibung, Abbruch, Schwangerschaftsabbruch, medikamentöser/operativer Abbruch, therapeutischer Abbruch, Zwangsabbruch, Spätabort, Totgeburt, Unfall, Immunreaktion, Krankheit, Schicksalsschlag:

Alle Bezeichnungen eint: Eltern haben ihr Kind verabschiedet. Jedes Kind hat eine Mutter und einen Vater – ob diese von ihrem Kind wissen und es lieben oder nicht. Darüber hinaus gibt es Großeltern, Geschwister, Familie. Und diese haben Freundinnen, Freunde, Bekannte. Und wir alle – als Gesellschaft – haben Mitfühlende und Mitdenkende, die lieben. Alle lieben anders.

Und alle teilen ihre Liebe in ihrem Raum, zu ihrer Zeit. Wir leben weiter. Nebeneinander oder Miteinander. Im Namen all unserer Kinder. Das können wir gekränkt tun – oder in Liebe. Lasst uns das Leben und die Erinnerung gemeinsam lieben.

Was sind Miterlebende, Mitfühlende, Mitdenkende?

Oft gelten die Eltern als Betroffene, auch die Angehörigen werden mitgezählt, wie ebenso der enge Freundeskreis. Bei der Trauer um tote Kinder sprechen wir jedoch vom ursprünglichsten Grundbedürfnis – noch vor einem Dach über dem Kopf, Schlaf und Ernährung: Wir sprechen vom Leben. Das ist die Voraussetzung für den Tod. Ohne Leben kein Tod. Und deshalb macht der Tod von Kindern so viele betroffen – und betrifft uns alle: als Miterlebende, als Mitfühlende oder als Mitdenkende.

Bücher und Informationsmaterial unterscheiden häufig nach dem Alter der verstorbenen Kinder, nach der Todesursache und auch zwischen den betroffenen Personen und ihrem Umfeld. Für das Ziel der Sternenkindermappe hat sich gezeigt: Ein Buch, das sich an alle gleichzeitig richtet, ergänzt das bereits vorhandene Literatur. Wenn ich von Miterlebenden, Mitfühlenden, Mitdenkenden schreibe oder Verwandtschaftsgrade nenne, gehe ich immer vom verstorbenen Kind aus.

Miterlebende.

Miterlebende – warum ich von Eltern des Sternenkindes schreibe, aber Miterlebende meine: In der Sternenkindermappe geht es darum, wie mit dem Tod eines Kindes umgegangen werden kann. Sie ist für Menschen geschrieben worden, die von Sternenkindern betroffen sind: für alle, die dieses Kind lieben. Klingt leicht – ist aber oft nicht einfach.

Es geht nicht um rechtliche oder medizinische Belege oder gesellschaftliche Konventionen, sondern um das Gefühl von Liebe in Form von Trauer. Bei der Trauer um verstorbene Kinder geht es für Miterlebende oft um Elternschaftsgefühle. Diese lassen sich schwer zulassen und noch schwerer definieren. Bei gleichgeschlechtlichen Eltern, bei Leihmutterschaft, bei Stiefeltern, Adoption oder Pflegekindern, aber auch in der Familie und im Freundeskreis kann ein Kind von vielen Menschen Liebe empfangen – und beim Tod des Kindes kann es in ebenso vielen Menschen Liebe auslösen.

Diese Liebe kommt nicht immer – oder nicht nur – von jenen wenigen, an die unsere Gesellschaft beim Thema Sternenkinder zuerst denkt. Intuitiv denken viele beim Tod eines Kindes sofort an die Mutter. Immer mehr auch an den Vater.

Biologisch oder medizinisch ist die Mutter immer betroffen. Ob sie der Tod des Kindes emotional trifft, ist jedoch unterschiedlich. Für manche Mütter hängt es vom Alter des Kindes ab, ob sie sich als Mutter fühlen – und ob sie ihr Kind als solches bezeichnen. Manchmal weiß selbst die Mutter erst später von ihrem Kind. Es kommt vor, dass Mütter ihre toten Kinder erst nach einiger Zeit lieben – oder gar nicht.

Wenn in der Sternenkindermappe von »Mutter« gesprochen wird, ist die Person gemeint, in deren Bauch die Einnistung stattfand und damit das Leben des Kindes begonnen hat. Damit ist keine Erwartung verbunden.

Es gibt Familien, in denen die Mutter keine Beziehung zu ihrem toten Kind verspürt – dafür aber der Vater, die Geschwister, Großeltern oder enge Freunde. Auch wenn die Begriffe »Kind« oder »Sternenkind« verwendet werden, geht dies nicht automatisch mit einem Gefühl von Verantwortung oder Liebe einher. Die Bezeichnung dient dazu, zu benennen, um welchen Menschen es geht. Wenn sich eine Eizelle und eine Samenzelle verbinden, entsteht ein Mensch – und dieser Mensch ist immer Kind seiner Eltern. Aus diesem Grund wird in der Sternenkindermappe von »Kind« gesprochen – und von »Sternenkindern«, wenn Eltern ihre Kinder überleben.

Wer den Tod eines Kindes miterlebt, muss dieses Kind weder im Bauch getragen noch gespürt haben, muss beim Abschied nicht dabei gewesen sein, keine rechtlichen oder medizinischen Nachweise erbringen und nicht gesellschaftlich als Elternteil anerkannt sein.

Miterlebende sind – einfach gesagt – alle Menschen, die das Leben als Eltern eines Sternenkindes fühlen.

Mitfühlende.

In der konventionellen Sprache heißt es oft: »Familie« und »Angehörige«. Der Begriff »Angehörige« bezieht sich auf die rechtlichen Verwandtschaftsgrade und Beziehungen zur Familie und zur verstorbenen Person. Doch die rechtliche Familie ist nicht immer die liebende, gelebte Familie. Häufig sind es Menschen, die konventionell als Freunde, engster Kreis oder sehr nahestehende Personen bezeichnet werden.

Bei Sternenkindern kommt hinzu, dass sie nicht von allen als Mensch anerkannt werden – und wenn doch, fehlt oft zusätzlich die Anerkennung ihres Status als Kind. Besonders beim Tod in der Schwangerschaft empfinden manche Menschen das gestorbene Kind noch nicht als Kind – und zeigen daher kein Mitgefühl oder finden keinen emotionalen Zugang zu dem Kind, seinen Eltern oder deren Umfeld. Mit anderen Worten: Nur weil Menschen zur Familie gehören, leben oder lieben sie nicht unbedingt die Rolle, die ihnen gesellschaftlich zugeschrieben wird. Dafür spüren und leben andere – Freunde, der engste Kreis, nahestehende Personen – diese Liebe umso mehr.

Manche verwenden auch den Begriff ‹Zugehörige›. Doch wenn Kinder sterben, fühlen sich oft auch Bekannte, Menschen aus der Arbeit, dem Sport oder aus der Nachbarschaft emotional berührt – selbst wenn die Beziehung auf Distanz beruhte. Häufig fühlen diese Menschen nicht unmittelbar für das Sternenkind. Vielleicht, weil sie von der Schwangerschaft spät erfahren haben. Vielleicht, weil sie das Kind nicht kennengelernt haben. Vielleicht, weil es sich für sie noch nicht um ein Kind gehandelt hat. Doch ihnen geht um andere: Sie haben Gefühle. Für die Eltern. Für das Umfeld des Sternenkindes. Es tut ihnen leid – oder weh –, wie sehr andere leiden. All diese Menschen fühlen mit. Ob für das Sternenkind selbst oder für seine Eltern: Ich nenne sie Mitfühlende.

Wenn also Miterlebende – einfach gesagt – alle Menschen sind, die das Leben als Eltern eines Sternenkindes fühlen, dann sind Mitfühlende – einfach gesagt – alle Menschen, die Mitgefühl für das Sternenkind oder sein Umfeld spüren.

Mitdenkende.

Personen, die das Leben eines Sternenkindes weder fühlen noch Mitgefühl aufbringen können, aber interessiert sind – das sind Mitdenkende. Diese Menschen können nicht nachvollziehen, warum der Tod jüngster Kinder so starke Gefühle auslöst. Ebenso bleibt das Leid der Eltern oder des Umfelds für sie unverständlich. Gefühl lassen sich nicht erzwingen.

Wenn Menschen kein Mitgefühl für unbekannte, ungeborene oder verstorbene Kinder empfinden, kann das viele Gründe haben: fehlende Beziehungsebene, mangelnde Vorstellungskraft, kulturelle Prägung durch die Tabuisierung des frühen Todes, emotionale Schutzmechanismen, kognitive Abgrenzung oder Rationalisierung – oder auch neurobiologische Dispositionen wie verminderte Empathiefähigkeit.

Auch deutsche Vorschriften verleihen Kindern ab ihrer Zeugung nicht selbstverständlich die Menschenwürde und erkennen sie nicht als Menschen an. Das Grundgesetz, das Bürgerliche Gesetzbuch, das Erbrecht, das Strafrecht und das Bestattungsrecht legen unterschiedliche Kriterien zugrunde – vieles ist Gegenstand intensiver Diskussion. Damit spiegelt das Recht den Zeitgeist unserer Gesellschaft wider – und die Gesellschaft setzt sich aus Menschen zusammen, die einzigartig sind, mit vielseitigen Werten und vielschichtigen Gefühlen. Es ist also nicht nur legitim, sondern völlig normal, keine Gefühle für ein Sternenkind oder sein Umfeld zu empfinden. Gleichzeitig kann Interesse bestehen. Gleichzeitig können Fragen gestellt werden. Gleichzeitig kann diskutiert werden.

Einige sprechen über Sternenkinder und ihr Umfeld, ziehen Vergleiche, fällen Urteile, sprechen Bewertungen aus, relativieren vieles wie Diagnosen oder Entscheidungen, formulieren allgemeine Regeln oder hören maximal zu. Dabei verhalten sich diese Menschen mal wertschätzend, respektvoll und neugierig – mal weniger. So wie in vielen demokratischen und moralischen Aushandlungsprozessen und jeden menschlichen Miteinanders. Alle jene sind mit dem Begriff Mitdenkende gemeintMiterlebende sind also – einfach gesagt – alle Menschen, die das Leben als Eltern eines Sternenkindes fühlen. Mitfühlende sind – einfach gesagt – alle Menschen, die Mitgefühl für das Sternenkind oder sein Umfeld spüren. Und Mitdenkende sind – einfach gesagt – alle Menschen, die Sternenkindern oder ihrem Umfeld Zeit in Form von Gedanken und Worten schenken.

Wer auf diese Zeit verzichtet – also schweigt, verdrängt und ignoriert –, ist damit nicht gemeint. Ich freue mich aber sehr – und es ist mir ein großes Anliegen –, wenn sich auch solche Menschen angesprochen fühlen. Es ist mein tiefes Bedürfnis, neben dem gesellschaftlich verwendeten Begriff »Eltern« auch einen des Naturprinzips zu etablieren, wenn es um Tod, Trauer und das Leben mit toten Kindern geht: Miterlebende.

Meine Haltung soll nicht von der Hilfestellung ablenken, deshalb schreibe ich größtenteils von »Eltern des Sternenkindes«. Wer ein Kind als Teil von sich liebt, weiß sich als Miterlebende angesprochen. In meiner Familie gibt es neben Mitfühlenden auch Mitdenkende, und ich bin so vielen Menschen begegnet, denen ich mich stark verbunden gefühlt habe – die ein solches Mitgefühl vermittelt haben, dass es mir wichtig ist, ein Wort für dieses Miteinander zu verwenden. So schwer der Tod ist – so einfach sind Naturprinzipe. Und Liebe ist ein Naturprinzip. Wie immer sie gespürt und gelebt wird.

Vor dem Abschied

An die Eltern des Sternenkindes

Nicht immer tritt der Tod – und damit der Abschied – ganz plötzlich ein. Vor manchen Abschieden gibt es eine Zeit, in der das Kind noch lebt, aber der baldige Tod unausweichlich bevorsteht. Dabei kann es sich um Stunden, um wenige Tage – und manchmal auch um Wochen handeln.

Das kleine Herz schlägt noch, aber die anderen Zeichen und Werte des Körpers sprechen eindeutig. Meist befinden sich die Eltern im Krankenhaus. Sie müssen Fragen beantworten – und Informationen verarbeiten, obwohl sie kaum mehr tun können, als zu atmen.

Woche für Woche hieß es bei unserer Sternentochter, ihr Herz würde nächste Woche nicht mehr schlagen. Knapp fünf Monate verließen wir mit diesen Worten die Praxis oder das Krankenhaus. Als die Fruchtwasserblase platzte und der Tod unausweichlich war, blieben nur wenige Tage. Bei unserem Sohn lag zwischen der Diagnose und unserer Entscheidung knapp eine Woche. Beide Male hat sich in dieser Zeit wenig real angefühlt, und ich habe nichts gespürt.

In der Erinnerung sehe ich mich von außen – als würde ich einem Film zusehen. Ich konnte nichts ändern. Es gab nichts mehr zu machen. Ich musste es geschehen lassen. Erst später wurde mir bewusst, wie viel ich getan habe – und wie sehr die Mitfühlenden in dieser Zeit getragen und gestützt haben.

An die Eltern des Sternenkindes und die Mitfühlenden

Die Eltern funktionieren nur noch. Sie lassen sich vom medizinischen Fachpersonal oder vom Schockzustand leiten. Manche brauchen jetzt Listen, Aufgaben, etwas zu tun – sie können körperlich nicht zur Ruhe kommen. Andere erstarren und verharren in sich.

Alle eint: Ihr Kind wird sterben.

Die Mitfühlenden und Mitdenkenden glauben, nichts tun zu können. Das Gegenteil ist der Fall. Gerade jetzt können sie am meisten bewirken – indem sie beobachten, sich nach den Eltern richten und sich vorbereiten.

Es gibt einiges, das jetzt gekauft, gebastelt oder besorgt werden kann – von Großeltern, Geschwistern, Tanten, Onkeln, Cousinen und Cousins der Familie – und auch vom Freundeskreis der Eltern. Wichtige Möglichkeiten sind in der Sternenkindermappe aufgeführt. Weitere finden sich in Leitfäden von immer mehr Organisationen.

Vor dem Abschied, als wir wussten, dass unsere Kinder bald sterben würden, fand kaum Austausch mit Mitfühlenden statt. Unsere Eltern, unsere Geschwister, die engsten der engen Freunde – wenn überhaupt, habe ich nur kurz informiert. Die Zeit war bei beiden Kindern viel zu kurz. Und die Gelegenheiten – wenn es sie denn überhaupt gegeben hat – habe ich nicht wahrgenommen. Ich kann mich nur an kurze, einfache Sätze erinnern, um das Wichtigste zu besorgen. Wobei wir innerhalb weniger Stunden realisieren, recherchieren und organisieren mussten: Kerze. Mützchen. Kissen. Verzierung. Andenken. Musik. Rückblickend bin ich überzeugt: Wir hätten uns ans andere Ende der Welt wünschen können – und die einzige Reaktion wäre gewesen: »Wohin?« Ohne weitere Fragen zu stellen, wären Flugtickets organisiert worden – und alle hätten dafür gesorgt, dass wir im Flieger sitzen. Ich bin heute noch bewegt von diesem reibungslosen, gefühlvollen – und bedingungslos liebevollen Miteinander.

Eltern

3-3-3-Regel anwenden

Wenn Gefühle oder Gedanken überwältigen, wenn alles blockiert scheint und der Wunsch aufkommt, wenigstens ein Mindestmaß an Kontrolle zurückzugewinnen, kann diese einfache Übung Halt geben – und in solchen Momenten ein erster Anker sein:

3 Dinge benennen, die du gerade sehen kannst.

3 Dinge benennen, die du gerade hörst.

3 Dinge benennen, die du gerade spürst.

Beim Umsehen kann es die Wand des Zimmers sein, der Himmel, die Decke oder die eigenen Schuhe. Beim Lauschen vielleicht ein Vogel draußen, das Summen eines Geräts, das Rascheln der Kleidung oder das eigene Atmen. Beim Spüren: der Stoff der Kleidung, das Aneinanderreiben der Finger oder der Boden unter den Füßen.

Ich habe erst viel später davon gelesen – in einem Liebesroman, als die Hauptfigur mitten in einer Panik steckte. In den Tagen vor dem Abschied fühlte ich mich wie in einem Kokon. Ich nahm nur Konturen von meinem Alltag wahr und spürte nichts – konnte ich nicht – wollte ich nicht. Trotzdem musste ich Entscheidungen treffen und funktionieren. Die Vorstellung, über eine Übung mit den Sinnen ins Jetzt zurückzufinden, war sofort greifbar für mich. Als ich dazu recherchierte, fand ich heraus, dass die Übung aus der Achtsamkeitspraxis stammt und bei Angstzuständen, Panikattacken oder Überforderung eingesetzt wird. Deshalb erwähne ich sie in der Sternenkindermappe ganz bewusst mehrfach.

»Möchten Sie Ihr Kind sehen?«

Für das medizinische Personal ist das keine ungewöhnliche Frage – und sie wird kommen. Auf sich selbst zu vertrauen, ist hier besonders wichtig. Im Zweifel empfehle ich es. So abwegig es im ersten Moment erscheinen mag – mit der Zeit sind die meisten Eltern dankbar, sich für diese Begegnung entschieden zu haben.

Bei meine beiden Sternenkindern wurde mir die Frage nicht gestellt. Sie waren in einem Stadium der Schwangerschaft, in dem nur eine natürliche Geburt in Frage kam und aus dem Gespräch mit uns konnte das medizinische

Personal schließen, dass wir beide unser Kind ansehen und in den Arm nehmen möchten.

Mit einer Nachbarin habe ich erlebt, wie stark diese Frage wirken kann. Wenige Stunden nach ihrer Ausschabung erzählte sie mir völlig aufgelöst, wie pietätlos sie die Frage empfand. Sie war überzeugt, niemand würde ihr im ersten Trimester verstorbenes Kind sehen wollen. Als sie durchatmen konnte, änderte sie ihre Meinung – und versuchte, die Entscheidung rückgängig zu machen. Aber da war es nicht mehr möglich. Das Kind wurde klinisch korrekt entsorgt. Ich verwende hier ausnahmsweise Begriffe aus dem medizinischen Bereich – weil diese Worte tief in die Bereiche Trauer und mentale Gesundheit eingreifen können.

Das ist ein deutliches Beispiel, warum das Tabu rund um das Leben mit Sternenkindern aufgelöst werden sollte: damit betroffene Menschen nicht erst realisieren müssen, was passiert – sondern von Beginn an ihren eigenen Weg damit gehen können.

Hat das Kind Mutter und Vater?

Meist steht die Mutter im Mittelpunkt. Sie wird angesehen, sie wird angesprochen, sie wird gefragt. Sie soll entscheiden. Sie soll verstehen. Sie soll sich sicher fühlen. Dabei kann leicht der Eindruck entstehen, dass sie allein wissen müsse, was für sie und für die Familie das Richtige ist und wie damit umgegangen werden soll – und die Verantwortung allein tragen. Doch das stimmt nicht. Ob Liebe gefühlt und gezeigt werden kann oder nicht: Jedes Kind hat ein weiteres Elternteil, einen Vater – und ein ganzes Umfeld mit Mitfühlenden.

Medizinisch stehen Mutter und Kind im Fokus – wenn dieser Fokus auf alle Bereiche und Entscheidungen übertragen wird, kann das auf die Trauer schwierige Auswirkungen haben. Die Liebe zu einem Kind setzt keine medizinische Versorgung oder körperliche Abhängigkeit voraus. Wird das weitere Elternteil außen vor gelassen, kann es helfen, bewusst Möglichkeiten zu nutzen, um es einzubeziehen. Oft reicht es schon, sich der Möglichkeit bewusst zu werden.

In manchen Beziehungen oder Konstellationen geschieht es, dass Entscheidungen rund um Schwangerschaft und Geburt nicht gemeinsam getroffen werden, obwohl es beide Eltern betrifft. Manchmal wird über die Mutter hinweg entschieden, manchmal kommt es zu Situationen, in denen der andere Elternteil anders entscheiden würde als die Mutter. In solchen Fällen kann nur die Entscheidung der Mutter zählen. Es ist ihr Körper. Und wenn das nicht akzeptiert wird: Hilfe finden, nutzen und einfordern, geschenkt wird sie nicht, aber es gibt Unterstützung. Liebe, Angst und Verantwortung müssen nicht allein getragen werden.

Sobald ich schwanger war, ging es jedes Mal nur um mich. Um mich als Mutter. Ich weiß, es ist möglich, alleine schwanger zu sein, alleine zu gebären und ein Kind alleine großzuziehen. Für mich war das aber nicht möglich. Für mich war immer klar: gemeinsam oder gar nicht. Diese Konsequenz hätte ich in Kauf genommen.

Als wir gleich zu Beginn der ersten Schwangerschaft gefragt wurden, ob ich das Kind behalten möchte, und der Vater unseres Kindes sagte, er unterstütze mich bedingungslos, wie immer ich entscheiden würde, war ich perplex. Erst dachte ich, ich müsste mich über seine Reaktion glücklich schätzen. Dann begriff ich, dass wir keine gleichwertige Elternschaft leben, wenn ich allein über Leben und Tod entscheide. Für ihn finde ich das mehr als ungerecht, das Kind ist ebenso Teil von ihm. Er hat sich nicht gegen eine Gebärmutter entschieden, genauso wenig wie ich mich dafür.

Mit der Todesprognose füllte mich die Mutterschaft ganz aus. Für mich kann es kein Kind ohne Mutter und Vater geben. Das ist für mich biologisch nicht vorstellbar. Ich wollte eine gleichwertige Elternschaft und merkte: Ich muss meinen Mann regelrecht zu seiner Vaterschaft ermächtigen. Nicht, weil er sich von der Vaterschaft nicht einnehmen lassen wollte. Im Gegenteil. Sondern weil alles um uns herum so tat, als gäbe es nur eine Elternperson.

Wenn das Ultraschallbild erklärt wurde, wenn Medikamente diskutiert wurden, wenn der Verlauf besprochen wurde – immer wurde ich angesprochen. Auf den Mutterpass habe ich in Schwarz und fett »Elternpass« geschrieben. Die Verantwortung für Medikamente, Dokumentation, die viele, viele Bürokratie und auch das Organisatorische vertraute ich dem Vater unseres Kindes an. In jedes Gespräch mit medizinischem Fachpersonal habe ich ihn von Anfang an aktiv einbezogen. Trotzdem wurde nur ich angesprochen und angeschaut.

Alle relevanten Menschen habe ich darauf hingewiesen, dass wir gemeinsam Eltern sind. Unser gemeinsamer Wunsch. Dass wir die Schwangerschaft, die Geburt und das Großziehen gemeinsam erleben wollten. Jeder auf seine Weise. So, wie keine Mutter der anderen gleicht, war auch für mich keine Schwangerschaft dieselbe.

Wir wollten das gemeinsam. Von Anfang an. Bis zum Tod. Auch wenn dieser unser Kind vor uns holt. Der Hinweis änderte keine Haltung, hilft mir aber im

Handeln und im Trauern. Er hat vielleicht nichts verändert – aber mir Klarheit gegeben.

Dilemma-Situationen konnten wir bislang durch Gespräche, Zeit und Kompromisse vermeiden. Ich weiß aus eigener Erfahrung, dass das nicht immer möglich ist. Hilfe finden, nutzen und einfordern. Geschenkt wird sie nicht. Aber es gibt Unterstützung.

In der Natur spazieren

Der bevorstehende Tod des eigenen Kindes konfrontiert in seiner schlimmsten Form. Mit einem ›Kreislauf des Lebens‹ hat der Tod des eigenen Kindes in diesem Moment nichts zu tun. Das Ende naht.

Um sich diesem Ende, dem Stillstand, dem Tod entgegenzustellen, kann Bewegungen helfen. Selbst ein Spaziergang im Hinterhof des Krankenhauses – mit Blick zum Himmel und Naturgeräuschen – kann das Atmen erleichtern.

Ich kann mich nur bedingt erinnern, was ich in diesen Tagen gemacht habe. Bei unserem ersten Kind hieß es über Wochen, es würde sterben und ich hatte mich daran gewöhnt, ich funktionierte im Alltag. Die Wochen, in denen der Tod unausweichlich bevorstand, fühlen sich heute genau gleich an, wie die wenigen Tage vor dem Tod unseres zweiten Kindes. In meiner Erinnerung fühlt sich diese Zeit wie eine verbundene und geschlossene Masse an.

Ich erinnere mich an Momente, sie chronologisch abzurufen, fällt mir schwer. Am leichtesten sehe ich mich beim Spazieren und auf zwei bestimmten Bänken in der Natur vor mir – eine am Waldbaggersee in der Nähe unserer damaligen Wohnung, eine im Innenhof des Krankenhauses. Ich glaube, wenn der Geist pausiert, hilft der Körper, in Verbindung zu sich und zum Umfeld zu bleiben.

Über Namen nachdenken und vergeben

Die meisten Eltern vergeben ihrem Sternenkind einen Namen. Oft erst nach dem Tod und oft sind es Namen, die sich bereits in der Schwangerschaft ergeben haben – nicht selten Kosenamen.

In der gesunden Schwangerschaft suchen wir Namen für den Zeitpunkt, »wenn das Kind auf der Welt ist«. Bei der Namensgebung gelten sie noch keinem Kind, weil wir in der deutschen Kultur von »werdenden Eltern« sprechen. Als könnten wir noch keine Eltern sein, weil es noch kein Kind gibt.

Unbeeindruckt der Tatsache, dass es längst da war. Auf der Welt. Im Bauch einer Mutter, die ebenfalls auf der Welt ist.

Trotz dieser kulturellen Prägung reichen vielen Eltern die gynäkologischen Bezeichnungen wie »Embryo« oder »Fötus« nicht aus – sie wählen Namen für die Rolle als geliebtes Kind. Wenn das Kind stirbt, bevor ihm ein Name geschenkt wurde, suchen viele Eltern von Sternenkindern nachträglich einen Namen.

Ein Name verleiht Identität. Ein Name sagt: Du warst da. Er ist eine Brücke zwischen Innen- und Außenwelt, zwischen Gefühl und Sprache, zwischen dem Erinnern und Erzählen. Medizinische Begriffe beschreiben Zustände, Abläufe, Strukturen. Sie ordnen das Geschehen ein – aber nicht den Verlust. Sie analysieren, klassifizieren, diagnostizieren. Doch die Liebe fragt nicht nach Diagnosen.

Wenn von medizinischen, biologischen oder rechtlichen Vorgängen und Zuständen gesprochen wird, kann das von der Wahrheit ablenken, die längst geschehen ist: Es war ein Kind entstanden. Eine Lebensgeschichte hatte begonnen – und wirkt über das Leben hinaus.

Ein Name erlaubt, das Unfassbare als Teil des eigenen Lebens zu begreifen. Er schafft Würde – unabhängig vom Alter oder der Todesursache. Ein Name rührt nicht aus der Biologie, sondern unterstreicht Beziehung. Und genau darum tröstet er.

Die Weltgesundheitsorganisation (WHO) betont, dass Würde, Identität und Trauerbewältigung zentrale Bestandteile der seelischen Gesundheit sind – und benennt ausdrücklich die Bedeutung von Sprache, Ritualen und sozialer Unterstützung nach Schwangerschaftsverlusten. Ein Name ist all das auf einmal: Sprache, Ritual, Beziehung. Und oft auch der erste Schritt zur Heilung.

Mit beiden Namen trat mein Mann an mich heran – und beide Male haben sie sich einfach richtig angefühlt. Während der Schwangerschaften kannte ich die Tragweite von Namen noch nicht. Wir haben sie erst gewählt, als wir bereits wussten, dass unsere Kinder bald sterben würden. Als ich meine erste Schwangerschaft bestätigen lassen wollte, hieß es direkt, dass unsere Tochter keine guten Chancen habe. Ab da passte für mich die Sprachwahl des Fachpersonals nicht mehr: Dottersack. Embryo. In dem Moment, in dem es um das Leben meines Kindes ging, spürte ich, dass es um unser Kind ging. Um einen Teil aus uns – egal wie alt. Und egal, warum wir uns verabschieden mussten.

Nach Ablauf und Zeitplan fragen

In der Regel informiert das medizinische Personal darüber, was notwendig ist – und schenkt so viel Zeit, wie möglich. Wenn das nicht geschieht, gibt es Anlaufstellen. Mehr dazu im Kapitel »Gesundheit statt Gewalt in der Geburtshilfe«.

Im Krankenhaus – oder wann immer medizinische Versorgung nötig ist – zeigen sich unterschiedliche Persönlichkeiten sehr deutlich: Die einen möchten sich über jedes Detail informieren, die anderen sind von jeder Einzelheit überfordert, und manche können sich nicht entscheiden. Dabei ist wichtig, sich vor Augen zu halten: Das medizinische Personal kann diese individuellen Bedürfnisse nicht kennen. Für die körperliche Gesundheit müssen sie sich an Abläufe halten – gleichzeitig sind die Ressourcen begrenzt.

Der Tod eines Kindes geht auch dem Fachpersonal sehr nahe, unabhängig davon, wie oft sie ihm begegnen. Manche Kliniken legen deshalb eine interne Obergrenze für Abschiede fest, etwa drei pro Tag – ein Versuch, die psychische Gesundheit des Teams zu schützen. Grundsätzlich besteht ein Bewusstsein dafür, welche Tragweite ein solcher Moment hat. Wem danach ist, kann nachfragen, was als Nächstes geschieht. Das kann zu hilfreichen Antworten führen.

Ich bin medizinischem Fachpersonal schon immer mit großem, fast schon ehrfürchtigem Respekt begegnet und habe mich selten getraut, Fragen zu stellen. Bei meinen Sternenkindern war das anders. Es fühlte sich an, als ginge es nicht um mich, sondern um sie. Also musste ich wissen, was genau passieren könnte. Mir hilft es, mich auf den schlimmsten Fall einzustellen – weil ich davon ausgehe, dass ich dann mit allem anderen zurechtkomme. Mein zuständiger Arzt sah das anders. Er fand, wir sollten nicht über Dinge reden, die noch nicht eingetreten sind. Das hat mich sehr gestresst. Rückblickend vermute ich, dass er es zum Schutz seiner eigenen Gefühle nicht konnte (siehe »Todesursache kann Reaktionen verändern«).

Die Krankenschwester war beide Male dieselbe und hat mir jedes Mal in Ruhe und mit großer Klarheit erklärt, was auf mich zukommen wird. Ich kann ihr nicht genug dafür danken.

In Begleitung verabschieden

Wer ist beim Abschied dabei? Es ist ein intimer, persönlicher Moment – und eine intensive, oft dramatische Situation. Allein mit dem sterbenden oder bereits verstorbenen Kind im Raum zu sein, kann das Richtige sein. Daran lässt sich behutsam herantasten. Viele berichten, wie wichtig Beistand in diesem Moment ist – auch wenn ihnen das erst rückblickend bewusst wird. Wenn der Vater des Kindes, ein weiteres Elternteil, nicht dabei ist, können vertraute Menschen eine wertvolle Stütze sein. Allein zu sein, kann überfordern. Gerade wenn Scham oder Angst mitschwingen, ist zusätzliche Begleitung besonders hilfreich. Manche Einrichtungen bieten eine solche Begleitung an.

Ich habe die Erfahrung gemacht: Egal, wie die persönliche Verbindung zu einer Person zu diesem Zeitpunkt ist – was zählt, ist das sterbende Kind. Und diese Beziehung geht vor. Wenn auch nur ein Funke von Sehnsucht oder Wunsch nach einer Person besteht – dann: kontaktieren.

Ganz gleich, wie die Beziehung zu den eigenen Eltern ist oder wie schwierig andere Verbindungen im Umfeld waren – in solchen Situationen kommen sich Menschen für einen Moment näher, wenngleich sich die persönliche Distanz im weiteren Leben nicht ändert. So war meine Erfahrung. Diese lässt sich nicht verallgemeinern, aber ich bin überzeugt, beim medizinischen Personal wird sich eine Person finden, die hilft.

Andenken und Dekoration organisieren (lassen)

Das Leben zu retten, ist nicht mehr möglich – aber den Abschied, den letzten Anblick, respektvoll zu gestalten: Das ist oft möglich. So kann Würde spürbar werden. Für die Gestaltung der Atmosphäre dürfen gerne Mitfühlende einbezogen werden. Einige Initiativen bieten für diesen Moment kostenfrei sogenannte Sternenkind-Päckchen an. Die Inhalte sind unterschiedlich – vieles lässt sich auch selbst wählen:

Kleidung für das Kind: Tücher oder Mullwindeln, Abschiedskleidchen, Socken, Mützen oder Hauben in verschiedenen Größen und etwas mit emotionalem Wert.

Ausstattung für den Raum: eine Kerze oder ein LED-Licht, Duftöl oder Raumspray mit beruhigendem Geruch wie Lavendel, Musik (es gibt Playlists), ein Tuch, eine Decke, ein Schal oder ein Kissen, um das Kind darauf zu betten, ein Andenken, das beim Kind bleibt oder es berührt (Spielzeug, Brief, Stein).

Für die Eltern oder Begleitpersonen: Kamera oder Handy für Fotos, Notizbuch oder Karte für letzte Worte, Taschentücher, Wärmflasche, beruhigender Tee, für die eigene Hand: ein Stein, ein Engel, ein Taschentuch.

Für Erinnerungsstücke: Abdruckset oder Stempelkissen für Hände oder Füße (manche Kliniken haben eigene Sets), kleine Dose oder Beutel für Haare, Nabelschnur– oder Stoffreste, Erinnerungsbox mit Armbändchen, Kleidung oder Fotos, Verbindungsstücke wie ein Stoffherz, bei dem ein Teil beim Kind bleibt – der andere bei den Eltern, Ein Geburtskärtchen für Name, Datum, Uhrzeit, Gewicht, Größe, Kopfumfang oder Fußabdrücken sorgen. Ob das Krankenhaus die sogenannte Patientenbegleitkarte für Neugeborene ausgibt, kann bei Sternenkindern vom Alter, der Todesursache und der Einrichtung abhängen.

Auch von einem toten Kind ist der erste Anblick einzigartig. Für mich war der Abschied von unserer ersten Tochter der überwältigendste Moment meines Lebens: Ein Mensch, aus uns selbst erschaffen. Ich teilte den Moment gefühlt mit unserer ganzen Familie – und mit Freundinnen und Freunden. Denn sie waren es, dank derer wir Mützchen, Kerzen, Kissen, Schmuck und so vieles mehr dabeihatten.

Geschenk mitnehmen

Schwangerschaftsgeschenke wie Kuscheltiere oder Spielzeug können beim Abschied – letzten Anblick – begleiten. Wenn kein Geschenk vorhanden ist, lässt sich manchmal noch eines besorgen oder basteln. Eine Geste, direkt an das Kind gerichtet, wirkt oft tröstlich. Der Gegenstand wird für viele zu einer wichtigen – weil greifbaren – Erinnerung.

Mich hat lange beschäftigt, keine greifbare Verbindung zu meinen verstorbenen Kindern zu haben. Deshalb habe ich regelrecht übertrieben: Vitrinen und Kartons voller Kerzen, Bilderrahmen, Bücher, Kuscheltiere, Zitate, Deckchen, mit Namen bestückte Gegenstände – sogar meine Trinkflasche aus dem Krankenhaus habe ich aufgehoben. Das bringt mich heute zum Lächeln, ich habe ein wenig übertrieben – und weiß genau, warum mir das damals so wichtig war. Wie sehr es mir geholfen hat, Halt zu finden – im wahrsten Sinne des Wortes. Diese Verbindungsstücke haben mir geholfen, mit dem Gefühl umzugehen, nichts von meinen Kindern zu haben. Ich wusste damals noch nicht, dass sich die Verbindung zu meinen Sternenkindern nicht verringern würde. Und auch heute noch bedeuten mir wenige bestimmte Gegenstände sehr viel.

Fotos (auch im 1. Trimester möglich)

Sternenkindfotografie wird deutschlandweit ehrenamtlich und kostenfrei angeboten. Der Gedanke, ein verstorbenes Kind zu fotografieren, kann verunsichern, überfordern oder sogar abschrecken. Doch – ob professionell oder selbst gemacht – können diese Bilder später von großer Bedeutung sein. Sie dienen oft als Vorlage für persönliche Erinnerungsstücke: etwa Schmuck mit den Füßchen oder Händchen des Kindes oder kleine Skulpturen. So klein diese Details auch sein mögen – sie lassen sich vergrößern und in liebevolle Andenken verwandeln.

Sternenkindfotografie ist bereits ab der 8. Schwangerschaftswoche möglich. Gerade in diesem frühen Stadium eignet sich die sogenannte Wasserfotografie. Sie ermöglicht Aufnahmen von Kindern, die durch eine Blutung zur Welt kommen, sich bereits im Prozess der Auflösung befinden oder bei denen eine sogenannte »Zellhaufen«–Diagnose gestellt wurde.

Für mich waren diese Fotos lange besonders wichtig – auch, weil ich es persönlich genommen habe, dass die Existenz meiner Kinder infrage gestellt wurde. Ich habe viel Zeit damit verbracht, zu bestaunen, wie vollständig und fein ein Mensch schon in diesem frühen Alter ist.

Doch fast wären diese Bilder gar nicht entstanden. Ich habe nur durch Zufall vor dem Abschied davon erfahren – und wollte es im ersten Moment keinesfalls. Der Gedanke, ein totes Kind zu fotografieren, war für mich zunächst schockierend. Rückblickend bin ich überzeugt: Diese Reaktion kam daher, dass ich erst einmal begreifen musste, was geschehen war. Beim Abschied haben wir dann ganz selbstverständlich Fotos gemacht – und sie sind für uns heute unendlich wertvoll. Unsere beiden Kinder wirken unfassbar friedlich.

Fotos der erfahrenen Sternenkindfotografie hätten unsere Gefühle und unser Wunder wahrscheinlich noch präziser eingefangen – doch damals wussten wir leider nichts von dieser Möglichkeit.

Geschwisterkind begleiten (lassen)

Wenn das Kind Geschwister hat, stellen sich vor dem Abschied auch organisatorische Fragen: Wer kümmert sich während des Abschieds um sie – und für wie lange? Was soll den Geschwistern erzählt werden? Wie werden sie eingebunden?

Anlaufstellen wie die Trosttiger und andere Initiativen bieten kostenfreie Leitfäden für diese Situationen. Dabei sollte berücksichtigt werden:

Kinder haben noch keine kulturellen oder konventionellen Filter im Umgang mit dem Tod. Das führt mitunter zu sehr liebevollen, aber auch zu äußerst direkten, deutlichen oder makabren Fragen und Aussagen.

Ein weiteres Merkmal: Kinder fragen oft nicht nur einmal, sondern immer wieder und in unerwarteten Situationen. Sie sind neugierig, wollen erzählen, nachdenken, philosophieren, malen, fantasieren, weinen. Der Austausch mit Kindern ist erdend – und gesund.

Unsere Sternenkinder sind unsere ersten beiden Kinder, deshalb war keine Betreuung nötig. Mit den Kindern in meinem Umfeld, besonders mit einer Nichte, konnte ich von Anfang an am besten darüber reden. Ich habe darauf geachtet, ihr auf Augenhöhe zu begegnen.

Damit meinte ich: Ich habe sie sanft angestupst, abgewartet, ob sie reden wollte – und wenn ja, habe ich ganz ehrlich aus dem Herzen erzählt. Sie hatte viele Fragen. Oft über Wochen hinweg.

Meist brach das Gespräch plötzlich ab, sie wechselte das Thema – und kam Wochen später wieder darauf zurück. Mal war sie traurig, weil sie ihrer Cousine und ihrem Cousin die Spielzeuge nicht mehr schenken konnte, die sie extra hergerichtet hatte. Mal war sie wütend, weil die beiden wirklich nie zum Spielen kommen würden.

Je älter sie wurde, desto umsichtiger und überlegter wurden ihre Worte und Gesten – und doch sprachen sie immer noch direkt aus dem Herzen. Aus diesem Grund möchte ich auch mit meinen Kindern von Beginn an offen über ihre verstorbenen Geschwister oder Cousinen oder Cousins sprechen. Im Kern geht es bei diesen Gesprächen immer um den Ausdruck und Umgang mit Liebe.

Mitmenschen informieren

Allen erleichtert es einiges, wenn das private und berufliche Umfeld frühzeitig Bescheid weiß. Es spielt keine Rolle, ob schriftlich oder mündlich. Es spielt keine Rolle, ob ausführlich oder knapp. Es spielt keine Rolle, ob selbst oder eine andere Person. Wichtig ist nur: sich selbst zu vertrauen, wie viel, wie ausführlich erzählt wird und hilfreich ist zu erwähnen, wer sich melden soll. Ein Beispiel ist: »Ich kann nicht in Worte fassen, was uns passiert ist. Ich weiß nicht, wie lange ich brauche, aber ich melde mich.«

Leider habe ich auf den Ratschlag der ansonsten wundervollen Psychologin des Krankenhauses gehört. Ich war gerade dabei, die zwölfte Seite meines Collageblocks zu befüllen, als die Psychologin ins Zimmer kam. Als ich ihr sagte, diese Seiten solle mein Mann fotografieren und an unser Umfeld senden, damit alle wissen, was passiert ist, wie ich damit umgehe und wie ich dazu stehe, schüttelte sie den Kopf:

»Nein, machen Sie das nicht. Wenn Sie überhaupt meinen, informieren zu müssen, dann in maximal fünf Sätzen …« Sie zählte dann an ihren Fingern auf, welche fünf Informationen aus ihrer Sicht lohnenswert seien. Im weiteren Gespräch erschien sie mir sehr kompetent, weil ich mich gut aufgehoben fühlte – also entschied ich mich, ihrem Rat zu folgen, obwohl ich meine zwölf Seiten für notwendig hielt. Rückblickend denke ich, sie hatte ein konkretes Angebot mitgebracht – für den Fall, dass sich eine Person unsicher ist, aber ich hätte auf mich selbst hören sollen.

Vertretung für sich finden

Das Wort »Vertretung« ist im beruflichen Kontext üblich – und kann auch bei Sternenkindern im Privaten nötig werden. Wenn Menschen im erwartbaren Alter sterben, wissen wir selbst – und oft auch unser Umfeld –, dass organisatorisch und emotional etwas auf uns zukommt.

Bei Sternenkindern ahnen das die wenigsten Eltern – und ihr Umfeld in den seltensten Fällen. Wenn möglich, kann es hilfreich sein, sich frühzeitig Raum und Zeit zu verschaffen – organisatorisch wie emotional. Bis die eigenen Kräfte wieder für das Allernötigste reichen. Diese Unterstützung kann ganz unterschiedliche Bereiche betreffen – je nach Lebenssituation und Dringlichkeit: Wer kümmert sich bei einer Selbstständigkeit um die Aufträge? Wer übernimmt pflegebedürftige Angehörige oder die Betreuung der Jugendgruppe? Wer kümmert sich um Blumen, Essen oder Wäsche? Es kann auch reichen, die Person des Vertrauens zu fragen, sich darum zu kümmern und ihr die wichtigsten Kontaktdaten zu geben.

Ich hatte mein Handy fast drei Wochen ausgeschaltet. Kommunikation nach außen hatte ich eingestellt – selbst zum engsten Kreis. Mein Mann – Vater unserer Kinder – hat dafür bei sich beruflich und innerlich Raum geschaffen und meinen Part übernommen. Putzen, Waschen und Aufräumen hat mir gutgetan. Schon zu Beginn der Schwangerschaft hatte ich Kinderkleidung von meiner Nichte organisiert – und habe sie in dieser Zeit mehrfach gefaltet. Ich habe viele To-do-Listen geschrieben, wie wir unsere Sternenkinder festhalten können, viel aufgeräumt, umgeräumt, sortiert – selbst unsere Kleidung hing farblich sortiert im Schrank. Essen und Trinken hätte ich in dieser Zeit vergessen. Ich wäre froh gewesen, wenn ich mich schon im Vorfeld darum gekümmert hätte.

Todesursache kann Reaktionen ändern

Wie mit Eltern vor oder beim Abschied im Krankenhaus, in der Praxis oder daheim umgegangen wird, unterscheidet sich zum Teil erheblich. Das liegt an den Menschen, an der Tagesform, den Ressourcen – und oft auch an der Todesursache. Je nach moralischer, religiöser, politischer oder persönlicher Haltung und Erfahrung geht auch medizinisches Fachpersonal ganz unterschiedlich mit Sternenkindern um. Sich innerlich darauf einzustellen, schützt nicht vor Traurigkeit oder Wut – aber Vorbereitung kann beides abfedern. Und auffangen können entsprechende Initiativen. Mehr dazu im Kapitel »Gesundheit und Gewalt in der Geburtshilfe«.

Beide Male war ich im selben Krankenhaus, hatte dieselbe Tagesschwester, dieselbe Nachtschwester und denselben Arzt. Beim Tod unseres ersten Kindes wurden wir liebevoll und mitfühlend empfangen, erhielten sehr viel Zeit und Antworten. Es wurden Fußabdrücke gemacht, der Kopfumfang und das Gewicht gemessen, ein Kärtchen geschrieben. Und als wir unsere Zeit mit unserem Kind hatten, nahmen sie es zu sich – behutsam, selbstverständlich.

Beim Tod unseres zweiten Kindes haben schon die Blicke zweier Krankenschwestern gereicht, um mich als Mutter unerwünscht fühlen zu lassen. Andere behandelten uns ähnlich wie zuvor, erinnerten sich sogar, und der Arzt drückte mich ganz fest, sprach sehr intensive Worte und tupfte sich seine Tränen mit einem Taschentuch ab. Fußabdrücke, Kopfumfang, Gewicht und ein Kärtchen erhielten wir nicht. Auf Nachfrage meines Mannes hieß es, das sei in dieser Schwangerschaftswoche nicht üblich – bevor er zurechtgewiesen wurde, unser Kind nach dem Abschied nicht selbst zu den Stationsschwestern bringen zu dürfen.

Unsere Tochter starb landläufig ausgedrückt an einer Fehlgeburt. Medizinisch vereinfacht ausgedrückt an einem Schwangerschaftsabbruch. Entschieden aufgrund einer geplatzten Fruchtblase in der 20. Schwangerschaftswoche. Unser Sohn starb im Jahr darauf in der 16. Schwangerschaftswoche – landläufig ausgedrückt an einer Abtreibung – medizinisch vereinfacht ausgedrückt ebenfalls an einem Schwangerschaftsabbruch. Entschieden aufgrund einer schweren Behinderung mit Missbildungen. Die informative Medizin- und Rechtssprache erscheint relevant – auch wenn sie vom Kern der Sternenkindermappe ablenken kann:

von der Liebe, wenn Eltern ihre Kinder verabschieden mussten. In dieser Trauer können wenige Menschen, wenige Worte, wenige Blicke kurzfristig die Oberhand gewinnen – über viel Herzlichkeit, viel Wärme und viel Mitgefühl.

vorwärts- oder rückwärts zählen

Für Beruhigung und Erdung: Vorwärts zu zählen, zum Beispiel von eins bis zehn, beruhigt über den Rhythmus. Es ist vorhersehbar, fast wie ein gleichmäßiger Atem. Die Gedanken dürfen für einen Moment ruhen, das Tempo des Zählens kann sich dem Atem anpassen – oder umgekehrt.

Für Ablenkung von Gedankenspiralen: Rückwärts zu zählen, zum Beispiel von zehn bis eins, fordert das Gehirn ein kleines bisschen mehr. Wer sich in kreisenden Gedanken oder innerer Unruhe verliert, kann durch das Rückwärtszählen einen kleinen Reiz setzen, der diese Schleifen unterbricht – ohne zu überfordern.

Wenn ich als Kind so fest geweint habe, dass ich keine Luft mehr bekam, gab mir meine Tante zu trinken. Das Gehirn könne nicht gleichzeitig Trinken und Weinen. Das stimmt bedingt, mit dem Zählen trifft es noch mehr zu. Es ist keine Lösung – aber manchmal ein Atemzug Abstand. Ein winziger Moment, der sich weiter öffnen kann.

Hirn und Herz ernst nehmen

Wenn der Tod während der Schwangerschaft eintritt, ist bis zu diesem Moment in medizinischen Berichten oft von einem Fötus die Rede, vielleicht von einem Embryo, aber meist nur selten von einem Kind. Unsere Sprachkultur bestärkt diese Sicht: »Wir werden Eltern.« statt »Wir sind Eltern.« Wenn die Schwangerschaft gesund verlaufen ist, sind meist alle guter Hoffnung, ein Kind zur Geburt zu bekommen.

Mit dem bevorstehenden Tod spüren viele, dass es sich bereits während der Schwangerschaft um ein Leben handelt: mit diesem einen Satz, mit diesem ganz speziellen Blick, in diesem besonderen Tonfall, bricht es oft auf: Wir haben ein Kind. Und dieses Kind wird sterben. Nicht später. Nicht irgendwann. Sondern bald. Vielleicht noch heute.

Körper und Geist sind nun in einer Weise gefordert, wie sie es sonst selten oder noch nie waren. Weder Körper noch Geist kennen eine solche Situation. Und weil es ein Tabuthema ist, können beide auch nicht auf die Erfahrungen anderer Menschen zurückgreifen – Erfahrungen, von denen wir wegen des Tabus rund um den Tod, insbesondere um den Tod von Kindern, meist noch nie gehört oder gelesen haben.

Viele nehmen diesen inneren Ausnahmezustand, insbesondere bei Sternenkindern, die während der Schwangerschaft sterben, nicht ernst: vielleicht, weil sie ihn nicht sofort benennen können, oder vielleicht, weil sie Angst davor haben. Vielleicht, weil das Bild davon, was Trauer ist, noch nicht passt. Vielleicht auch, weil alles um eine Person herum, die Welt, gleich und ruhig aussieht, obwohl sich innerlich Chaos anbahnen droht. Oft auch, weil das Umfeld ihn nicht benennt. Dem eigenen Verstand und Herzen kann es herausfordern, mitzukommen: Die Worte bleiben oft sachlich, obwohl es sich viel emotionaler anfühlt, als es klingt.

Manchmal wird noch von Optionen gesprochen, die direkt ausgeschlossen werden. Offiziell ist das Kind noch da, und gleichzeitig wird es meist nicht Kind genannt. Vielleicht ist der Bauch noch rund oder noch gar nicht gewölbt. Das Herz schlägt vielleicht noch oder hatte noch gar nicht zu schlagen begonnen.

Und trotz aller Unklarheiten beginnt in diesem Moment eine der extremsten Erfahrungen, die ein Mensch machen kann: Ein Teil von ihm stirbt – und der Mensch selbst bleibt zurück. Das ist nicht irgendeine emotionale Krise. Es ist nicht nur »ein Schock« oder »eine schwere Entscheidung«. Es ist die unmittelbare Konfrontation mit der Endlichkeit eines Lebens, das wir im Schwangerschaftsbauch tragen, das wir schützen wollen, von dem wir dachten, es würde wachsen, laut schreien, atmen, leben.

Und nun beginnt ein neues Kapitel. Kein abstrakter Gedanke, keine ferne Zukunft mehr, sondern ein greifbares, klares Wissen: Dieses Kind wird sterben. In diesem Moment darf jede Reaktion ernst genommen werden. Jedes Zittern, jedes Schweigen, jeder Gedankenstillstand. Der Körper weiß, was passiert. Die Sinne wissen es. Und das darf zählen, auch wenn Worte noch fehlen. Auch wenn keine andere Person es so benennt. Auch wenn wir es selbst kaum glauben können.

Wir dürfen die Tatsache ernst nehmen.

Wir dürfen uns ernst nehmen.

Wir dürfen fühlen, was ist.

Denn es geht um Leben – und um Tod. Zur selben Zeit. Es gilt, den eigenen Lebensweg weiterzugehen. Auf einem Weg, den das eigene Kind nur wenige Schritte mitgehen wird. Und doch gehen wir. Gemeinsam. In Liebe.

Vom ersten Besuch in der gynäkologischen Praxis an wurde meine Schwangerschaft als Risiko eingestuft, weil sich in der Gebärmutter ein Hämatom gebildet hatte. In dem Moment, als die Ärztin sich vom Ultraschallbild abwandte, uns ansah und sagte: »Wir müssen uns leider darauf einstellen, dass wir nächste Woche nichts mehr sehen werden«, erwachten meine Muttergefühle.

Ich war zu ihr in die Praxis gekommen, damit sie meine Schwangerschaft bestätigte – die ich über acht Schwangerschaftstests von drei verschiedenen Herstellern bereits selbst geprüft hatte. Acht Tests, weil ich es nicht glauben konnte. Ich habe das PCO–Syndrom, weshalb es hieß, dass ich nur schwer schwanger werden würde. Ich stellte mich darauf ein, dass es, wie bei meiner Schwester mit dem gleichen Syndrom, einige Jahre dauern würde. Doch nach nur einem Monat waren wir schwanger.

Und dann spricht die Ärztin diesen Satz aus. Innerhalb eines Moments bäumte sich in mir auf, was eine Schwangerschaft bedeutet: Mit der Todesprognose nahm ich die Rolle als Mutter an. Und ich hatte einfach nur Angst. Angst um mein Kind. Aber das war nicht alles. Neben der Angst spürte ich Wut und Kraft – und so seltsam es für mich klingt, aber ich kann es nur so beschreiben: Ich fühlte mich in Angriffsstellung. Bereit, mein Kind zu verteidigen.

Ich wusste in diesem Moment nicht, wovor ich mein Kind beschützen sollte. Rückblickend könnte ich sagen: vor einer Gesellschaft, die den Tod in Gesprächen meidet und den Tod von Kindern tabuisiert, die mit der gesamten Macht von Sprache durch Formulierungen wie »Zellhaufen«, »Fehlgeburt«, »Abbruch« Fakten umzudeuten versucht und unser Verhalten in der gegenseitigen Begleitung, in unserer gelebten Liebe füreinander, beeinflusst und beeinträchtigt.

Medizinische und rechtliche Begriffe sind hilfreich und richtungsweisend, aber als unser Kind vor und nach der Todesprognose als »Dottersack« bezeichnet wurde, feuerte das meine Muttergefühle an. Eine »normale« Schwangerschaft federt die Distanz abstrakter, medizinischer und rechtlicher Sprache ab. In einer Risikoschwangerschaft hilft mir nur: konkret, herzlich, menschlich. »Es« ist ein Kind. Mein Kind. Unser Kind.

Doch all dem galten meine Wut, meine Angriffslust und meine Verteidigungshaltung nicht. Sie galten mir selbst.

Vor meinen Sternenkindern hätte ich über Sternenkinder genauso gesprochen. Ich habe Menschen vor ihrem Herzschlag und zeitweise vor ihrer nachweisbaren Hirnfunktion nicht als Kinder bezeichnet. Eine Frau, die sich im Alter solcher Kinder bereits als Mutter bezeichnet, hätte ich womöglich für sehr emotional oder sensibel gehalten, vielleicht sogar übertrieben, abgewertet oder belächelt.

Und doch, in dem Augenblick bei der Frauenärztin – ohne weitere Informationen, ohne Recherche, ohne Erklärung, einfach nur im gefühlten Angesicht des

Todes meines Kindes – ermächtigte mich das Naturprinzip zur Mutter. Als wäre es immer in mir gewesen und jetzt erwacht. Ich bin so verdammt froh, dass das Naturprinzip all meinen Vorurteilen, meiner Ahnungslosigkeit und meiner Überheblichkeit trotzte: Es ist ein Kind. Mein Kind. Unser Kind.

Die eigenen Gefühle fühlen

Nicht jede Person begreift die Gefühle und Gedanken anderer. Muss sie auch nicht. Im Gegenteil: Entscheidend ist, den eigenen Gedanken zu folgen und die eigenen Gefühle zuzulassen. Je mehr ein Thema tabuisiert wird, desto schwerer fällt genau das. Beim Thema Familie sitzt die Vorstellung von Kinderwunsch, Schwangerschaft und Geburt so fest, dass es kaum vorstellbar scheint, wenn alles ganz anders kommt. Und dieses Anderssein ist nichts Seltenes – es ist normal. Ganz anders als die Vorstellung. Die ist selten.

Es gibt kein menschengemachtes Gesetz, das vorschreibt, was wir fühlen. Liebe lässt sich nicht gesetzlich regeln – sie folgt ihren eigenen Gesetzen. Ein Zusammenspiel aus Körper und Geist. Und doch lastet oft ein unsichtbarer Druck: der Zeitgeist, das Umfeld, die Stimmen von medizinischen Fachkräften, Familie oder Freunden. Wenn alle um eine Person herum so tun, als sei das Geschehen kein großer Verlust oder »noch kein Kind«, ist es leicht, die eigenen Gedanken anzuzweifeln.

Die Psychologie nennt das pluralistische Ignoranz: Schweigen viele oder signalisieren dieselbe Haltung, übernehmen wir sie unbewusst – selbst wenn sie im Widerspruch zu unserer Wahrnehmung steht. Neurowissenschaftlich betrachtet ist das keine »Charakterschwäche«, sondern ein Reflex unseres Überlebensprogramms: Das Gehirn meidet sozialen Ausschluss, manchmal sogar um den Preis, die eigene Wahrheit zu verraten.

Doch Naturprinzipien lassen sich nicht vom Fremdbild beeindrucken. In der medizinischen Fachsprache heißt es Embryo oder Fötus – für würdevolle Alltagssprache und den Kontext Liebe nenne ich Kind. Bindung entsteht im Körper – über Hormone, Sinneseindrücke, Erfahrungen – nicht durch gesellschaftliche Definitionen. Liebe entsteht biologisch gesehen aus einem komplexen Zusammenspiel von Hormonen, Sinneseindrücken, genetischer Anlage und Erfahrungen. Sie kann stark sein oder schwach, früh beginnen oder nie entstehen. Manche spüren Liebe sofort, andere erst Monate oder Jahre später, wieder andere gar nicht. Alles ist menschlich.

Deshalb gilt: den eigenen Gefühlen Raum zu geben, sie wahrzunehmen, anzuerkennen, anzunehmen – und nur die eigenen. Wer sie als Ausgangsbasis nutzt, kann offen sein für völlig andere Gefühle anderer Menschen, ohne die eigenen verleugnen zu müssen. Nur die eigenen Gefühle heißt: ob tief und schmerzhaft, sanft und zögerlich oder gar nicht – nichts davon spricht die Rolle als Mutter oder Vater ab. Gefühle sind keine Pflicht, sondern ein Kanal.

In manchen Situationen scheint es, als gäbe es kein Recht auf Gefühle. Wenn ein Kind zum Beispiel durch eine »Abtreibung« stirbt. Viele meinen, diese Eltern könnten für das Kind keine Gefühle, keine Verantwortung, keine Liebe empfinden. Das kann so sein – muss es aber nicht. In den meisten Fällen trauern diese Eltern, sie lieben. Oft gestehen sie es sich erst später ein, weil sie denken, nach einer »Abtreibung« oder einem Abbruch hätten sie kein Recht auf Trauer, auf Liebe zu ihrem Kind. Liebe folgt eigenen, tief menschlichen Mechanismen, die nenne ich Naturprinzip.

Am häufigsten aber scheint es, als wären wir zu Gefühlen verpflichtet – zu »Muttergefühlen«. Elterngefühle und Vatergefühle werden erst später ernst genommen und selbst dann nicht erwartet. Manche spielen Muttergefühle vor, weil es heißt, jede Frau würde sie empfinden, besonders bei Kinderwunsch. Diese Gefühle habe jede Frau für ihr Kind, bei einer Wochenbettdepression, einer Form von postpartaler Depression, eben etwas später – sie werden schon kommen. Die Mutter weiß, was das Beste für das Kind ist, was das Beste für sie selbst ist, schon in der Schwangerschaft. Eine Frau, eine Mutter »fühlt das«.

Oft wird auch von ›Mutterinstinkt‹ gesprochen. Es heißt Mütter hätten eine bessere Intuition, dadurch wissen Mütter automatisch, wie es Kindern geht, was Kinder brauchen – wenn sie wirklich geerdet sind, wenn sie wirklich gute Mütter sind, wenn sie wierklich alles für das Kind tut– dann spüren sie das alles schon ab dem Eisprung.

Die Wissenschaft kann schon lange und gut belegen, dass es keinen biologischen Mutterinstinkt gibt. Fachleute sprechen von Bindungsverhalten, ich übersetze es hier als Elterninstinkt oder Bezugspersoneninstinkt. Körperliche Nähe und ein niedriges Stressniveau führen zu sicheren Bindungserfahrungen, zu einem Erfahrungsschatz. Jede Bezugsperson, gleich welches Verwandtschaftsgrades oder Geschlechts, kann diesen Erfahrungsschatz aufbauen und auf ihn zurückgreifen, weil sich dieser Instinkt durch wiederholte Interaktionen mit dem Kind entwickelt.

Bei Sternenkindern gibt es diese Möglichkeit oft nicht, weil sie während der Schwangerschaft sterben. Die Mutter kann zwar Bewegungen spüren oder über Stimme und Berührung Nähe aufnehmen, doch bleibt dies eine einseitige Erfahrung. Eine wechselseitige Bindung, wie sie nach der Geburt durch Blickkontakt, Geruch und Hautkontakt entsteht, kann nicht entstehen.

Und so funktionieren Gefühle auch nicht. Sie sind vieles: intensiv, wechselhaft, aber nicht logisch, nicht vorhersehbar, nicht kontrollierbar. Auch keine Muttergefühle. Das zeigen Studien wie »Regretting Motherhood«. Bindung ist ein Prozess, kein Schalter. Der Druck aus »Mütter lieben sofort« kann genau diese Liebe blockieren. Scham und Abwehr aus unzähligen Gründen sind genauso normal. Manche empfinden tiefe Liebe und Schmerz ab dem ersten Moment. Andere spüren erst Monate oder Jahre später, dass eine Bindung existierte. Einige erleben gar keine emotionale Verbindung – und das kann bleiben.

Muttergefühle sind kein Automatismus, keine Pflicht und kein Beweis für Wert oder Würde eines Kindes. Gefühle entstehen aus dem Zusammenspiel von Körper, Hormonen, Lebensumständen und der eigenen Geschichte. Manche spüren tiefe Liebe schon während der Schwangerschaft, andere erst mit der Zeit, manche nie – ob das Kind lebt oder gestorben ist. Dieses Spektrum ist zutiefst menschlich.

Bei Sternenkindern wird der Prozess oft abrupt unterbrochen. Manchmal gibt es nur kurze oder gar keine gemeinsame Zeit, um Bindung zu erleben. Das kann bedeuten, dass Gefühle später einsetzen – oder nie. Beides ist menschlich. Entscheidend ist, die eigenen Gefühle ernst zu nehmen, wie sie gerade sind, und die Erwartungen anderer als Einladung zu sehen, die man annehmen kann oder nicht – aus Liebe. Kein Mensch hat die Pflicht zu lieben. Kein Mensch kann aus Pflicht lieben. Liebe ist kein Auftrag. Liebe ist wie wir fühlen. Einzigartig.

Mit der Todesprognose nahm ich die Rolle als Mutter an. Besser gesagt, sie nahm mich ein, füllte mich bis in jede einzelne Zelle aus. Das war keine Entscheidung. Es war, als hätte meine Rolle wie eine Raupe über Jahre im Kokon geschlummert – und jetzt kam der Moment des Auftritts nach meiner sekundenschnellen Verwandlung. Nicht hin zu einem leichten, filigranen, wunderschönen

Schmetterling, sondern zu einer wütenden, verletzten Löwin, die dem Tod als Wilderer ausgeliefert, in die Enge getrieben, um ihr zitterndes Junges kämpft, indem sie nichts weiter tut, als dazustehen, zuzusehen, abzuwarten. Ausgeliefert. Machtlos. Verloren.

Das waren meine allerersten Gefühle als Mutter. Heute sind für mich Menschen ab dem Augenblick Mütter, in dem sich ihre Eizelle und ihre Spermazelle vereinen. Was die Eizelle und Spermazelle zu »ihrer« macht, bin ich noch nicht bereit zu formalisieren. Menschlich und herzlich beginnt Elternschaft für mich mit der Liebe – dieser Quelle allen Lebens, die auch zum Tod führen kann, und die bereits im Reagenzglas beginnen kann. Ab der ersten Zellteilung ist der Mensch für mich ein Kind. Schlicht, weil jede andere Definition vom Beginn des Lebens Ausnahmen enthält.

Und jedes Kind hat von Beginn an einen biologischen Vater und eine biologische Mutter. Manche haben mehr als einen Vater, mehr als eine Mutter – das weiß ich. Was ich nicht weiß: Wie viele von ihnen ihre Kinder lieben.

Ich weiß nur, Eltern haben Rechte und Pflichten wie Fürsorge, Unterhalt, Erziehung und Schutz – aber Liebe fällt nicht darunter. Sie kann keine Pflicht oder ein Recht sein, sie ist ein Naturprinzip. Ich habe mich nicht für oder gegen meine Muttergefühle entschieden. Sie sind Teil meiner Gefühle, die mich in diese Beziehungsrolle stellen, meine Selbstverständlichkeit, meine innere Gewissheit, meine Überzeugung, gegen die kein gesetzlicher, kein gesellschaftlicher und kein biologischer Tod etwas ausrichten kann, wohlwissend, dass andere Mütter oder Väter sie anders erleben.

Gerade weil ich mich für meine Muttergefühle nicht entscheiden konnte,
gerade weil ich sie nicht lenken kann,
gerade weil ich sie nicht begreife,
kann ich sie auch von anderen nicht verlangen,
sie ihnen nicht aufbürden,
sie nicht von ihnen erwarten,
sie nicht als Trost einsetzen.
Ich kann nur meine Gefühle fühlen,
nur von diesen sprechen,
nur diese teilen,
weil es meine Gefühle sind. Für alle meine Kinder – aber meine.

Und ich habe »die Rolle als Mutter« angenommen, präziser ausgedrückt: Mich hat »die Rolle als Mutter« eingenommen, würdevoller formuliert, »die Rolle als Mutter« füllt mich aus.

Im entscheidenden Kontrast zu: Ich habe »die Rolle Mutter« angenommen. Diese drei Buchstaben – als – entscheiden, ob wir uns für die eigenen Gefühle öffnen oder meinen, den Gefühlen aller anderen gerecht werden zu können. Es gibt nicht »die Mutter«, ich fühle die Mamas meiner Eltern, ich fühle meine Mama, ich fühle mich. Wenn ich davon ausgehe, »die Rolle Mutter« annehmen zu können, nähme ich anderen Rollen, die ich im Leben inne habe, den Platz weg. Vor allem aber gebe ich vor, es gäbe »die Mutter«. Wenn es »die Mutter« gibt, gibt es auch »die Muttergefühle«. Es gibt aber nur mein Spiel dieser Rolle, in meinem Lebenstheater, meine Interpretation von »Mutter«. Und die ist so einzigartig wie ich selbst, wie jedes meiner Kinder, so einzigartig wie gelebte Liebe – über den Tod hinaus.

Die eigenen Gedanken denken

Wenn es um das Leben des eigenen Kindes geht, werden wir von Gefühlen überwältigt, und manche flüchten sich vom Herz in den Verstand. Der Verstand mit seinen Gedanken wirkt oft sicherer, weil alles, was wir denken, auf Informationen herrührt, auf Fakten, auf Wahrheiten. Doch ob Meinungen oder Studien – sie unterliegen alle dem Zeitgeist. Selbst hochrangige wissenschaftliche Erkenntnisse können später präzisiert oder ergänzt werden, und trotzdem kann der ältere Ansatz im Alltag sinnvoll weiter genutzt werden. Auch Meinungen von sehr kompetenten Menschen mit langjähriger Erfahrung sind nicht für alle und auf immer stimmig.

Mit einem für das emotionale Thema Trauer um Sternenkinder unverfänglichen, weil sachlichen Beispiel will ich das veranschaulichen: Newton und Einstein.

Isaac Newton formulierte vor über 300 Jahren Gesetze, um Bewegung und Gravitation zu berechnen. Sie wurden in Schule, Wissenschaft und Technik über Jahrhunderte für Mühlenbau, Uhrenbau oder Transport verwendet. Albert Einstein zeigte vor 100 Jahren mit seiner Relativitätstheorie, dass Newtons Berechnungen nicht immer stimmen. Trotzdem nutzen wir für unseren Alltag Newtons Formeln: die Berechnung von Brückenbögen, die Flugbahn eines Balls, die Geschwindigkeit eines Autos oder den Startwinkel einer Rakete. Nur selten braucht es die Präzision von Einsteins Formel.

Angewendet auf das Leben mit Sternenkindern will ich mit diesem Beispiel sagen: Wenn rechtliche und medizinische Informationen, die

Meinung der Gesellschaft, Menschen mit Erfahrung und Expertise, die eigenen Ansprüche, Vorurteile oder sonstigen Gedanken zu komplex, zu kompliziert, zu konstruiert sind, dann können wir stattdessen für den eigenen Weg ganz pragmatisch nutzen, was sich uns erschließt. Insbesondere wenn es um die Gefühle für Leben und Tod, um die Liebe als Trauer, geht, gilt:

Wir können nicht alles wissen.

Wir können nicht alles verstehen.

Wir können nicht alles begreifen.

Was wir denken und fühlen , hat seine Quelle meist in Erlebtem, Gelerntem oder inneren Prozessen. Deshalb gilt:

Wir dürfen uns wahrnehmen.

Wir dürfen uns vertrauen.

Wir dürfen uns austauschen.

Wir passen uns nicht an die Informationen, nicht an den Zeitgeist an, sondern greifen heraus, womit wir zurechtkommen, und passen es immer wieder an. Das gilt beim Verstand vor allem, wenn es um das Alter des Kindes und um die Todesursache geht. Der Verstand versucht geduldig und voller Energie, Merkmale zu finden, anhand derer er die Gefühle und das Verhalten ausrichten kann – für all die folgenden Entwicklungszustände oder medizinischen und natürlichen Vorgänge, für die Menschen je nach Situation folgende Worte wählen:

Zellhaufen, Morula, Zellmasse, Blastozyste, Dottersack, Windei, Blasenmole, Mole, Eileiterschwangerschaft, natürliche Selektion, Embryo, Fötus, Abgang, Missed Abort, Abort, Spontanabort, Frühabort, Blutung, Ausschabung, Schwangerschaftsgewebe, embryonaler oder fetaler Anteil, Plazentareststoff, Klinikmüll, Restmaterial, Fehlgeburt, stille Geburt, Abgang, Abtreibung, Abbruch, Schwangerschaftsabbruch, medikamentöser/operativer Abbruch, therapeutischer Abbruch, Zwangsabbruch, Spätabort, Totgeburt, Unfall, Immunreaktion, Krankheit, Schicksalsschlag.

Menschlich und herzlich betrachtet wird mit jedem einzelnen dieser Wörter von einem Kind geredet. Rechtlich, medizinisch und biologisch braucht es die meisten dieser Wörter (einige sind nur sinnfrei und verletzend). Für die Liebe und damit für die Trauer braucht es nur ein Wort: Kinder. Und wenn ihre Eltern sie überleben: Sternenkinder.

Die medizinischen und rechtlichen Begriffe stärken eine Distanz, die sich wie eine Schutzmauer verstanden wissen will. In der deutschen Trauerkultur und bei unserem Umgang mit dem Tod meiden wir das Wort »Kinder« in der Schwangerschaft so vehement, dass es dazu führen kann, dem eigenen Verstand nicht zu trauen – und das aus nachvollziehbaren Gründen.

Die Psychologie kennt dafür den Begriff der pluralistischen Ignoranz – ein Phänomen, bei dem Menschen eine Haltung übernehmen, weil sie annehmen, dass andere diese vertreten, auch wenn sie selbst zweifeln. Für Sternenkinder formuliert: Wenn viele schweigen oder eine bestimmte Haltung signalisieren, übernehmen wir diese unbewusst, selbst wenn sie im Widerspruch zu unserer Wahrnehmung steht. Neurowissenschaftlich betrachtet ist das keine »Charakterschwäche«, sondern Teil unseres Überlebensprogramms: Das Gehirn meidet sozialen Ausschluss – manchmal sogar um den Preis, die eigene Wahrheit zu verleugnen.

Daher gilt es, in Extremsituationen alle Meinungen, Weltbilder, Informationen und Erfahrungen zu pausieren und sich ganz pragmatisch, ganz banal, ganz klar auf die einzige Information zu konzentrieren, die den persönlichen Moment füllt:

Ein Kind stirbt.

Wir leben.

Wir lieben.

Also trauern wir. Mehr braucht der Verstand manchmal nicht. Die Liebe hilft ihm, einen Weg zu finden.

Mein Kind, das die Frauenärztin Embryo nannte. Mein Kind, von dem sich das Umfeld fragte, »ob die Schwangerschaft trotz des Hämatoms klappen würde«, und als sich das Hämatom Woche um Woche nicht auflösen wollte, sondern Blutung um Blutung, Vorwehen um Vorwehen und weitere Diagnose um Diagnose verstrichen, hieß es, ob »es« das wert sei. »Es« sollte halt nicht sein. Ob wir da wirklich weitermachen wollten? »Es ist doch nur ein Zellhaufen.«

Diesen Begriff recherchierte ich. Oft heißt es, der Begriff würde beleidigend verwendet, er würde menschliches Leben entwerten, weil nicht von Embryo, sondern von Zellhaufen gesprochen wird. Mir hat der Begriff für die Verstandesebene erstmals die perfekte Argumentation geliefert, warum es sich schon im Reagenzglas, also ab Einnistung, um ein Kind handelt. Es stellte sich bei meiner Recherche nämlich heraus: Ja, der Embryo, das Kind, ist ein Zellhaufen, Jedes mehrzellige Lebewesen ist, vereinfacht gesagt, ein ›Zellhaufen‹. Wenn Zellen sich teilen, lebt ein Organismus. Viele Zellen ergeben einen »Haufen«. Je älter und größer ein Mensch, desto ein größerer, älterer Zellhaufen ist er.

Der Begriff Zellhaufen unterscheidet uns als Menschen nur nicht von der Hefe im Kuchenteig. Die ist nämlich auch ein Lebewesen, ein Zellhaufen. Daher ist es hilfreicher für das Miteinander, von Mensch zu sprechen, und biologisch handelt es sich bei menschlichen Lebewesen auch in der Schwangerschaft um die Nachkommen der Eltern. Und beim Menschen nennen sich diese Nachfahren Kinder – als Rollenbezeichnung, als biologische Tatsachenbeschreibung und auch als Beziehungsbegriff –, wenngleich rechtlich und medizinisch andere Wörter verwendet werden.

Obwohl ich wusste und spürte, es ist ein Kind. Mein Kind. Unser Kind. So verstand ich alle anderen nur zu gut. Vor dem möglichen Tod meines Kindes hätte ich ganz genau solche Aussagen getroffen, mit Satzanfängen wie: »Es ist doch schon was anderes, wenn …« oder »Aber wenn …«. Meine Meinung inklusive Beschreibung, Bewertung und Urteil.

Heute kann ich es nicht anders ausdrücken, als dass es ein Naturprinzip gibt, dem all unsere kulturellen, historischen, gesellschaftspolitischen und persönlichen Gedanken und Gefühle einerlei sind. Dieses Naturprinzip wahrzunehmen und ernst zu nehmen, fällt mir heute noch manchmal verdammt schwer. Doch es lohnt sich immer, weil es mir dieses Naturprinzip gleichzeitig so entspannt wie leicht macht, meinen eigenen Weg zu finden und mich begleiten zu lassen. Diesen Teil ergänze ich im Kapitel für Mitfühlende nach dem Abschied »Mit anderem Hirn und Herz mitgehen«, weil ich davon schreibe, wie meine beste Freundin mich begleitet und gestärkt hat, während sie gleichzeitig völlig anders dachte und fühlte.

Schreiben. Kritzeln. Bahnen ziehen.

Wenn eine Nachricht das Leben erschüttert, wie es nur der Tod des eigenen Kindes vermag, beschreiben viele Eltern diesen Moment als Ausnahmezustand: der Körper zittert, die Gedanken rasen, alles verschwimmt, manchmal scheint nichts mehr zu greifen. Und genau in diesem Zustand kann es helfen, selbst etwas zu greifen. Einen Stift. Ein Blatt Papier. Eine Serviette. Ein Beleg vom Einkaufen. Einen Zettel vom Beistelltisch im Krankenhaus. Es muss kein Tagebuch sein. Kein schöner Text. Kein Plan. Einfach eine Linie. Ein Wort. Ein Kringel. Ein Kreis. Oder ein wildes, wütendes Kritzeln. Hauptsache: Bewegung.

Denn über die Hand lässt sich oft ein Zugang finden – zu sich selbst, zu dem, was gerade gefühlt, gedacht, durchlebt wird. Beim Schreiben mit der Hand werden mehr Areale im Gehirn aktiviert. Diese Vernetzung führt zu tieferer kognitiver und emotionaler Verarbeitung – das hilft gerade bei überwältigenden Erfahrungen. Etwas mit der Hand zu halten und zu bewegen – Stift, Papier, Druck, Reibung – gibt dem Körper sensorisches Feedback, das das autonome Nervensystem beruhigen kann. Besonders in Zuständen von Stress, Schock oder Dissoziation wirkt diese Rückmeldung erdend und stabilisierend. Sie signalisiert dem Körper: Du bist da. Du kannst etwas spüren. Du hast auf dich Einfluss.

Das Schreiben mit der Hand ist langsamer als Tippen oder Sprechen – das verlangsamt auch das Denken. Dadurch entsteht Raum für bewusste Wahrnehmung, für das Sortieren innerer Zustände, für den Zugang zu tieferen Emotionen. Diese Verlangsamung hilft besonders, wenn das Innen zu schnell, zu laut, zu viel ist. Natürlich können auch Sprachnachrichten helfen, Druck abzulassen – wenn Schreiben nicht möglich ist. Sie entlasten das Sprachzentrum und können Nähe schaffen. Digitale Notizen sind praktisch und immer erreichbar. Es geht um eine erste Verbindung im Leben mit dem unmittelbaren Tod.

Ich hatte schon immer mit Stift auf Papier gedacht. Nicht alles ließ sich später noch entziffern. Das waren nicht immer Wörter. Manchmal Skizzen, manchmal Bahnen, manchmal Striche. Doch alles hatte mir immer geholfen. In herausfordernden Zeiten oder wenn viel vor mir lag, waren es Listen. Listen über Listen. Einträge im Kalender. Immer: in meinem schwarzen Moleskine, DIN A6, Hardcover. Heute Softcover und Großformat. Im Krankenhaus reichte die Rückseite von Informationspapieren.

Das Handy strengte mich zu sehr an. Mit Apps, Nachrichten, Lichtern. Die konnte ich ausschalten. Aber die Reize blieben. Passworteingaben, Bildschirmschoner, diese ständige Wachsamkeit. Vor allem aber: die Autokorrektur. Ich wollte nicht, dass mich etwas verbesserte. Ich wollte gar nicht sinnvoll schreiben. Es war sinnlos. Es ging nur um Kontakt. Mit mir.

Manchmal hatte es auch mit einer Notiz am Handy geklappt. Oder einer Sprachnachricht. Einem Satz in die Luft. Aber schon meine eigene Stimme war mir zu laut gewesen. Ich hatte es leise gebraucht. In meinem Kopf war es laut und getrieben gewesen und gleichzeitig blockiert. Stumm genug. Ein Stift auf Papier hatte mich nicht bewertet. Nicht reagiert. Nicht widersprochen. Nichts korrigiert. Mich nicht unterbrochen. Aber zuverlässig gespeichert. Ich hatte diese

Papiere eigentlich nie verloren oder verlegt. Und wenn doch, dann hatte ich sie bewusst zerknüllt und achtsam weggeworfen. Am meisten hatte mich bewegt, wenn ein Gedanke den Stift durch das Papier trieb. Manchmal bohrte er sich hindurch. Genau das hatte mich am Limit entlastet.

Nur den nächsten Schritt anpeilen

Wenn Eltern erfahren, dass ihr Kind sterben wird, geraten Körper und Geist, das gesamte System, aus der Spur. Jetzt wird verlangt, weiterzugehen, obwohl die eigene Welt, die eigene Realität, stillsteht. Es muss funktioniert werden. Wenige Fragen des medizinischen Personals oder aus dem Umfeld, wenige Aufgaben aus dem beruflichen und privaten Alltag, wenige Informationen können sich nach so viel, so unbezwingbar viel, weil so überwältigend, viel anfühlen.

Die Redewendung »ein Schritt nach dem anderen« lässt sich für manche schwer umsetzen, weil sie verlangt, sich konzentrieren zu können, sich auf den Moment zu besinnen, geerdet im Hier und Jetzt zu sein und sich um nichts anderes zu kümmern als um das, was in diesem Moment ansteht. In extremsten Situationen, wenn das eigene Kind sterben wird, interessiert nichts anderes, und einfachste Dinge wie ein Formular für das Krankenhaus auszufüllen, können zu den größten Herausforderungen werden. Es hilft, die Redewendung zu verändern: Nur den nächsten Schritt anpeilen. Immer nur einen Schritt weiterdenken. Das hilft dem Gehirn und damit dem Herzen.

Diese Hilfe lässt sich aus dem Rennsport ableiten. Für Motorrad, Auto sowie Fahrrad gilt eine goldene Regel: Der Blick entscheidet über die Linie und damit über das Können. Wir fahren, wohin wir schauen. Wer zu früh in die Kurve schaut, verliert das Gleichgewicht. Wer zu weit nach vorne blickt, kommt aus dem Rhythmus. Je mehr am Limit, je höher das Tempo, desto präziser muss der Blick sitzen, damit das Gehirn mit der Informationsverarbeitung noch hinterherkommt. Und je schwerer die Maschine, je enger die Kurve, desto sensibler reagiert der Körper. Jede Muskelreaktion zählt, jede sensorische Abstimmung, jeder Blickimpuls. In solchen Momenten ist alles am Anschlag, ob auf der Rennstrecke oder im Augenblick einer lebensverändernden Nachricht.

Neurophysiologisch betrachtet kann das ein maximaler Alarmzustand sein, ein Systemzusammenbruch auf allen Ebenen. Das Gehirn schaltet in den Notmodus, Stresshormone überfluten den Körper, alle Sinne arbeiten auf Anschlag und Emotionen werden unterdrückt. Der Tunnelblick setzt ein, der Fokus liegt nur auf dem Naheliegenden. Körper und Geist versuchen, nicht zu kippen. Und doch kippt alles: die Bilder vom Leben, die Pläne, die Träume, die Vorstellung vom Leben des Kindes, vom Leben mit dem Kind.

Das ist keine Nebenstraße. Das ist der Grenzbereich. Im Steilhang. In einer Kurve, die nie zuvor trainiert wurde – weil viele Miterlebende, Mitfühlende und Mitdenkende wegen des Tabus rund um das Thema Tod, im Besonderen um den Tod von Kindern, davon meist noch nie gehört oder gelesen haben.

Deshalb kann es helfen, den Blick auf den kleinsten möglichen Radius zu begrenzen. Im Krankenhaus kann das bedeuten, nur den Weg bis zur Tür des Zimmers zu sehen, nicht den ganzen Flur. Erst zu überlegen, welcher Stift gewählt wird, bevor das Formular ausgefüllt wird – nicht den gesamten Inhalt des Dokuments, sondern nur eine Frage weiter. Den Blick nur auf den Wasserbecher richten und dann trinken, bevor überlegt wird, was danach ansteht. Den nächsten Schritt buchstäblich so klein wie möglich machen – nicht den morgigen Tag im Kopf haben, nicht den nächsten Termin, nicht den unausweichlichen Abschied. Nur das, was sich im Radius der eigenen Sinne befindet. Erst wenn dieser Schritt getan ist, kann der darauffolgende betrachtet werden. So kann sich über die schockierende und plötzliche Schlucht eine Hängebrücke ausdehnen, die sich nacheinander und gemeinsam begehen lässt.

Wenn mir alles zu viel wird, wenn ich nicht weiß, wo anfangen, wo aufhören, dann verkrieche ich mich, drehe um oder laufe gar nicht erst los, um diesen überwältigenden Berg an Aufgaben, Ansprüchen und Angewohnheiten zu bezwingen.

Bei meinen Sternenkindern war es kein Berg, sondern eine Schlucht. Ich wusste gar nicht, wohin und wie es weitergehen sollte. Was ist zu tun? Wann kann etwas getan werden? Warum passiert das überhaupt? Was passiert überhaupt? Ich will nichts davon und ich begreife es nicht. Ich kann mich nicht verkriechen, nicht weglaufen, nicht umdrehen, sondern ich werde immer näher an die Schlucht geschoben. Es wiederholt sich in allen Sinnen nacheinander: Mein Kind, unser Kind, wird sterben.

Diese Sinnlosigkeit, diese Machtlosigkeit, dieses trotzdem Weiter und Weiter und Weiter im Stillstand erinnerte mich an Beppo, den Straßenkehrer in Momo. Als Momo ihn fragte, von mir frei interpretiert: »Wie kannst du bei aller Sinn-

losigkeit Freude an deiner Tätigkeit und am Leben haben?«, sagte Beppo zu Momo: »Man darf nie an die ganze Straße auf einmal denken. Man muss nur an den nächsten Schritt denken, den nächsten Atemzug, den nächsten Besenstrich. Dann macht es Freude; das ist wichtig. Dann macht man seine Sache gut. Und so soll es sein.«

Erst machte mich diese Erinnerung wütend. »So soll es sein«?! Es soll verdammt noch mal nicht so sein. Es ist so.« »Dann macht man eine Sache gut«?! Welchen Einfluss auf Leben und Tod habe ich denn? Wenn ich mir hier etwas einbilde, erhalte ich nichts als Schuldgefühle. Und ich hatte genug Gefühle. Ich bin bis heute froh, dass mir Schuldgefühle erspart blieben. Ich kenne ihre Lähmung aus anderen Bereichen. Sie sind für mich die Hyänen unter den Tieren: immer auf der Lauer, immer zur Stelle, wenn sich Schwäche zeigt. Selbst Löwinnen weichen ihnen aus. Erst mit dem Kopfkino von der afrikanischen Steppe begriff ich, warum mir mein Verstand die sinngemäße Passage aus Momo von Michael Ende einspielte: »Die ganze Straße« steht nicht wie normalerweise in meinem Alltag für einen Berg an Aufgaben, Ansprüchen und Angewohnheiten, sondern schlicht für Sinnlosigkeit.

Wenn der Tod unausweichlich bevorsteht, stelle ich mir vor, wie sich die meisten auf ihren Sinn des Lebens besinnen. In Büchern, Filmen und auch aus Studien der Palliativmedizin, Hospizarbeit und Psychologie weiß ich, dass sich bei vielen Menschen in der sogenannten End-of-Life-Phase der Fokus stark verschiebt, hin zu Beziehungen und zur Verbindung zu anderen Menschen, Liebe und Fürsorge, Versöhnung, Erinnerungen an alltägliche und erfüllende Augenblicke (diese beschriebenen Beispiele nenne ich Schimmermomente) und Selbstakzeptanz. Wenn es um den Tod des eigenen Kindes geht, hatte es von all diesen Dingen, all diesem Sinn, von all seinem Leben viel zu wenig. Daher die Sinnlosigkeit. Der Fokus auf diese Sinnlosigkeit lähmte und blockierte mich. Der Blick auf den nächsten Schritt machte mir, im Gegensatz zu Beppo, immer noch keine Freude, und auch die Sinnlosigkeit blieb. Doch als ich mich nur auf den jeweils nächsten Schritt konzentrierte, wurde der aktuelle Schritt möglich.

Atmen

Es kann sein, dass kein Gedanke weiterhilft. Kein Plan, keine Worte, keine Geste. Nur der nächste Atemzug. Einfach nur atmen.

Einatmen. Ausatmen. Einatmen.

Wenigstens kurz die Augen zu. Und länger einatmen als ausatmen oder andersherum? Egal. Einfach atmen. Einatmen. Ausatmen. Einatmen.

Mitfühlende

Nur Gefühle und Impulse mitteilen

Es stellen sich viele Fragen: Was ist passiert? Was wird passieren? Was ist die Ursache? Was kann getan werden? Wie lässt sich unterstützen? Und das Wichtigste: Wie geht es dem Kind, wie geht es den Eltern?

Die meisten sind von diesen vielen Fragen überfordert – denn auf die wenigsten gibt es Antworten. Und die wenigen, die es gibt, sind tragisch. Das damit verbundene Mitgefühl kommt trotzdem an, nur nicht immer sofort. Es kann Wochen oder Monate dauern.

Auf beide Seiten kann es daher drucklösend wirken, wenn keine Fragen gestellt werden, sondern Aussagen formuliert werden – indem Gefühle und Gedanken mitgeteilt werden oder Musik, Zitate, Anlaufstellen. Wenn Fragen gestellt werden, hilft es, zu ergänzen, dass auf die Fragen keine Antworten erwartet werden – sie sollen als Form des Mitgefühls verstanden werden. Im Kapitel: »Beispiele für Worte und Gesten« finden sich Ideen.

Bei allem gilt: sich selbst zu vertrauen, auf die eigenen Gefühle zu hören – weil die Wellenlänge und Persönlichkeit Beziehungen so unterschiedlich gestaltet, dass Trostworte bei der einen Person Wut, bei der anderen Verbundenheit auslösen können. Doch in jedem Fall gilt: besser unpassend oder bemüht getröstet, als gar keine Liebe zeigen. Sie kommt auch über Umwege an – sie braucht in diesem Fall nur länger.

Wir haben von wenigen sehr viele Fragen erhalten – und mein Mann hat sie alle abgefedert. Es ist schwierig. Wenn es um medizinische Belange geht, bin ich manchmal sehr froh über die Fragen – weil ich selbst nicht darauf gekommen wäre und es mich auch interessiert oder es mir einen guten Anknüpfungspunkt gibt. Manchmal verunsichern sie mich aber auch – weil ich nicht darauf gekommen bin und dann Sorge habe, an was ich noch alles nicht gedacht habe.

Es heißt, im Netz zu recherchieren mache es noch schlimmer – nicht für mich. Mich entspannt es, wenn es eine unüberwindbare Anzahl an Möglichkeiten gibt. Dann ist es für mich auch in Ordnung, auf die Fragen keine Antworten zu wissen. Trotzdem ergänzen Fragen automatisch meine innere To-do-Liste – und wenn es um das Leben des eigenen Kindes geht, dann gibt es nichts, was weniger wichtig wäre als diese Liste, und gleichzeitig nichts, was mir mehr Halt gibt.

Diese Gleichzeitigkeit scheinbar gegensätzlicher Gefühle begleitet mich mit allen Kindern ein Leben lang. Und sie lässt sich gemeinsam leichter aushalten. Deshalb bin ich mittlerweile über jede Frage, jedes Wort dankbar, das damals an mich gerichtet wurde. Für meine Sternenkinder.

Informieren, wie der Abschied abläuft

Bei Menschen, die mitfühlen, erzeugen Wertschätzung und Anteilnahme automatisch Fragen, aber Antworten brauchen Zeit. Bis dahin lässt sich vieles nachlesen.

Es klingt für viele ungewöhnlich: nachlesen, wenn es mich nicht betrifft, ich gar nichts Genaues weiß, es doch so unterschiedlich ist und ich es ja irgendwann erfahren werde, oder wenn nicht, komme ich auch damit klar. Das mag sein, aber für Eltern kann es sich später so anfühlen, als wären sie nicht ganz allein gewesen – dieser Beistand und diese Geborgenheit, kann sich für die Eltern so anfühlen, als wären sie begleitet worden, weil ihr Sternenkind nicht nur von ihnen selbst so viel Aufmerksamkeit und Zeit erhalten hat.

In den meisten Fällen dauert es natürlich noch eine ganze Weile, bis die Eltern dafür bereit sind, aber als mitfühlende Person kann vor dem Abschied, beim Abschied oder danach damit angefangen werden.

Ich war mehr als überrascht, als ich von einer Nachbarin hier, von einem Freund dort, immer mal wieder Fragen gestellt bekommen habe, wie das denn gewesen sei, weil – das läuft doch so und so ab, aber ich hätte dies und das erzählt. Diese normalste, selbstverständlichste und menschlichste Neugier, dieses Interesse, diese Aufmerksamkeit hat mir so gut getan, weil meine Sternenkinder mal andere Gefühle ausgelöst haben als Leid, Schmerz, Traurigkeit, Melancholie – nämlich Verbindung über Wissen und Erkenntnis durch einfache und ehrliche Fragen.

Unterstützung ohne Fragen anbieten

Die Frage »Was kann ich für dich tun?« zielt auf Hilfe ab. Sie will Gutes und steht meist für Hilflosigkeit. Wüssten wir, was wir tun können, würden wir es tun. Was liegt also näher, als die betroffene Person direkt zu fragen, statt gar nichts oder das Falsche zu sagen?

Und doch: In den meisten Fällen wissen Eltern gar nicht, wie ihnen geschieht. Selbst beim Tod im erwartbaren Alter sind Mitfühlende oft erst einmal damit beschäftigt, zu begreifen, was es heißt, wenn sie diese Person auf dem weiteren Lebensweg nicht begleiten werden. Alles dreht sich um den Verlust, um das eigene Gefühl, weniger um Handlungsmöglichkeiten.

Um eine Frage wie »Was kann ich für dich tun?« zu beantworten, braucht es viele Schritte. Die eigene Situation muss eingeordnet werden. Dafür sind Aufmerksamkeit, Selbstwahrnehmung und Emotionsverarbeitung nötig. Mögliche Antworten müssen innerlich durchgespielt und bewertet werden, das setzt Reflexion, Planung und Entscheidungskraft voraus. Und schließlich muss die gewählte Antwort formuliert werden, wofür es Zugang zu Sprache, Arbeitsgedächtnis und Gefühl braucht.

Was so einfach klingt, ist in der Anfangstrauer oft nicht möglich. Der Schicksalsschlag versetzt Körper und Geist in einen Stressmodus. Das Gehirn kann kaum klar denken oder sprechen, es befindet sich in einer neuen, fremden Welt. Viele Betroffene spüren sich selbst kaum noch, ihre Wahrnehmung ist wie betäubt oder innerlich abgeschnitten.

Sie können tatsächlich nicht wissen, was sie brauchen. Zugleich spüren sie die Alltagsbanalität dieser Frage und setzen sich mitunter zusätzlich unter Druck. Denn sie wissen: Die Frage ist liebevoll gemeint. Wenn sie unbeantwortet bleibt, geschieht das nicht aus Unwillen, sondern aus Überforderung.

Was stattdessen helfen kann: konkrete Fragen oder stille Angebote: Ein Essen vor der Tür. Eine Nachricht, die ohne Erwartung stehen bleibt. Einige Initiativen für Sternenkinder bieten auf Wunsch kleine Päckchen mit Kleidung, Düften, Kerzen oder Mützchen an – oft kostenfrei. Mitfühlende können sich direkt an diese Initiativen wenden oder selbst etwas gestalten: Mützchen häkeln, Kerzen verzieren, Suppe vorkochen, einen Brief schreiben. Es kommt auf die Eltern an, auf die Beziehung und auf die eigenen Möglichkeiten. Wichtig ist nur, keine Reaktion zu erwarten und konkret formulieren.

Für mich persönlich waren offene Fragen sehr schwer. Sie gaben mir den Impuls, an all das zu denken, was ich vielleicht noch fühlen, planen, entscheiden sollte. Ich wusste immer, wie ernst diese Frage gemeint war – und wollte sie unbedingt wertschätzen. Doch gerade deshalb spürte ich den Druck umso mehr. Ich konnte nicht antworten. Ich wollte, aber schaffte es nicht. Und es verstrich immer mehr Zeit, irgendwann fühlte ich mich deswegen auch noch schuldig.

Am liebsten waren mir Entscheidungsfragen, solche, die sich mit Ja oder Nein beantworten ließen. Ich wusste auch dann nicht, was ich brauchte, aber ich konnte wenigstens antworten. Das gab mir Sicherheit. Schließlich ist die Chance auf die »richtige« Antwort bei einer Entscheidungsfrage 50:50. Allein die Tatsache, eine Frage beantwortet zu haben, etwas getan zu haben, etwas kontrolliert zu haben, etwas beeinflusst zu haben, tat mir gut. Wer immer solche eine Frage stellt, vermittelt Vertrauen. Rückblickend kann ich definitiv sagen, dass sich dadurch ein Gefühl von Verbindung einstellte. Eine Verbindung, die Sicherheit und Geborgenheit vermittelte – und aus der ich Kraft schöpfen konnte.

Einfache Informationen teilen

Wenn der Tod des eigenen Kindes bevorsteht, sind die Eltern in einem akuten Ausnahmezustand. Oft können sie ihre Gefühle nicht ausdrücken. Viele sind dankbar für klare Impulse wie Musiktitel, Gedichte oder Hinweise zu Bestattungsmöglichkeiten.

Dafür braucht es keine besondere Berührung mit dem Thema, kein spezielles Wissen zu Sternenkindern. Entscheidend ist, die Verbindung, die Beziehung und die Gefühle für die Eltern. In Liebe begleiten, weil sich die Menschen kennen. Das reicht, um Inhalte auswählen und weitergeben zu können.

Bei emotionalen und persönlichen Inhalten fällt Eltern der Zugang aus dem eigenen Umfeld oft leichter als zu Angeboten von professionellen Stellen. Diese können Emotionales bereitstellen, Persönliches jedoch nicht ersetzen.

Wenn solche Inhalte geteilt werden, braucht es keine Erklärung, keine Rechtfertigung, keine Einleitung. Auch wenn viele Eltern überfordert sind, reagieren ihre Sinne oft sensibel. Sie nehmen wahr, was für ihr Kind wichtig ist. In dieser Zeit zählt nichts anderes. Aus dem Inhalt lässt sich leicht erkennen, worum es geht und warum er gesendet wird.

Nur: Mit einer Antwort sollte nicht gerechnet werden. Lieder, Gedichte oder Zitate können einen selbst berühren. Manchmal finden sie sich auch auf den Seiten von Initiativen oder Eltern von Sternenkindern, genauso wie hilfreiche Informationen. Dabei ist es wichtig, das Urheberrecht zu wahren, zum Beispiel durch Nennung der Autorin oder des Autors und der Quelle.

Die Ideen aus dem Kapitel »Satzanfänge, Geschenke, Gesten« können ebenfalls als Vorlage hilfreich sein. Wird die Quelle angegeben, erhalten die Eltern erste Impulse, um sich selbst damit auseinanderzusetzen, wenn sie Zeit und Raum dafür haben.

Ich habe im Krankenhaus eine Broschüre erhalten. Wenn ich mich richtig erinnere, enthielt sie Rechtliches, Medizinisches und Herzliches: pathetische und poetische Zitate mit Bibelverweisen sowie Anlaufstellen mit speziellen Themen. Im Grunde war es eine Mappe mit allem. Also allem. Allem. Allem. Ich konnte die Inhalte nicht greifen.

Das Besondere und Wichtige an dieser Mappe aber war, dass ich sie dennoch greifen konnte. Sie war auf weißem DIN–A4–Papier ausgedruckt, zusammengetackert, und durch die Druckerschwärze der kopierten Inhalte wirkte sie auf mich persönlich händisch, liebevoll, organisiert, als wäre es den Menschen, die sie erstellt haben, wirklich wichtig. Und so war es auch. Viele kümmern sich im Rotkreuzklinikum München, damals noch mit der Taxisklinik als Frauenklinik, gemeinsam mit der Schwesternschaft München vom Bayerischen Roten Kreuz und den Seelsorgenden, um Sternenkinder und ihre Eltern.

Beim Überfliegen der Mappe habe ich, aufgrund der Fülle und weil ich im Ausnahmezustand mit höchstem Grad an Vorurteilen ausgestattet war, einiges gleich überblättert, etwa Selbsthilfegruppen, weil von Schuldgefühlen die Rede war. Zitate aus der Bibel habe ich als religiös Ungläubige nicht näher beachtet. Medizinisches und Rechtliches ließ ich ganz aus, weil ich zu diesem Zeitpunkt noch davon ausging, wir würden dazu personalisierte Informationen erhalten.

Aus dieser Erfahrung entstand für mich der Wunsch nach einer Sternenkindermappe, die sich ausschließlich um die Liebe und die Trauer kümmert, als Ergänzung zu Begleitheften von immer mehr Initiativen und Einrichtungen, die für dieselben Zeiträume über Rechtliches und Medizinisches informieren.

Rechtliches und Medizinisches sind für mich so individuell, distanziert und zeitlich begrenzt, dass ich es nicht gemeinsam mit Herzlichem aufbewahren möchte, weil es mich verwirrt und ich keinen Zugang finde.

Auch wenn mein Umfeld nicht auf Trauer geschult ist oder Erfahrung mit Sternenkindern hat, sie kennen mich und stärken mich im Moment größter Schwäche, ohne es zu wissen.

Ein Zitat hier, ein Lied dort oder nur die Information, dass es Sternenkindfotografie gibt, dass Hand– und Fußabdrücke genommen werden können, kurze, einfache Sätze und Hinweise – mehr konnte ich ohnehin nicht aufnehmen. Davon fühlte ich mich nie überfordert. Ich empfand solche Informationen als Hilfestellung. Ob ich sie tatsächlich umsetzte, wägte ich jeweils ab.

Die Bibel, wie alle abrahamitischen Religionen, aber auch andere Glaubensansätze, empfinde ich teils als weltbewegend und weltbeschreibend, teils als befremdlich. Wenn solche Inhalte von meinem Umfeld gekommen wären, glaube ich, dass ich mich auf Anhieb mehr damit hätte identifizieren oder öffnen können. Auf mich wirkt Emotionales von professionellen Stellen wie eine Vorgabe und mittlerweile oft auch wie eine Einladung, von meinem Umfeld hingegen wirkt es immer wie ein Geschenk. Das berührt mich so sehr, vielleicht brauche ich es nicht, vielleicht gefällt es mir nicht, doch die Geste erfüllt mich immer.

Gedanken notieren, (noch) nicht teilen

Mitfühlenden fehlen oft Antworten, genauso wie vielen Betroffenen. Mit der Zeit ordnet sich manches. Wenn der Moment gekommen ist, erzählen viele Betroffene ihre Erfahrungen sogar sehr gern.

Bis dahin gilt: Fragen aufschreiben, aus dem Bauch heraus, ehrlich, so wie es zur eigenen Beziehung passt. Aus dem Herzen heraus fragen, ob aus Neugier, Interesse oder einfach, um im Gespräch zu bleiben. Nichts beschönigen oder weichzeichnen, nichts vorab selektieren.

Fragen, die selten gestellt werden, und über die sich einige aber sehr freuen, sollen zeigen, dass genau nachgefragt werden kann: Wie war die Geburt? Wie hat dein Körper reagiert? Wie war die Geburt für dich als Vater? Wie wurdet ihr auf die Geburt vorbereitet? Welche Ursache hatte es? Wie findet ihr das heraus? Welche Beziehung hast du zu deinem Kind oder zu deiner Erfahrung? Wie ist es für dich als Vater? Wie ist es für dich als Oma? Oder wie ist es für dich als Bruder?

Es geht um Fragen aus dem Herzen an alle, über alles. Vor dem Abschied ergeben sich meistens viele, doch Antworten gibt es wenige. Daher aufschreiben. Später können diese Fragen von noch mehr Liebe zeugen.

Wir hatten einige Zeit nach der Geburt mehrere befreundete Eltern zu Besuch, deren Kinder alle noch kein Jahr alt waren. Als sie einander von der Geburt erzählen wollten, fing einer der Blicke kurz mich ein – ein stilles, fragendes Abtasten, ob dieses Thema für mich in Ordnung wäre. So flüchtig, dass ich gar nicht reagieren konnte. Musste ich auch nicht. Reihum erzählten alle nacheinander, wie die Geburt für sie war. Es wurde herzlich, ehrlich, detailliert und sehr authentisch erzählt, voller Humor, aber auch mit spürbarer Betroffenheit über Freud und Leid.

Ich freute mich darauf, an die Reihe zu kommen. Bis heute bin ich nicht dran gekommen. Wie das fleißige, aber nervige Schulkind im Klassenzimmer versuchte ich, mich aktiv einzubringen und von meinen Geburten zu erzählen.

Doch der Blick, der mich dann erreichte, war nicht mehr flüchtig und auch nicht mehr fragend, und was er bedeutete, war klar.

Ich hörte auf und hörte bei den weiteren Gesprächsthemen zu. Da erwartete ich nicht, an die Reihe zu kommen – von Schlafmangel, Schreien und Stillen konnte ich nichts berichten. Mein Kind war nie laut.

Ganz anders war es mit den meisten anderen Menschen in vielen anderen Gesprächen. Das ausgewählte Beispiel für diesen Punkt hat mich lange beschäftigt. Heute überwiegen Begegnungen, in denen wir gleichwertig miteinander sprechen – oft mit Menschen, die den Weg ein Stück mit mir gegangen sind und bei denen ich mich gesehen fühle. Sie fragten nicht nur, sondern taten es, sobald Raum und Zeit es zuließen.

Betroffene oder Initiativen recherchieren

Viele wünschen sich am Anfang Gespräche mit Menschen, die Ähnliches erlebt haben. Die meisten suchen nach Informationen über Betroffene, deren Kind im gleichen Alter, in der gleichen Schwangerschaftswoche und aus dem gleichen Grund gestorben ist, bestenfalls sogar im selben Krankenhaus. Das sind sehr enge und konkrete Kriterien, für die oft viele Seiten und Foren durchgelesen werden müssen.

Auch bei allgemeinen Hilfsangeboten ist zunächst Recherche hilfreich, doch fehlt dafür vielen die Kraft, das Passende zu finden. Dabei kann es helfen, wenn Mitfühlende schon vorab passende Kontakte, Adressen oder Links sammeln. So können sie diese zum richtigen Zeitpunkt anbieten, ohne die Betroffenen mit einer langen Suche zu belasten.

Hier können Mitfühlende unterstützen und zu gegebener Zeit behutsam darauf hinweisen.

Ich habe sehr, sehr viel Zeit damit verbracht, zum Thema Sternenkinder zu recherchieren. Angefangen habe ich mit persönlichen Berichten, weil ich Ratgeber und Sachliches keinesfalls wollte – dafür empfand ich meine Situation als zu besonders, zu einzigartig, als dass allgemeine Informationen Sinn gemacht hätten. Bis heute habe ich damit nicht aufgehört, und durch Recherchereisen und Interviews in Deutschland, Simbabwe und China hat sich der enge Kreis um die Daten rund um meine Erfahrung sehr, sehr erweitert. Ich habe verbindende Gemeinsamkeiten zu Eltern, deren Kinder schon acht Jahre oder älter waren bei ihrem Tod, oder zu Eltern, die sagen, für sie empfinden gar nichts mehr.

Genauso wie in diesen drei Ländern verstehe ich nun erst viele Ratgeber viel besser. Das ist auch der Grund, warum mir diese Zeiträume so wichtig sind. Ich habe mich über die Zeiträume sehr entwickelt, was den Umgang mit Sternenkindern angeht – genauso mein Umfeld, und nur so lässt es sich leicht darüber sprechen, weil sie den Weg mit mir mitgegangen sind. Die einen mehr, die anderen noch mehr, nur wenige weniger.

Und da hilft es mir ungemein, wenn ich Zeitungsartikel abfotografiert bekomme, in denen von Fußballmannschaften von Vätern von Sternenkindern in England berichtet wird, oder von Diskussionen über Abtreibung oder vom Erfolg der Petition über das Recht auf Mutterschutz nach einer Fehlgeburt. Oder ein Sternenhimmel, Füße im Himmel, Regen, Sonne, Himmelswolkenkunst, eine Kerze zum Candle Light Day.

Ist ›es‹ ein Kind?

Es wird von vielem gesprochen, doch oft nicht von einem Kind. Wenn das Kind während der Schwangerschaft stirbt, gibt es in Deutschland keine eindeutige Antwort darauf, ab welchem alter eines Menschen, wir ihn als Kind bezeichnen– mehr dazu im Teil »Sternenkinder«. Vielen verschafft ihr eigenes Sternenkind diese Gewissheit, die anderen lebenslang fehlt. Jede Person darf auf ihre eigene – sich wandelnde – Sichtweise achten. Wer unsicher ist, kann sich an die Wortwahl der Eltern anpassen.

Mich haben die Begriffe für meine Kinder von Anfang an sehr beschäftigt und bewegt, doch die Begriffe selbst haben mich nie verletzt. Wenn sie heute noch verwendet werden, wiederhole ich die Sätze oder ergänze das Gespräch bewusst um Sätze, in denen ich meine Kinder Sternenkinder nenne. Je nach Situation spreche ich es auch direkt an. Ich finde es bei einem Tabuthema nur logisch, dass die Worte fehlen. Wenn ich aber merke, mein Gegenüber hat sich damit auseinandergesetzt, überrascht es mich doch sehr, und ich bin immer versucht, darüber zu sprechen, was Meinung und was Fakt sein kann.

Aushalten und Warten

Letztendlich ist es in diesem Zeitraum für die meisten Mitfühlenden oft so, dass Warten eine hilfreiche Geste ist. Je nachdem, wie nah sich Eltern und Mitfühlende stehen, je nachdem, wie unsicher sich beide fühlen, kann es in dieser Zeit sinnvoll sein zu warten. In vielen Fällen wissen hier nur sehr wenige Menschen davon. Und diese wenigen stehen dem Kind und den Eltern meist so nah, dass sie selbst nicht wissen, wie sie verkraften sollen, dass dieses Kind sterben wird. Dann heißt es nicht nur Warten, sondern aushalten: die Information, die Verarbeitung der Information.

Ausgeliefert, machtlos und hilflos, dem Tod des Kindes gegenüber, den Eltern gegenüber, sich selbst gegenüber.

Aushalten und Warten benötigt immense Energie, diese nehmen die wenigsten wahr. Doch genau diese stille Präsenz kann für Eltern ein Anker sein, das Gefühl, dass da jemand bleibt, auch wenn es nichts zu sagen oder zu tun gibt. Und mehr geht nicht. Was hier wichtig ist, sich bewusst zu machen: Es geht auch nicht weniger. Das können nicht alle. Es bedeutet, sich selbst zurückzunehmen, andere in den Mittelpunkt zu stellen, ohne sie zu sehen, ohne sie zu greifen, vielleicht sogar ohne sie zu verstehen. Und dennoch, oder gerade aus diesem Grund, für sie zugänglich und greifbar zu sein, ohne im direkten, unmittelbaren Austausch zu stehen. Das kann manchmal heißen, einfach weiterzuschreiben, ohne eine Antwort zu erhalten, einfach eine Bitte zu erfüllen, ohne nach dem eigenen Befinden oder der eigenen Situation gefragt worden zu sein, einfach von anderen Informationen zu erhalten, ohne selbst informiert worden zu sein, einfach Zeit zu haben, ohne Vorankündigung oder andere einfache Dinge, die sich so schwer anfühlen können. Das funktioniert durch Vertrauen, mit Vertrauen und im Vertrauen. Und darauf zu vertrauen, verlangt viel Kraft und Liebe. Warten und Aushalten fordert viel, und es ist ein stiller Ausdruck tiefer Zuneigung.

An diese Momente in diesem Zeitraum kann ich mich erinnern, als wäre er gestern gewesen. Als würde ich mich an einen Film erinnern. Ich sehe mich selbst, als wäre die Kamera auf mich gerichtet, wie ich aus der Praxis auf die Straße trete. Eine ruhige Gegend in München, die Straßenalleen gesäumt von hohen Bäumen, deren Kronen in die Straße hängen und Schatten spenden. Die Sonne blendet mir ins Gesicht, und ich stehe oder gehe, ich weiß es nicht mehr, ich sehe es nicht. Eingebrannt hat sich nur eines: Der spezielle Ultraschall hat bestätigt, weshalb wir hingegangen sind. Unser Sohn wird sterben. Ausnahmezustand. Wenn ich Beschreibungen von dissoziativen Zuständen lese, könnte ich mir vorstellen, dass es einer war.

Ein Schutzmechanismus des Körpers für den Geist. Wenn etwas zu viel wird, zu plötzlich, zu schmerzhaft, zu überwältigend, dann schaltet der Körper nicht ab, sondern der Geist, das Gefühl für sich selbst, die Emotionen treten zurück. So fühlte es sich an: wie in einem Film. Die Welt bewegt sich im Film weiter, aber ich bin nicht Teil, kann nicht eingreifen, alles bleibt fern. Ich weiß, was passiert ist, ich sehe es, aber ich fühle nichts. Eine Erinnerung ohne Ton, ohne Berührung, ohne Geräusch.

Damit erkläre ich mir auch, dass ich keine Ahnung habe, wer gewartet hat, wer aushalten musste. Ich habe keine Ahnung, wer wann wie kontaktiert wurde. Ich weiß, was wir für den Abschied unserer Kinder vorbereitet haben und wer uns dabei geholfen hat – sprich: alles im direkten Bezug zu unseren Kindern weiß ich. Babybauch an Babybauch. Sie war das erste Mal schwanger mit meiner Nichte, ich das erste Mal schwanger mit unserer Tochter. Die Cousine heute an der Hand und unsere Tochter wenige Stunden nach der Umarmung tot. Die Liebe in der Umarmung des Augenblicks bleibt mir bis heute.

Den Mann als Vater ermächtigen

In einer Schwangerschaft heißt es oft, der Mann werde Vater. Irgendwann. Später. Nicht jetzt. Auch nach der Geburt wird der Mutter meist eine tiefere Bindung zum Kind zugeschrieben. Sie wisse, was gut sei – für sich, für das Kind. Solange alles gut läuft, bleiben die Folgen oft unentdeckt. Doch wenn der Tod vor der Tür steht, kann es helfen, den Mann bereits als Vater anzusprechen.

Oft ist die Mutter nach einer Todesnachricht wie gelähmt. Weil das Kind in ihrem Körper ist. Weil sie – wie viele – glaubt, sie müsse jetzt wissen, was zu tun sei. Der Vater ist oft dankbar, wenn er etwas tun darf. Wenn ihm Aufgaben zugetraut werden. Wenn er gefragt wird. Wenn er spürt: Ich werde als Vater gesehen. Dann kann er handeln. Für das Kind. Für die Mutter. Für sich selbst. Trifft er jedoch Entscheidungen über ihren Kopf hinweg, fragt nicht nach, übergeht ihre Bedürfnisse – dann ist Hilfe nötig. Sie wird nicht geschenkt. Aber sie ist auffindbar.

Ich kann nicht in Worte fassen, wie froh ich um meinen Mann als Vater von Anfang an bin – und vor allem, wie sehr mein Umfeld ihn als solchen annimmt. Sonst hätte ich noch so, so viel mehr Entscheidungen, Gedanken und Nerven aufwenden müssen – in einer Situation, in der nichts zählte außer dem Wahrnehmen meines Kindes und mir. Männer mögen keine Gebärmutter haben, andere Hormone, und so weiter – aber ich bin überzeugt: Sie sind Menschen mit Herz und Verstand, mit der Fähigkeit zu lieben. Und um nichts anderes geht es – im Leben und über den Tod hinaus.

In Bereitschaft stehen

Manchmal wird der engste Kreis in letzter Minute doch noch gebraucht, doch oft ist unsicher, ob das passt. Unsicher, ob das passt – emotional, zeitlich oder für die betroffene Person.

Es kann sich um Organisatorisches handeln, wie den Wunsch nach einer Sternenkindfotografie von der Tante, ein Mützchen oder eine Kerze, die gekauft werden müsste. Es kann sich um Nähe, Zuhören oder die Begleitung im Krankenhaus handeln. Wer sich bereit fühlt, jede Aufgabe zu übernehmen, kann anbieten, für jede Aufgabe in Bereitschaft zu stehen. Bereitschaft bedeutet, gebraucht zu werden – oder auch nicht –, aber erreichbar zu sein.

Bei uns wurde sehr viel in letzter Minute besorgt, weil innerhalb weniger Stunden erst erfasst werden musste, was sich arrangieren lässt. Die ganze Familie hat alles ermöglicht. Auf die Idee, Freunde anzusprechen, bin ich gar nicht gekommen. Ich glaube, beide Seiten haben sich damals nicht getraut – zu fremd, zu dramatisch, zu wenig vertraut war der Tod eines Kindes. Und das Leben in Liebe – für ein Kind vor dem Tod und über den Tod hinaus.

Beim Abschied

An die Eltern des Sternenkindes

Rückblickend sind sich viele einig, wenn sie etwas anders machen würden, dann dies: sich mehr aufs Atmen konzentrieren. Nicht auf Yogaatmen, nicht auf Meditationsatmen, nicht auf Achtsamkeitsatmen. Sondern auf das Überlebensatmen: Einatmen. Ausatmen. Einatmen.

Ein Leben ohne das eigene Kind an der Hand – das kommt in den schlimmsten Zukunftsvorstellungen nicht vor. Was soll jetzt getan werden? Was muss getan werden? Was kann überhaupt getan werden?

Es gibt dafür zu diesem Zeitpunkt – und auch alle Zeit danach – kein Richtig. Was falsch ist – und es für immer bleiben wird – ist, was geschieht: Ein Kind stirbt. Dafür gibt es immer und ausschließlich richtige Gefühle. Deshalb steht allen frei, was aus dem Herzen getan wird, denn der Tod lässt sich nicht kontrollieren.

Es soll getan und gelassen werden, was immer einer Person jetzt möglich ist. Höflich sein. Oder abweisend. Verzweifelt ins Kissen schlagen. Oder still verharrend. Weinend. Starrend. Oder sogar lächelnd – voller Vertrauen in den Weg: Alles ist richtig, wenn das, worum es geht, so falsch ist: Das Leben deines Kindes endet. Es reicht zu Atmen.

An die Mitfühlenden

Zu diesem Zeitpunkt gibt es nur das Aushalten, Warten und Vertrauen – in alle Reaktionen und die Beziehung.

Eltern

Zeit nehmen

Es gibt keine angemessene Dauer dafür, wie lange Eltern beim Abschied von ihrem toten Kind allein mit ihm verbringen. Es gibt ein Recht auf die eigene Zeit.

Manche möchten ihr Kind noch mit nach Hause nehmen, was sich nicht selten ermöglichen lässt. Viele verabschieden sich an dem Ort, an dem der Tod des Kindes eintrat, oft ist das im Krankenhauszimmer. Wenn sich noch mehr Zeit als richtig anfühlt, um mehr Zeit bitten, hier ausschließlich auf sich selbst vertrauen, ist das der letzte Anblick.

Gleichzeitig soll diese Vorstellung nicht zu dem Druck führen, so lange wie möglich zu bleiben, auch die begleitende Person unberücksichtigt lassen, sich nicht zu einem »noch länger« oder »es reicht« drängen lassen – auf sich selbst vertrauen. Der Moment des Abschieds wird kommen.

Mir zeigte sich der Momente dadurch, dass ich nicht mehr wusste, was ich nun tun sollte. Ich wollte die Zeit mit meiner Tochter und auch bei meinem Sohn, nur mit meinem Mann und der Liebe für unsere Kinder teilen, in mir aufsagen, nicht enden lassen. Doch als ich mir die Frage stellte, was gehört sich jetzt? Sollte ich mein Kind länger anschauen oder etwas singen, wusste ich, der Moment war gekommen.

An jede einzelne Minute kann ich mich erinnern, nicht als Zeit– oder Aktionseinheiten, sondern als Gefühlsmomente, das Betrachten, die Unsicherheit vor der ersten Berührung, das Aufsetzen des Mützchens, das Betten auf dem Kissen, das im Arm halten, der Blick aus dem Fenstern mit den Kindern im Arm – in der Handfläche, die Erinnerungsfotozeremonie, das Beobachten vom Vater mit seinem Kind in der Handfläche, das Lauschen zu den ausgewählten Liedern, das Wahrnehmen der Stille, das Bewundern des gewaltigen Lebenskreislaufens, auf so kleinem Raum, in so winzigen Momenten, mit der größten Bedeutung ein Leben lang und darüber hinaus.

Beim Namen nennen

Den meisten hat es geholfen, sich bereits einen Namen überlegt zu haben. Einige wählen beim Anblick des Kindes den Namen aus einer Auswahl. Manche bleiben bei Kosenamen.

Mit einem Namen lassen sich einige Worte direkt an das Kind zu richten. Das ist auch möglich, wenn das Kind nach rechtlichen Zuständen oder medizinische Vorgänge bezeichnet wird, in diesem Fall kann die daraus entstehende Distanz, die Trauer erschweren.

Denn auch wenn kein Dialog möglich ist, fühlen sich Worte direkt an Verstorbene nach Wertschätzung und Respekt an. Sich selbst gegenüber. Dem Kind gegenüber. Und der Lebenszeit, die das Kind gelebt hat.

Wir hatten beide Male Namen. Beide Male brachte mein Mann sie auf. Bei unserer Tochter passte Thora in dem Augenblick, als er den Namen aussprach, als wäre er für unsere Tochter gemacht. Als mein Mann zum ersten Mal den Namenwunsch Hugo äußerte, musste ich schmunzeln. Wenig später, nachdem uns bewusst wurde, dass unser Sohn sterben würde, sprachen wir über seinen Charakter – den Charakter, der sich über den Ultraschall, die Vorstellungen, die Zukunftsgespräche bei uns beiden auftat – und Hugo passte perfekt.

Bis heute bin ich so froh, von Thora und Hugo als unsere Kinder, von Thora und Hugo als Synonym für ihre Todesursachen, von Thora und Hugo stellvertretend für den Tod im jüngsten Alter und von mir und uns als Personen vor und nach Thora und Hugo sprechen zu können. Statt medizinisch distanziert oder rechtlich abstrakt oder symbolisch märchenhaft – so schwer und so einfach durch: kurz, knapp und aus Liebe: Thora und Hugo.

Auf Musik oder Stille einstellen

Geräusche prägen den Abschied. Der Hörsinn ist eng mit dem emotionalen Zentrum des Gehirns verbunden und beeinflusst Gefühle oft stärker als Sehen, Riechen, Schmecken oder Tasten. Aus der Filmindustrie ist bekannt, wie mit Musik der gesamte Film seine Wirkung ändern kann. Geräusche werden im Gehirn oft schneller und intensiver verarbeitet als visuelle Reize.

Wenn ein Kind bei der Geburt nicht schreit, dann stimmt etwas ganz und gar nicht.

Das nehmen wir auch ungeschult wahr, und es kann schwierig bis unerträglich sein, die Stille zu ertragen. Daher ist es ratsam, eine Auswahl an Liedern bereitzuhalten. Es gibt viele Listen mit Liedern für Abschiede, für Beerdigungen, aber es können auch die eigenen Lieblingslieder oder Lieder der Freude Sinn machen. Vielleicht reicht das Öffnen des Fensters für Blätterrauschen und Vogelgezwitscher. Vielleicht braucht es genau das alles nicht, weil nur die Ruhe Kraft und Raum für den

Anblick mit dem eigenen Kind bietet. Je nach Bedürfnis lässt es sich beim Abschied anpassen. Es kann Sinn machen, der Stille in jedem Fall für einen kurzen Augenblick bewusst zu lauschen.

Ich habe mich zu sehr versteift, zu sehr verkopft und zu viel Zeit damit verbracht, Playlists für meine Kinder zu erstellen. Vielleicht brauchte ich auch dieses Recherchieren, Raussuchen, diese Aufgabe. Was ich beim Abschied selbst jedoch nicht brauchte, war Musik. Mein Mann, der Vater, liebt Musik – wann immer, wo immer, hört er Musik. Mich strengt Musik an. Wenn ich Musik höre, höre ich Musik. Und wenn ich mich von meinem Kind verabschiede, verabschiede ich mich von meinem Kind. Nichts anderes interessiert mich. Das ganz bewusst herausgefunden zu haben, verbinde ich mit meinen Kindern. Ich erinnere mich an Naturgeräusche – Blätterrauschen und Vogelstimmen aus dem Fenster – und an das Brummen des Heizkörpers. Diese Geräusche erinnern mich heute an meine Kinder.

Gemeinsam sein

Wenn der Vater oder vertraute Menschen beim Abschied, beim ersten und oft auch letzten Anblick des eigenen Kindes nicht dabei sind, können auch Menschen begleiten, die zufällig da sind – aus der Nachbarschaft, der Klinik oder der Seelsorge.

Es muss keine enge Beziehung bestehen, damit eine Person in diesem Moment Halt geben kann. Allein mit dem eigenen Kind zu sein, kann überfordern. Nicht nur, weil das Kind tot ist, sondern weil der Schmerz zu groß ist, um ihn ohne sicheren Boden auszuhalten.

Eine stille, mitfühlende Präsenz kann helfen, in der Situation zu bleiben, sich in sich zu verankern, den Boden unter den Füßen zu behalten. Es geht nicht darum, das Erleben zu teilen oder zu erklären. Es geht um Bewusstsein, um Sicherheit, um einen Anker – um ein Gegenüber, das trägt, wenn das eigene Empfinden ins Wanken gerät.

Wer Zeit allein braucht, kann darum bitten. Es ist jederzeit möglich, sich umzuentscheiden. Viele nehmen die Begleitung kaum wahr, weil die Verbindung zum Kind alles erfüllt – allen Raum, alle Zeit, alle Liebe. Genau diese Verbindung kann durch eine stille Anwesenheit stabilisiert werden – manchmal genügt ein Atemzug im gleichen Raum.

Beide Male war der Vater, mein Mann, mit dabei. Mittlerweile denke ich oft, dass ich meine Familie und Freunde auch gerne dabei gehabt hätte – heute, da für mich Kinder jeden Alters gleichwertig sind und ich überzeugt bin, dass auch das Umfeld eine ganz eigene Beziehung zu jedem meiner Kinder hat. Doch sofort denke ich: Nein. Bei Kindern, die an der Hand begleitet werden, gibt es viele persönliche, private, intime, innige, einzigartige Lebensmomente. Bei meinen Sternenkindern gab es keinen einzigen gemeinsamen Lebensmoment an der Hand, nur in der Handfläche. Es gibt nur diesen einen, einzigartigen Augenblick des Abschieds – wenn der Tod das Leben bereits genommen hat.

Atmosphäre wahrnehmen

Der erste Anblick eines verstorbenen Kindes kann zu den eindrücklichsten Momenten eines Lebens gehören – auch dann, wenn Worte fehlen oder alles wie durch Nebel geschieht.
Was in diesem Augenblick geschieht, ist mehr als Erinnerung. Der Körper nimmt auf, was sich nicht erklären lässt: ein Blick, ein Duft, das Gewicht, das Licht im Raum, die Temperatur auf der Haut. All das speichert sich tiefer, als das bewusste Gedächtnis es je könnte.
In Ausnahmesituationen ist das Gehirn besonders empfänglich für Sinneseindrücke. Die Amygdala – das emotionale Zentrum – arbeitet intensiv, während der Verstand sich oft zurückzieht. Selbst wenn alles fern erscheint, bleibt es auf anderer Ebene nah. Viele Menschen erinnern später genau das, was sie im Moment kaum wahrgenommen haben. Der Körper merkt sich, was der Kopf nicht halten kann.
Darum lohnt es sich, diesen Moment nicht zu übergehen. Nicht, um etwas daraus zu machen, sondern um Raum zu geben – für das Kind, für die Verbindung, für die Atmosphäre, die nur ein einziges Mal spürbar ist.

Wie andere einschneidende Erinnerungen habe ich auch diese wie in einem Film im Kopf.

Der wunder–intensiv–innigste Film meines Lebens. Die Geburt unseres ersten gemeinsamen Kindes. Ein Wunder. Ja, sie war tot. Ja, sie war rot. Ja, sie war leicht. Ja, sie passte in meine Handfläche. Und ja, sie war unser Kind – aus uns beiden erschaffen, aus uns beiden gewachsen. Und genauso, wie sie war, aus vollstem Wert und tiefster Liebe. Die Geburten meiner fünf Kinder lösen in mir die gleichen Gefühle aus. Von jeder kann ich die Bilder wie einen Film abrufen. Der Geburtsfilm mit unserer ersten Tochter erscheint automatisch und augenblicklich, sobald nur das Wort »Geburt« gedacht, gesagt oder gefühlt wird.

Trinken

In einer Extremsituation wie dieser kann der Körper anders reagieren als erwartet. Womöglich entzieht sich der Atem der Kontrolle, der Körper scheint wie betäubt oder überaktiv. Nicht immer hilft es, bewusst zu atmen – auch bei Menschen mit viel Erfahrung.

Atmen gilt als eines der ältesten Mittel zur Selbstregulation. Doch selbst geübte Atemtechniken können in Ausnahmesituationen an ihre Grenzen stoßen. Der Körper reagiert automatisch – manchmal zu schnell, um bewusst gegensteuern zu können. Dann kann Trinken helfen. Nicht als Ritual, sondern als körperlicher Impuls: Wasser im Mund, ein Schluck, die Bewegung, die Temperatur.

Das Schlucken – ebenso wie Gähnen, Kauen, Singen, Summen oder tiefes Atmen – aktiviert den ventralen Anteil des Vagusnervs, einem Teil des parasympathischen Nervensystems. Der Vagus ist der längste Hirnnerv und verbindet Gehirn, Herz, Lunge und Bauchraum. Er ist zentral für Selbstregulation, Sicherheit und soziale Verbundenheit. All das aktiviert das parasympathische Nervensystem – den Teil, der für Beruhigung, Regulation und Ruhe zuständig ist.

Die Neurobiologie zeigt: Das Gehirn kann bestimmte Reize nicht gleichzeitig verarbeiten. Trinken kann helfen, Reaktionen umzulenken. Es entsteht eine Lücke zwischen Reiz und Gefühl. Eine Pause. Geschmack, Geruch, Berührung eines Glases, das Geräusch beim Schlucken – all das kann helfen, sich zu verankern. Nicht um zu funktionieren, sondern um zu spüren. Um den Moment bewusst zu erleben. Und um inmitten des Ausnahmezustands einen ersten, kleinen Halt zu finden.

Der Tipp einer Krankenschwester, die mich beide Male begleitet hat. Sie hat ihn mir nicht direkt gegeben. Sie hat mich weinen lassen. Nur wenn ich sprechen wollte, aber keine Worte fand, wenn ich weitergesprochen habe, obwohl ich längst aufhören wollte, sagte sie: »Trinken Sie einen kleinen Schluck – oder zwei.« Als hätte sie Antennen dafür gehabt. Bei einem Unterrichtsausflug mit mehreren Klassen kam ich später selbst in eine grenzwertige, überfordernde Situation. Und intuitiv bat ich alle einfach darum einen Schluck zu trinken. Danach habe ich recherchiert. Und seitdem wende ich es immer an. Nicht, um abzulenken. Sondern um wieder auf die eigene, gewollte Spur zurückzufinden – um erst wahrzunehmen und dann zu reagieren. Für mich fühlt sich dadurch jede Situation – auch die schwersten – ein Stück leichter an.

Anfassen

Berührung braucht oft Mut. Gerade im Abschied. Viele empfinden eine natürliche Scheu, besonders wenn der Körper klein, zart oder verändert ist. Die Angst, etwas falsch zu machen, ist verständlich.

Doch Berührung kann helfen. Sie überwindet Distanz – nicht nur körperlich, sondern auch innerlich. Psychologisch gesehen unterstützt Berührung die Verarbeitung: Sie stärkt die Beziehung, lässt den Abschied realer werden und schenkt dem Verstand ein begreifbares Bild.

Mensch ist Mensch – und Mensch bleibt Mensch. Wer es wagt, das zu spüren, erlebt oft etwas ganz Einfaches und gleichzeitig sehr Starkes: Nähe, über das Leben hinaus.

Ich hatte große Angst, meine Kinder »kaputt zu machen«. Von meinen Großeltern wusste ich, wie sich ein toter Körper anfühlte. Aber meine Kinder sahen ganz anders aus – nicht nur, weil sie viel kleiner, viel zarter und viel röter waren, sondern weil sie so schlafend wirkten.

Als ich meine Tochter das erste Mal berührte, glich es weniger einer Berührung als vielmehr einem Hauch. Sie war weich – und das löste noch einmal Respekt in mir aus. Ich stupste meinen Mann an der Schulter und legte ihm die Mützchen hin. Er wusste, dass ich sie zuerst anfassen wollte, und gab mir still zu verstehen, dass er es versuchen sollte.

Er stülpte die Mützchen gekonnt und liebevoll darüber. Das gab mir die Sicherheit, die ich brauchte, weil ich sah, dass sie zwar weich war, aber nicht veränderbar. Und so nahm ich sie, legte sie in meine Handfläche, wiegte sie und führte sie zu mir.

Abdrücke anfertigen (lassen)

Je nach Alter – und besonders, wenn nur wenige Tage oder sogar nur Stunden mit dem Kind verbracht werden –, kann ein Hand- oder Fußabdruck eine Erinnerung sein, die bleibt. Auf Papier, in Gips, mit Farbe, mit Gefühl.

Solche Spuren sind mehr als ein Andenken. Sie schaffen einen Bezug zu einem Moment, der sonst vielleicht nur als Gedanke oder Foto bleibt. Etwas zu tun, eine kleine Handlung gemeinsam mit dem Kind zu vollziehen, kann helfen, den Abschied bewusst zu gestalten.

Das Formen, Halten oder vorsichtige Andrücken der kleinen Hand oder des Fußes wird zu etwas, das bleibt. Es geht nicht darum, etwas Schönes zu erschaffen. Es geht darum, etwas Echtes festzuhalten. Ein

Moment, ein Abdruck, ein Zeichen von Nähe. Auch wenn die gemeinsame Zeit kurz war – sie hat Spuren hinterlassen. Sichtbare. Fühlbare. Wirkliche.

Ich habe erst ein paar Jahre später von dieser Möglichkeit erfahren. Oft bedauere ich es, doch frage ich mich wieder, ob ich wirklich so aktiv hätte werden wollen. Ich hätte in jedem Fall gerne selbst entschieden und darauf geantwortet. Später habe ich einige Angebote von Initiativen sehr gerne genutzt.

Von allem Fotos machen (lassen)

Fotos gehören zu den wenigen Erinnerungsstücken, die dauerhaft bleiben. Nicht nur für den Moment, sondern für später – wenn alles andere zu verschwimmen beginnt. Es lohnt sich, viele Perspektiven einzufangen. Nicht nur vom Kind selbst, sondern auch von dem, was rundherum sichtbar ist: das Deckchen, das Kissen, der Tisch, das Fenster, die Kleidung, die eigene Hand, vielleicht der Arm des Vaters. Kleine Details, die sonst vielleicht übersehen werden – und doch einmalig sind.

Auch Nahaufnahmen von Füßen, Händen oder dem Profil können helfen, die Einzigartigkeit greifbar zu machen. Wer mag, kann auch sich selbst mit dem Kind fotografieren lassen – haltend, berührend, gemeinsam im Raum. Aus psychologischer Sicht unterstützen solche Bilder die Verarbeitung, weil sie das Erlebte konkret verankern. Die Erinnerung bleibt nicht abstrakt, sondern wird sichtbar, fühlbar, benennbar. Manche Eltern lassen professionelle Sternenkinderfotografie machen. Viele Organisationen bieten das kostenfrei an – behutsam, erfahren, mit dem Blick für genau das, was zählt.

Für mich ging es anfangs gar nicht, von toten Kindern Fotos zu machen. Dann gewöhnte ich mich an den Gedanken, und wir machten welche – und heute finde ich es schade, dass wir zu wenige Fotos haben und zusätzlich gerne welche von professionellen Fotografen gehabt hätten.

Ich nutze die Fotos für viele Andenken, aber vor allem waren sie mir ein wichtiger Beweis. Ich habe jetzt lange überlegt, ob dieses Wort der Würde meiner Kinder entspricht, aber »Beweis« trifft die Realität am besten. Meine Kinder sind zu jung, als dass die Gesellschaft sie offiziell und allgemein als Menschen und als Kinder anerkennt. Die biologische Tatsache wird der Meinungsfreiheit übergeben. Die Fotos haben mir lange meine Unsicherheit genommen und meine Kinder zurück in die Realität, in unser Leben geholt. Dafür brauche ich sie heute nicht mehr. Heute betrachte ich sie gerne als Erinnerung.

Details festhalten

In dem Moment des Abschieds rückt es oft in den Hintergrund, aber je nach Alter des Kindes sind bestimmte Angaben unwiederbringlich: Größe, Gewicht, Kopfumfang, Uhrzeit der Geburt oder des Todes, geburtshelfende Personen, Ort, Wetter, Licht. Alles, was möglich ist.

Diese Daten sind nicht nur medizinische Fakten. Sie schaffen Struktur in einem Moment, in dem vieles verschwimmt. Sie geben Halt, weil sie das Kind dauerhaft greifbar machen können.

Das können körperliche Merkmale sein: die Größe, das Gewicht, der Kopfumfang, die Haarfarbe, die Hautfarbe, winzige Nägel oder kleine Besonderheiten wie Grübchen oder Muttermale. Diese Details sind oft die ersten sichtbaren Hinweise auf Individualität.

Auch die Umstände können festgehalten werden: das Datum und die Uhrzeit, der Wochentag, das Licht im Raum, das Wetter draußen, Geräusche wie Stimmen oder Musik. Solche Eindrücke verankern das Geschehen, ähnlich wie ein bestimmter Duft oder ein Lied Jahre später eine Erinnerung wachrufen kann.

Und auch das Umfeld kann Teil der Erinnerung werden: die Menschen, die dabei waren wie Geburtshelfende oder medizinische Fachkräfte, genauso wie der Raum, das Bett, das Deckchen, ein Stofftier, das Tuch, in dem das Kind lag. Manchmal sind es einzelne Sätze, ein Blick, eine Geste, die später eine besondere Bedeutung bekommen.

Aus Sicht der Trauerpsychologie helfen solche konkreten Informationen, mit dem Geschehene leben zu lernen. Die Erinnerung bleibt nicht abstrakt, sondern wird sichtbar, fühlbar, benennbar.

Auch Jahre später kann es wichtig sein, auf solche Details zurückgreifen zu können – für Eltern, für Geschwister, für das eigene Gedächtnis. Was dokumentiert ist, bleibt. Auch wenn es im Moment unwichtig scheint – es kann später zu einem Stück Wahrheit werden, das trägt.

Für mich sind meine Kinder meine Kinder.

Ich brauche keine weiteren Daten, Informationen oder Beweise über sie.

Ich lehne das Schubladendenken und institutionelle Routine regelrecht ab, denn ich finde, objektivierende Sprache stiftet keinen größeren Nutzen. Gleichzeitig glaube ich, dass Sprache identitätsstiftend wirkt.

Ich werde aber nie vergessen, wie sich viele andere Menschen verändert haben, als sie allein das Geschlecht erfahren haben.

Plötzlich war es nicht mehr ein Fötus, wie die Ärztin unser Kind nannte, oder ein Kind, wie ich unser Kind nannte, sondern es war »eure Tochter« oder »euer Sohn«.

Es blieb sprachlich während der Schwangerschaft zwar bei vielen oft bei einer Zukunftsvorstellung mit »Ihr werdet eine Tochter / einen Sohn bekommen«, und nach dem Abschied blieb es bei vielen oft etwas Hypothetisches, als wären wir nicht mit Kindern schwanger gewesen, indem gesagt wurde: »Ihr hättet eine Tochter / einen Sohn gehabt.« Doch trotz des für mich unverständlichen und teilweise verletzenden Inhalts nahm ich viel mehr die Wirkung und die Ausstrahlung wahr: die Tonlage, die Sprachwahl, der Ausdruck in den Augen, die Fragen – so vieles wirkte nach mehr Nähe, nach mehr Verbindung.

Damals nahm ich das persönlich und fand es gegenüber meinen Kindern und den vielen Kindern, bei denen das Geschlecht nicht festgestellt werden konnte oder deren Leben durch diese Kategorie schwer wird, richtig blöd. Einfach nur blöd fand ich das. Heute bin ich überzeugt: Jede Person hat ihre ganz eigene Beziehung zu meinen Kindern. Jede Person liebt individuell und einzigartig. Und so nutzt jede Verbindung, jede Beziehung, jede Liebe ihre Quellen.

Krankenhausnamensschild

In vielen Kliniken wird der Abschied unterschiedlich gestaltet – je nach Alter des Kindes und der Todesursache. So kann es sein, dass einige Eltern ein kleines Namenskärtchen erhalten, das ans Bettchen oder in den Raum gelegt wird, während andere keines erhalten. Offiziell wird es Neugeborenen–Identifikationskarte« oder »Baby–Bett–Karte« genannt.

Dabei kann dieses Schild mehr als ein Stück Papier sein. Es steht für etwas, das weltweit bekannt ist: die Geburt eines Kindes. In Filmen, in Büchern, im echten Leben – fast alle kennen diese Kärtchen mit Namen, Datum, Uhrzeit und Gewicht. Für viele gehört es dazu.

Doch nicht alle Sternenkinder bekommen so ein Schild. Selbst dort, wo es grundsätzlich vorgesehen ist, hängt es manchmal vom Alter, der Woche oder der Diagnose ab. Diese Unterschiede können verletzen. Denn ganz unabhängig davon, ob ein Kind lebt oder tot geboren wird: Eine Geburt hat stattgefunden. Das Kind wurde geboren – aus dem Körper der Mutter, aus dem Leben der Eltern, aus Liebe. Es kann helfen, zu wissen, dass nach so einem Kärtchen gefragt werden darf oder selbst eines erstellt wird. Es ist kein Extra, sondern Ausdruck von Würde und Liebe.

Für unsere Tochter erhielten wir nach ihrer stillen Geburt ein Namenskärtchen mit ihren Fußabdrücken, ihrem Kopfumfang, ihrer Größe und ihrem Gewicht. Im selben Krankenhaus, ein Jahr später, bekamen wir für unseren Sohn keines. Ich kam vielleicht kurz auf die Idee, danach zu fragen – doch ganz sicher hatte ich Angst davor. Das Christliche in manchen Unterlagen weckte in mir das Vorurteil, ein Schwangerschaftsabbruch sei für viele Menschen hier eine Sünde.

Und ohne je daran zu zweifeln, auch nicht in diesem Moment, und ohne es je zu bereuen und mich immer klar und ruhig mit dieser Wahl zu gefühlt zu haben, schafften es diese Vorurteile, diese Konnotationen, Schuldgefühle in mir auszulösen. So, als hätten wir zwar etwas Legales getan, aber etwas so Fragwürdiges, dass man es sich besser nicht laut traut. Etwas, das zwar getan, aber gleichzeitig verurteilt werden sollte. Einzig meine Vorurteile und wie ich sie interpretiert habe, konnten verhindern, dass ich nicht einmal nach einem Schild gefragt habe.

Heute weiß ich, was wir getan haben, war rechtswidrig, aber straffrei. Und auch wenn selbst der Rechtsstaat nicht so wirklich, nicht so ganz, nicht so ernsthaft, hinter uns stand und steht, so geht es eigentlich immer nur um die Menschen selbst. Und viele gläubige Menschen – christlich oder anderer Religionen – sehen eben diesen Menschen.

Nur wenige sind so gekränkt und urteilen so hart, dass sie anderen weh tun. Diese Ausnahmen sind laut. Es gibt viel mehr leise, umfassendere, tragendere Stimmen der verbindenden Liebe. Heute bin ich überzeugt: Ich würde mich trauen, nach einem Schild zu fragen. Ich würde zur Sicherheit selbst eines mitbringen. Und wenn ich es vergessen hätte, würde ich es später anfertigen. Denn der Zeitpunkt ist nicht entscheidend. Vielleicht ist jetzt der Moment, eines für meine Kinder zu gestalten.

Familienwurzeln anzapfen

Im Moment des Abschieds können familiäre und kulturelle Wurzeln eine kraftvolle Ressource sein. Wer keine Verbindung zur eigenen Familie hat, kann die historischen Wurzeln ebenso nutzen. Es geht bei dieser möglichen Kraftquelle darum, sich mit der Herkunft auseinanderzusetzen: sei es über den Familienstammbaum, regionale Traditionen, historische Erfahrungen oder kulturelle Zugehörigkeit. All das kann ein Gefühl von Identität, Einbettung und Kontinuität stärken. Aus psychologischer Sicht steht Identität nicht still, sondern verändert sich – sie wird vor allem in Umbruch- und Krisensituationen herausgefordert. In der Entwicklungspsychologie wird davon ausgegangen, dass Menschen auf existentielle

Erfahrungen wie den Tod eines Kindes mit einer Identitätsunsicherheit reagieren können. Die Rückbesinnung auf familiäre, historische oder kulturelle Zugehörigkeiten wirkt in solchen Situationen stabilisierend, weil sie einen inneren Rahmen schafft – ein »Woher« und »Wozu« – inmitten von Kontrollverlust und Ohnmacht.

Neurobiologisch betrachtet aktiviert die Beschäftigung mit vertrauten, identitätsstiftenden Inhalten das sogenannte Default Mode Network (DMN), ein Hirnnetzwerk, das unter anderem für Selbstwahrnehmung, autobiografisches Gedächtnis und emotionale Einbettung zuständig ist. Dieses Netzwerk hilft, neue Erfahrungen in bestehende Lebensgeschichten einzuordnen – eine wichtige Voraussetzung für Integration und Verarbeitung.

Zudem wirkt die Vorstellung von Herkunft und Generationenverbundenheit oft unabhängig davon, ob sie auf überprüfbaren Fakten beruht. Schon biografische Narrationen, also Erzählungen über Vorfahren oder familiäre Muster, können Zugehörigkeit und emotionale Sicherheit vermitteln. Sie helfen dabei, die aktuelle Situation nicht als Bruch, sondern als Teil einer größeren Geschichte zu begreifen. Hier zeigt sich auch die Transgenerationale Resilienzforschung, dass sich Ressourcen über Generationen hinweg weitergeben lassen – nicht nur materiell, sondern vor allem emotional und symbolisch. Das Weiterleben von Stärke, Fürsorge oder Glaubenssätzen in familiären oder kulturellen Kontexten kann Menschen in Ausnahmesituationen innerlich stärken. Dabei genügt oft schon die Vorstellung von Verbundenheit: Wer sich eingebettet fühlt, erlebt weniger Kontrollverlust, mehr Zugehörigkeit – und kann mit dem eigenen Schmerz behutsamer umgehen.

In der Trauerpsychologie wird dieses »Sich–Verorten« auch als Teil der Sinnsuche beschrieben: Das Erleben des eigenen Kindes als Glied einer familiären oder kulturellen Linie ermöglicht es vielen Eltern, dem Abschied, im Moment des Abschieds, eine Bedeutung zu geben. Der Bezug auf familiäre und generationenübergreifende Erfahrungen ist ein anerkanntes psychologisches Coping–Verhalten in Krisensituationen. Die Transgenerationale Resilienzforschung zeigt: Der Glaube an familiäre Stärke, auch wenn nur in Vorstellung oder Erzählung präsent, wirkt stabilisierend. Dafür braucht es keine messbaren Beweise. Liebe wirkt.

Kurz bevor die Wehen begannen, brach ich geistig und gefühlig zusammen, vielleicht auch körperlich. Ich kauerte auf dem Boden und hielt mich an den

Stäben des Heizkörpers im Krankenhauszimmer fest. Mein Mann war eben noch etwas für den Abschied besorgen. Also war ich allein. Oder eben einsam. Eigentlich wohl eher verloren. Und das wollte ich nicht. Ich durfte nicht mein Kind verabschieden und selbst nicht dabei sein. Schwer zu erklären. Ich stand auf, öffnete das Fenster, und der Anblick auf einen riesigen Baum – mit seinem Stamm und der Vorstellung, dass dieser Baum neben dem Kreißsaal so viel Leben hörte, aber eben auch die stillen Schreie, und dass er bei Wind und Wetter und wahrscheinlich schon, bevor das Krankenhaus dastand, dort stand und allem trotzte – erinnerte mich an seine Wurzeln. Und so kam ich auf meine Wurzeln. Wie es meinen Vorfahren wohl erging in der Schwangerschaft? Wie gingen sie mit Sternenkindern um? Als ich mir die Zeit vorstellte, stellte ich fest, wie viel besser ich es im Vergleich zu ihnen hatte – was die Versorgung und das Sicherheitsgefühl anging – und ich empfand ihnen gegenüber eine Schuld und einen Druck, ihre Kraft, alles, was sie durchgestanden hatten – mit Nachkriegszeit, Wirtschaftskrise, Krieg, Vertreibung, Nachkriegszeit, Aufbau – zu würdigen, indem ich davon lernte, es nutzte und meinen Kindern weiterschenken würde. Allen Kindern. Diese starken, zähen und vor allem liebenden Eltern und Großeltern waren mir eine unfassbare Kraftquelle. Heute bin ich von der Kraftquelle immer noch überzeugt, aber nicht mehr von dem Druck und der Schuld. Ich fühle mich ihnen nicht mehr schuldig, sondern verbunden. Liebe reicht.

Atmen

Vielleicht gehen in diesem Moment keine Worte, keine Gedanken, keine Erklärungen, keine Gesten, selbst das Sein kann zu viel sein. Dann reicht es, zu atmen. Kein kontrollierter Atemzug – sondern einfach nur das Spüren, wie Luft hinein- und hinausströmt. Ein Handrücken auf dem Bauch. Vier Zählzeiten ein, vier aus. Oder nichts davon. Sitzen. Liegen. Stehen. Der Atem bleibt, wenn alles andere geht.

Mich hat die Konzentration auf das Atmen oft getrieben – fast schon unter Druck gesetzt. Oft wurde mir gesagt, ich sollte es tun, und es lässt sich auch belegen. Aber ich bin der Beweis dagegen. Glaubte ich zumindest lange – und das ist in herausfordernden Phasen auch heute noch so für mich. Mir helfen Stift und Papier dann mehr, selbst wenn ich sie nicht nutze, sondern einfach in die Luft, aus dem Fenster und an die Wand starre. Ich bin dann ganz in mir. Und genau das wollte und war ich damals bei beiden Kindern. In mir. Mit ihnen.

Mitfühlende

Kerze anzünden

Das Flackern betrachten. Es hilft, sich zu sammeln und die eigene Wahrnehmung zu ordnen. Das ruhige Licht wirkt beruhigend auf das Nervensystem und kann helfen, emotionale Ausnahmesituationen besser zu verarbeiten. Auch aus psychologischer Sicht kann das Betrachten einer Flamme den Fokus nach innen lenken, den Atem regulieren und in einer überfordernden Situation einen stillen Rahmen schaffen. Ein Foto kann für die Eltern gemacht werden, ob und wann es an sie gesendet wird, kann später entschieden werden. In vielen Kulturen steht das Anzünden einer Kerze für Erinnerung, Verbundenheit, Respekt und Liebe.

Ich habe es eine Zeit lang geliebt, Kerzen zu sammeln – eine neue, frische Kerze oder eine selbstgemachte. Stundenlang konnte ich in das Flackern schauen, genau wie in ein Lagerfeuer oder ein kleines Grillfeuer. Die Flamme verändert sich je nach Luftzug oder Bewegung im Raum, Sauerstoffzufuhr, Dochtlänge und –material, Zusammensetzung des Wachses, Temperatur, Luftdruck sowie Form und Größe der Kerze. Sie erzählt Geschichten – immer anders, immer lebendig. Für mich steht sie sinnbildlich für alles, was lebt und vergeht. Wenn ich mich aktiv an Verstorbene erinnern will, wenn ich auf dem Friedhof bin oder eine Kirche betrete, zünde ich eine Kerze an – für die Zeit, die sie gelebt haben. Das verbindet mich mit ihnen.

Fühlen und Denken im Schreiben

In dem Moment, wenn das Kind einer nahestehenden Familie stirbt, wenn es tot auf die Welt kommt oder die letzten Atemzüge durch Krankheit oder Unfall nimmt, ist der Schmerz für Eltern und viele Mitfühlende nicht nur zu erahnen, sondern körperlich spürbar. Wer vor dem Abschied Bescheid weiß, gehört meist zu einem sehr engen Kreis. Diese Personen sind dem Kind, den Eltern, der Situation häufig tief verbunden. Und gleichzeitig: selbst nicht dabei.

Gerade in diesem Zeitfenster, und gerade weil sich diese Menschen so nahestehen, entsteht bei manchen der Wunsch zu halten, zu umarmen, mitzuschweigen, mitzuweinen, das Kind zu sehen, sich zu verabschieden – und doch bleibt nur das Aushalten. Die eigene Unruhe. Die Sehnsucht nach Verbindung.

Ein Weg, mit diesem inneren Druck und dem tiefen Mitfühlen umzugehen, kann das Schreiben sein. Denn jeder Mensch trägt Sprache in sich – ob als Gedanken, gesprochene Worte, geschriebene Zeilen, gemalte Symbole oder gekritzelte Farben. Entscheidend ist, diese Sprache in dem Moment zuzulassen und die Gefühle, so wie sie sind, wertschätzend zu behandeln – wie Gäste, die vielleicht nicht willkommen, aber dennoch da sind.

Schreiben hilft dabei besonders, weil es das sogenannte Default Mode Network im Gehirn aktiviert. Dieser aktive Ruhezustand des Gehirns, der beim Nichtstun, beim Warten, beim Aushalten, beim in die Luft schauen, beim Ausharren eintritt, ermöglicht es, innere Prozesse zu ordnen, Erfahrungen zu verarbeiten und neue Verbindungen zu schaffen. Im Gegensatz zu körperlicher Aktivität, die Stress abbaut und die Stimmung stabilisiert, ermöglicht Schreiben zusätzlich, Erfahrungen sprachlich und emotional zu verarbeiten. So kann es eine nachhaltige Regulation fördern: emotional, kognitiv und sozial.

Das können auch all die Fragen sein, die sich stellen, wenn Menschen zu früh sterben. Fragen an das medizinische Team. Fragen an die Eltern. An das Kind. An das Leben. An das Schicksal. An Gott. An die Natur. An den Tod. An die eigene Vergangenheit. An die Freude. An die Liebe. Antworten ergeben sich dadurch selten direkt, manchmal später, oft nie. Doch das ist nicht das Ziel der Fragen. Auf dem Papier geht es um die Verbindung. Zu sich. Zum Kind. Zu den Eltern. Zueinander.

Als ich eine Freundin 8.000 Kilometer entfernt begleitet habe, während sie ihre Schwangerschaft abgebrochen hat, bin ich gerannt. Hätte mir da eine Person Papier und Stift gegeben, ich hätte es sonst wohin geknallt. Ich musste rennen. Weg. Einfach wegrennen. Nein, ich musste meinen Körper kontrollieren. Irgendetwas kontrollieren. Weil ich mich machtlos, hilflos, ausgeliefert gefühlt habe. Gefühle, die ich schon so oft gespürt habe. Immer wieder sind sie neu. Immer wieder machen sie Angst. Immer wieder lähmen sie.

Also bin ich gerannt. An den Strand. Ganz in der Früh. Es war noch Nacht. Ich bin gerannt und gerannt, bis ich nicht mehr konnte. Denn weinen und rennen gleichzeitig, das geht nicht. Also habe ich mich an den Strand gesetzt und geweint. Aber das hielt ich nicht aus. Rennen ging auch nicht. Die Wellen spülten einen Stock an, und ich habe mit ihm Kreise in den Sand gezogen, diese Kreise wild kaputt gemacht, dann wieder langsam gezeichnet – bis ich so ruhig wurde, dass ich ganz in Ruhe, ganz entspannt, ganz lange weinen konnte.

Meist gibt es keinen Strand, keinen Sand und keine Wellen in meiner Nähe. Dann tun es auch Papier und Stift oder eine Voice an mich selbst oder an Vertraute. Viel zu oft habe ich das nicht gemacht. Zu oft habe ich einfach weitergemacht, mich auf anderes konzentriert, es nicht an mich herangelassen – so sehr, dass ich selbst glaubte, es nimmt mich nicht mit. Und dann hat es mich irgendwann doch eingeholt, manchmal, wenn ich am wenigsten damit gerechnet habe – so richtig. In Momenten, die nichts mit der auslösenden Situation zu tun hatten.

Momente voller Stress, mit Genervtsein und etwas Wut. Gerichtet an Menschen, in Situationen, die mit dem Grund für meine Gefühle nichts zu tun hatten. Es hat meist ewig gedauert, herauszufinden, warum ich wirklich schlecht drauf war, warum ich mich anderen gegenüber wirklich blöd verhalten habe und wie ich wirklich klarkam.

Erst einige Recherchen, Gespräche und Joggingrunden später habe ich erfahren, dass dieses Phänomen – zu glauben, nicht betroffen zu sein, keine Gefühle aufbringen zu können oder sie aktiv zu blockieren – schon lange und in verschiedenen Zusammenhängen erforscht ist. Die Psychoanalyse nennt es Verdrängung: Gefühle oder Erinnerungen werden unbewusst weggeschoben und tauchen später über Symptome oder Verhalten wieder auf. Die Psychotherapie spricht von Symptomverschiebung, wenn ein unbearbeitetes Problem sich an ganz anderer Stelle zeigt – etwa in körperlichen Beschwerden oder in Konflikten, die eigentlich gar nichts mit dem Ursprung zu tun haben. Verhaltenstherapeutisch heißt es Gefühls– oder Emotionsvermeidung: Wer Gefühle nicht zulässt, erlebt sie irgendwann umso heftiger und in unpassenden Momenten. In der Traumaforschung werden solche verspäteten Reaktionen als retrospektive Affektreaktionen bezeichnet. Für den Alltag reicht mir: Aufgestaute Gefühle nehmen sich irgendwann irgendein Ventil und kommen irgendwie raus.

Deshalb kümmere ich mich heute um ungebetene Gefühle, sobald sie auftauchen, weil ich mich ungern überraschen lasse und so wenig Lebenszeit wie möglich für sie aufbringen will. Obwohl auch sie am Ende aus Liebe rühren.

Glück und Leben lieben

Auch wenn nahestehenden Menschen etwas Schlimmes passiert: Jede Person darf einfach nur froh sein, nicht betroffen zu sein. Es geht nicht um Dankbarkeit – wem oder was sollten wir dankbar sein, dass ein Kind nicht stirbt, weil ein anderes stirbt? Es geht darum, froh zu sein, Glück zu empfinden, Erleichterung zuzulassen und Entspannung zu genießen – das ist nicht egoistisch, sondern zutiefst menschlich. Menschlich im besten Sinn: Wir tragen füreinander Mitgefühl, wir sind auf Gemeinschaft angelegt, unser Gehirn ist mit Spiegelneuronen ausgestattet, die uns das Leid anderer spüren lassen und es uns ermöglichen, den Wert von Gesundheit, Freude, Leben, Frieden und Liebe zu feiern.

Warum gestehen wir uns dieses Gefühl oft nicht zu? Weil Leid in unserer Kultur fast automatisch mit Schuld verknüpft wird. In modernen westlichen Gesellschaften, besonders im deutschsprachigen Raum, hält sich noch immer ein Leistungsnarrativ: Erfolg und Gesundheit werden als Ergebnis persönlicher Anstrengung verstanden. Die Psychologie nennt das internale Kontrollüberzeugung. Diese erzeugt Verantwortung – und, wenn etwas misslingt, Schuldgefühle.

Problematisch wird das, wenn Leid, Krankheit oder Tod eintreten – Ereignisse, die per Definition nicht kontrollierbar sind. In einer leistungsorientierten Kultur entsteht hier trotzdem ein Schuldgefühl: »Ich hätte etwas tun können.« Dazu kommt unsere europäische Geistesgeschichte: Das Christentum prägt bis heute die Vorstellung, dass Leid eine Folge von Schuld sei. Schuld wird zudem stark durch soziale Normen und Erwartungen beeinflusst. Menschen fühlen sich schuldig, wenn sie gegen ungeschriebene Solidaritätsnormen verstoßen – selbst wenn sie nichts tun konnten. In Kulturen mit starker religiöser oder leistungsorientierter Prägung sind Schuldgefühle bei Leid nachweislich häufiger.

Schuld setzt immer voraus, dass wir etwas hätten verhindern können. Das ist vermessen. Arme und Reiche, Große und Kleine, Selbstbewusste und Schüchterne – wir alle sind dem Tod ausgeliefert. Warum fühlen sich viele schlecht, wenn sie froh sind, selbst nicht betroffen zu sein? Weil unser soziales Belohnungssystem auf Empathie, Mitgefühl und Solidarität ausgerichtet ist. Wir spüren die Not anderer und fühlen uns verpflichtet, mitzuleiden. Doch Mitfühlen macht es den Betroffenen nicht leichter. Sich abzugrenzen und Erleichterung zu empfinden, ist nicht Gleichgültigkeit – es ist Selbstschutz. Das sichert unser aller Überleben, Gesundheit und Energie, die wir der Gemeinschaft wiedergeben können.

Wem es trotzdem schwerfällt, kann sich vorstellen, mit seinen positiven Gefühlen Sätze aus dem Alltag zu beweisen, die viel zu oft untergehen: »Das Leben ist nicht selbstverständlich.« Mit positiven Gefühlen stehen Sternenkinder nicht dafür, wie schlimm es enden kann. Sie erinnern vielmehr daran, wie sehr das Gute bewusst geschätzt werden sollte.

In der Akutphase der Trauer, also in dem Zeitraum, in dem ich realisieren muss, dass mein Kind sterben wird, stirbt oder gestorben ist, in dem ich verstehen muss, dass der Abschied wirklich passiert ist, in dem ich begreifen muss, dass ich mich nie um dieses Kind an der Hand kümmern werde, es nicht kennenlernen, es nicht begleiten werde, habe ich mich nicht für andere Menschen interessiert. Ich war so sehr mit mir selbst beschäftigt, mit meinem Mann – und damit dem Vater des Kindes – aber vor allem mit dem Kind. Bei Sternenkindern noch viel mehr als im Kennenlernen der Trauer um meine Großeltern. Denn bei ihnen musste ich nicht erst um ihre Existenz und Anerkennung kämpfen. Ich konnte mich sofort in die Liebe stürzen, auf die Liebe wütend sein und von der Liebe getragen werden.

Wenn ich es in seltenen Momenten wahrgenommen habe – ich erinnere mich an ein paar Situationen –, dann hat es mich eher unter Druck gesetzt. Weil ich mich als Mutter verantwortlich fühlte für Gefühle, die meine Kinder in anderen auslösen. Doch das hat sich schnell erübrigt, weil der Tod so viel Raum eingenommen hat. Und ab dem Zeitpunkt, an dem ich wieder Energie, Raum und Zeit für Mitmenschen hatte, hätte es mich wütend gemacht, wenn sie »wegen meiner Sternenkinder« schlecht drauf gewesen wären. Wenn sie stattdessen traurig sind, dann liebe ich es bis heute, miteinander zu fühlen, sich miteinander zu verbinden. Ich will nicht, dass meine Kinder der Grund für Leid und Schmerz sind. Meine Kinder können nichts für ihren Tod. Sie können nichts für die Tränen, für die Angst, für die Unsicherheit. Sie sollen für Liebe stehen.

Natur betrachten und genießen

Familie und Freunde möchten in diesem Moment oft etwas tun. Helfen. Während bei den Eltern ein lähmender Stillstand eintreten kann, entsteht bei den Begleitenden häufig eine fast überschießende Energie. Psychologisch betrachtet ist das ein bekanntes Muster: Trauer und Schock führen bei manchen Menschen zu Starre, bei anderen zu Tatkraft. Beides sind Formen derselben inneren Not. Diese Kraft, die so ungeduldig nach einem Ventil sucht, darf nicht ins Leere laufen. Sie kann gebündelt und bewahrt werden – in einem Gang durch die Natur, wo Rhythmus und Bewegung das Nervensystem beruhigen. So wird Energie nicht verschwendet, sondern verwandelt – in etwas, das trägt.

Mir helfen vor allem Bäume. Die Großen und die Kleinen. Mit ihren Kronen, in denen sich tausende Blätter an unzähligen Ästen halten. Gehalten von einem Stamm, der wiederum von Wurzeln getragen wird – für mich Sinnbilder meiner

eigenen Wurzeln, meiner Energiequellen. Der Stamm, die Äste, die Blätter: Sie stehen für mein Leben, für das, was wächst, sich verzweigt und wieder neu beginnt.
Im Biologieunterricht wird oft anhand eines Blattes die Photosynthese beigebracht– wie aus Licht, Luft und Wasser Energie entsteht. Wie der Baum Sauerstoff produziert, den wir zum Atmen brauchen, während wir ihm durch unsere Ausatmung Kohlendioxid zurückgeben. Ein Kreislauf, der sichtbar macht, wie alles miteinander verbunden ist: Erde, Wasser, Luft, Pflanzen, Tiere, Menschen. Stirbt ein Blatt, wird es Teil des Bodens, zerfällt, nährt wieder den Baum, aus dem Neues wächst. Es verleiht dem Tod meiner Kinder keinen Sinn, aber eine Linie mit Anfang und Ende steht für mich noch weniger für Liebe als ein Kreis.

Zeichen setzen

Je näher wir dem Kind und den Eltern stehen, desto stärker spüren wir den Drang, etwas zu tun. Je nach Persönlichkeit wird dieses Bedürfnis unterschiedlich laut – für manche ist es kaum auszuhalten, nichts zu machen. Wer anpacken will, kann den Eltern ein Geschenk für später ein gestalten.

Etwas verbrennen, um Schmerz und Erinnerungen in Asche zu verwandeln. Einen Kompost anlegen, in dem Zerfall zugleich Nahrung für Leben wird. Einen Samen säen, der aufgehen darf. Einen Baumsetzling pflanzen, der über Jahre wächst, Schatten schenkt, Früchte trägt. Es geht darum, eine Form zu wählen, die zu den Eltern passt und dem Tod mit Liebe für das Leben begegnet, weil Sternenkinder nicht für Leid, sondern für Liebe stehen dürfen.

Ich liebe die Bäumchen, die Steinchen, die Sternchen, die Kerzchen, die Mützchen, die Büchchen, die Gedenktafeln, die Blumenpatenschaften, die Baumpatenschaften, den Apfelmost … und jegliche Geschenke und Gesten im Namen all meiner Kinder. Ein Leben lang liebe ich alle meine Kinder, ein Leben lang vermisse ich zwei meiner Kinder. Da ist es schön, ein Leben lang Liebenswertes mit ihnen verbunden zu wissen, zu sehen, zu hören, zu riechen, tatsächlich auch zu schmecken und vor allem zu ertasten, weil greifen zu können.

Ablenkung

Es ist nicht nötig, sich mit dem Unabwendbaren zu belasten, wenn nichts getan werden kann. Ablenkung darf gesucht und genossen werden. Für manche vergeht die Zeit so schneller, ohne dass dadurch das Leid der

Eltern gemindert oder das Sterben eines Kindes beeinflusst würde. Ein zusätzlicher Schmerz bei Begleitenden verändert nichts am Verlauf.

Ablenkung ist dabei nicht gleichzusetzen mit Verdrängung oder Ignoranz. Verdrängung bedeutet, Gefühle unbewusst wegzuschieben, die dann in unpassenden Momenten wiederkehren können. Ignoranz heißt, bewusst die Augen vor der Realität zu verschließen. Ablenkung hingegen ist ein aktiver Mechanismus der Selbstregulation: eine Pause für das Nervensystem, in der die Aufmerksamkeit auf etwas anderes gelenkt wird, um Stress zu reduzieren und Kraft zurückzugewinnen. Erkennbar wird Ablenkung daran, dass die belastenden Gefühle nicht verschwinden, sondern nach der Unterbrechung wieder ins Bewusstsein treten dürfen – jedoch in einem Körper mit einem Geist, der sich erholt hat.

Diese Energie wird nicht nur für Leben und Tod gebraucht. Auch der eigene Alltag läuft weiter: Kinder, Partnerschaft, Eltern, Arbeit, Gesundheit, Freundschaften, Verpflichtungen und Verabredungen – nichts davon pausiert. Dafür braucht es Zeit, Nerven und Kraft. Ablenkung schafft die Möglichkeit, all dem gerecht zu werden, ohne auszubrennen. Die gewonnene Energie kann später geteilt werden: mit den Eltern, mit anderen Mitfühlenden, mit der Gemeinschaft. Ablenkung ist kein Verlust an Tiefe, sondern ein Gewinn an Klarheit und Mitgefühl. An die Stelle von Ohnmacht treten Leben, Liebe und geteilte Menschlichkeit.

Ich muss dabei immer an die Sicherheitsdurchsage der Flugbegleitung vor dem Start denken: »Bitte setzen Sie sich zuerst selbst die Sauerstoffmaske auf, bevor Sie anderen – auch Kindern – helfen.« Diese Anweisung war für mich schon so oft so erhellend wie wegweisend: Nur wer selbst atmet, kann weitergeben, was Leben erhält. Kinder können die Maske nicht allein aufsetzen, und selbst wenn sie es könnten, wären sie danach ohne uns hilflos. Weniger als eine Sekunde kann darüber entscheiden, dass wir es selbst nicht mehr schaffen. Und das heißt für mich in jedem übertragenen Sinn: erst für die eigene Energie sorgen, damit ich überhaupt etwas zu verteilen habe.

Umarmungen verteilen

Wer Liebe zeigen möchte, weiß oft nicht, ob und wann Eltern diese annehmen können. In der Zeit des Abschieds sind sie oft ganz bei ihrem Kind, bei ihrem Schmerz, bei sich selbst. Tränen und Umarmungen können deshalb zunächst bei anderen Lieblingsmenschen geteilt werden – bis die Eltern selbst wieder die Kraft haben, Nähe zuzulassen.

Doch auch wenn Mitgefühl nicht von den Betroffenen direkt empfangen wird, wirkt es – nachweislich. Neurowissenschaftliche Studien zeigen, dass das Zeigen von Empathie und körperlicher Nähe auch das Stresssystem der Mitfühlenden reguliert. Wer also andere Mitfühlende oder auch unwissende umarmt, ein Kind auf den Schoß nimmt oder einer vertrauten Person die Hand reicht, aktiviert im eigenen Körper dieselben Systeme, die auch durch eine angenommene Umarmung bei den Eltern in Gang gesetzt würden: Oxytocin wird ausgeschüttet, Stresshormone werden gesenkt, das Nervensystem findet Halt.

»Wir brauchen vier Umarmungen am Tag, um zu überleben, acht, um uns wohlzufühlen, und zwölf, um innerlich zu wachsen.« Dieses rezepthafte Bild der Familientherapeutin Virginia Satir, die als Pionierin der systemischen Therapie gilt, bringt symbolisch auf den Punkt, was heute neurobiologisch gut belegt ist. Selbst wenn wir zum verstorbenen Kind keinen Bezug hatten, können wir mit den Eltern mitleiden – oft leise, manchmal unbewusst. Denn Mitgefühl entsteht nicht erst durch Nähe zum Geschehen, sondern durch Bindung zu den Menschen, die betroffen sind. Auch wer sich selbst nicht als »betroffen« wahrnimmt, kann seelisch erschüttert sein. Liebe findet ihren Weg – manchmal sofort, manchmal erst mit der Zeit, aber niemals vergeblich.

Mir hat es unendlich viel bedeutet, zu hören, wie Freunde sich beim Abschied und auch rund um die Beerdigung meines ersten Sternenkindes untereinander getroffen haben – für sich, in Gedanken an uns als Eltern und an unsere Kinder. Sie haben ihren eigenen Platz für Gefühle gefunden – und gleichzeitig gezeigt, dass wir verbunden sind. Bei der zweiten Beerdigung waren die Engsten dabei. Durch viele Gespräche wurde klar, wie alle ihre ganz eigene Beziehung, ihre ganz eigenen Gedanken, ihre ganz eigenen Gefühle für und über meine Sternenkinder haben. So ist Leben und Lieben halt einfach wirklich: brutal. normal. Und manchmal nur aus spätem Blickwinkel genial.

Gutes tun

Wenn ein Kind stirbt, fühlen sich viele Menschen machtlos. Sie können den Tod nicht verhindern und den Eltern das Leid nicht nehmen oder es zunächst auch nicht erleichtern. Genau in dieser Ohnmacht entsteht der starke Wunsch, etwas Gutes zu tun.

Neurobiologisch erklärt: Das Mitfühlen aktiviert Spiegelneuronen im Gehirn. Sie sorgen dafür, dass Trauernde sich nicht allein fühlen – andere

Menschen spüren mit. Gleichzeitig setzt Mitgefühl das Bindungshormon Oxytocin frei, das Nähe und Zugehörigkeit stärkt. Auch das Belohnungssystem reagiert: Helfen verschafft Sinn, wo sonst nur Hilflosigkeit bleibt.

Der Tod wirkt wie ein Spiegel. Er erinnert uns an die Endlichkeit des Lebens und zwingt uns, den eigenen Sinn zu hinterfragen. Was zählt wirklich? Wofür lohnt es sich, Kraft und Zeit einzusetzen? Viele merken in solchen Momenten, wie sehr sie im Alltag von Pflichten und Routinen getrieben sind – und dass echte Nähe, ehrliche Worte oder ein kleines Zeichen von Liebe viel bedeutungsvoller sind als alles, was sonst selbstverständlich wirkt. Darum geschehen bedeutungsvolle Gesten oft genau in der Zeit des Abschieds. Dieser Moment ist unwiederbringlich – es wird nie wieder eine »erste Beerdigung« oder ein »letzter gemeinsamer Anblick« geben. Eltern erleben diese Zeit oft wie ein enges, unwiederholbares Zeitfenster. Wer dann handelt, schenkt den Eltern ein Gefühl von Bedeutung und Präsenz: Ihr Kind hat Spuren hinterlassen.

Eltern freuen sich, wenn ihre Sternenkinder das Leben anderer berühren – wenn sie zum Impuls für etwas Echtes werden. Ein Kompliment, das schon lange unausgesprochen war. Eine Freundschaft, die wieder aufblüht. Ein Dank, der endlich gesagt wird. All das zeigt: Dieses Kind bewegt. Dieses Kind macht einen Unterschied.

So werden Sternenkinder mit ihren Spuren im Leben zu Brücken – zwischen Eltern und ihrem Umfeld, zwischen Trauer und Leben, zwischen Ohnmacht und Liebe.

Als erstes fällt mir das Treffen mit einer Freundin ein, bei dem sie mir feierlich von ihrer Schwangerschaft erzählt hat und sagte: »Wegen Thora und Hugo erzählen wir es jetzt schon gleich zu Beginn. Eigentlich mögen wir Geheimnisse, aber es geht halt nicht nur um uns, sondern um die Gesellschaft.« Dabei zwinkerte sie mir zu, und wir stießen auf ihr Kind im Bauch an.

Mich berühren auch heute noch Sätze wie: »Ich wusste davon nichts, aber jetzt …«, »Seit ich von Thora und Hugo weiß, mache ich …«, oder: »Mir war gar nicht klar, dass …, jetzt denke ich ...«

Es sind diese vielen kurzen, einfachen Sätze, die etwas verändern. Sie zeigen, wie wir die Erfahrungen anderer für uns selbst nutzen und miteinander teilen können – damit Trauer nicht als Bruch wahrgenommen wird, sondern als eine Form von Liebe erlebt, gelebt und geteilt wird.

Aushalten

Aus wissenschaftlicher Sicht hat das Aushalten eine besondere Wirkung: Wenn wir in Stille präsent sind, ohne Ratschläge und ohne Lösungen, senkt das nachweislich den Stresspegel im Körper. Das Nervensystem kann sich regulieren, weil die betroffene Person nicht auch noch die Gefühle anderer tragen muss. In der Trauerbegleitung zeigt sich immer wieder, dass geteiltes Aushalten für Trauernde spürbar leichter ist als einsames Aushalten. Es schafft Sicherheit, weil jemand da ist, ohne etwas zu fordern. Dieses geteilte Aushalten muss nicht im selben Raum stattfinden, sondern kann auch in der Gewissheit und im Vertrauen bestehen, dass Mitfühlende bereit wären.

Es gibt Menschen, die – egal wie nah oder fern sie den Eltern stehen – sehr sensibel, empathisch oder auch neugierig und effekthascherisch sind. Sie gehen stark mit dem Leid und Leben anderer Menschen mit. Ihr Bedürfnis, zu helfen, ist manchmal so überwältigend, dass sie es nicht ertragen, einfach nur auszuhalten.

Dann kann es passieren, dass sie unbedingt informiert werden wollen, dass sie enttäuscht oder sogar ärgerlich reagieren, wenn Nachrichten sie nicht rechtzeitig erreichen. Manche vergleichen, wie andere informiert worden sind, oder sagen scheinheilig: »Warum hast du mir denn nichts erzählt?« Damit stellen sie sich selbst in den Mittelpunkt. Für die Eltern wirkt das wie ein grelles Scheinwerferlicht, fast wie eine Verhörlampe, die ihre Verletzlichkeit noch stärker ausleuchtet. Dabei gerät leicht aus dem Blick, worum es eigentlich geht: um das Aushalten.

In der Praxis und im Alltag bedeutet Aushalten: einfach im selben Raum zu bleiben, mitzugehen, zuzuhören – auch dann, wenn keine Worte kommen. Aushalten heißt, Schweigen nicht zu füllen, Tränen nicht zu stoppen, Gefühle nicht zu bewerten. Es heißt, Nähe zuzulassen, ohne sie aufzudrängen. Manchmal bedeutet es, ganz unscheinbare Dinge zu übernehmen – Kaffee kochen, eine Decke bringen, mit zum Friedhof gehen. Und manchmal bedeutet es, einfach nur still dazusitzen, bis die Welle etwas nachlässt. Gerade bei Sternenkindern kann das heißen, in Bereitschaft zu sein – im Vertrauen, füreinander da zu sein. Diese Nähe im Herzen, auch bei geografischer Ferne, ist eine stärkende Form von Liebe.

Ich habe knapp drei Wochen jeglichen Kontakt nach außen gemieden. Mein Mann, gleichzeitig der Vater, hat die nötigsten Informationen geteilt.

Meine Schwester erzählte mir später, wie traurig sie irgendwann war, kein Ansprechpartner für mich zu sein. Mich nicht begleiten zu dürfen, obwohl sie selbst so sehr litt. Mich nicht unterstützen, sich nicht um mich kümmern zu dürfen – so, wie sie es als meine große Schwester schon immer in meinem ganzen Leben getan hatte. Und wie ich so oft zu ihr kam, wenn ich nicht weiterwusste – nur bei diesem schlimmsten Erlebnis nicht. Dabei hätte sie es selbst so sehr gebraucht und wollte so viel Liebe geben.

Mit der Zeit wurde sie enttäuscht und fast schon sauer auf mich. An ihren Gefühlen merkte sie dann: »Stopp. Genau das ist doch meine Aufgabe. Genau das ist doch meine Begleitung. Genau das ist der Wunsch meiner kleinen Schwester, den ich ihr erfüllen kann: Aushalten. Es geht nicht um mich. Es geht nicht um sie. Es geht um das Kind.«

Noch heute kommen mir die Tränen, wenn ich mich daran erinnere, wie sie mir das erzählt hat. Und ich habe von ihr gelernt, den Rucksack zu tragen – ohne zu wissen, was darin ist. Ohne zu wissen, wie lange. Ohne zu wissen, wie schwer er noch wird. Ohne zu fragen, warum. Ohne zu vergleichen, warum andere nicht oder mehr. Darin zeigt sich Liebe im Leben.

Warten

Für Mitfühlende bedeutet Warten, dass sie keine Kontrolle darüber haben, wann, wie oder ob sich die Eltern melden. Oft bleibt unklar, ob es Stunden, Tage oder Wochen sind – oder ob überhaupt ein Zeichen kommt. Dieses Warten ist schwer, weil es von Unsicherheit, Hilflosigkeit und der Sehnsucht getragen ist, etwas tun zu können.

Aushalten heißt, im Jetzt da zu sein und den Schmerz mitzutragen. Warten dagegen richtet sich auf ein Danach: auf eine Nachricht, ein Gespräch, einen Augenblick der Nähe. Beides gehört zur Begleitung – doch im Warten liegt die besondere Herausforderung, nichts erzwingen zu können.

Hilfreich kann sein, das Warten bewusst zu gestalten, indem eine Tasse Tee getrunken wird, der Blick in die Natur geht, Schritt für Schritt gegangen wird. Auch Ablenkung durch Musik, Schreiben oder etwas mit den Händen kann hilfreich sein. Entscheidend ist das Vertrauen, dass sich die Eltern dann melden, wenn es für sie möglich ist. Und manchmal bleibt Warten einfach nur schwer – egal, welche Strategien helfen könnten. Dann gilt: Warten muss nicht erträglich gemacht werden. Es darf schwer sein. Gerade darin zeigt sich Liebe: geduldig, ohne Forderung, im Vertrauen.

Mir fiel Warten verdammt schwer. Und genau deshalb war es für mich auch anstrengend, eine Person auf mich warten zu lassen. Ich habe das sehr persönlich genommen, und das hat nur noch mehr Zeit und zusätzliche Nerven gekostet.

Aus diesem Grund vertraue ich heute darauf: Wenn mich eine Person warten lässt, dann hat das einen Grund. Den muss ich nicht kennen, den muss ich nicht erfragen, weil es mir nichts bringt. Es steht mir nicht zu, und es ist nicht gesund für mich, den Grund zu bewerten. Daher bin ich froh, dank meiner Sternenkinder wirklich warten zu können – zumindest, wenn es um andere Menschen geht – auf Transportmittel hat das keinen Einfluss.

Je länger ich warten muss, vor allem wenn Menschen über ihre selbst vereinbarten oder festgesetzten Fristen mir gegenüber hinausgehen, desto mehr Mitgefühl entwickelt sich bei mir. Ich denke dann: Da ist etwas los – da helfe ich lieber im Aushalten. Denn ich glaube nicht, dass wir gegenseitig auf Menschen warten, für die wir nichts empfinden. Und für Menschen, für die ich etwas empfinde, möchte ich keinen Druck auslösen. Ich möchte ihn auflösen. Und das gelingt für mich so wunderbar durch das Warten.

Nach dem Abschied

An die Eltern des Sternenkindes und die Mitfühlenden

Es geht um die Zeit direkt nach dem Tod, dem Abschied. Eine Zeit, die sich über Tage, Wochen, manchmal Monate erstreckt. Sie beginnt mit dem letzten Anblick und wann sie endet, lässt sich nicht an einem Datum festmachen, dafür an kleinen Wendepunkten:

Als ich wirklich glauben konnte, was unserem Kind geschehen war.
Als alle davon wussten.
Als klar wurde, wo und wie unser Kind bestattet werden soll
– und wurde.
Als ich Worte dafür fand, wie es mir geht.
Als das Davor und Danach auch in Worten Form annahm.
Als ich den ersten Geburtstodestag erlebt hatte.

Und ganz still, ganz tief: Als es mich nicht mehr wütend machte, ob und wie andere über meine toten Kinder sprechen. Oder über mein Leben mit ihnen.

Oft begreifen Mitfühlende schneller, was geschehen ist – während Eltern noch in der Starre verharren, weil das Herz langsamer begreift als der Verstand. Und wenn sich die Starre löst, hat sich die Erfahrung und das lebenslange Leben mit einem toten Kind für viele andere in eine Erinnerung verwandelt.

Die Trauer um Sternenkinder geht Umwege. Sie führt an Orte, die anders sind als bei jenen, die im erwartbaren Alter starben. Denn rund um tote Kinder liegt ein Schweigen: Oft muss die bloße Existenz, dass ein Mensch von Beginn an Mensch und Kind ist, anerkannt werden. Oder es gilt auszuhalten, dass Fakten und Meinungen nebeneinanderstehen – und dass Fremde Meinungen als Urteile fällen.

Darum ist es für Miterlebende, Mitfühlende und Mitdenkende besonders bedeutsam, aufeinander zu achten. Das Tabu zu befreien. Und die Trauer als das zu erkennen, was sie ist: Liebe.

Ich bin heute noch dankbar oder fast demütig den Menschen gegenüber, die sich in dieser Zeit angepasst haben, ausgehalten haben und einfach da waren.

Und ganz entscheidend, als es mich nicht mehr verletzt hat, ob und wie andere über meine toten Kinder und mein Leben mit meinen toten Kindern reden.

Oft überreichen Mitfühlende den Trauerstaffelstab an die Betroffenen. Mitfühlende realisieren oft sofort oder viel früher, was passiert ist, da befinden sich Betroffene noch in der Trauerstarre. Wenn sie sich aus dieser Starre lösen und die Trauer spüren, dann ist der Tod des Kindes für viele anderen ein vergangenes Ereignis. das verdrängt oder verarbeitet wurde. Doch und Nämlich dann, wenn die Betroffenen aus ihrer Trauerstarre erwachen und die Trauer als Liebe erspüren, dann ist für einige

Während ich in den Wochen danach noch nicht einmal realisiert hatte, welche Erfahrung wir gemacht hatten, waren viele Mitfühlenden zur Stelle. Als mich die ›normale‹ Trauer überkam, war der Tod meiner Kinder für viele ein Ereignis, das in der Vergangenheit eine Rolle spielte und verdrängt oder verarbeitet werden konnte. Beides ist nicht möglich.

Trauer um Sternenkinder verläuft anders als um Menschen, die im erwartbaren Todesalter gestorben sind. Das liegt am Tabu rund um verstorbene Kinder. Es gibt klare Schritte zu bewältigen, die ich aus bisheriger Trauer nicht kannte. Deshalb ist es für Eltern und Mitfühlende besonders wichtig, aufeinander zu achten.

Lasst uns gemeinsam Trauer als Liebe leben.

Eltern

Mental aufräumen (lassen)

Wenn alles normal läuft, weiß unser Gehirn, was zu tun ist. Von klein auf lernen wir, uns in der Welt zurechtzufinden. Erst sind es einfache Abläufe: Aufstehen, sprechen, essen, reagieren. Später wird es komplexer. Wir lernen neue Regeln, neue Sprachen, neue Umgebungen, auch Dinge, die uns zunächst fremd oder herausfordernd erscheinen. Und das funktioniert, solange wir sie Schritt für Schritt verarbeiten können.

Unser Gehirn kann sehr gut mit Neuem umgehen. Auch mit Unerwartetem. Solange es Raum bekommt, die Eindrücke zu sortieren. Doch wenn alles auf einmal kommt, zu schnell, zu viel, zu chaotisch, dann gerät es aus dem Gleichgewicht. Dann greift kein Muster, kein Lernen, keine Orientierung mehr.

Eine Psychologin hat es mir einmal so erklärt: Das Gehirn braucht Ordnung und Struktur, um Entscheidungen treffen und Bewegungen steuern zu können. Damit es dem Körper etwa die Signale zum Fahrradfahren übermittelt, gleichzeitig durch Musik im Ohr schöne Gefühle auslösen kann und auch noch darauf reagiert, wenn sich auf der Straße eine Autotür öffnet, während wir parallel darüber nachdenken, was wir später einkaufen wollen. Wenn wir mit anderen Menschen interagieren, kommt noch mehr dazu. Wenn aber das eigene Kind stirbt, kommt etwas hinzu, das kein Gehirn – wir sagen oft Herz dazu – aushalten kann. Das Gehirn kann in diesem Moment nicht auf erlernte Informationen zurückgreifen.

Weil es ein Tabuthema ist.

Weil es das nicht geben darf.

Weil es das nicht geben soll.

Weil es das nicht geben kann.

Je emotionaler, je komplexer, je wichtiger, je wertvoller, desto mehr Raum und Zeit braucht das Gehirn, um das völlige Chaos und die gleichzeitige Leere zu beruhigen. Also trennt es sich – gefühlt – vom Körper.

Es aktiviert eine Art Notbetrieb – das Gehirn fokussiert sich auf das Überlebensnotwendige und reduziert alles, was gerade zu viel wäre. Automatismen bleiben erhalten, gesteuert etwa durch Kleinhirn und Stammhirn, während komplexe Verarbeitung in Teilen des Großhirns gedämpft wird. Viele beschreiben diesen Zustand so, als sähen sie sich wie in einem Film von außen.

Sie spüren nichts mehr.

Sie fühlen nichts mehr.

Sie handeln.

Sie funktionieren.

Wie ein Zombie. Dieser Zustand ist in der Psychologie bekannt als dissoziative Reaktion – eine Schutzfunktion des Gehirns bei extremer Überforderung.

Es ist menschlich. Es ist möglich. Und manchmal ist es sogar notwendig. Aber es ist auch möglich, aus ihm wieder herauszukommen. Sich aktiv zu bewegen, sich zurückzuholen oder zumindest den Zustand nicht zu lange andauern zu lassen.

Was versuchen sich dann zu schützen, indem sie Gedanken verdrängen oder vermeiden – bewusst oder unbewusst. Oft zeigt sich das in Schweigen oder Ablenkung, obwohl das innere Erleben weiterarbeitet. Doch das Gehirn räumt weiter auf. Oder besser gesagt: Es versucht aufzuräumen. Weil sich innen immer mehr anlagert, verwirrt, staut.

Es ist wie mit einem Zimmer, das, wenn alles normal läuft, aufgeräumt ist. Wenn aber plötzlich hunderte Dinge hineingeworfen werden, die unterschiedlich sind, schnell kommen und keinen festen Platz haben, wird alles zugestellt: Boden, Wände, Decke – nichts ist mehr zu erkennen. Dann fehlen die Regale. Dann fehlt die Ordnung. Dann braucht es Ausmisten, Sortieren, Neustrukturieren.

Wenn das gelingt, kann sich der Mensch am Ende fast wie neu fühlen. Nicht weil alles wieder gut ist, sondern weil das Fundament neu gesetzt wurde. Weil alles durchgerüttelt wurde und dann neu geordnet. Aber wenn dieses Aufräumen nicht passiert, macht das Gehirn weiter. Es schiebt die Gegenstände zur Seite. Es drückt die Kartons aneinander. Es schafft sich einen schmalen Gang, durch den es irgendwie geht. Irgendwie.

Aber nicht dauerhaft. Denn mit jedem Jahr kommt mehr. Und irgendwann geht es nicht mehr. Dann holt sich das Gehirn seine Zeit. Seinen Raum. Seine Aufmerksamkeit. Und oft zeigt es das dann so:

In Zwangsstörungen. In Panikattacken. In Depressionen.

Und dann ist es schwer, die Ursache zu erkennen. Weil Zeitpunkt und Auswirkung nicht mehr zusammenpassen. Deshalb ist es so wichtig – wirklich wichtig –, sich Zeit zu nehmen. So viel, wie es eben braucht.

Bis wir uns wieder spüren.

Bis wir wieder fühlen.

Bis wir uns langsam wieder verbunden erleben dürfen – langsam wieder Liebe zulassen können, wollen und trauen – uns gegenüber, einander gegenüber und gegenüber dem Leben. Natürlich ersetzt das keine Diagnose – hier geht es um erlebte Zustände, nicht um medizinische Klassifikation.

Ich habe die bereits besorgte Babykleidung wieder und wieder gewaschen, zusammengelegt, bis ich sie sortiert und verräumt hatte.

Ich habe Stifte gespitzt und genauso Socken und Kleidung, nach Farben sortiert.

Ich habe alles in allen Schubladen sortiert.

Ich habe die Pflanzen gegossen und ihre Blätter abgestaubt.

Ich habe einen Plan für meinen Sport erstellt.

Ich habe einen Plan erstellt, was es für unsere Kinder zu erledigen gibt.

Mehr weiß ich nicht.

Die meiste Zeit saß ich wohl, ich ging verdammt viel spazieren, ich hörte so laut Musik wie nie, ich lief ohne Musik. Ich würde nicht sagen, dass ich je in die Luft starrte. Die ersten Wochen direkt nach dem Abschied fühlen sich in der Erinnerung wie ein einziger Moment mit mehreren Augenblicken an. Und nicht nur in den wenigen Wochen danach.

Dieser Zustand – ich nannte es die Seele – kam immer mal wieder vorbei, auch dann, als ich schon längst wieder arbeiten war und für viele der Abschied von meinen Kindern ein Ereignis aus der Vergangenheit war. Für mich ganz präsent. Dann liebe ich es, im Stau zu stehen. Auf der Rolltreppe zu stehen. Auf egal was zu warten, im Sitzen oder im Stehen. Manchmal blieb ich auch einfach so stehen. Wusste dann aber auch nicht weiter.

Und lief weiter.

Und es ging weiter.

Das Leben und Lieben, die Welt – alles dreht sich weiter.

Einfach nichts machte wenigstens einmal eine Pause, wo das Leben meiner Kinder zu Ende war. Und ich fing kreiselnd immer wieder an. Weiter. Stehen. Planen. Sortieren. Leben. Lieben.

Über eine Obduktion nachdenken

Soll der Leichnam des verstorbenen Kindes untersucht werden? Von der Antwort hängt ab, wie mit dem toten Körper verfahren wird. Deshalb wird diese Frage oft sehr früh gestellt – manchmal bereits im ersten Trimester. Für und gegen eine Obduktion sprechen viele Argumente. Es gilt, sich selbst zu vertrauen.

Für uns stand außer Frage, unser Kind obduzieren zu lassen. Wenn auch nur die kleinste Erkenntnis über die Todesursache der Wissenschaft weiterhilft, befürworten wir das aus ganzem Herzen. Auch keine neuen Informationen sind wertvoll – weil Aussagen valider werden, je mehr Datensätze zugrunde liegen. Für die vorherigen Zeilen habe ich bewusst eine distanziertere Sprache gewählt. Sie entspricht meiner Beziehung zu toten Körpern. Ob der tote Körper meiner Großeltern, von mir selbst oder meiner Kinder – für mich waren und sind sie die Hülle von Menschen. Und tot nur insofern relevant, als dass sie dem Boden dienen. Es gibt aber so viel mehr Menschen mit noch viel stärkerem Bezug zum Körper ihrer Verstorbenen, dass es mir hier noch wichtiger ist als bei jedem anderen Punkt: Alle Eltern sollen selbst entscheiden, was sich für sie richtig anfühlt.

Anhalten. Pause. Kraft tanken.

Das Thema Krankschreibung polarisiert. Seit 2025 gibt es ab der 13. Schwangerschaftswoche einen Anspruch auf Mutterschutz. Für die rechtliche Situation sind Informationen gut zugänglich.

Für die mentale Gesundheit hält sich unser Körper an eigene Regeln. Trauer bleibt. Trauer verändert das Gehirn. Trauer verändert den Hormonhaushalt. Trauer ist Biochemie – Liebe.

Für die mentale Gesundheit gilt das Naturprinzip: Trauer bleibt. Trauer ist Liebe. Wir lieben ein Leben lang. Es braucht Zeit und Raum, um sich an diese Form von Liebe zu gewöhnen.

Mutterschutz ist eine wichtige rechtliche Möglichkeit, aber kein Maßstab für seelische Stabilität. Wenn das Gesetz keinen ausreichenden Schutz gewährt, glauben manche, sie bräuchten auch keinen. Doch mit der Wirklichkeit hat das selten etwas zu tun.

Bei körperlicher und seelischer Belastung ist eine Krankschreibung möglich. Allein daran zu denken, ist oft schon ein Zeichen: Der Körper verlangt nach Raum. Die Seele nach Zeit. Viele berichten, dass sie nicht auf ihre Intuition gehört haben – und dass es sie später stärker und länger eingeholt hat.

Meistens liegt die Unsicherheit darin begründet, dass es sich ja »nur um Gefühle« handle, vielleicht psychosomatisch – andere litten schließlich »wirklich«. Wenn solche Gedanken die Führung übernehmen, kann es helfen, sich zu fragen: Was würde ich einem Lieblingsmenschen in dieser Situation raten?

Als Beamtin bin ich privat versichert, und die Fürsorgepflicht des Staates mit der Beihilfe hat beide Male dafür gesorgt, dass ich rechtlich umsorgt wurde. Für mich ist die Arbeit eine wichtige Säule der Identität. Sie gibt mir Orientierung, und ich wollte wieder zurück – auch das kann sich herausfordernd gestalten. Erst viele Wochen später fand ich mich in einer Praxis wieder, eigentlich wegen massiver Kopfschmerzen und Konzentrationsschwierigkeiten. Für das Gefühl, das ich seit der Verabschiedung meiner Kinder in mir trug, fehlten mir die Worte – doch selbst wenn: Er hätte mich nicht verstanden, weil ich geweint und geweint und geweint habe. Noch nie zuvor hat mich ein Arzt in den Arm genommen, mehrere Taschentücher gereicht und mich – ich nutze dieses Wort bewusst – geschimpft. Ich fühlte mich wie ein Kind, dem liebevoll erklärt wird: »Nimm deine Gefühle ernst – so, wie du deinen Verstand ernst nimmst. Daher rühren sie schließlich.«

Das Geheimnis im Privatleben lüften

Kurz nach dem Tod sind viele froh, wenn nur wenige Menschen von ihrem Kind wussten. Rückblickend sagen die meisten, sie hätten sich gewünscht, dass mehr Bescheid gewusst hätten.

Um zu verstehen, warum es besser sein kann, über seine Kinder, ihren Tod, den Umgang damit und die eigenen Gefühle zu reden, ist es sinnvoll, sich vor Augen zu halten, warum Schwangerschaften in der deutschen Kultur häufig verschwiegen werden.

Das Risiko für einen frühen Verlust ist innerhalb der Schwangerschaft am höchsten – und im Vergleich zur Medizingeschichte am niedrigsten. Diese doppelte Wahrheit zeigt: Sicherheit ist nie ganz sicher. Und gerade deshalb verdient auch das frühe Leben Schutz, Sprache und Sichtbarkeit.

Früher starb oft auch die Mutter, nicht selten wurde vor einer Geburt gesagt: »Hoffentlich auf Wiedersehen.« Ein verstorbenes Kind galt als persönliches und moralisches Versagen. Sünde, Strafe und göttlicher Wille spielten eine Rolle. Auch der Aberglaube, »Zu frühe Freude bringt Unglück«, verstärkte in vielen Kulturen die Geheimhaltung.

Und: Wer sich nicht freut, muss sich später nicht öffentlich erklären.

Aus diesen historischen Vorstellungen hat sich in unserer Kultur die Annahme verankert, Schweigen sei selbstverständlich. Ein Blick in viele andere Länder weltweit widerlegt diese Vorstellung. Doch das Entscheidende für die Sternenkindermappe ist: Nach dem Abschied fehlt das Kind an der Hand – der Schmerz darüber wird bleiben. Schweigen schützt nicht, es isoliert. Die Angst hat es leichter. Und die Eltern selbst sind einsamer. Sternenkinder betreffen und berühren auch die Mitfühlenden.

Meine Sternenkinder sind meine ersten beiden Kinder. Beide Male war ich so baff, schwanger zu sein, dass ich es hinausschreien wollte. Ich wusste natürlich: »Erst nach der 12. Schwangerschaftswoche.« Aber ich wusste nicht, warum. Und ich hatte noch nie einen größeren Drang, eine größere Überwältigung, eine größere Begeisterung verspürt als in den fünf Momenten meines Lebens, in denen ich vom Leben in mir erfuhr.

Ich recherchierte – und fand für mich keinen verständlichen Grund, meine Freude nicht auch der Nachbarin zu erzählen, die mich eigentlich nur im Vorbeigehen grüßen wollte. Ich habe es nie bereut. Im Gegenteil: Seit meinen Sternenkindern zeugt es für mich von Verantwortungsbewusstsein und Liebe – gegenüber der Gesellschaft, mir selbst und allen Nachfahren –, das Leben von Beginn an, für mich ist das die Einnistung – spätestens die Empfängnis – zu feiern.

Mutterpass für jedes Kind

In Deutschland gibt es unterschiedliche Erfahrungen. Einige Eltern berichten, dass sie für jedes Kind einen eigenen Mutterpass erhalten haben – bei vielen war das nicht der Fall. Ein neuer Pass wird meist erst dann ausgestellt, wenn der alte vollständig ausgefüllt ist oder als verloren gilt. Ein Mutterpass ist üblicherweise für zwei Schwangerschaften ausgelegt. Wenn ein Kind sehr jung stirbt, bleiben meist noch viele Zeilen für weitere Schwangerschaften frei – Stempel und Angaben werden überklebt.

Es kann für jede Schwangerschaft ein eigener Mutterpass ausgestellt werden – muss aber nicht. Ein eigener Pass kann medizinisch sinnvoll sein, zum Beispiel für Diagnostik, Verlauf oder Risikoabschätzung. Und er kann bedeutsam sein – als Zeichen: Dieses Kind war da. Einige Eltern bitten bewusst darum, einen neuen Pass zu bekommen. Die Einträge im alten werden nicht gelöscht. Auch wenn eine Schwangerschaft endet, bleibt sie sichtbar – und damit auch das Kind. Für viele ist der Mutterpass eine der wenigen greifbaren Erinnerungen an das Leben vor dem Tod.

Ich bin sehr froh, dass ich bei jedem Kind auf einen eigenen Mutterpass bestanden habe – und nie einfach Inhalte übertragen ließ. Für mich sind sie nicht nur medizinisch bedeutsam, sondern auch persönlich: eine Form von Anerkennung. Der Beweis für die Existenz. Leider habe ich nicht für alle meine Kinder einen. In China gibt es keine Mutterpässe – und so fehlen mir zwei. Aber beide Sternenkinder wurden in Deutschland geboren.

Nach dem Tod unserer Tochter habe ich in der Folgeschwangerschaft nach einem neuen Pass gefragt. Sie meinten, das sei nicht üblich – solange noch Platz sei. Ich erklärte, dass es eine Risikoschwangerschaft mit wöchentlichen Terminen war und der Platz ohnehin knapp. Vor allem aber, dass der Mutterpass meiner Sternentochter zu den wenigen Dingen gehört, die ich von ihr habe – und dass er an einem besonderen Ort liegt. Ich wurde wütend und traurig zugleich. Das schienen sie zu spüren. Danach war es kein Problem. Für mich war es lange eins. Für mich war es lange ein Problem, dass ich mich rechtfertigen musste und noch heute finde ich es sehr schade, dass ich mich erklären musste – und nicht einfach nur bitten durfte.

Beim Blick auf die Pässe kommt bis heute ein ganz bestimmtes Gefühl auf – ein Moment von gemeinsamer Lebenszeit. Sie liegen nicht in einer Erinnerungsbox, sondern neben den Impfpässen und Untersuchungsheften meiner Kinder an der Hand.

Schuld auflösen und loslassen

Nach dem Tod eines Kindes erleben viele Eltern, dass Schuldgefühle nicht nur von außen kommen. Fragen oder Bemerkungen anderer können wehtun, doch am stärksten wirken oft die eigenen Gedanken. Vor allem Mütter neigen dazu, sich selbst verantwortlich zu machen – für jeden medizinischen Befund, für jede Entscheidung, für jedes Symptom. Diese innere Stimme, die unablässig fragt: »Habe ich etwas falsch gemacht?« oder »Hätte ich es verhindern können?«, hat die größte Hebelwirkung. Sie pflanzt Schuld tief ins Herz, noch bevor andere sie überhaupt aussprechen.

Solche Schuldgefühle entstehen selten aus böser Absicht. Dahinter steckt ein zutiefst menschlicher Mechanismus: Wenn etwas Schreckliches geschieht, sucht das Umfeld nach einer Ursache – und Eltern selbst tun das oft als Erste. Das Gehirn will verstehen, warum etwas passiert ist, weil ein klares »Warum« vermeintlich Sicherheit gibt. Wenn wir den Grund kennen, so glauben wir, könnten wir ähnliche Situationen künftig vermeiden. Psychologisch nennt man das den Kontrollglauben: Menschen fühlen sich sicherer, wenn sie annehmen, dass Unglücke erklärbar und damit beeinflussbar sind.

In einer leistungsorientierten Kultur ist dieser Gedanke besonders stark. Erfolg, Gesundheit und Familienglück werden oft als Ergebnis von Disziplin und Eigenverantwortung verstanden. Die Psychologie spricht hier von internaler Kontrollüberzeugung. Sie kann stärken – doch wenn etwas geschieht, das sich der Kontrolle entzieht, entstehen Schuldgefühle. Religion verstärkt diese Vorstellung zusätzlich, indem Leid bis heute unterschwellig mit Schuld verknüpft wird. Und soziale Normen tragen ihren Teil bei – viele Menschen fühlen sich schuldig, wenn sie Erwartungen nicht erfüllen, selbst wenn sie objektiv nichts hätten tun können. Schuldgefühle sind so stark, weil sie auf historischen und gesellschaftlichen Glaubenssätzen beruhen, die sich durch Wiederholung im jeweiligen Zeitgeist verfestigen – auch wenn sie keinem wissenschaftlichen Test standhalten. Schuldgefühle sind eine Glaubensfrage, kein Naturprinzip.

Doch Schuld setzt immer Kontrolle voraus. Und genau diese Kontrolle hatten Eltern in der Situation nicht. Ob Armut oder Wohlstand, ob alt oder jung, ob gesund lebend oder nicht – alle sind dem Tod gleich ausgeliefert. Schuldfragen tun so, als läge die Verantwortung im Verhalten der Eltern. In Wahrheit sind sie ein Versuch des Umfelds – und der Eltern selbst –, das Unerklärbare erträglicher zu machen.

Für Eltern bedeutet das: Schuldgefühle sind menschlich, aber sie sind nicht gerechtfertigt. Niemand kann verhindern, dass ein Kind stirbt, indem er oder sie »alles richtig macht«. Und niemand sollte sich verantwortlich fühlen für den Tod eines Kindes.

Schuldgefühle können sich hartnäckig halten – nicht weil Eltern etwas falsch gemacht hätten, sondern weil Worte von außen und Gedanken von innen sie nähren. Deshalb ist es wichtig, diese Gefühle nicht als Wahrheit zu akzeptieren, sondern sie als das zu erkennen, was sie sind: ein Konstrukt, das aus Hilflosigkeit, kulturellen Prägungen und dem Bedürfnis nach Kontrolle entsteht. Wer Schuldgefühle spürt, darf sie benennen und darf sie loslassen. Eine Möglichkeit kann sein, sich zu fragen: Wenn der beste Freund, die eigene Nichte, das Kind an der Hand oder das Sternenkind selbst in derselben Situation wäre – würden Eltern diesen Menschen die Schuld geben? Trauer braucht keine Schuld. Trauer ist Liebe.

Ich hatte nie Schuldgefühle. Ich war von meinem Körper mehr als genervt, dass er so lange braucht, um – wenn überhaupt – wieder fit zu werden, wieder mein Körper zu sein, wie ich ihn früher kannte. Aber mehr auch nicht. Und das ist schon mehr, als ich bisher verarbeiten konnte. Doch darum geht es nicht, wenn viele von Schuldgefühlen sprechen. Es hat mich lange irritiert, warum ich keine habe und so viele von ihnen erzählen – von diesen Schuldgefühlen. Viele sagten auch zu mir, ich bräuchte keine zu haben, ohne durch eine einzige Nachfrage schnell herauszufinden, dass das nie mein Problem war.

Wenn ich mir vorstelle, ich wäre schuld daran, dass ich das PCO–Syndrom habe, dass alle fünf meiner Kinder länger im Dottersack waren, dass sich ein Hämatom gebildet hat, dass die Fruchtblase geplatzt ist, dass sich eine Trisomie gebildet hat, dass es zu Missbildungen kam und vieles mehr – dann müsste ich denken, ich hätte einen Gotteskomplex. Und selbst wenn ich Biologie, Medizin, Neurowissenschaften studiert hätte und alles Wissen besäße, das es bräuchte, um einen Menschen zu erschaffen, würde ich immer noch denken, ich hätte einen Gottes– oder – in meinem Glauben – einen Naturgewaltkomplex, oder neutral formuliert: es liegt außerhalb menschlicher Kontrolle.

Und ja, ich habe geraucht. Nicht wenig. Ich liebe Zucker, ich esse Fleisch und vieles Ungesunde mehr. In den ersten fünf Wochen der Schwangerschaft, gerechnet ab Einnistung, habe ich sogar Alkohol getrunken – zu einem Zeitpunkt, an dem eine Schwangerschaft medizinisch noch gar nicht festgestellt werden kann. Und überhaupt: Früher habe ich auch Alkohol getrunken, an manchen Tagen nicht wenig. Und trotzdem – ich fühle mich nicht schuldig. Denn Schuld setzt für mich Kontrolle voraus. In der Psychologie spricht man von Kausalattribution – wir suchen nach Ursachen und schreiben Verantwortung zu. Unwissenheit mag nicht vor Strafe schützen, aber Machtlosigkeit, Ausgeliefertsein und Kontrollverlust schützen vor Schuld.

Gleichzeitig weiß ich nur zu gut, was Schuldgefühle sind. Ich habe genug davon, viel zu viele – in einem Leben gar nicht auszugleichen. Was Sternenkinder betrifft, habe ich Schuldgefühle, weil ich als Beamtin die Zeit für meine Gesundheit bekommen habe, die anderen Frauen nicht zusteht, die sie sich selbst nicht zugestehen. Und die Schuld spielt noch in vielen anderen Punkten mit mir. Leider spiele ich viel zu oft mit – wenigstens immer öfter aktiv, immer öfter bewusst, immer öfter im Vertrauen.

Deshalb habe ich mich viel mit Schuldgefühlen beschäftigt und entdeckt, dass es so viele Gefühle gibt, die Gäste sind, die komplex sind, die eigentlich aus Liebe rühren. Schuldgefühle aber, so habe ich das Gefühl, sind oft eher ein Konstrukt, ein Narrativ oder – schwäbisch und drastisch gesagt – einfach Geschwätz. Mehr nicht.

Und das ist für mich ein Beweis von vielen, welche Macht Worte haben. Und mit der Sprache von Trauer als Liebe wünsche ich mir, dass die Liebe in diesem Machtspiel gewinnt. Das tut sie immer.

Liederlisten lieben lernen

Musik erreicht uns auf eine Weise, die Worte allein nicht können. Sie umgeht den Umweg des Denkens und wirkt direkt auf unsere Gefühle, unser Erinnerungsvermögen und sogar auf unseren Körper. Während gesprochene oder geschriebene Sprache vor allem über Bedeutung funktioniert, spricht Musik unmittelbar das emotionale Zentrum im Gehirn an. Sie kann Herzschlag, Atem und Muskelspannung verändern – oft, ohne dass wir es bewusst wahrnehmen.

Darum wird Musik in Zeiten von Trauer so bedeutsam. Ein bestimmtes Lied kann uns in Sekunden an einen Moment zurückversetzen: an eine Schwangerschaft, an eine Geburt, an eine Abschiedssituation. So, als würde sich die Tür zu einem vergangenen Augenblick noch einmal öffnen. Manche Lieder werden dadurch zu Ankern – sie geben Halt, wenn Gefühle chaotisch sind, und machen Vergangenes spürbar, ohne dass dafür Worte nötig sind.

Gleichzeitig können Lieder auch neue Räume öffnen. Eine Playlist, die bewusst zusammengestellt ist, kann ermutigen, trösten, Hoffnung schenken. Sie verbindet mit positiven Gefühlen, die vielleicht verschüttet sind: ein Lächeln, eine Erinnerung an Leichtigkeit, ein kurzer Moment von Geborgenheit. Sich mit der Musik zu verbinden, dafür reicht die Dauer eines Songs, Kopfhörer auf, Augen zu, Musik an und tanzen. Ich nenne es Silent Solo Dance. In dieser Verbindung liegt eine Kraft, die Trauernde stabilisieren und zugleich innerlich begleiten kann.

Liederlisten lieben heißt nicht, Trauer zu verdrängen. Es bedeutet, die eigene Musiksprache zu finden – eine Sprache, die Erinnerungen erlaubt, Gefühle trägt und kleine Lichtpunkte schenkt, wenn Worte fehlen.

Ich gehöre nicht zu den Menschen, die immer und überall Musik hören. Nicht weil ich es nicht will, sondern weil ich es nicht kann. Musik bewegt mich,

Musik macht etwas mit mir, und Musik verdient meine Aufmerksamkeit. Gleichzeitig weiß ich: Dass es nicht die eine gute Musik gibt, war mir immer klar – Geschmäcker sind verschieden. Noch nie wurde es mir aber so deutlich wie bei den Liederlisten für meine Sternenkinder: Meine sind ganz andere als die meines Mannes. Und wenn ich sie vorspiele, passiert bei allen Menschen – auch jenen, mit denen ich sonst völlig auf Wellenlänge bin – das Gleiche. Ich sehe in ihren Augen, dass sie nicht erfüllt sind, wie es das Lied für mich ist, nicht in Bezug auf meine Sternenkinder. Klassische Musik für Beerdigungen und andere Anlässe bringt, glaube ich, einen gemeinsamen Kern auf den Punkt. Ein Beethoven ist ein Beethoven. Ich liebe genauso meine eigenen Lieder und kann dank ihnen auf Knopfdruck Stimmungen und Verbindungen herstellen, wenn ich geerdet bin. Es kommt mir vor, als sei die Wellenlänge zum eigenen Herzen so einzigartig wie die Liebe selbst.

Faustregeln die Faust geben

Faustregeln, die Faust geben, weil sie es für das eigene Leben keine gibt. Die Faustregel eines einzelnen gesunden und glücklichen Lebens, ist eben genau dieses einzelne gesunde glückliche Leben. Keines davor, keines danach. Das, was gelebt wird, wird zur Faustregel.

Viele wünschen sich einfache Antworten, klare Handlungsanweisungen. Aber in der Trauer gibt es keine Patentrezepte. Jede Person geht anders mit demselben Schmerz um. Deshalb ist es wertvoll, die Wege anderer zu betrachten, von ihnen erzählt zu bekommen, ihre Markierungen am Wegesrand zu sehen – so wie beim Wandern. Manchmal begleitet man sich ein Stück, manchmal hilft ein Orientierungspunkt, manchmal dient ein Gespräch als Rastplatz. Doch am Ende geht jeder Mensch im eigenen Tempo, mit eigenen Schritten, den eigenen Weg. Darum ist Austausch so bedeutsam: weil wir voneinander lernen können, weil wir gleiche Gefühle teilen – und weil genau darin die Kraft liegt, weiterzugehen. Gleichzeitig braucht es Orte, an denen Sprache trennscharf ist: Medizin und Recht. Nur dort kann geregelt werden, was die Einzigartigkeit jedes Kindes, jedes Lebens, jeder Liebe erfasst. Denn keine Formulierung, kein Begriff darf verschlucken, dass es sich um genau dieses eine Kind handelt, das sichtbar bleibt – nicht als Zahl, nicht als Statistik, sondern als unverwechselbares Leben.

»Sie können jetzt erstmal keine kleinen Kinder sehen. Halten Sie sich erstmal bewusst fern.« Dazu wurde mir geraten. Doch noch nie haben mich Kinder so

sehr interessiert, ihre Fingerchen und ihre Händchen, wie direkt nach dem Abschied von meinen Sternenkindern. Was für ein Wunder das Leben ist, dachte ich. Nach einer Risikoschwangerschaft, in der jede Woche das Kind hätte sterben sollen, recherchierte ich wie für ein Studium und fand heraus: wow – wir entwickeln uns nie wieder in solcher Schnelligkeit, Komplexität und Größe. Manchmal glaube ich sogar heute noch: Gerade weil meine Kinder gestorben sind, erkenne ich tiefer als andere, was für ein Wunder jedes Kind ist.

»Sie werden jetzt erstmal keine anderen Schwangeren verkraften. Halten Sie sich fern.«, hieß es. Ich habe nichts und niemanden sehen wollen, weil ich mit mir selbst klar war. Weder meine Eltern noch meine Schwester oder beste Freunde. Dieser Vakuumzustand, dieser Schutz – den hätte ich noch länger aufrechterhalten. Aber dann kam ein Termin, der mir Energie gab. Dieser Termin war immer in meinem Kopf – genauso wie der errechnete Geburtstermin meiner Tochter, so auch der errechnete Geburtstermin meiner besten Freundin. Und es war ausgemacht, dass ich sie begleite.

Klar, es war ausgemacht, bevor der Tod meines Kindes geschah. Doch was könnte besser aus der Starre heben, wo alles egal und alles sinnlos erscheint, als das Leben eines Kindes?

Und ich kam nur wegen der Geburt ihres Kindes wieder heraus aus meiner Kontaktblockade, aus meinem Vakuum. Und ich blicke noch bis heute so freudig zurück, wie ich ihr Kind direkt nach der Geburt gehalten habe. Ich war so im Glück, weil es lebte.

»Sie plagen jetzt sicher Schuldgefühle.« Nein. Nie. Nicht gegenüber dem Tod. Aber durch solche Aussagen hatte ich fast das Gefühl, mich schuldig fühlen zu müssen, weil ich keine Schuldgefühle verspürte. Ich dachte: Was ist mit mir nicht normal, dass ich Kinder und Schwangere noch mehr feiere als jemals zuvor? Warum reagiere ich so anders? Wann tritt das mit den Schuldgefühlen und mit der Angst vor Kindern und Schwangeren ein, was die Ärztin gesagt hat? Wie lange dauert dieser Zustand?

Es trat nie ein, und es musste auch nicht. Fast hätte ich auf die bewegenden Augenblicke beim Anblick von Kindern verzichtet, fast sogar auf die Geburt des Kindes meiner besten Freundin – und das nur, weil individuelle Lebenswege alls allgemein gesicherte Tatsachen dargestellt wurden.

Bei mir kamen meine Gefühle und Gedanken, die unterschieden sich von denen anderer und mit wieder anderen Menschen überschneiden sich meine Gedanken und Gefühle – doch mit keiner Person gänzlich.

Jede Person hat ihre eigenen Gefühle. Sie zu teilen ist wertvoll, um Schritte sichtbar zu machen. Doch daraus ein Rezept für andere zu formen, ist unmöglich – weil jeder einzelne Schritt einzigartig ist und nicht genau von jemand anderem gegangen werden kann. Dafür bleibt aber der einzigartige, einzige und eigene Weg.

Sichtbar werden lassen

Wenn sich der Drang einstellt, das Tabu zu befreien – damit andere nicht erst begreifen müssen, sondern von Anfang an und ohne Unsicherheit oder Scham trauern können – entsteht sichtbar die Sehnsucht nach Zugehörigkeit. In diesem Kontext gewinnt das Sternenband eine besondere Bedeutung.

Das Sternenband ist das offizielle Erkennungszeichen für verwaiste Eltern und Paare mit unerfülltem Kinderwunsch. Es ist ein schlichtes Armband mit Glasperlen, die verstorbene Kinder symbolisieren – jedes Kind eine Perle. Paare ohne Kinderwunsch tragen das Band ohne Perlen. Es ist mehr als Schmuck – es ist ein sichtbares Zeichen für Trauer, Hoffnung und Verbundenheit.

Psychologisch betrachtet kann es für Menschen wichtig sein, öffentlich für etwas einzustehen. Sichtbarkeit schafft Zugehörigkeit, und Zugehörigkeit wirkt wie eine soziale Ressource: Sie reduziert Scham, gibt Halt und stärkt das Selbstwertgefühl. Wer sich zeigt, bricht nicht nur das eigene Schweigen, sondern ermutigt auch andere, das Gleiche zu tun.

Es wird noch viel zu leise darüber geredet – doch je nach Auslegung hat jedes zweite Elternpaar ein Sternenkind. Mit dem Sternenband lässt sich zeigen: Ich gehöre dazu – und das Tabu darf befreit werden.

Ab dem Moment, an dem ich mich nicht mehr wehrte. Ab dem Moment, an dem ich nicht mehr das Gefühl hatte, andere darüber belehren zu müssen, dass Menschen auch am Anfang der Schwangerschaft Menschen sind. Und dass Kinder Kinder sind – unabhängig davon, wann sie sterben. Und dass die Todesursache nicht bestimmt, wie sehr sie geliebt werden.

Ab dem Moment, in dem ich mich nach innen richtete und gelassen und entspannt mit meinen Sternenkindern leben lernte.

Gleichzeitig wollte ich hinausgehen und mit anderen teilen, was ich in sechs Jahren in drei Ländern mit zwei Sternenkindern zusammengefasst hatte. Ich dachte mir, dass ich mir viel Zeit hätte sparen können, wenn die Menschlichkeit nicht infrage gestellt und die Todesursache nicht zum Maßstab gemacht worden wären – sondern allein die gelebte Liebe.

Trauerbegleitung und Selbsthilfe

Trauerbegleitung und Selbsthilfe werden oft missverstanden. Viele denken, es sei ein Ort für faule, schwache oder gescheiterte Menschen. Dieses Bild ist so unzutreffend, wie zu behaupten, es brauche keine Übung, keine Struktur und keine Erfahrung, um in irgendetwas gut zu werden oder mit sich selbst zufrieden zu sein. Mittlerweile gibt es Angebote – für Miterlebende, Mitfühlende und Mitdenkende. Die Abläufe und Inhalte sind so vielseitig, dass sich für jede Person etwas Passendes findet. Und wenn es nicht das Sprechen ist, dann vielleicht das Zuhören.

In den letzten Jahren hat sich das Angebot vergrößert. Ich habe damals zwar einiges gefunden, aber die Themen, die Farbwahl beim Layout und auch die Ausdrucksweise holten mich in meiner Wut nicht ab und gaben mir nicht das Gefühl, mich für den Kampf um die Existenz meiner Kinder und ihre Anerkennung zu wappnen. Wenn ich ganz ehrlich bin: Ich hatte das beschriebene Vorurteil. Nicht ganz so drastisch, aber in jedem Fall: »Ich bekomme es selbst hin.«

Heute bin ich Begleiterin einer Online-Selbsthilfegruppe des Vereins Unsere Sternenkinder Hessen e. V. und ich bin im spannenden Austausch mit Trauerbegleitenden. Und heute verstehe ich für mich ganz persönlich darunter ein Treffen von Menschen, die ähnliche Gefühle erfahren haben und ihre Blickwinkel teilen – für mehr Klarheit und Gelassenheit.

3-3-3-Regel anwenden

Es kann nötig werden, sich mit dem Körper zu verbinden – über die Sinne. Diese Methode hilft, den Fokus weg von innerer Unruhe und hin zu den Sinnen zu lenken. Das Gehirn kann sich nicht gleichzeitig auf Angstgedanken und Sinneswahrnehmungen konzentrieren – so kommt wieder etwas Ruhe in Körper und Geist:

»Welche 3 Dinge sehe ich?
Welche 3 Dinge höre ich?
Welche 3 Dinge spüre ich?«

Vielleicht der Himmel, die Wand, der eigene Atem. Der Stoff der Kleidung, ein Geräusch im Hintergrund, der Boden unter den Füßen.

Ich habe davon erst viel später gelesen – in einem Liebesroman, als die Protagonistin eine Panikattacke hatte. Mir fiel es leicht, mir vorzustellen, wie sehr diese Übung helfen kann, wenn der innere Fokus fehlt. Ich erinnerte mich an Zeiten, da musste ich mich selbst an so was Automatisches wie Atmen erinnern. Dieser bestimmte Zustand legt sich einfach über alles, auch wenn er absehbar ist. Ich fühlte mich wie eine leere Hülle fühlte – als würde ich wie ein Zombie durch den Tag gehen. Die Vorstellung, mit den Sinnen wieder ins Jetzt zurückzufinden, hat mir unmittelbar eingeleuchtet. Bei späterer Recherche stieß ich auf diese Methode als klassische Achtsamkeitsübung – schlicht, aber tief wirksam. Ich erwähne diesen Schritt bewusst mehrmals in der Sternenkindermappe.

Heimatgefühle als Sicherheitsanker nutzen

Wie alt eine Person auch sein mag, wie oft sie umgezogen ist, welche Differenzen zur Kindheit bestehen: Sinneserinnerungen, wie der Geschmack eines bestimmten Gerichts oder der Geruch eines vertrauten Duftes, können tief verwurzelte Sicherheit und Geborgenheit verleihen. Solche Reize umgehen das bewusste Denken und rufen unmittelbar gespeicherte Gefühle aus frühen Lebensphasen wach – oft schneller und intensiver als Bilder oder Sprache.

Ich bin schon nach dem Abitur von Vöhringen bei Neu–Ulm nach München gezogen und habe seither über 30 Länder bereist. In Vöhringen und Ulm besuchte ich Menschen, hatte mit den Orten selbst aber lange nichts zu tun. Seit meinen Sternenkindern hat sich das verändert. Selbst wenn es regnet und grau ist – oder einfach aussieht wie eine Industriekleinstadt mit Umspannwerk: Die Ausfahrt Vöhringen, bestimmte Straßenzüge, der Lieblingsdöner, das Lieblingseis – sie zaubern ein Lächeln ins Gesicht. Schon in der Erinnerung. Die tatsächliche Umsetzung muss dem nicht standhalten. Das muss sie gar nicht – denn für das Gefühl von Sicherheit und Geborgenheit reicht die Vorstellung.

Körpervertrauen durch Sport

Sich mit dem eigenen Körper zu verbinden, ist nicht nur für die Mutter heilsam – sondern gerade auch für den Vater, für Mitfühlende und Mitdenkende. Weil sich so Gefühle oft wortlos tragen oder aushalten lassen.

Dafür eignen sich Fußballvereine, Yogagruppen, Sportangebote vor Ort oder jegliche Sportmöglichkeiten, auf die Lust verspürt wird. Wichtig ist, in Bewegung zu kommen – und in Verbindung mit dem eigenen Körper.

Zu beachten ist, dass ein weiblicher Körper auch nach einem vorzeitigen Schwangerschaftsende nicht automatisch wieder so funktioniert wie zuvor. Vielleicht auch gar nicht mehr. Denn er leistet oft schon zu Beginn einer Schwangerschaft sehr viel. Erst seit wenigen Jahren widmet sich die Sportwissenschaft gezielt dem Körper von Müttern – und kommt dabei zunehmend zu der Erkenntnis, dass in der Schwangerschaft täglich Leistungen vergleichbar mit einem Marathon erbracht werden. In jedem Fall ist es individuell – und anders. Bei einigen verlangt die mentale Gesundheit mehr, als die Kondition anbieten kann. Daher gilt: Behutsam, mit Bewusstsein und im eigenen Tempo in Bewegung kommen.

Ich habe das Gefühl, jedes Atom in meinem Körper sei neu angeordnet. Es ist nicht mehr mein Körper. Ich erkenne ihn nicht wieder. Das ist meine größte Herausforderung: Ich habe keine Verbindung mehr zu ihm. Im Jahr vor unserem ersten Kind – unserer Sternentochter – bin ich einen Marathon in 4:02 Stunden gelaufen. Fünf Schwangerschaften und sieben Jahre später habe ich mir nach rund zehn Kilometern mein Knie kaputt gemacht. Zu meiner Physiotherapeutin sagte ich: »Meiner Meinung nach habe ich einen neuen Körper.« Ihre Antwort: »Das ist nicht nur Ihre Meinung. Das ist Fakt. Ihr Körper hat fünf Wunder erschaffen – und ist knapp 40 Jahre alt.« Seitdem gehe ich auf sportliche Blind Dates mit meinem Körper. Boxen. Schwimmen. Reiten. Yoga. Wir werden sehen, wir sind noch ganz am Anfang unserer Beziehung.

Partnerschaft menschlich leben

Die Eltern haben ihr Kind überlebt und leben weiter – manche finden dadurch enger zueinander, manche entfernen sich, viele können nicht mit und auch nicht ohne einander.

Mit dieser Ambivalenz als Gleichzeitigkeit lassen sich nicht nur Gefühlwelten oder Beziehungen, sondern Menschlichkeit allgemein beschreiben – und damit auch jede Beziehung zwischen Menschen, ganz besonders enge und langfristige Partnerschaften. Wir Menschen sind zugleich sozial, empathisch, liebevoll, hilfsbereit, achtsam und humorvoll, aber auch gewalttätig, egoistisch, neidisch, ignorant, beleidigend – und noch so viel mehr, dazwischen und darüber hinaus.

Diese vielseitigen und vielschichtigen Gefühle erleben wir in ihrer stärksten Form, wenn wir in den herausforderndsten, dramatischsten Situationen stehen.

Aus der Traumaforschung wissen wir: In Extremsituationen – Krieg, Katastrophen, Todesangst – reagiert der Körper mit einem Mix aus Stresshormonen und Bindungshormonen. Beides zusammen erzeugt paradoxe Muster: einerseits Flucht, Starre, Distanz; andererseits ein fast übermächtiges Bedürfnis nach Nähe, Halt, Hautkontakt und auch Sexualität.

Das erklärt, warum Menschen in Bunkern, beim gemeinsamen Warten auf eine Bombe oder in anderen extremen Situationen plötzlich körperlich intim werden. Es geht nicht nur um Lust, sondern um das tiefe Bedürfnis, Leben zu spüren, Verbindung herzustellen und das Gefühl von »Wir sind da« körperlich zu verankern. In der Forschung spricht man manchmal von Trauma Bonding – im Sinne einer intensiven, durch Extremsituationen erzwungenen Bindung – oder Coping Intimacy.

Paare in der Trauer erleben das auch: Einerseits Rückzug, Sprachlosigkeit, Distanz. Andererseits das existenzielle Bedürfnis nach Innigkeit, Haut, Umarmung, Sexualität – fast verzweifelt, manchmal auch widersprüchlich. Genau das ist so schwer: diese Ambivalenz auszuhalten. Dass Distanz und Nähebedürfnis gleichzeitig existieren, dass es Phasen von gar nicht miteinander bis nur ineinander gibt – und dass beides seine Berechtigung hat.

Das extreme Verlangen nach Nähe, manchmal ausschließlich in körperlicher Verbindung, und kurz darauf Distanz oder Wut füreinander – das ist eine neurobiologische Reaktion. Kein »Fehler«, kein »unnormales Verhalten«.

Einander in diesen Extremen nicht zu verstehen, bedeutet nicht, dass die Partnerschaft kaputt ist – sondern dass beide unterschiedlich reagieren und trotzdem verbunden bleiben können. Am meisten hilft, darüber zu sprechen. Wenn das nicht gelingt, kann es hilfreich sein, einander zu schreiben oder Sprachnachrichten zu senden. So finden auch Worte ihren Weg, für die wir uns vielleicht schämen. Ohne direkt von Angesicht zu Angesicht voreinander zu stehen, sprechen wir trotzdem miteinander. Wenn nach dem Aussprechen und der Reaktion deutlich wird, dass wir einander verstehen wollen, fällt es meist leichter, wieder ins direkte Gespräch zu gehen.

Oft ist es der einfachste und schnellste Weg, sich professionelle Begleitung zu suchen – Trauerbegleitung oder therapeutische Unterstützung. Wichtig ist, auf der eigenen Wellenlänge zu bleiben, keine Angst vor ihr zu haben, sich nicht für sie zu schämen und sich von ihr tragen und verbinden zu lassen.

Ich selbst kenne die Distanz zum Vater meiner Kinder (gleichzeitig mein Mann) nicht. Auch keine Wut auf ihn oder sonstige entfernende Gefühle. Wir beide gehen grundsätzlich sehr unterschiedliche Wege, was Geist und Gefühle angeht, sodass wir uns einander beobachtend begleiten und bei Bedarf auf konkreten Wunsch hin füreinander aktiv werden. Ich brauche sehr viel Zeit für mich und ihn als Zuhörende; das hat er mir bei diesem Thema durchweg gegeben. Und ich verstehe, wie er komplett in sich gekehrt und für sich mit unseren Sternenkindern lebt.

Ich glaube, es funktioniert, weil jeder für sich sein Ding macht, und wir dadurch verstehen, wie es ist, wenn Menschen ihr eigenes Ding machen. Dann entwickelt sich an den Schnittstellen unser gemeinsames Ding. Das Ding ist: Wir sind beide sehr von unserem eigenen Ding eingenommen.

Aber dieses extreme körperliche Bedürfnis, das hat mich ergriffen und überwältigt. Das fühlte sich für mich falsch an, so pietätlos, so deplatziert, so völlig unlogisch. Wobei Anziehung nichts mit Logik zu tun haben muss. Es hat mir aber doch sehr geholfen, als ich darüber gesprochen und gehört sowie gelesen habe, woran das liegt. Damit konnte ich es verstehen, zulassen und genießen.

Lächeln, Lachen und Lieben ausprobieren

»Mein Lachen war weg.« Diesen Satz sprechen einige Eltern mit den Fragen aus: »Wann kann ich wieder lachen? Wie sollte ich jemals wieder lachen können?«

Und manch andere Eltern lächeln beim Anblick ihres toten Kindes, weil sie so sehr vom Stolz erfasst sind – auf ihr Kind, als Teil von ihnen, als dringlichster Ausdruck von Liebe –, dass sie sich wiederum fragen: »Wann darf ich wieder lachen? Wann darf ich neben meinem Schmerz meinen Stolz, meine Liebe zeigen?«

Bei sehr starken Emotionen wie Trauer greift der Körper auf Schutzfunktionen zurück. Der Zeitgeist oder die gesellschaftlichen Narrative und Konventionen mögen Lachen vor, beim oder nach dem Tod eines Kindes oder auf einer Beerdigung als unpassend abstempeln. Dabei kann es Ausdruck sehr tiefer, inniger und intensiver Emotion sein. Lachen kann die Intensität überwältigender Gefühle kurzfristig reduzieren und als Ressource in Trauerprozessen unterstützen.

Lachen fördert den Abbau von Cortisol und führt zur Ausschüttung von Endorphinen, Dopamin und Serotonin, die Entspannung und Wohlbefinden unterstützen. Und gemeinsames Lachen stärkt die soziale Verbindung. Aus diesem Grund wird der Einsatz von Klinikclowns auf Kinderstationen geschätzt, da er gezielt zur Entlastung, zur Förderung von Resilienz und zur Stärkung sozialer Bindungen beitragen kann.

Im Leben mit Sternenkindern kann Lachen auch mit ambivalenten, gleichzeitig gegensätzlichen, Gefühlen verbunden sein – es kann einerseits als positive Ressource erlebt werden, andererseits Schuldgefühle auslösen. Lachtherapie und Bewältigungshumor sind therapeutisch erforschte Ansätze. Dabei hilft echter Witz aus dem Bauch heraus: Humor wirkt in Extremsituationen wie ein emotionales Ventil – die sogenannte Entlastungstheorie beschreibt, dass er Anspannung lösen kann, wenn Worte versagen. Ein kurzer Moment des Lachens schafft Luft, manchmal sogar Leichtigkeit inmitten der Schwere. Lachen kann Trauernden helfen, sich vom Schmerz zu entfernen, wenn auch nur für den Moment, und stärkt zugleich soziale Bindungen.

Es ist mehr als ein Gefühl: Lachen aktiviert Heilungsprozesse im Körper, verbessert die Durchblutung, senkt Stresshormone, setzt Endorphine frei und stärkt das Immunsystem. Herzhaftes Lachen kann zu schmerzfreien Stunden führen – zu einer Pause, fast wie eine Werbeunterbrechung von der Schwere. Gemeinsam zu lachen, macht Menschen verletzlicher und zugleich verbunden; so wird Humor zu einem sozialen Kitt, der Isolation aufbrechen lässt. Entscheidend ist dabei die Form: Aufbauender Humor wirkt entlastend, während abfälliger, destruktiver Humor eher Schaden anrichtet. Dafür kann auch schwarzer Humor in Extremsituationen eine Schutzfunktion entfalten, indem er das Unfassbare spielerisch anfasst, und so eine Mauer gegen Verzweiflung bildet. Er erinnert daran, dass selbst in tiefer, schwerer Trauer ein Funken innerer Widerstandskraft bleibt. Neuere Ansätze beschreiben Lachen zudem als »Rapid Anxiety Reduction«: In Sekunden kann es Spannungszustände transformieren und für einen Augenblick Erleichterung schaffen – fast wie eine innere Schnellkorrektur gegen emotionale Überforderung.

Die Sternenkindern selbst, sind nicht der Grund für Schwere, Leid, Schmerz. Es ist der Tod, der Abschied, die leere Hand, der stille Schrei. Sternenkinder dürfen mit Erinnerungen an Lachen, Lebendigkeit und Liebe verbunden sein.

Vor dem Abschied war es mir nicht möglich. Beim Abschied hatte ich, glaube ich, mein allerschönstes, ehrlichstes und innigstes Lächeln im Gesicht. Und nach dem Abschied hat es etwas gedauert. Nein. Eigentlich nicht. Ich konnte sehr schnell lachen, aber ich habe es nur im engsten Kreis zugelassen – und der bestand am Anfang nur aus meinem Mann, dem Vater meiner Kinder, und mir. Je größer die Kreise wurden, desto weniger fühlte ich beim Lachen, und desto stärker hatte ich das Gefühl: Ich will nicht lachen. Einfach, weil meine Kinder gestorben waren. So oft gab es Situationen, in denen ich dachte: Hallo, du weißt, ich war schwanger. Du weißt, mein Kind ist gestorben. Und wir tun jetzt so, als wäre nichts passiert?

Frei für das Lachen wurde ich erst, als meine Sternenkinder in das Leben integriert wurden. Dann ging es auf einmal ganz schnell: dass ich lachen konnte, dass ich befreit war. Gleichzeitig hatte ich das Gefühl, dass es für meine Mitmenschen schwierig war, weil sie beim Thema betroffen, beklommen waren. Dann dachte ich wieder, ich dürfte nicht lachen. Und es gab Situationen, in denen ich meinte, alle würden erwarten, dass ich weine, dass ich traurig bin. Wenn ich jetzt lache, dann wird meine Trauer nicht ernst genommen. Was wiederum bedeutet, dass meine Kinder nicht als Menschen ernst genommen werden. Und damit auch nicht ihr Leben. Und damit auch nicht ihr Tod. Nicht der Abschied. Nicht meine Trauer.

Dieses Kuddelmuddel im Kopf und im Herzen führe ich auf das Tabu zurück. Ich denke: Auch wenn Menschen im erwartbaren Alter sterben, nach ihren Eltern, gibt es feste Regeln, wann Lachen erlaubt scheint und wann nicht. Aber bei Sternenkindern ist es noch viel chaotischer. Noch viel unnötiger. Denn Lachen steht für Leben. Lachen steht für Liebe. Auch wenn ich nur weinen könnte. Das Weinen gilt dem Tod und dem Abschied. Das Lachen aber gilt der Liebe und dem Sternenkind. Mit Letzterem möchte ich mein Leben füllen.

Gefühlswechsel durch Tapetenwechsel

Sehr viele Eltern von Sternenkindern erzählen davon: von der ersten Urlaubsreise nach dem Abschied. Sie berichten meist von der intensivsten und innigsten Reise ihres Lebens. Der Ausnahmezustand nach einem tiefgreifenden Verlust versetzt das Gehirn in einen hochsensiblen Zustand – Reize, Orte und Begegnungen werden besonders intensiv wahrgenommen und emotional tief abgespeichert.

Hinzu kommt, dass für viele der gewohnte Alltag kaum auszuhalten ist. Der Ortswechsel schafft Abstand, neue Sinneseindrücke – und eine temporäre Entlastung für das überforderte Bindungssystem. Das macht Reisen in dieser Zeit besonders bedeutsam – unabhängig von Budget oder Reiseziel. Denn es geht nicht um den Ort, sondern um eine Umgebung, die neu besetzt wird – selbst wenn sie bereits bekannt ist.

Mir war nicht nach einer Fernreise oder Städtereise oder Kulturreise oder sonstigen Reise mit einem Ziel. Nach dem Tod unserer Tochter waren wir auf Amrum – zum ersten Mal gemeinsam an der Nordsee. Nach dem Tod unseres Sohnes verbrachten wir eine Woche am Gardasee. In dem Ferienhaus, in dem wir schon viele Male zuvor gewesen waren. An beide Urlaube erinnern wir uns als Orte, zu denen wir immer wieder zurückwollen. Schon die Vorstellung reicht.

Das Meer als Kraftquelle nutzen

Das Meer ist eine Kraftquelle, weil es Körper und Seele zugleich anspricht. Gerade Nordsee, Ostsee und der Atlantik sind dabei wirkungsvoller als tropische, ruhige Meere: Ihr Rhythmus ist rauer, der Wind stärker, die Gezeiten unverkennbar. Ebbe und Flut geben Halt durch Wiederkehr, während die Wellen das autonome Nervensystem beruhigen. Der weite Horizont öffnet den Blick – neurobiologisch aktiviert er das sogenannte Default Mode Network, das uns Abstand schenkt, neue Perspektiven ermöglicht und festgefahrene Gedanken löst.

Menschen, die an Küsten oder auf Inseln leben, wachsen mit dieser Erfahrung auf. Sie lernen, dass das Meer immer da ist, aber nie gleich – und entwickeln so eine besondere Haltung im Umgang mit Veränderung, Unsicherheit und Endlichkeit. Diese Gelassenheit und Anpassungsfähigkeit unterscheidet Insulaner und Küstenmenschen von vielen Menschen im Binnenland. Sie sind gewohnt, mit Sturm, Flut und Weite zu leben, und zugleich in Gemeinschaft Halt zu finden.

In Norddeutschland, auf den Inseln und in den Küstenstädten, gibt es deshalb so viele Kliniken, Reha–Programme und Therapien am Meer. Diese Orte nutzen die besondere Kraft von Natur, Bewegung und Weite, die sich nirgendwo so verdichtet wie dort. Für Trauernde – und besonders für Eltern, deren Kinder gestorben sind – ist dieser Raum einzigartig: Er erdet, er trägt, er weitet. Das Meer spricht von Endlichkeit und zugleich von Fortdauer. Es erinnert daran, dass Schmerz da sein darf – und dass dennoch Leben möglich bleibt.

Unser wirkungsmächtigster Urlaub: Amrum und Föhr. Zwei Inseln, verbunden durchs Watt, das man zu Fuß durchqueren kann. Barfuß im Schlick, der Wind im Gesicht, das Meer neben mir und doch zurückweichend – Schritt für Schritt. Einmal von der einen Insel zur anderen laufen, das ist kein Spaziergang, das kann ein Run werden. Eben noch die Tierchen betrachtet – und plötzlich schlingt sich die Strömung um die Fersen, mit dem nächsten Schritt um die Knöchel. Ein kurzer Moment von Angst, vielleicht Panik, Ohnmacht. Doch den gestehe ich mir nicht ein, nicht dort, nicht vor anderen. Erst erleichtert am Strand, auf trockenem Boden und bis zum Bauchnabel nass, gebe ich es mir selbst zu.

Dort Fischbrötchen auf die Hand, Sand zwischen den Zehen, die Nordsee laut, kräftig, voller Leben. Aber Amrum, Föhr, auch die kleinen Häfen und Küstenstädte davor – sie rufen still und lassen mich selbst so echt fühlen und so viel sehen – nach innen, wie nach außen: Sylt. Pellworm. Langeneß. Hooge. Gröde. Oland. Nordstrand. Dagebüll. Wyk auf Föhr. Hörnum auf Sylt. Husum.

Auf den Inseln werden Türen nicht abgesperrt. Verabredungen richten sich nicht nach dem Kalender, sondern nach dem Wetter. Smalltalk ist nicht nötig. Alles wirkt unmittelbar, rauer, näher, aber gerade deshalb so wahr. Wind und Wetter gaukeln keine heile Welt vor, sie machen das Leben ehrlicher. Und trotzdem ist es dort so lebensfroh, nahbar, herzlich. Ich habe mich daheim gefühlt, geborgen, obwohl ich nie zuvor dort war.

Ähnlich und doch ganz anders gilt das für Hamburg, von wo aus die Schiffe und Kräne den Norden begrüßen, weiter hinaus an die Küste. Sommer. Sonne. Strand. Wind. Wellen. Watt. Insel. Fischbrötchen. Drachensteigen. Fahrradfahren bis zum Meer. Deutschland, Heimat, neu entdecken. Ich habe schon viele Länder gesehen, doch erst hier habe ich gespürt, was dieses Heimatweite, dieser Heimatnorden, dieses Heimatmeer selbst mit einem schwäbischen Herzen aus der Wahlheimat München macht.

Und wenn ich nur die Namen lese, und wenn ich ein bisschen recherchiere, dann bin ich, ohne dagewesen zu sein, überzeugt, dass das alles auch für Kiel. Lübeck. Rostock. Stralsund. Greifswald. Wismar. Flensburg. Heiligenhafen. Travemünde. Fehmarn. Rügen. Usedom. Hiddensee. Poel. Vilm. Ummanz. Dänholm. Greifswalder Oie gilt.

Für den Alleinseinurlaub. Für den Freundestrip. Für den Familienurlaub. Für den Trauerurlaub. Immer und immer wieder. Ich will unbedingt in meinen Trauerwellenwochen mal hin. Ich will mit Freunden und Familie hin. Ich will Ende des Winters, im rauen Anfangsfrühling hin. Es war, als hätte ich nicht nur Deutschland neu entdeckt, sondern auch mich selbst. Kein–heile–Welt–Feeling, sondern ein wahres–wunderliches–Wellenwelt–Feeling. Ich werde auch nie vergessen, wie mit den Vögeln umgegangen wurde, achtsam, beschützend, welchen

Stellenwert sie erhalten haben und wie ich nochmal mehr den Kreislauf des Lebens lieben lernte.

Liebesgeschichten als Kraftquelle nutzen

Wenn Gespräche, Geräusche oder gar Gedanken überfordern, lassen sich über Liebesromane, Liebesfilme oder Liebesserien Gefühle oft leichter und geschützter fühlen. Untersuchungen zeigen: Das menschliche Gehirn schöpft auch aus Fiktion Hoffnung, Zuversicht und Kraft. Mit seiner vordergründigen Leichtigkeit und emotionalen Vorhersehbarkeit ist das Genre Liebe besonders hilfreich. Wer eine Liebesgeschichte liest, fühlt zwischen den Zeilen das Überleben nach einem Verlust, das Weitermachen trotz Schmerz – und das Weiterlieben nach dem Abschied.

Ich habe sehr viel in diesem Bereich gelesen und angeschaut. Besonders leicht fielen mir asiatische Geschichten. Fast habe ich mich dafür geschämt – für das Verlangen nach Leichtigkeit, nach Vorhersehbarkeit, nach einem Happy End. Wo doch meine Kinder gestorben sind. Und sich andere Genres oft viel ganzheitlicher mit den Themen Tod, Trauer und Liebe beschäftigen.

Bis ich ein Interview mit einer Autorin aus genau diesem Genre hörte. Sie erzählte, wie sie ihre Zielgruppe kennenlernte – und überrascht war, dass ihre Leserschaft rund 50 Jahre alt war, in sozialen Einrichtungen mit Personalnotstand arbeitete – oft auf der Palliativstation oder in einem Hospiz. Menschen, die täglich andere Menschen in den Tod begleiteten.

Diesen Menschen ging es nicht um die große Liebe – sondern um eine schnelle, einfache und verlässliche Kraftquelle. Zwischen Tür und Angel. Daraufhin begann ich, mehr zu recherchieren – und ich habe verstanden: Ich entfliehe mit den Liebesgeschichten nicht meiner Realität. Sie sind vielmehr eine Brücke – das Leben seit meiner Kinder so zu lieben wie davor und noch bewusster.

Beziehungen entwickeln lassen

Ereignisse im Leben können Freundschaften beenden. Der Tod eines Kindes – insbesondere, wenn das Sternenkind sehr jung war – kann viele verletzende Worte oder gar Ignoranz hervorrufen, auch von Menschen, bei denen wir dachten, wir seien auf einer Wellenlänge. Nicht nur Worte, auch Gesten oder eben Schweigen und Ignorieren können schmerzen.

Es kann helfen, sich Folgendes vor Augen zu führen: Die Trauerkultur in Deutschland ist im internationalen Vergleich sehr jung. Um die richtigen Worte zu finden, müssen wir viele Worte ausprobieren. Wir müssen aber keine Beziehung zu einem Menschen aushalten.

Die Rolle als Eltern ist mit jedem Kind ein Strukturwandel im Leben – ein Wandel, den nicht alle Menschen im Umfeld mitgehen können, wollen oder: noch nicht. Im zirkulären, daoistisch geprägten Alltag in China gibt es die Redewendung: »Freundschaft endet nicht – sie wandelt sich, wie die Jahreszeiten.« Und genauso erblühen neue Freundschaften oder verdichten sich beständige.

Dieser Punkt erinnert mich daran, wie ich vor meinen Sternenkindern war – und ich muss zugeben: Viele der Kommentare, die ich mir später anhören musste, hätten auch von mir kommen können. Je nach Tagesform, je nachdem, wie nah mir diese Person war, wie viel Respekt ich empfand und wie hoch meine Erwartungshaltung an sie war, hatte ich ganz unterschiedliche Worte parat. Auch ungefragt. Ich habe damals einfach ausgesprochen, was mir in den Sinn kam – weil ich es selbst nicht besser wusste.

Und es geht mir bis heute gut mit der früheren Version meiner selbst. Wenngleich ich viele Worte heute nicht wiederholen würde – so habe ich vollstes Verständnis und dieses versuche ich auch für andere Menschen zu aufzubringen. Das gelingt mir je nach Tagesform, je nachdem, … mal weniger, oft mehr.

Vorher und Nachher neu kennelernen

Der Tod des eigenen Kindes ist mehr als ein Einschnitt – er ist ein Wendepunkt, der das Leben in seinen Grundfesten erschüttert. In der Psychologie spricht man von einer existenziellen Zäsur, einem biografischen Bruch, manche auch von einer Disruption: Alles wird verschoben, nichts bleibt unberührt. Beziehungen, Routinen, Sprache, sogar das eigene Atmen fühlt sich anders an. Es ist, als würde eine unsichtbare Linie durch die Zeit gezogen, ein Davor und ein Danach, das für immer bleibt. Dieser Bruch ist so umfassend, dass er jede Entscheidung, jede Begegnung, jede Zukunft färbt. Manche nennen es den Moment, in dem das Leben aus den Angeln gehoben wurde – ein Ereignis, das alles neu definiert.

Und doch: In vielen Kulturen wird der Tod nicht nur als Bruch verstanden, sondern auch als Teil eines größeren Kreislaufs. In der chinesischen Sicht von Fluss und Balance sind Leben und Tod keine Gegensätze, sondern Kräfte, die einander durchdringen. So kann aus der Zäsur ein neuer Fluss entstehen, aus der Erschütterung ein langsames Ausbalancieren. Für Eltern kann es heilsam sein, beide Perspektiven zu halten: den Bruch zu spüren – und zugleich den Gedanken an Kreislauf und Weiterwirken als Quelle von Halt und Hoffnung zuzulassen.

Eine wichtige Handlungsmaßnahme nach dem Tod des eigenen Kindes ist, diesen Bruch nicht zu verleugnen oder mit aller Kraft den alten Zustand zurückzuerzwingen. Fachlich spricht man davon, die veränderte Identität zu integrieren, statt wieder so zu werden wie vorher. Trauer ist kein Umweg, sondern ein Teil des Lebens. Das japanische Bild des Kintsugi beschreibt das eindrücklich: Zerbrochene Keramik wird mit Gold repariert und ist dadurch nicht nur heil, sondern einzigartig, weil die Bruchstellen sichtbar bleiben und das Gefäß gerade dadurch besonders kostbar wird. Genauso kann die Erfahrung des Todes eines Kindes wirken: Sie lässt uns an einer Stelle zerbrechen, aber die Liebe zu diesem Kind kann zu einer goldenen Fuge werden, die uns noch mehr zu uns selbst führt.

Praktisch bedeutet das: akzeptieren, dass das Leben sich unwiderruflich verändert hat. Nicht zurückstreben, sondern neue Wege nach vorn gehen. Den Blick nach innen richten, auf die Liebe zum Kind und zu sich selbst, statt nach außen auf der Suche nach Bestätigung zu verharren. Neue Rituale schaffen, die das Kind und die eigene Liebe sichtbar halten. Continuing Bonds zulassen – die bleibende Bindung zum Kind als Kraftquelle, nicht als Schwäche sehen. So wird die Wunde nicht nur eine Narbe, sondern ein Teil der eigenen Gestalt. Eine Spur der Liebe, die das Leben neu ausrichtet – nach innen, und von dort wieder nach außen. Die Liebe zu diesem Kind lässt einen noch mehr zu sich selbst finden und daher wirken wir anders auf uns weil wir uns nun nach innen richten nach der Liebe und nicht nach außen auf der Suche nach Liebe.

Neue Brille, neue Frisur, neue Kleidung, neuer Nagellack, neues Lachen, neuer Gang, neue Haltung, neue Geduld, neue Ziele, neue Gewohnheiten, neue Bedürfnisse, neue Werte, neuer Weg.

Im Austausch mit Gleichgesinnten fiel: »New me, updated me, me 2.0, neues Ich.« Mir kommt es vor wie die Pubertät. Mein Körper hatte sich verändert und veränderte sich, meine Gefühle schwankten bis ins Extreme, das Denken weitete sich enorm. Beziehungen verschoben sich, Vertrautes wurde vom Tod aufgebrochen und das Neue war noch völlig unsicher.
Im Unterschied zur Pubertät war die Trauer, das Leben mit einem toten Kind, nicht erwartbar, gesellschaftlich nicht anerkannt und wurde nicht begleitet.

Ich brauchte eine ganze Weile, um zu begreifen, dass jede Lebenserfahrung, jeder Teil meines Lebens, jeder Teil von mir, nicht ein neues Ich schafft, auch nicht mit der Pubertät vergleichbar ist und nicht so bahnbrechend wirkt, son-

dern viel mehr wie das Abstreifen des Kokons einer Raupe und das Enthüllen des Schmetterlings ist. Nicht wegen der Verwandlung, nicht wegen der Schönheit oder für das, wofür diese Metapher sonst oft genutzt wird, sondern wegen der Vielfalt, der Komplexität und der Freiheit. Immer mehr fällt ab, bis ich einfach nur noch mehr ich bin – was eben noch lange nicht bedeutet, fliegen zu können.

Meine Brillen, meine Frisur, meine Kleidung, mein Nagellack, mein Lachen, mein Gang, meine Haltung, meine Geduld, meine Ziele, meine Gewohnheiten, meine Bedürfnisse, meine Werte, mein Weg. Unser Familienweg.

Internationale Impulse

Es lohnt sich, in den über 190 Ländern und unzähligen Kulturen dieser Welt einmal hinzuschauen, wie Menschen dort mit Tod und Trauer umgehen. Jede Gesellschaft hat eigene Wege gefunden, Trauer sichtbar zu machen, auszudrücken oder zu verwandeln. Für uns kann das ein möglicher Schritt sein, um neue Zugänge zu entdecken – gerade weil wir in Deutschland lange ein Tabu gepflegt haben und damit keinen gesunden, für alle gehbaren Weg gefunden haben. Wenn wir beobachten, wie andere Kulturen Rituale pflegen, Geschichten erzählen oder Gemeinschaft leben, können wir spüren: Es gibt viele Möglichkeiten, mit Trauer umzugehen, und wir dürfen unsere eigenen entwickeln.

Der Blick über Grenzen hinweg kann entlasten. Er zeigt, dass es kein »richtig« oder »falsch« gibt, sondern viele Antworten auf die gleiche Erfahrung. In manchen Kulturen wird Trauer öffentlich geteilt, in anderen still getragen, manche tanzen, andere schweigen, wieder andere beten oder singen. Schon das Wissen darum, dass es diese Vielfalt gibt, kann helfen, das eigene Empfinden zu würdigen und nicht als fremd oder falsch zu betrachten.

Ganz praktisch kann das geschehen, indem wir in Büchern, Filmen oder Gesprächen nach solchen kulturellen Erfahrungen suchen, indem wir an interkulturellen Begegnungen teilnehmen oder bewusst die eigenen Wurzeln erforschen. Weltweit eint die Menschen: Trauer ist Liebe. Liebe ist Leben. »Wenn du nicht reden kannst, dann singe. Und wenn du nicht singen kannst, dann tanze.« Dieser Gedanke bringt es auf den Punkt. Und wem Tanzen nicht liegt, der kann schreiben, hören oder einfach beobachten – immer getragen von der Liebe zum Leben. Denn die Tabuisierung des Todes in Deutschland ist kein Naturprinzip. Die große

Mehrheit der Menschen auf dieser Welt geht ganz selbstverständlich anders damit um.

Bis 30 hatte ich über 30 Länder besucht und mir meist auch einen Friedhof angeschaut, weil das mir auf schnelle und eindrucksvolle Art die Kultur spüren ließ. Ich habe schon von den bunten Festen in Mexiko gehört, an denen Familien die Gräber ihrer Kinder schmücken und gemeinsam feiern, als wären sie dabei. In Korea gibt es Gedenkstätten, an denen Trauer sehr bewusst in Stille und mit Ritualen gelebt wird, verbunden mit einer tiefen Ehrfurcht vor den Ahnen. Und in Ghana habe ich von Trauerfeiern gelesen, die voller Musik, Tanz und Farben sind, weil das Leben des Kindes gewürdigt wird. Diese Bilder begleiten mich, auch wenn ich sie nicht selbst erlebt habe. Was ich selbst erfahren durfte, war in China und Simbabwe: Dort habe ich gespürt, unfassbar erleichternd es sein kann, wenn ich nicht über die Existenz meiner Kinder, über ihre Anerkennung, sprechen muss, sondern direkt der Tod, ihr Abschied, ihre Spuren im Leben Thema werden können. Das gibt mir Kraft und zeigt mir, wie viele Wege es gibt, das Unsagbare auszuhalten und als Liebe zu begreifen.

Mutterschaft als Elternschaft leben

Wenn Eltern ihr Kind verabschieden und (noch) keine Kinder an der Hand haben, denken sie – und auch die Gesellschaft –, der Tod hätte ihre Elternschaft beendet. Doch kein Atom, kein kleinstes Teilchen, keine Energie geht jemals verloren. Alles verwandelt sich. So wie wir nachweislich in der Physik aus Sternen entstehen – und unser Stoff wieder in den Kreislauf der Sterne zurückkehrt, so kann auch der Tod einem Kind das Leben nehmen – aber nicht seine Existenz. Die Spuren dieses Kindes leben weiter: im Körper, in der DNA, die Mutter und Kind miteinander teilen, durch den Prozess des fetomaternalen Mikrochimärismus, bei dem Zellen des Kindes im Körper der Mutter weiterleben. Ebenso umgekehrt bleiben auch Zellen der Mutter im Kind. Auch in den Gefühlen, die in der Mutter schwingen, und in den Erkenntnissen, die bleiben. Sie können in Vergessenheit geraten oder verdrängt werden, verschwinden aber nicht.

In manchen Kulturen zeigt das Avunkulat, ein bekanntes Prinzip in matrilinearen Kulturen, dass Elternschaft mehr ist als Genetik. Sie entsteht durch Rituale, durch Gemeinschaft, durch gelebte Kultur – und sie bleibt eine Identität, unabhängig von der leiblichen Anwesenheit eines

Kindes. Für Sternenkinder–Eltern ist das eine leise Bestätigung: Elternschaft kann bewusst geschaffen, anerkannt und gelebt werden.

Wem das zu abstrakt erscheint, kann es sich auch einfacher vor Augen führen: Ein Mutterpass, sobald er ausgestellt wird, dokumentiert eine Schwangerschaft – und bestätigt damit zugleich, dass Elternschaft begonnen hat. Unsere Großeltern sind die Eltern unserer Eltern, wir sind deren Kinder und Enkelkinder. Das bleiben wir über den Tod hinaus. Genauso funktioniert es auch in die andere Richtung: Nur wenn Eltern ihre Kinder überleben, fehlt uns die Sprache dafür. Wir waren, sind und bleiben Eltern unserer Kinder – daran ändert auch der Tod nichts. Dass unsere Gesellschaft dafür noch keine Worte hat, macht die Elternschaft nicht geringer, sondern zeigt nur, wie dringend sie neue Sprache braucht.

Wenn es schwerfällt, daran zu glauben, kann es helfen, sich dessen bewusst zu werden und es wirklich wahrzunehmen. Rituale schenken hier Halt. Sie helfen, die Elternrolle zu verinnerlichen und sichtbar zu leben. In Trauerbegleitungen oder bei Initiativen für Sternenkinder gibt es Angebote. Und es ist möglich, Rituale, die sonst Eltern von Kindern an der Hand begleiten, für sich als Eltern von Sternenkindern anzunehmen.

So bietet zum Beispiel das Honora Zen Kloster in der Schweiz ein Initiationsritual für Vaterschaft und Mutterschaft an – eine Transformation, die sich auch auf die Elternschaft von Sternenkindern übertragen lässt. Dasselbe gilt für ein Motherblessing, ein ursprünglich aus der Navajo–Kultur stammendes Übergangsritual, das heute als Alternative zur Babyshower gefeiert wird. Ursprünglich soll es die Mutter auf die Geburt vorbereiten. Bei Sternenkindern kann es die Mutter – und auch den Vater – auf das Leben mit einem toten Kind vorbereiten. Lieder, Geschichten, Symbole und die Menschen, die teilnehmen, können bewusst gewählt werden.

Eine weitere Möglichkeit ist, den Muttertag und den Vatertag ganz bewusst als zwei Elterntage im Jahr zu gestalten. Im Kern geht es bei all dem um Gesten, die die Liebe von Eltern zu ihrem Kind sichtbar machen.

Ich selbst habe nie an meiner Mutterschaft gezweifelt, weil ich sie nie kontrollieren wollte. Mit der Todesprognose, die im gleichen Termin wie die Bestätigung unserer ersten Schwangerschaft ausgesprochen wurde, hat sie mich erfüllt. Als Naturprinzip. Auf dem Gütestandard, auf dem sich Mutterschaft naturwissenschaftlich belegen lässt, gab es für mich keine Notwendigkeit, sie in Frage zu stellen. So direkt, also mir ins Gesicht, hat eigentlich keine Person gesagt: »Du bist doch keine Mutter.« Am Muttertag kam das mal durch, aber es ging immer um meine Kinder. Oder eben um meine Nicht–Kinder, weil sie ja keine wären. Und wenn meine Kinder nie waren, nie sind oder nie meine bleiben, dann bin ich auch keine Mutter. Aber diese Schlussfolgerung wurde selten an mich gerichtet – und schon gar nicht von mir.

Schwer war es für mich daher immer nur, meine Kinder in der Gesellschaft existieren zu lassen, sie anerkennen und lieben zu lassen. Dabei kam es auf vieles an: den Zeitraum, meine Tagesform, mein Befinden oder meine Befindlichkeiten – und auch darauf, wie nah mir eine Person stand. Ob es mir tatsächlich egal war, ob ich darüber lachen konnte oder ob es mich wütend machte, wenn meine Mutterschaft in Frage gestellt wurde.

Viel mehr beschäftigten mich jedoch Freunde, die Eltern wurden und sich selbst nicht als solche sehen wollten oder konnten. Menschen, die naturwissenschaftliche Fakten über das Leben, über Kinder, über das Menschsein mit Sprachgewalt und Belächeln zu kontrollieren versuchten. Die versuchten, Fakten durch Formulierungen zu verformen.

Je nachdem, um welche Mitmenschen es geht, nehme ich es wahr, schmunzle oder schüttele den Kopf. Doch am meisten beschäftigt mich die Sorge, wann, wo und wie ihr Geist und ihre Gefühle sich im Gehirn Raum und Zeit dafür nehmen werden. Und es tut mir einfach verdammt leid und weh, dass sie auf diese Liebe verzichten. Auf die Liebe für das Leben. Für ihre Kinder. Für den Teil von ihnen, der in den Kindern weiterlebt.

Generationengespräche ausprobieren

Oft fehlt es Eltern an Menschen, mit denen sie über ihr Sternenkind sprechen können oder auch wollen. Manchmal braucht es den engsten Kreis, manchmal fällt es gerade mit entfernteren oder scheinbar fremden Personen leichter. Über Sternenkinder zu sprechen macht es besonders herausfordernd, weil die Sprache fehlen kann oder das Thema mit Angst behaftet ist.

Ein anderer Zugang kann sein, ein Gespräch nicht über Sternenkinder, sondern über Erfahrungen des Lebens insgesamt zu beginnen: über Angst, Wut, Schuld, Ohnmacht, Schuldgefühle, Hoffnung, Zweifel, Dilemmata, Kriegserfahrungen, Krankheit, Flucht, Armut oder den Verlust anderer nahestehender Menschen. Solche Erfahrungen haben sehr viel mehr Menschen gemacht, als wir denken.

Menschen die damit schon sehr lange leben, können durch das teilen ihrer Wege Schritte aufzeigen oder allein durch das Zuhören, durch ihre Anwesenheit, durch ihr Sein – Sicherheit, Hoffnung und Zuversicht auslösen. Wenn eigene Großeltern, Schwiegergroßeltern oder viel ältere Personen nicht verfügbar sind, können Räume gesucht werden: Altenheime, Seniorentreffs oder Gemeindegruppen sind oft offen für Austausch.

Manchmal suchen sie selbst die Verbindung zur jüngeren Generation über Lesepatenschaften, Erzählcafés, gemeinsame Sportangebote oder Begegnungsstunden. Studien zeigen, dass solche intergenerationellen Begegnungen nicht nur Wissen, sondern auch Haltung, Werte und eine größere emotionale Resilienz vermitteln. In der Gegenwart macht es Sinn, den Stimmen aus der Vergangenheit zuzuhören, um der Zukunft gelassen entgegen zu blicken.

Ich erinnere mich an die Mittage mit meinem Opa. Wenn wir nicht verabredet waren, konnte ich nicht einfach spontan auftauchen, denn im Altenheim war viel los. Es gab sehr viele Angebote von der Einrichtung, aber vor allem pflegten die Bewohnenden untereinander einen achtsamen, anregenden und authentischen Austausch. Und Tugend, Loyalität, Werte, Gemeinschaft, Solidarität – vieles wurde dort noch in einer anderen Selbstverständlichkeit gelebt.

Mit meinen Großeltern habe ich nie über Sternenkinder sprechen können, aber über vieles, das ähnliche Gefühle von Machtlosigkeit, Verlust und Ohnmacht in mir auslöste. Die Gespräche waren viel ruhiger, weil sie viel mehr Pausen enthielten, und die Worte waren sehr bedacht und bewusst gewählt. Durch diese Kürze war der Inhalt viel klarer, selbst wenn er umschifft wurde. Es erinnert mich an die Gesprächskultur in China.

Mit meiner Großtante – sie war damals 92 Jahre alt – konnte ich so gut über Sternenkinder sprechen. Sie erzählte mir ganz natürlich davon, als wäre es gestern gewesen, von ihrem Kind, das bei der Geburt an der Nabelschnur »erstickte«, wie sie es selbst drastisch formulierte. Ich empfinde es so: Viele aus dieser Generation sprechen sehr direkt und ohne Umschweife darüber, was passiert war. Das kann wertend wirken, ist aber beschreibend gemeint.

Ehrenamtlich engagierte ich mich als Gemeindebetreuerin im Rahmen einer Studentenzeitung, und auch dort spürte ich die Kraft und die Quelle aus den Wurzeln, den eigenen und den fremden.

Selbst mit Großeltern in China, deren Sprache ich selbst nicht sprach und für die ich Übersetzung durch Angehörige brauchte, erlebte ich, wie selbstverständ-

lich über den Tod gesprochen wird. Auch in Simbabwe erlebte ich, dass Gespräche über Tod und Abschied ähnlich selbstverständlich möglich waren.Mir kommt es einfach so vor, dass für Menschen aus Kriegsgenerationen, Nachkriegsgenerationen oder Menschen in Regionen wie Simbabwe, wo Hunger und Armut das Leben prägten, der Tod so viel häufiger, näher, allgegenwärtiger war, sodass auch der Tod von jüngsten Kindern ein alltäglicheres Gesprächsthema wurde.

Manchmal wurde sehr pragmatisch darüber gesprochen. Auch in historischen Aufzeichnungen oder Büchern kann es kalt wirken, wie von verstorbenen Kindern geschrieben wurde. Zwischen den Zeilen und je mehr Gespräche ich führte, merkte ich, dass die medizinischen und rechtlichen Möglichkeiten deutlich weniger entwickelt waren, aus heutiger Sicht würde ich sie fast schon als brutal beschreiben. Aber die Trauer, die Gefühlsebene, änderte sich daran nicht.

In den Gesprächen wirkt der Tod oft nicht als Verlust, sondern auch als Realität, über die gesprochen werden darf. Das kann ermächtigen, erwecken, mobilisieren – und zugleich entspannen, bereinigen, heilend wirken.

Atmen

Immer wieder, gerne die Augen dabei schließen.

Urkunde vom Standesamt holen

Die Personenstandsurkunde ist ein staatliches Dokument, das vom Standesamt ausgestellt wird und die Existenz eines Menschen beurkundet. Für Sternenkinder ist dies seit dem Jahr 2013 möglich: Eltern können seitdem die Geburt ihres Kindes offiziell eintragen lassen, auch wenn das Kind ohne Lebenszeichen zur Welt gekommen ist. Anders als die Geburtsurkunde, die Leben und Abstammung bezeugt, dokumentiert die Personenstandsurkunde die Tatsache, dass ein Kind geboren wurde – unabhängig davon, ob es lebend oder tot zur Welt kam. Gerade für Sternenkinder ist dieses Dokument von hoher Bedeutung: Es verleiht staatliche Anerkennung, schafft Sichtbarkeit und würdigt das Kind als Teil der Familie und der Gesellschaft.

Eines der ersten Dinge, um die ich mich gekümmert habe, war diese Urkunde. Ich merkte an mir selbst und noch viel mehr in Gesprächen mit anderen, dass die Gesellschaft es zulässt, sich über die Existenz meiner Kinder eine Meinung zu bilden. Ich wollte es allen beweisen – und auch mir selbst –, dass es meine Kinder gab und dass sie Einfluss haben auf mein Leben, auf unser aller Leben. Tot oder lebendig.

Die Standesbeamtin tut mir heute noch leid. Sie sah sehr jung aus, wie frisch aus der Ausbildung und freundlich, uns sehr zugewandt. Wir waren ihr erster Termin an diesem Morgen. Direkt nach der Begrüßung, ehe ich den Grund unseres Termins erläutert hatte, legte ich ihr die Fotos unseres toten Kindes auf den Tisch. Ich bat sie weniger um eine Personenstandsurkunde, ich erklärte ihr eher, dass ich das Recht darauf habe. Als Beamtin bin ich mit der Bürokratie vertraut und zu dem Zeitpunkt gab es die Personenstandsurkunde gerade mal seit sechs Jahren und ich hatte so Angst hören zu müssen, dass es nicht geht.

Ich werde nie vergessen, wie umsichtig sie war. Sie fand in ihrem System schnell heraus, was und wie sie es uns ausstellen konnte – und sie fand auch die richtigen Worte. Dieses Dokument war lange Zeit sehr wichtig für mich. Es ist die offizielle Anerkennung, dass es bei unseren sogenannten Zellhaufen, Fehlgeburten, Abgängen, Abbrüchen oder Totgeburten schlicht um einen Menschen geht. Eine Person. Ein Mensch. Ein Kind. Ein Teil von uns auf immer. Unsere Liebe.

Eignes Hirn und Herz ernst nehmen

Manchmal hält nicht das Herz den Schmerz zurück, sondern der Zeitgeist. Wenn alle um uns herum so tun, als sei nichts geschehen, passen wir uns an. Medizinische Fachkräfte, Familie, Freunde – sie alle sind Teil derselben Kultur. Und so glauben wir ihnen mehr als uns selbst. Aber die Natur lässt sich nicht vom Fremdbild beirren. Irgendwann spüren wir doch: Da war ein Kind. Ein Teil von mir. Dann bricht die Trauer auf, manchmal erst Jahre später. Viele Menschen haben ihr Kind während des gesunden Schwangerschaftsverlaufs nicht als Kind wahrgenommen. Vielleicht war es eine frühe Schwangerschaft. Vielleicht war bis zuletzt von einem Abgang die Rede. Vielleicht war nicht klar, dass Liebe schon da war oder da sein darf. Vielleicht fehlte auch jedes Gefühl. Was immer der Grund war, es war ein Versuch von Schutz. Denn was da geschehen ist, übersteigt das, was das Gehirn einordnen kann. Ein Kind ist gestorben. Und es braucht Zeit, das zu begreifen. Raum, um sich selbst ernst zu nehmen, auch wenn vorher kein Bild, kein Name, keine bewusste Verbindung da war. Es kann helfen, sich vor Augen zu halten, dass Liebe sehr unterschiedlich gelebt wird, manchmal auf eine Weise, die von außen schwer nachvollziehbar ist. Es gibt Eltern, die fanden den Tod ihres Kindes im sechsten Schwangerschaftsmonat schlimm, aber sagen, es hätte sie wenige Wochen später nicht mehr weiter beschäftigt, und es gibt

Eltern, bei denen sich erst zwanzig Jahre nach einer Eileiterschwangerschaft herausstellte, dass genau dies die Ursache für eine Zwangsstörung in einem ganz anderen Bereich war und sie endlich weinen konnten. Wenn es um Leben und Tod geht – und um nichts Geringeres geht es, wenn das eigene Kind stirbt – kann es für die eigene Gesundheit entscheidend sein, sich auf die Natur zu fokussieren und die gesellschaftlichen Meinungen zu pausieren. Diese Meinungen spiegeln auch die juristischen Unterschiede wider, die im deutschsprachigen Raum zwischen Fehlgeburt, Abbruch, Totgeburt oder Tod nach der Lebendgeburt bestehen. Auch medizinische Fachkräfte und Vorgaben verstärken diese Unterschiede, weil im medizinischen und rechtlichen Bereich je nach Todesursache andere Verfahren und Unterstützungsangebote vorgesehen sind. Für die eigene Psyche können diese Unterschiede gesundheitsschädlich sein und sich auf soziale Beziehungen auswirken und das eigene Leben erschweren. Das ist sehr schwer, weil wir als Menschen Teil einer Gemeinschaft sind. Wir wollen Erwartungen erfüllen, schätzen Meinungen, brauchen Bestätigung im Alltag, suchen Erziehung, Solidarität und Gemeinschaft. Wenn es um Leben und Tod geht, geht es um alles, also achten wir die Gemeinschaft oft noch mehr. Wenn der Zeitgeist dann sagt: »Das ist noch kein Kind.« – »Das ist etwas anderes, wenn ein Kind älter ist.« – »Das ist medizinisch nur ein Fötus.« – dann übernehmen viele diese Sichtweise, selbst Eltern, die es eigentlich anders empfinden. Das medizinische Umfeld verstärkt das noch, denn Fachkräfte, Geburtshelfende oder Pflegepersonal sind Teil derselben Kultur und reproduzieren unbewusst die geltende Norm. Wenn niemand das Kind als Kind benennt, wird der eigene Eindruck angezweifelt. Das Fremdbild kann die Gefühle verzögern, aber nicht auflösen. Irgendwann, manchmal erst Jahre später, meldet sich das innere Wissen: Das war ein Teil von mir. Dann kommen Trauer, Depression oder andere Reaktionen, weil der Körper und das emotionale Gedächtnis unabhängig vom Zeitgeist reagieren. Die Psychologie spricht hier von pluralistischer Ignoranz: das Phänomen, dass Menschen ihr eigenes Empfinden anzweifeln, wenn alle anderen so tun, als gäbe es nichts zu betrauern. Spiegelneuronen feuern, wenn wir sehen, wie andere sich verhalten, und wenn niemand reagiert oder alle eine bestimmte Sicht vertreten, wird diese Haltung im Gehirn wie eine soziale Bestätigung der Realität gespeichert. Das kann die eigene, abweichende Wahrnehmung regelrecht überblenden. Dazu kommt die

Konformität, ein weiterer psychologischer Mechanismus. Wir passen uns der Mehrheit an, um nicht falsch oder empfindlich zu wirken. Unser Gehirn ist ein soziales Organ. Der Mensch ist evolutionsbiologisch auf Gruppenzugehörigkeit angewiesen. Wir prüfen permanent: Passe ich mich an oder riskiere ich Ausgrenzung? Widerspruch gegen die Mehrheit aktiviert das gleiche Stressnetzwerk wie körperliche Gefahr – Herzschlag, Cortisol, Unruhe. Deshalb ist Konformität eine häufige Reaktion, weil sie Energie spart und sozialen Stress reduziert. Das schlägt sich in kognitiver Dissonanz nieder. Wenn die eigene Wahrnehmung – das ist ein Kind – im Widerspruch zu gesellschaftlichen Botschaften steht – das ist nur ein Fötus – entsteht ein Spannungszustand im Gehirn. Um diese Dissonanz zu reduzieren, passen viele ihre Wahrnehmung unbewusst an die Mehrheitsmeinung an, selbst wenn es gegen die inneren Impulse geht. Doch das Naturprinzip der Bindung ignoriert keine gesellschaftliche Mode. Bindung entsteht nicht erst durch Definition von außen, sondern biologisch, durch Hormone wie Oxytocin und neuronale Verschaltungen im Belohnungssystem. Schon in der Schwangerschaft können sich im Gehirn emotionale Repräsentationen des Kindes bilden. Dieses biologische Bindungsnetzwerk lässt sich nicht durch Kultur auslöschen, nur unterdrücken. Unterdrückte Bindungsgefühle tauchen oft später wieder auf, in Form von Trauerwellen, Depression oder psychosomatischen Symptomen. Manche Menschen haben stärkere innere Referenzsysteme, etwa durch Selbstreflexion, früh gelernte Selbstsicherheit oder biografische Erfahrungen, die sie gelehrt haben, ihrer Wahrnehmung zu trauen. Neurologisch gibt es Hinweise, dass Menschen mit stärkerer innerer Orientierung weniger auf gesellschaftliche Vorgaben und Konventionen reagieren, wenn sie ihnen nicht guttun, und eher Netzwerke für Selbst- und Werteorientierung aktivieren. Sie folgen eher dem inneren Kompass als der sozialen Landkarte. Gesellschaftliche Normen können Wahrnehmung überdecken, aber nicht biologische Bindung löschen. Das, was wir zutiefst wissen, bleibt gespeichert, auch wenn wir es jahrelang nicht aussprechen. Manche spüren diese Wahrheit sofort, andere erst, wenn der Lärm des Zeitgeists leiser wird. Egal, was Zeitgeist, Klinikalltag oder die eigene Vorstellung bisher gesagt haben: Ein Kind ist gestorben. Und das verändert alles. Akute Trauer zeigt sich bei jedem Menschen anders. Sie kann still sein oder laut. Sie kann sich körperlich zeigen oder gar nicht. Sie vergeht nicht. Aber sie verändert sich. Irgendwann wird aus dieser ersten Welle eine neue Form, eine Trauer, die ein Leben lang bleibt und sich wandelt. Damit zu leben, muss gelernt werden. Und genau deshalb reicht jetzt ein Schritt. Und dann noch einer. Kein Ziel, keine ganze Strecke. Nur der nächste Moment. So funktioniert der Weg zurück ins Leben.

Vor meinen Sternenkindern habe ich sehr starke Urteile über die Entscheidungen und das Verhalten anderer Menschen getroffen. Seit meinen Sternenkindern versuche ich lediglich zu beschreiben, weil ich selbst weiß, dass ich von mir nur die Spitze des Eisbergs meiner Entscheidungen nachvollziehen kann. Alles andere führe ich auf Erziehung, Kultur und auf viele Erfahrungen zurück, die so ineinander verwoben sind, dass ich sie für einzelne Situationen nicht auseinandergepfrimmelt bekomme.

Noch schwerer fällt es mir, mich von den gesellschaftlichen Aussagen abzugrenzen. Oft vergesse ich, sie in den Kontext zu setzen, und noch viel öfter helfen sie mir, geben mir Orientierung oder sind wertvolle Impulse. Ich finde es immer noch verdammt anstrengend, kompliziert – aber noch viel lohnenswerter, spannender und aufregender –, sich selbst zu hören, danach zu handeln und sich als Teil der Gemeinschaft zu fühlen. Wenn ich gar nicht weiterweiß, hilft mir auch hier die Frage: Was würde ich meinen besten Freunden in dieser Situation raten? Ganz klar: Hör auf dich, du bist ja Teil der Gemeinschaft.

Schreiben. Schreiben. Schreiben.

Bewegung, Sport, Musik, Kunst – all das kann Stress regulieren, Gefühle entlasten und Ordnung geben. Das Schreiben geht noch einen Schritt weiter. Schreiben verbindet Bereiche im Gehirn, die sonst oft getrennt arbeiten. Gefühle entstehen vor allem im limbischen System – dort, wo Angst, Trauer, Wut oder Liebe unmittelbar spürbar sind. Sprache aber entsteht in ganz anderen Regionen, vor allem im präfrontalen Kortex und im Sprachzentrum. Wenn wir Erlebtes in Worte fassen, werden diese Netzwerke aktiv miteinander verschaltet. Trauer wird nicht nur gefühlt, sie wird auch benannt – und das verändert die Verarbeitung.

Man spricht hier von »Affect Labeling«, also dem Etikettieren von Gefühlen. Studien zeigen, dass allein das Benennen – »ich bin traurig«, »ich bin wütend« – die Aktivität in der Amygdala senkt, also in dem Teil des Gehirns, der Alarm und Stress auslöst. Gleichzeitig steigt die Aktivität im präfrontalen Kortex, der für Ordnung, Selbstregulation und Sinngebung zuständig ist. Sprache wirkt damit wie ein Schalter: Sie dämpft das reine Gefühl und macht es begreifbar.

Ein zweiter Aspekt ist das Fakten erkenne und weitergeben. Nur Menschen können mit Sprache festhalten: »Es war so. Es ist geschehen.« Damit wird Erlebtes nicht nur im eigenen Körper gespeichert, sondern auch außerhalb von uns. Worte schaffen eine Spur, die bleibt, selbst wenn Erinnerungen verblassen. Das gibt Sicherheit und ist einzigartig menschlich – Tiere fühlen und erinnern, aber sie benennen nicht.

Dazu kommt, dass Sprache eine Brücke baut. Geschriebenes kann geteilt werden. Andere können lesen, mitfühlen, Zeugnis ablegen. Und genau darin liegt der soziale Kern: Durch Worte wird aus einem einsamen, inneren Geschehen ein geteiltes. Sport, Musik, Kunst – all das wirkt regulierend. Aber Schreiben mit Worten macht etwas Zusätzliches: Es verbindet Gefühl mit Bedeutung, Schmerz mit Sinn, Erleben mit Erinnerung. Es macht uns zu erzählenden, verstehenden Wesen.

Erst seit meinen Sternenkindern schreibe ich aus dem Herzen. Ich habe schon immer viel geschrieben, aber immer mit Ziel. Nun schreibe ich und erfahre erst am Ende des Textes, wo ich angekommen bin. Das gelingt nur mit dem Motto »Write like nobody›s reading.« Von diesem Motto habe ich erst einige Zeit später von Judith Peters, erfahren, und es bringt es auf den Punkt.

Ich habe für mich geschrieben, so sehr für mich, dass ich es lange geheim gehalten habe. Wie Tagebuchschreiben, aber es war nicht nur Tagebuchschreiben. Es betraf jegliche Gefühle und Gedanken, am Anfang vor allem ganz viel Wut. Mich hat oft überrascht, dass sich eine ähnliche Befriedigung eingestellt hat wie nach einem langen Lauf oder nach dem Boxen. Heute schreibe ich zusammen mit der Mutter eines Sternenkindes in Simbabwe. Jede für sich, aber immer im Austausch über unsere Gruppe »Write like nobody›s reading.«

Dieses Schreiben ist ganz anders als das Schreiben an Romanprojekten, und mit einem Schulaufsatz hat keines davon etwas zu tun. Die Schimmer lassen sich noch am ehesten damit vergleichen. Eine Freundin, die auch Mutter von Sternenkindern ist, und ich haben uns angewöhnt, uns gegenseitig zu schicken, was uns ein Lächeln ins Gesicht gezaubert hat – und wenn es nur der Hauch eines guten Gefühls war. Das konnten Fotos sein, Sprachnachrichten oder einzelne Wörter. Als wir dann gemerkt haben, wie bewegend, stärkend und überraschend es ist, diese Glücksmomente in Glühwürmchengröße zu überfliegen, haben wir uns auf Worte fokussiert. Mit ihrem Notizbuch »One line a day« und meinen China-Glücksimpulsen ist dann das Schimmerkonzept entstanden.

Und bei all diesen unterschiedlichen Schreibmöglichkeiten geht es eigentlich um das Gleiche: Ich muss nicht fühlen, nicht denken – einfach nur lieben und leben. Der Stift und das Papier zeigen mich mir.

Hilfe dankfrei annehmen

Viele Menschen tun sich schwer, Hilfe anzunehmen. Sie spüren sofort eine Verpflichtung und meinen, in irgendeiner Form etwas zurückzahlen zu müssen. Manche glauben sogar, es stünde ihnen nicht zu, weil sie es sich finanziell leisten könnten, selbst für Unterstützung zu sorgen. Auch wenn Mitfühlende reden wollen, Gesten schenken oder da sind, wächst oft der Druck zur Gegenleistung. Schuldgefühle entstehen – dabei sind sie nicht nötig.

Im Gegenteil: Eine Gegenleistung kann das eigentliche Geschenk entwerten. Das gute Gefühl, das durch echtes, altruistisches Handeln entsteht, verliert seine Kraft, wenn es in ein Tauschgeschäft verwandelt wird. Wer schenkt, schenkt aus Liebe. Wer hilft, hilft aus Empathie. Das ist menschliche Veranlagung und keine Schuld, die ausgeglichen werden müsste.

Die Forschung zeigt: Helfende sind nicht deshalb da, weil sie Dank erwarten, sondern weil im Geben selbst Freude liegt. Hilfe zu geben aktiviert dasselbe Belohnungssystem wie Glücksmomente. Spiegelneuronen lassen uns Schmerz mitempfinden, ohne dass er erklärt werden muss. Nähe trägt, auch ohne Worte.

Annahme bedeutet deshalb keine Schwäche. Sie macht Beziehung möglich. Dort, wo Altruismus frei geschieht, entsteht kein Ungleichgewicht. Es bleibt eine Bewegung zwischen Menschen, die trägt, was allein nicht tragbar wäre. Natürlich sind wir kulturell und erzieherisch geprägt, Dankbarkeit einzufordern oder Schuld zu empfinden, wenn wir Hilfe annehmen. Doch in der Dimension des Todes eines Kindes gilt etwas anderes. Hier sollte klar sein: Kein Dank ist nötig. Schon gar keine Gegenleistung. Wenn Worte da sind, wenn Raum für ein Danke bleibt, ist das schön. Aber selbst das ist nicht notwendig. Liebe wird nicht formuliert – sie wird gespürt.

Rückzug und Berührung, Dankbarkeit und Sprachlosigkeit, all das ist normal. Hilfe darf angenommen werden, einfach so. Sie ist kein Handel. Sie ist ein Geschenk.

Schwäbisch aufgewachsen kenne ich Strichleslisten nur zu Genüge. Und damit meine ich keine analogen oder digitalen – obwohl ich die bei einigen auch schon mit eigenen Augen gesehen habe –, ich meine die im Magen und die in der Kopfschaukel. Dieses ewige Abwiegen, ob es zu viel oder zu wenig war, spüre ich nicht auf Papier, sondern wie eine Liste in mir, im Bauch und im Kopf.

Es schaukelt meist, wenn ich ins Bett gehe oder kurz mich in Ruhe hinsetzen kann, dann geht›s hin und her. War das jetzt zu viel? Aber wenn ich es so sehe, war es zu wenig? Ich habe das total gern gemacht, aber mir war es zu viel, und gleichzeitig habe ich beim letzten Mal noch viel mehr bekommen. Ich kann nicht schon wieder fragen, ich weiß nicht, wann ich helfen kann. Wenn ich für ihn jetzt das mache, muss ich für sie aber schon auch. Oder wie viel und warum und wie genau war das letztes Mal? Mein Highlight: Ich frage sicher nicht, die Person fragt mich auch nie, wie soll es sich dann ausgleichen?

Diese Gedanken halten mich kurz wach, aber schaukeln mich auch in den Schlaf. Doch der Schlaf schafft es nicht, mein Magengefühl zu lösen. Auch kein leichtes Essen, und auch kein Kamillentee oder weißer Tee aus China helfen.

Mir hilft da nur das Vertrauen in die jeweilige Beziehung und die Akzeptanz, wenn es nicht passt, dass es nicht am Fragen, am Dank, an meiner Schuld lag, sondern eben an der Beziehung selbst. Und die muss auch nicht immer passen, sondern wie die Jahreszeiten, die in China immer als Kreislauf verstanden werden – mal näher, mal ferner, immer im Wandel und in Balance. Wie Yin und Yang, die sich abwechseln und ergänzen, die Gegensätze, die aber zusammen ein Ganzes ergeben.

Kinderbücher: schnell einen Schritt nach dem anderen gehen

Kinderbücher sind oft die erste Literatur, die uns tief berührt. Gerade deshalb können sie in schweren Zeiten eine besondere Kraft entfalten.

Kinderbücher helfen in schweren Zeiten sehr. Für mich sind sie die Königsdisziplin des Schreibkunsthandwerks. Kurz und knapp, was für Hemingway steht, werden komplexe Sachverhalte leicht, tiefe Inhalte auf ihre Spitze komprimiert, transportiert und schwere Themen, leicht annehmbar, auf wenigen Seiten, mit wenigen Sätzen präsentiert.

Mit Illustrationen, die das Geschriebene nicht unterstreichen, sondern Bild und Wort tanzen miteinander. Dieses Zusammenspiel ergibt eine Komposition, die mit solch einer Wucht federleicht ins Herz gelassen werden kann und brillante Erkenntnisse anfeuert, befeuert oder entfacht.

Ein Kinderbuch in der Trauer um Sternenkinder kann so stark verbinden, dass es sich wie ein Zerreißen anfühlt und der Damm an Tränen bricht, weil dieses Buch nicht dem eigenen Kind vorgelesen werden kann, es ist tot. Die Seiten werden vom eigenen Kind nicht umgeblättert, eingerissen, es ist tot. Dieses Buch wird vom eigenen Kind nicht gelesen, es ist tot. Diese abartige, verdammt brutale Realität, die ein Kinderbuch mit den schönsten Worten und liebevollsten Bildern auslösen kann, steht für so viel Liebe.

Liebe der Eltern, Liebe der Schreibenden, Liebe der Malenden, Liebe aller Menschen, die ein Kinderbuch zum Leben erwecken, und genau deshalb kann es im Leben mit dem Tod des Kindes den Eltern helfen. Wenn diese vielleicht tränenreiche und vielleicht schmerzhafte Verbindung ausgehalten wird, kann die Ruhe und die Liebe ihre Wellen in sanfte Bahnen lenken und wir können uns dem hingeben, was im Kinderbuch steht.

Gerade in Zeiten, in denen alles zu viel, zu dicht, zu unverständlich, zu komplex, zu erwachsen ist, mehr erwachsen, als wir je sein können und wollen, da kann ein Kinderbuch zum Herzen führen. Es lässt sich leicht lesen, es lässt sich auch nur anschauen, es lässt sich überall finden und es berührt.

Vor allem aber schnell. Es lässt sich schnell wegen seiner Kürze und Dichte alles schnell erleben. Und dient daher ganz wunderbar in einem schnellen, überfordernden Alltag mit dem Remix aus der dramatischen Verbindung zu den Sternenkindern und den berührenden und tiefgreifenden Inhalten zusammen mit der humorvollen und liebevollen Sprache, die zu Lachen führt. Der Remix führt vielleicht über Tränen, aber dann zu Ruhe, Entschleunigung, Befreiung, Gelassenheit und einem Lächeln. Mit dieser Kraft an Liebe lässt sich der eigene Weg wieder weitergehen. Schritt für Schritt. Und wenn es zu schnell wird – der Alltag, die Anforderungen, die Gleichzeitigkeit der Gefühle, der Druck, der Stress: Kinderbuch.

Eine Freundin hat mir das Buch »Der Junge, der Maulwurf, der Fuchs und das Pferd« von Charlie Mackesy geschenkt. Als ich nach China zog, konnte ich nur wenige Bücher mitnehmen und ich musste sie wegen des Zolles und der Luftfracht sorgfältig auswählen. Dieses Buch war die Nummer drei, bei der ich nie gezweifelt habe, warum ich es in meinem chinesischen Teeschrank-Bücherregal in der Mitte stehen habe. Schon der Buchrücken gibt mir so viel.

Und in China selbst hat mir aus genau diesem eine andere Freundin einmal zitiert, als ich nicht wusste, wo ich anfangen sollte und wie ich weiterkommen sollte: »I can›t see a way through,« said the boy.

»Can you see your next step?«

»Yes.«

»Just take that,« said the horse.«

Oft lassen sich Zitate in Kinderbüchern so vielseitig übertragen, manches mal werden sie aber auch ganz konkret. Eines, das mir sehr nahegeht, stammt von Janosch. »Herr Janosch, wie bekommt man seine Tränen wieder in den Griff?« »Gar nicht. Wer weint, muss sonst nichts anderes machen, das ist schön. Wondrak nimmt sich ein Bettlaken und weint, solange die Tränen reichen.«

Von Astrid Lindgren könnte ich ein ganzes Buch füllen, angefangen mit Pippi Langstrumpf, obwohl ich mit ihr als Kind gar nicht so viel anfangen konnte. Doch diese Klassiker braucht es gar nicht – es ist völlig egal, welches Kinderbuch. Wir sind alle Kinder unserer Eltern. Das haben wir mit allen Menschen weltweit gemeinsam. Dieser einende Nenner ermöglicht, dass wir Brücken zueinander und auch zu uns selbst schlagen. Ich finde das einfach genial.

Ich schreibe immer wieder an Kindergeschichten und bin einfach noch nicht so weit, dass die Geschichte auf dem Papier so steht, wie sie in meinem Kopf ist und wie es mir bei Texten für Erwachsene gelingt. Das erinnert mich immer wieder an den Wahlkampf zur Bundestagswahl im Jahr 2022: Friedrich, der Politiker der einen Partei sagte zu Rober, dem Politiker einer anderen Partei öffentlich »Kinderbuchautor«. Ich hätte es als eleganten und wirkungsmächtigen Schachzug im Wahlkampf gefunden, wenn er gemeint hätte, was es bedeutet, was er gesagt hat: Ein Kompliment. Er hat wohl einen anderen Blickwinkel gewählt, der von vielen Scheinwerfern beleuchtet wurde, wodurch diese Aufregung als weiteres Beispiel dafür gelten kann: Alle Friedrichs, alle Roberts, Astrids und Janoschs – wir alle – waren, sind und bleiben Kinder. Und solange wir das nicht vergessen, können wir diese Kinderkraft – die Kraft, die wir alle aus Kindheit, der Kinderliteratur und vor allem dem Naturprinzip dieses weltweit vereinigenden, verzeihenden, versüßenden Kerns schöpfen – nutzen.

Mich entspannt sie enorm: diese Sicht auf die Welt aus Kinderaugen. Gerade weil zwei meiner Kinder gestorben sind, sie die Welt nicht mit uns betrachten können.

Zum Sinn ermächtigen

Nicht wenige Menschen beginnen, ihren Beruf infrage zu stellen, wenn sie ihr Kind verabschieden mussten. Der Sinn des Lebens wird dann noch einmal ganz anders hinterfragt, und so manche Tätigkeit zeigt nicht sofort, welchen Beitrag sie für die Gemeinschaft, für die Familie oder für den eigenen Lebenssinn leistet.

Hilfreich kann es sein, ein Ehrenamt anzunehmen. Das kann über einen Verein geschehen, über eigene Initiativen oder Petitionen. Es kann aber auch damit beginnen, in der Nachbarschaft zu fragen, ob eine Person Hilfe beim Einkaufen, beim Gassigehen des Hundes oder bei kleinen praktischen Dingen im Alltag braucht.

Die unmittelbare Hilfe wirkt schnell, verbindet und stärkt. Mit der Zeit kann auch die Frage nach dem kategorischen Imperativ eine Orientierung geben. Immanuel Kant formulierte ihn so: »Handle nur nach derjenigen Maxime, durch die du zugleich wollen kannst, dass sie ein allgemeines Gesetz werde.« Vereinfacht wird er oft mit den Fragen wiedergegeben: »Was wäre, wenn das alle täten?« und im Umkehrschluss »Was wäre, wenn das niemand täte?« Wer sich diesen beiden Fragen wirklich widmet, kann erkennen, dass jeder Beruf für einen selbst und für die Gemeinschaft Sinn ergeben kann.

Meine Wahl für das Lehramt ist für mich keine Arbeit, sondern eine Leidenschaft. Lehrerin. Sinnhaftigkeit war immer gegeben. Gleichzeitig kenne ich das Gefühl zu gut, dass vieles sinnlos erscheint, weil der Beruf als Lehrerin am wenigsten im Klassenzimmer stattfindet. Die meisten Aufgaben und die meiste Zeit liegen außerhalb des Unterrichts. Und hier unterscheidet sich nicht viele von allen anderen Berufen.

Es strengt an wenn sich der Inhalt von zweistündigen Besprechungen auf zwei Minuten reduzieren lässt, wenn schon alles gesagt wurde, aber noch nicht jede und jeder alles gesagt hat. Im Vergleich zu den Gefühlen, den Konsequenzen, zur Dramatik des Lebens mit einem toten Kind erscheint all das nicht wichtig – nichts ist mehr wichtig.

Mir haben die Fragen nach Kant geholfen. Durch meine privaten Antworten habe ich mich selbst sehr klein und unwichtig gefühlt, und dadurch ist von mir viel mentale Last abgefallen. Es fiel mir leichter, aus Liebe heraus das Gleiche zu tun wie zuvor – ohne ständig über den Sinn selbst nachzudenken, sondern darauf zu vertrauen, dass Liebe trägt.

Am Arbeitsplatz mit (keiner) Reaktion rechnen

Eine Schwangerschaft kann beruflich ungewünschte oder unsichere Konsequenzen nach sich ziehen. Häufig entscheiden deshalb viele, erst nach der zwölften Schwangerschaftswoche vom Kind zu erzählen. Stirbt das Kind in diesem Zeitraum, weiß am Arbeitsplatz keine Person Bescheid. Nach außen wirkt es so, als wäre alles wie gehabt, die Eltern werden entsprechend behandelt. Innerlich hat sich das Leben so sehr auf das wahre Ich konzentriert, dass wir uns anders fühlen, uns selbst mit anderen Augen sehen und auch die Arbeit sowie die Mitmenschen neu betrachten. Bei den einen mehr, bei den anderen weniger, bei vielen für immer, bei manchen nur für kurze Zeit. Bei allen verändert der Tod des eigenen Kindes das Leben, während die Welt sich nach außen kaum in diesem Maß zu verändern scheint.

Viele denken im ersten Moment: »Zum Glück habe ich es nicht gesagt, dann muss ich jetzt nicht …« Ja, wie geht der Satz weiter? Dann muss sich nicht die Blöße gegeben werden, sagen die einen. Andere denken: Dann muss sich nicht der Schuld, der Scham, dem Mitleid gestellt, den Erklärungen ausgesetzt, der Wahrheit ins Gesicht geschaut, der wiederholten Konfrontation oder gar der Missgunst ausgesetzt werden.

Doch all das muss weder zutreffen, noch bedeutet es, dass Eltern schweigen müssen. Wir können die Natur nicht beeinflussen, wir können die Gefühle nicht beeinflussen, wir können andere Menschen nicht beeinflussen, aber wir können entscheiden, wie wir auf all das reagieren. Das kann schriftlich oder mündlich, kurz oder länger erfolgen – und auch mit einem Hinweis verbunden sein, wie damit umzugehen ist.

Auf mittlere Sicht zeigt sich für viele, dass es befreiend sein kann, auch am Arbeitsplatz darüber zu sprechen. Fehltage und Tränen zu erklären kann schwierig werden. Gleichzeitig wird mit einer solchen Aussage bekannt, dass wohl ein Kinderwunsch im Raum steht, was wiederum berufliche Auswirkungen haben kann. So zeigt sich ein Spannungsfeld zwischen Liebe und Realität: Bei aller Liebe ist die Realität nicht immer bereit für diese Liebe.

Ich habe es von Anfang an mitgeteilt. Als Beamtin bin ich grundsätzlich vollumfänglich geschützt. Mir ging es um Transparenz und Planbarkeit für alle. Während der gesamten Risikoschwangerschaft habe ich mich über arbeitsrechtliche Konsequenzen informiert. Bei wöchentlichen Todesprognosen war das schwer auszuhalten.

Ich bin heute noch dankbar für die Reaktionen der Menschen in meinem beruflichen Umfeld bei unserem ersten Sternenkind. Es kam zu Gedanken, Gefühlen und Gesten von fast allen. Ich habe Verbundenheit gespürt mit Menschen, mit denen ich zuvor keine Schnittstellen hatte, und durch alle diese Begegnungen bin ich näher zusammengerückt. Das wichtigste Mittel, das alle wählten, waren Fragen. Ich wurde einfach gefragt, zum Beispiel: »Möchtest du wieder die Klasse, die wusste, dass du schwanger warst, oder möchtest du in eine Klasse, die neu ist und es nicht wusste?« Natürlich wollte ich in meine Klasse – nicht nur, weil ich eine Beziehung zu meinen Schulkindern hatte, sondern auch, weil ich an einer Berufsschule 15- bis 35-jährige unterrichte. Das heißt, es kann für alle ein Thema sein, das sie bald betreffen könnte und von dem sie wegen des Tabus wie ich nichts erfahren hätten.

Bei meinem zweiten Sternenkind hatten sich die Positionen einiger Menschen verändert. Bis heute bin ich verletzt und erschüttert, wie mir in der Trauer auch noch der identitätsstiftende Anker – die Lebenssäule Arbeit – genommen wurde oder so weit verändert, dass er mir fremd erschien. Die Orientierung im Leben nach meinem Kind und gleichzeitig im Beruf war mir zu viel. Ich habe resigniert – lange Zeit. Erst als Leidenschaft und der Fokus auf verbindende Menschen zurückkehrten, konnte ich wieder Halt finden.

Ich kann jedenfalls keine Empfehlung geben. In beiden Fällen hätte ich niemals mit den jeweiligen Reaktionen gerechnet. Im Rückblick erschließt sich nur, dass die wohlwollenden und auffangenden Reaktionen entscheidend waren – und deshalb würde ich es wohl immer wieder so machen. Vor allem, weil ich weiß, dass es langfristig völlig unerheblich ist, wie andere reagieren, wenn sie ihr Mitgefühl nicht zeigen können. Ich kann immer entscheiden, wie ich darauf reagiere. Und ich richte mich nach den Mitfühlende. Die gibt es immer.

Beeinflusst die Todesursache Reaktionen?

Je nach Alter des Kindes und der Todesursache verhalten sich Mitfühlende, Mitdenkende und die Gesellschaft gegenüber Eltern unterschiedlich. Die Eltern selbst gestehen sich je nachdem die Gefühle für ihre Kinder und für sich selbst in verschiedener Weise zu. Abhängig vom Verhalten und dem Teilhabenlassen der Eltern fühlt sich die Gesellschaft bestätigt – oder auch nicht. Dieser Tabukreislauf erschwert eine gesunde Trauer, weil die eigenen Gefühle zu Sternenkindern bewusst unterdrückt, verdrängt, übergangen oder manchmal gar nicht erst wahrgenommen werden.

Wir dürfen traurig sein und weinen, Schmerz empfinden und schreien. Wir dürfen alles oder nichts davon fühlen, nur ein bisschen oder darüber hinaus – egal, wie alt das Kind ist, egal, warum es gestorben ist, ob durch Fehlgeburt, Krankheit, Unfall, Abtreibung oder medizinischen Abbruch.

Recht, Medizin und Gefühle – bei einem Todesfall also die Trauer als Form von Liebe – sind unterschiedliche Bereiche. Wir können gänzlich anderer Meinung sein als das Recht, wir können viel von Medizin verstehen und trotzdem oder gerade deshalb jede Form von Gefühlen, von Trauer, von Liebe zulassen und annehmen, wie sie ist: viel, wenig, lang, kurz, intensiv, zart, schwer, leicht.

Gefühle lassen sich nicht messen. Sie sind einfach da. Jede Person hat eine Vorstellung von Liebe als Freude, Trauer, Überraschung und – wenn sie gekränkt wurde – als Wut, Ärger, Angst, Ekel oder Abneigung. Menschen unterschiedlichen Alters und verschiedener Kulturen verknüpfen mit denselben Begriffen Unterschiedliches. Und auch ein und dieselbe Person versteht unter diesen Gefühlen je nach Alter, Erfahrung und Tagesform etwas anderes. Was sich nicht messen lässt, lässt sich nicht vergleichen.

Im Gegensatz zum Recht – das sich zumindest definieren lässt. Immer wieder neu. Überall anders. Es gibt eine Definition, dadurch wird es messbar und vergleichbar, zumindest annäherungsweise. Medizin lässt sich meist klar messen oder definieren. Die Trauer nicht, Gefühle nicht.

Es macht rechtlich und medizinisch einen großen Unterschied, ob ein Kind in der 4. Schwangerschaftswoche, im 4. Lebensjahr oder im 40. Lebensjahr verstorben ist. Es macht rechtlich und medizinisch einen großen Unterschied, ob ein Kind durch eine Fehlgeburt, eine Krankheit, eine Abtreibung oder einen medizinischen Abbruch gestorben ist. Rechtliche und medizinische Unterschiede beeinflussen und kontrollieren unseren Alltag.

Doch macht es einen Unterschied, ob dieser Mensch ein Kind ist? Macht es einen Unterschied, ob dieser Mensch Eltern und Mitfühlende hat? Macht es einen Unterschied, ob wir Gefühle beeinflussen, kontrollieren oder beurteilen können?

Trauer ist ein Gefühl. Eine Form von Liebe. Liebe ist einzigartig. Sie lässt sich nicht messen oder vergleichen – aber leben. Viel, wenig, lang, kurz, intensiv, zart, schwer, leicht.

Seit meiner Sternenkinderzeit weiß ich nicht nur, sondern spüre es – immer dann, wenn es um andere Menschen geht. So viel ist unterschiedlich und macht jede Situation so einzigartig. Nicht einmal die andere Person selbst weiß alles über sich selbst. Wie also sollte ich es wissen – und vor allem: warum sollte ich es wollen?

Seit meiner Sternenkinderzeit bin ich toleranter geworden, oft toleranter, als ich es manchmal sein möchte. Manchmal fällt mir auch die daraus resultierende Akzeptanz leichter, als es mir lieb ist. Denn erst jetzt weiß ich, dass Toleranz und Akzeptanz nicht irgendwo im Graubereich der eigenen Werte und Überzeugungen beginnen, sondern genau dort, wo unsere Grenzen überschritten werden.

Seit meiner Sternenkinder weiß ich: Auf alles werde ich niemals vorbereitet sein. Doch im Vertrauen – auf uns, auf mich, auf die Liebe – geht es weiter. Immer weiter.

Bestattungsmöglichkeiten betrachten

Eine Bestattung für Sternenkinder ist ein sehr persönlicher und zugleich rechtlich geregelter Schritt. Es gibt viele verschiedene Bestattungsformen – und für Sternenkinder ganz eigene Möglichkeiten. Die Vorschriften variieren von Gemeinde zu Gemeinde, von Bundesland zu Bundesland, und sogar von Friedhof zu Friedhof. Hier lohnt es sich, Informationen einzuholen und Mitfühlende einzubeziehen, sei es für die Recherche, die Organisation oder einfach als Begleitung.

Beide Kinder wogen keine 500 Gramm und deshalb waren wir völlig frei, wie wir es machen wollen. Und konnten, weil wir das Glück hatten, dass in unserem Krankenhaus viele Menschen sich ehrenamtlich um Aufklärung bemühen. Das ist nicht überall der Fall und vor allem nicht zum richtigen Zeitpunkt. Nach der Geburt eines Kindes »an der Hand« wird auch nicht direkt gezeigt, wie der Nabel zu reinigen ist, sondern eine Hebamme kommt zur Nachsorge nach Hause. Selbiges würde ich mir für Sternenkinder wünschen. Erst mal muss realisiert werden, dass das Kind gestorben ist. Das bedeutet, den Tod in den Alltag zu integrieren. Wie lebe ich jetzt, ohne schwanger zu sein, ohne Kind an der Hand, wie verhalte ich mich, wie reagieren die anderen, wie sieht das Zusammenspiel aus? Und dann macht es Sinn, darüber zu sprechen, wie der eigene gesunde Lebensweg mit toten Kindern aussehen kann. Anfangen mit dem Abschied, der Beerdigung, weiter mit Ritualen und vielem mehr. Wir lieben ein Leben lang. Vielleicht bringen wir sie nicht ein Leben lang zum Ausdruck, viel-

leicht auch nur im Krankenhaus, aber auch eine Nachsorge von Kindern »an der Hand« ist einzigartig.

Bestattungszeremonie ausrichten

Abschiedszeremonien bieten einen achtsamen Rahmen, der Eltern emotional trägt und ihre Elternschaft sichtbar macht. Solche Rituale, ob im häuslichen Umfeld oder in der Klinik, können tröstlich wirken und neue Kraft schenken. Sie machen erlebbar, dass dieses Kind gelebt hat, dass es gesehen wurde und dass es dazugehört.

Die Beerdigung ist der konkrete Moment der Beisetzung. Eltern können selbst entscheiden, wer dabei sein soll – nur sie als Familie oder Mitfühlende. Oft hilft es, etwas Persönliches ins Grab zu legen: ein Kuscheltier, einen Brief, ein Tuch oder eine kleine Erinnerung. So kann der Moment des Loslassens zugleich ein Moment der Verbundenheit werden.

Wir haben im Krankenhaus davon erfahren, und schon der Begriff »Sammelgrab« hat mich an »Massengräber« erinnert. In diesem Moment dachte ich, dass ich bald nichts mehr im Namen meiner Kinder tun kann – und wollte zumindest einmal dorthin fahren. Als ich dann dort saß, wurde mir klar: Dies ist ein Gemeinschaftsgrab. Und zu all den anderen Sternenkindern gehört auch unseres. Ehrenamtliche aus unserem Krankenhaus organisieren dort eine liebevoll gestaltete Zeremonie. Auf dieser Feier habe ich das einzige Mal seit meiner Sternenkinderzeit empfunden, wie verletzend es sein kann, Kinder »an der Hand« um mich zu haben. Schwangere, Babys, Kleinkinder – ich sah sie nach meinen Sternenkindern mit anderen Augen, mit noch viel, viel mehr Bewunderung.

Doch während der Zeremonie, als meine Sternenkinder verabschiedet wurden, schrie ein Baby. Dieser Schrei traf mich tief und ich war entsetzt. Sternenkinder werden oft in nüchternen Begriffen beschrieben – als »Vorgang« oder »Stille Geburt«. Stille, weil sie nicht schreien. Diese Stille macht eine Totgeburt aus. Und mit Totgeburt meine ich nicht die rechtliche oder medizinische Definition, sondern die blanke Realität: wenn das eigene Kind tot geboren wird. Oft geschieht das im Kreißsaal, manchmal auf derselben Ebene oder sogar im selben Zimmer, in dem auch Lebendgeburten stattfinden. Dort schreien Kinder – nicht immer sofort, aber spätestens, wenn sie in den Armen ihrer Eltern liegen. Sternenkinder schreien nicht. Und dann schreit ein Baby während der Zeremonie. Für mich war das in diesem Moment kaum auszuhalten.

Erst nach meinem zweiten Sternenkind habe ich verstanden, dass ich nie genug über andere Menschen wissen kann – und dass es trotzdem immer Möglichkeiten gibt, Verständnis aufzubringen, für andere und für die Gemeinschaft. Ich weiß nicht, ob bei der zweiten Beerdigung ein Kind geschrien hat. Und wenn es so war, war es der wundervollste und anstrengendste Klang: Welcher steht denn noch mehr für das Leben?

Der Beziehung und Verbindung zum Kind vertrauen

Die Angst, das eigene Kind zu vergessen, teilen viele Eltern von Sternenkindern. Sie ist tief verankert in der Bindungspsychologie. Denn eine emotionale Bindung endet nicht mit dem Tod. Psychologisch gesehen kann die Beziehung zu einem Kind – auch wenn es gestorben ist – weiterhin als lebenswichtig und bedeutungsvoll empfunden werden.

In der Trauerbegleitung wird häufig von einer »fortgesetzten Bindung« gesprochen. Damit ist gemeint, dass die emotionale Beziehung auch nach dem Verlust des physischen Lebens weiterbesteht. Eltern bleiben Eltern – bis an ihr eigenes Lebensende und darüber hinaus. Die Angst vor dem Vergessen oder vor dem Verlust dieser inneren Verbindung ist darum ein zentrales Thema in der Trauer. Diese Erfahrung wird verstärkt durch gesellschaftliche und rechtliche Unterschiede. Das deutsche Recht erkennt ein Kind erst mit der Geburt als vollwertigen Menschen an. Vorher hat es nicht denselben Status, auch wenn es im Erbrecht in bestimmten Situationen berücksichtigt wird. Für Eltern fühlt sich das wie eine doppelte Entfremdung an: Einerseits fehlt die rechtliche Anerkennung, andererseits die gemeinsamen Erlebnisse, die mit einem lebenden Kind selbstverständlich verbunden wären.

Doch die Bindung bleibt. Sie ist unsichtbar, aber real. Sie trägt, auch wenn sie nach außen nicht anerkannt wird. Genau deshalb ist die Angst, ein Kind zu vergessen, so schmerzhaft – und gleichzeitig ein Ausdruck der Liebe, die bleibt.

Ich hatte so Angst, dass ich meine Kinder »verarbeite«, dass ich die Verbindung, das Gefühl zu ihnen »verliere«, dass ich sie in den vielen Lebenerfahrungen »verliere.« Liebe vergeht nicht, Liebe ist die Quelle. Ich brauche sie mal mehr und mal weniger, ich suche sie mal mehr und mal weniger, ich lebe sie mal mehr und mal weniger. Aber ohne Liebe würden ich nicht nur leben und sterben, sondern vergessen. Und so lange ich mich erinnere, an den Teil von mir, weil alle meine Kinder sind aus mir als Teil von mir entstanden, liebe ich und nutze diese

Kraftquelle als Energie für mein Leben. Und keine Energie kann je verloren gehen – das lehrt uns schon die Physik. Energie verwandelt sich, sie wechselt ihre Form. Aber sie ist immer da.

Auf ein Wochenbett einstellen

Nach dem Tod eines Sternenkindes spricht kaum jemand über das, was körperlich geschieht. Noch fehlen wissenschaftliche Belege, doch aus vielen Gesprächen mit Eltern wird deutlich: Ein Körper bleibt schwanger. Er reagiert nicht einfach auf den Tod des Kindes, sondern folgt seinem eigenen Rhythmus. Oft stellt sich der Körper erst zum errechneten Geburtstermin um – manchmal sogar noch später, als müsse er weiterhin für ein Neugeborenes sorgen.

Diese Erfahrung kann irritierend und schmerzhaft sein, weil sie den Verlust noch deutlicher macht. Gleichzeitig zeigt sie, wie stark die Verbindung zwischen Körper und Kind ist. Das Wochenbett kommt, auch wenn das Kind nicht lebt. Und es braucht dieselbe Fürsorge: körperliche Schonung, liebevolle Begleitung und die Erlaubnis, dass Heilung Zeit braucht.

Ich wurde krankgeschrieben und hätte auch meinem Körper die Zeit geben können, die er gebraucht hätte. Aber in unseren Breitengraden endet mit der Schwangerschaft oft scheinbar die körperliche Anstrengung oder Belastung. Studien zeigen jedoch, dass die Belastung in der Schwangerschaft mit Höchstleistungen im Sport vergleichbar sein kann. Mein Körper, meine Fitness, mein Bindegewebe – vieles hat sich erst beim errechneten Geburtstermin verändert. Manche berichten von Blutungen – für sie ein sichtbares Zeichen, dass alles vorbei ist. Schlimm. Gleichzeitig tritt bei manchen auch ein Milcheinschuss ein – nicht nur körperlich eine zusätzliche Belastung, sondern mental.

So drastisch ist es nicht häufig, doch in milderen hormonellen Formen tritt es sehr häufig auf, die genauen Zusammenhänge sind jedoch nicht eindeutig erforscht. In der chinesischen Medizin gilt die Regel: So lange der Körper beansprucht wurde, mindestens so lange braucht er Regeneration. Das auf das Wochenbett von Sternenkindern zu übertragen, erscheint mir sehr gesund. Ich habe aber das Gefühl, wir müssen erst einmal das Tabu loslassen, um geistig Sternenkinder in unserer Gesellschaft aufzunehmen. Dann können wir auch körperlich hinschauen, wie die Eltern – hier besonders die Mutter – gesund genesen können.

Rückbildungskurse sind möglich und sinnvoll

Eine Schwangerschaft wird mittlerweile in der Sportwissenschaft mit einem Marathon beschrieben, den der weibliche Körper täglich meistert. Von Mutter zu Mutter sind die körperlichen Auswirkungen unterschiedlich. Für alle Mütter gilt: Von Beginn der Schwangerschaft wirkt sie auf den Körper. Der Körper beendet eine Schwangerschaft nicht mit der (Tot-)Geburt. Auch für Mütter von Sternenkindern gibt es spezielle Kurse, die neben den psychischen auch auf die körperlichen Auswirkungen abzielen.

Mir war beide Male Sport schnell wieder sehr wichtig, doch mein Körper reagierte in vielem anders. Als ich nachfragte, gaben mir die abwiegelnden Antworten das Gefühl, ich würde übertreiben und es mir grundsätzlich einbilden. Auch meine Schmerzen in der Risikoschwangerschaft wurden als Periodenschmerzen notiert. Wenn ich darauf hinwies, erhielt ich ein Lächeln; geändert wurde der Eintrag nicht. Erst als ich die Wehen bei meinem ersten Sternenkind mit der Krankenschwester und dem Muttermund in Verbindung brachte, kam heraus, dass ich viele Vorwehen hatte und überdurchschnittliche Schmerzen.

Ebenso stoße ich immer wieder auf Mütter und teilweise auf medizinisches Fachpersonal, die meine Vermutung teilen: Der Körper, das Bindegewebe usw. bleibt bis zum natürlichen Geburtstermin schwanger. Es hat mich verdammt viele Tränen gekostet, meinen Körper noch nicht wieder zurückzuhaben, während ich den Tod meiner Kinder zu realisieren versuchte. Was ich von Rückbildungskursen für Mütter von Sternenkindern gehört habe, zeigt, dass sie auf Körper und Geist abzielen.

Personenstandsurkunde

Eltern aller Sternenkinder haben einen gesetzlichen Anspruch, ihr Kind beim Standesamt eintragen zu lassen. Damit wird sichtbar: Dieses Kind hat einen Namen, einen Platz in der Familie und in den Unterlagen. Eine klassische Geburtsurkunde erhalten Sternenkinder unter 500 Gramm jedoch nicht. Stattdessen stellt das Standesamt eine Bescheinigung über die Geburt aus. Auch wenn es »nur« ein Dokument ist – für viele Eltern bedeutet es sehr viel, das Kind schwarz auf weiß in den Händen zu halten.

Ich war in über 40 Ländern und auf jeder Reise wird mir klar, warum unsere deutsche Bürokratie Sinn macht. Seit meinen Sternenkindern habe ich die deutsche Bürokratie sogar richtig lieben gelernt. Sie bestätigt nicht nur die Existenz meiner Kinder, wie es in manchen anderen Ländern der Fall ist, sie dokumentiert sie amtlich, mit Stempel.

Und so zermürbend Bürokratie sein kann – bei Steuer, Bau oder Verkehrsordnung – wenn das eigene Kind einen Stempel bekommt, während im gleichen Rechtsstaat ein Kind rechtlich erst mit der Lebendgeburt als vollwertige Person anerkannt wird und in der Gesellschaft von Zellhaufen, Embryo oder sonstigen medizinischen und rechtlichen Begriffen geredet wird, dann hat das etwas Tröstliches. Dann ist es eine liebevolle Ironie, die zeigt: Wir sind als Gesellschaft auf dem richtigen Weg.

Mit der rechtlichen Ausweitung des Mutterschutzes bei Fehlgeburt ab der 24. Schwangerschaftswoche ist ein weiterer Schritt gegangen worden. Und so langsam es in Deutschland geht – es geht voran. Besonders, wenn es in anderen Sprachen nicht einmal ein echtes Pendant zum Begriff Sternenkind gibt. Ich bin immer noch so stolz auf die Bescheinigung mit Stempel.

Geburts- und Sterbekärtchen

Auch für Sternenkinder schätzen die meisten Mitfühlenden eine Geburtskarte – so wie ein Sterbekärtchen. Sie macht sichtbar, dass dieses Kind dazugehört und einen Platz hat. Manche Eltern wählen klassische Karten, andere gestalten selbst. Name, Datum, ein Symbol oder ein Zitat genügen oft, um die Liebe auszudrücken. Für einige ist ein Foto ein wertvoller Schatz, für andere kaum auszuhalten. Es kann helfen, sich auf unterschiedliche Reaktionen vorzubereiten, bevor die Karten verteilt werden. Eine Karte schenkt Eltern das Gefühl, ihr Kind in die Welt zu tragen, und Mitfühlenden die Möglichkeit, Anteil zu nehmen. Sie ist Erinnerung und Einladung zugleich – und bleibt, wenn vieles andere schon verschwunden ist.

Am Anfang habe ich die Karten verteilt, weil ich einfach allen beweisen wollte, dass unsere Kinder gelebt haben. Heute ist es eine der wenigen Dinge, die ich tatsächlich immer wieder betrachte. Ich glaube, das liegt daran, dass Geburts- und Sterbekarten etwas sind, das alle Menschen, die leben, atmen und älter werden, bekommen. Nichts, was ausdrücklich und nur Sternenkinder greifbar macht, wie Schmuckstücke oder Personenstandsurkunden, sondern etwas, das sie gemeinsam mit allen anderen haben. Alle Menschen werden geboren und alle Menschen sterben einmal. Dafür stehen diese Karten. Eigentlich sind diese Karten selbstverständlich, und genau deshalb fühlt es sich so wichtig an, dass auch meine Sternenkinder diese Normalität haben, weil sie normal sind.

Von allem Fotos machen

Nach dem Tod eines Sternenkindes rechnen wenige Eltern mit Gesten oder greifbaren Zeichen des Mitgefühls. Oft sind es auch nur wenige – ein Strauß Blumen, eine Karte, ein kleines Geschenk, ein paar Worte. Gerade weil sie selten sind, haben sie besonderes Gewicht. Es lohnt sich, diese Momente festzuhalten. Fotos machen sichtbar, dass Zuwendung auch nach dem Abschied möglich ist, und sie schenken eine Erinnerung, die bleibt.

Sechs Jahre später war es mir wichtig Fotobücher von meinen Sternenkinder zu machen. Geschenke und Gesten wie Blumensträuße, Karten, das Grab zu verschiedenen Jahreszeiten oder auch die Skizzen und Überlegungen zu unserem gemeinsamen Sternenkindertattoo und auch Fotos von unseren Urlauben, die mit ihnen in unmittelbarer Verbindung stehen. Das Fotoalbum fühlte sich nochmal wie ein Abschied an, ein Abschied vom Kampf um die Existenz der Sternenkindern von allen Menschen. Fokus auf Liebe reicht.

Wellness Körper hilft Geist

Viele Eltern erzählen davon, wie sie sich nicht trauen, sich etwas Gutes zu tun – als wäre Wohlbefinden nur erlaubt, wenn zuvor etwas geleistet wurde. In unserer Kultur gilt Selbstfürsorge oft als Luxus: Wellness wird mit Verwöhnmomenten, Belohnung oder gar Überfluss verbunden. Dabei ist sie im eigentlichen Sinn nichts davon. Wellness ist Gesundheitspflege – kein Freizeitprogramm, sondern ein grundlegender Beitrag zur körperlichen und seelischen Regeneration.

Aus medizinisch-psychologischer Sicht gilt: Was wir als »Wohlfühlen« empfinden, ist eine messbare physiologische Reaktion. Wärme, Wasser, Berührung, Bewegung und Entspannung aktivieren den parasympathischen Teil des Nervensystems – den Bereich, der Heilung, Verdauung und Schlaf steuert. Wird dieser Anteil regelmäßig angesprochen, sinken Puls und Blutdruck, der Körper kann regenerieren, Stresshormone wie Cortisol und Adrenalin werden abgebaut, Immun- und Verdauungssysteme stabilisieren sich.

Für trauernde Eltern bedeutet das: Jede Form von wohltuender Zuwendung – sei es eine Massage, ein Bad, ein Spaziergang, Akupunktur, traditionelle chinesische Medizin, Musik oder einfach Ruhe – ist keine Flucht vor der Trauer, sondern eine Unterstützung des Körpers, der unter der emotionalen Belastung ebenfalls erschöpft ist.

Trauer beansprucht das ganze Nervensystem; sie ist körperliche Arbeit. Deshalb ist es kein Luxus, dem Körper Entlastung zu schenken – es ist eine Form der Selbstheilung.

Wellness darf im Leben mit einem verstorbenen Kind selbstverständlich werden: als Pflege der Lebenden, als liebevolle Geste an sich selbst. Wenn der Körper wieder in Ruhe kommt, kann auch die Seele leiser atmen.

Seit ich in China lebe, erlebe ich, wie selbstverständlich Wellness hier zum Alltag gehört. Fast jede Familie beherrscht die Kunst des Schröpfens, achtet auf eine gesunde, ausgewogene Ernährung im Rhythmus der Jahreszeiten, auf Bewegung, auf Ruhe. Badehäuser, Massagen, Fußreflexzonenbehandlungen oder Akupunktur sind keine Ausnahmen, sondern Teil der Kultur – so selbstverständlich wie bei uns das Zähneputzen.

Es gibt hier so viel zu entdecken: Kosmetik aus Reis, belebende Masken aus natürlichen Stoffen, Pflegeprodukte aus Korea, die auf jahrhundertealten Rezepturen beruhen. Der gesamte Markt zeigt: Schönheit, Pflege und Wohlbefinden sind keine Eitelkeit, sondern Ausdruck von Achtsamkeit gegenüber dem eigenen Körper.

Erst seit ich hier bin, traue ich mich, das auch für mich selbst selbstverständlich zu leben – nicht als Belohnung, sondern als Teil meines Alltags. In Deutschland hätte ich mir das nach dem Abschied so sehr gewünscht: Massagen, Wärme, Bewegung, Berührung. Ich habe damals vieles davon nur gedanklich getan, manches mit Freundinnen umgesetzt, aber immer als etwas Besonderes betrachtet – als Ausnahme, nicht als Gewohnheit. Und vielleicht war das der entscheidende Unterschied: Ich habe die Ausführung – das Behandeln, Pflegen, Zeitnehmen – als etwas Besonderes betrachtet und die Wirkung als selbstverständlich, wenn ich sie überhaupt wahrnehmen konnte.

Heute sehe ich es umgekehrt. Es lebt sich leichter, wenn das Tun, das Ausführen, das Sich-Zeitnehmen selbstverständlich wird – und die Wirkung als etwas Besonderes betrachtet wird. Dann schärfen sich auch die Antennen, um überhaupt zu spüren, was diese Wirkung im eigenen Körper, im eigenen Leben bewirkt.

Denn Wellness, verstanden als Pflege des Körpers und als Regulation des Nervensystems, ist kein Luxus. Es ist eine Form von Heilung – besonders, wenn das Leben durch den Tod eines Kindes aus dem Gleichgewicht geraten ist.

Umarmungen annehmen oder dazu einladen

» Wir brauchen vier Umarmungen am Tag, um zu überleben, acht, um uns wohlzufühlen, und zwölf, um innerlich zu wachsen.« Dieses rezepthafte Bild der Familientherapeutin Virginia Satir, die als Pionierin der systemischen Therapie gilt, bringt symbolisch auf den Punkt, was heute neurobiologisch gut belegt ist: Umarmungen fördern im Körper die Ausschüttung von Oxytocin und Prolaktin – Hormone, die Geborgenheit vermitteln, Stress abbauen und das Immunsystem stärken. Gleichzeitig sinken Stresshormone wie Cortisol, was zu einer Beruhigung von Herzfrequenz und Blutdruck führt – eine spürbare körperliche Entlastung, besonders in belastenden Lebenssituationen.

Gerade wenn das eigene Kind nicht in den Armen gehalten werden kann, bleibt der Körper auf Nähe und Berührung angewiesen: Umarmungen mit nahestehenden Menschen, eine ruhige Hand auf der Schulter, das Halten eines Kleidungsstücks, das Streichen über die eigene Haut – all das kann helfen, wieder ein Gefühl von Halt zu entwickeln, wenn innerlich alles entgleitet. In all dem Schmerz, der Leere kann darf Nähe und Liebe empfunden werden.

Mir tun Umarmungen immer gut, aber ich bin lange nicht auf die Idee gekommen, sie einzufordern – im Sinne von: sie mir zu wünschen, danach zu fragen oder sie einfach zu verteilen, um sie zu erhalten. Ich dachte, Umarmungen gelten nur, gehören sich nur, gebrauchen wir nur, wenn wir denken, einer anderen Person helfen sie – oder wenn sie zum Gruß und Abschied dazugehören. Insbesondere bei meinen Kindern an der Hand achte ich aktiv darauf, meine inneren Gedanken und Gefühle für sie mit einer Umarmung nach außen zu zeigen. Einfach so, völlig »ohne Grund«, wo immer wir gerade gehen, stehen, liegen, sitzen, lieben. Und bei diesen Zeilen merke ich: Ich will es nicht nur für die Kleinen – auch für die Großen soll es zur Gewohnheit werden. Ich muss aber gestehen: Ich trau mich das, glaube ich, gar nicht.

Was bei Kindern keine Frage ist, führt bei Erwachsenen schon zur Frage, ob Erwachsene dieselbe Nähe »verdienen« dürfen. Als ob Erwachsenen Liebe nicht guttäte. Als ob Erwachsene sie sich nicht viel zu selten nehmen. Einfach so jemanden umarmen – ich trau mich trotzdem nicht. Nicht nur aus einer komischen Unsicherheit heraus, die Veränderungen, das Neue, das Aufbrechen von Gewohnheiten mit sich bringt, sondern auch aus der Angst – weil Berührung auch etwas aufreißen kann, bei beiden Seiten. Vielleicht ist keine Seite dazu bereit. Doch genau das ist ja das Tolle an Umarmungen: Wenn du nicht bereit bist, umarmst du einfach länger und fester, und wenn es wieder passt – oder du eh dazu bereit bist – löst du dich wieder. Oder du wiederholst es. Der Kern bleibt: Ich traue mich nicht, allen Lieblingsmenschen meine Liebe mit Umarmung zu zeigen. »Was ein Schmarren«, würde ich sagen, wenn das eine andere Person zu mir sagen würde – und sie direkt fest und lange drücken, um ihr zu zeigen: Umarmen geht mit Weinen und mit Lachen.

Selbstgespräche führen und ausdrücken

Es reicht oft nicht, Gedanken nur im Kopf zu bewegen. Erst wenn wir Worte finden, wenn wir schreiben, malen, tanzen oder mit uns selbst sprechen, entsteht Ausdruck. Ausdruck macht das Unsichtbare greifbar. Gefühle verwandeln sich in Gedanken, Gedanken in Worte. Und der erste Schritt kann sein, zunächst für sich selbst ins Gespräch zu kommen – in den Ausdruck, bevor daraus Worte werden. Malen, zeichnen, kritzeln, tanzen, schunkeln, wippen, singen oder summen – jeder Kanal darf genutzt werden, weil es um alles geht. Um Leben und Tod. Um Liebe. Zu uns als Gemeinschaft. Zu uns selbst. Zu unseren Kindern.

Das können Sprachnachrichten an uns selbst sein – nicht nur stilles Starren in die Luft, sondern ein Füllen mit Worten, mit Gesang, mit Musik. Eine Möglichkeit ist eine Solo-Silent-Party: Kopfhörer auf, Musik an, Augen zu und tanzen. Bevor Worte entstehen, helfen Bilder – Bilder in uns, Skizzen, Farben auf Papier. Und wer das schon lange nicht gemacht hat, braucht sich keine Sorgen zu machen.

In einem Interview von Verena Töpper im SPIEGEL sagte Monika Miller, Professorin für Kunstpädagogik an der Pädagogischen Hochschule Ludwigsburg: »Jeder Mensch sollte fähig sein, sich visuell auszudrücken. Das eröffnet eine weitere Art, sich mit unserer Welt auseinanderzusetzen.« Und weiter: »Einem Thema kann man sich auf viele Arten nähern – praktisch, philosophisch, literarisch und auch künstlerisch.«

Gerade für Eltern von Sternenkindern ist das ein wertvoller Gedanke. Schreiben, malen, sprechen oder tanzen gibt der Liebe zum Kind eine Form, die auch nach dem Tod lebendig bleibt. Es geht nicht darum, Kunst zu schaffen, sondern ehrlich bei sich selbst zu sein. Selbstgespräche, ein paar hingeschriebene Worte, eine kleine Zeichnung – all das sind Wege, mit sich selbst in Verbindung zu treten. Spuren im Leben leben heißt, diesem Ausdruck Raum zu geben, indem wir Zugang schaffen und uns verbinden. Wir können das alle – und gerade weil es vielleicht kindisch wirkt, ist es ein Beweis, dass wir es können. Wir alle waren, sind und bleiben Kinder.

Als Kind hatte wir ein Plakat auf der Gästetoilette mit lauter Zitaten und Sprüchen. Ein Satz darauf hieß: »Selbstgespräche setzen einen intelligenten Gesprächspartner voraus.« Schon vor meinen Sternenkindern habe ich sie mal mehr und mal weniger genutzt und durch die Sprachnachrichten noch mehr. Zumindest kommt mir das wie Selbstgespräche vor. Hier in China, durch die räumliche und zeitliche Distanz, merke ich, wie sie mich mit den Menschen in der Heimat verbinden, Nähe herstellen und Teilhabe ermöglichen – und das mit allen Lieblingsmenschen, einschließlich mir selbst. Durch das Reden in die Luft formen sich Gedanken anders. Nur in die Luft funktioniert es nach dem Motto #talklikenobodyislistening und führt auf den Punkt. Viele Gefühle der gekränkten Liebe wie Wut, Enttäuschung, Unsicherheit, Ärger können so losgelassen oder verwandelt werden.

In meiner Therapie male ich, weil ich gar nicht so schnell denken kann, wie ich fühle, und ich tippe, weil ich nicht so schnell schreiben kann, wie ich denke. Bilder eröffnen oft Wege, die Worte nicht sofort finden. Und so viele Worte braucht es gar nicht. Wenn ich einen Text schreibe – für einen Blogartikel, für Instagram, für mich selbst, für das Tagebuch als Mutter – dann ist das Eigentliche oft erst am Ende zu finden.

Ich habe herausgefunden: Fast immer lohnt es sich, den letzten Absatz der Rohfassung an den Anfang zu setzen. Mein erster Literaturagent hat mir genau das gesagt. Die eigentliche Geschichte beginnt fast immer ein Stück später. Und deshalb lohnt es sich, einfach mal drauflos – zu reden, zu malen, zu visualisieren.

Gefühle als Gast behandeln

Gefühle lassen sich nicht kontrollieren, beeinflussen oder bestimmen. Daher ist es zweckfrei, sie zu verurteilen – die eigenen wie die der anderen. Sie lassen sich auch nicht messen oder vergleichen. Es lässt sich neurowissenschaftlich lediglich erklären, woraus sie wirken und was sie verändern.

Meine Theorie ist, dass der Ursprung aller Gefühle die Liebe ist. Sie verwandelt sich in positive, energiespendende Gefühle wie Freude, Vertrauen, Geborgenheit und Dankbarkeit. Und wenn die Liebe gekränkt wird, dann formt sie sich in energieaufwendige Gefühle wie Wut, Enttäuschung, Angst oder Eifersucht, Machtlosigkeit, Blockade oder das Gefühl des Ausgeliefertseins – bis hin zu Hass. Und diese Kränkung zu verzeihen, in Verbindung zu bleiben und darauf zu vertrauen, kann wieder zurück zur Quelle, zur Liebe führen.

Also: einfach Zeit und Raum nehmen, sie werden sich wandeln. Das tun sie immer. Die Frage ist, ob in energiespendende oder energieaufwendige Gefühle – und diese Kursrichtung bestimmen wir über unseren Blickwinkel, über unsere Haltung. Aus Liebe geht›s schneller in Liebe.

Mir hilft es zu sagen: Gefühle behandeln wie einen Gast. Sie kommen eh, wann sie wollen, unangekündigt. Insulaner oder Menschen auf dem Dorf kennen das: Es hilft nichts. Ein Bier, einen Tee anbieten, sprich Zeit nehmen – und dann gehen sie viel schneller oder wandeln sich, als wir denken.

Bei den energieaufwendigen Gefühlen ist es fast wie mit den auffälligen Kindern im Schulunterricht. Sie nähren sich von der Reaktion, und Ignoranz und Gleichgültigkeit wirken bei kleinen Kindern. Aber die Großen provozieren dann immer und immer mehr. Daher wirkt am besten: umarmen, Zeit nehmen, zuhören, Fragen stellen. Dann sind sie so überrascht und gelangweilt, dass sie weiterziehen oder sich wandeln, im Kreislauf der Natur, weil sie natürlich sind, so wie die Liebe.

Mitfühlende

Mitgefühl ausdrücken und keine Antwort anerkennen

So wie auf jeder Rennstrecke am Limit nur das zählt, was genau jetzt kommt, ist es auch, wenn uns das Leben ans Limit zwingt. Die Wahrnehmung verengt sich, die Balance wankt, alles ist Überforderung, und schon der kleinste Blick zu weit nach vorn kann das Gleichgewicht kippen lassen. Daher wird für die Betroffenen, die Eltern und auch manche Mitfühlende, alltägliches Verhalten wie Antworten, Informieren, Danken plötzlich zur Herausforderung. Oder schlicht unmöglich.

Und nach Todesfällen im Allgemeinen und bei Sternenkindern im Besonderen gilt: In extremen Krisen wie plötzlichem Tod oder Trauma befindet sich der Körper im maximalen Alarmzustand. Cortisol, Adrenalin, Herzfrequenz, alles ist auf Anschlag und Emotionen werden unterdrückt. Der Tunnelblick setzt ein, als würde der Blick schrumpfen auf einen winzigen Lichtkegel, der nur das Naheliegende erfasst. Der Fokus liegt nur auf dem Jetzt. Schon kleine Reize können überfordern. Jede Bewegung, jede Entscheidung kostet Kraft.

Also kann es sein, dass Eltern auf Mitgefühl, ob in Geschenken, Gesten oder Worten, lange nicht oder gar nicht reagieren. Das ist normal. Gerade deshalb sollten Mitfühlende die ersten kleinen, abwartenden Schritte wagen. Weil sie es in vielen Fällen eher können. Die Eltern brauchen ihre Zeit. Ihren Raum. Ihren Weg. Der schnellste und einfachste, aber auch oberflächlichste und kürzeste Weg führt zum Schweigen, zum Übergehen, zum Ablenken, zum Verdrängen. Für beide Seiten. Und dieser Weg hinterlässt ungesunde Spuren.

Eltern zu begleiten bedeutet nicht, dass Mitfühlende im gleichen Tempo gehen müssen. Es bedeutet, dass wir uns am Ende des Limits auf einem gemeinsamen, gesunden Pfad finden können. Ich bin versucht zu schreiben, finden werden. Jeder Schritt, als Geschenk, Geste oder in Worten, ist ein Angebot, eine Einladung. Ob es angenommen wird, wann und wie, wählen die Eltern. Auch in der Trauer. Auch am Limit. Weil Liebe trägt. Immer. Gemeinsam. Auf dem eigenen Weg.

Ich habe keiner Person geantwortet. Fast drei Wochen lang. Und für mich fühlten sie sich an wie drei Sekunden. Ich weiß es nicht. Ich habe in diesem Zeitraum eigentlich überhaupt kein Gefühl für Zeit – auch nicht bei unserem zwei-

ten Sternenkind. Es ging nie darum, dass ich andere ausschließen, für mich sein oder erstmal alles sacken lassen wollte. Ich konnte es schlichtweg nicht. Es hat Zeit gebraucht, mich wieder so weit zu spüren, dass ich für das Dringlichste überhaupt wieder funktionieren konnte. Und genau diese Zeit ist das beste Beispiel für den Satz meiner Seminarlehrerin: Es ist nicht wichtiger, aber dringlicher. Mehr geht nicht. Und das wenige ist schon verdammt viel. Es zählt. Und es wird mehr. Jeden Tag ein wenig. Ich weiß aus dieser Zeit: Wir finden mit unseren Mitmenschen immer wieder zueinander. Es ist wie mit den Jahreszeiten. Der Frühling kommt wieder.

Konventionen und Gewohnheiten trennen und mitgestalten

Es kann für Mitfühlende hilfreich sein, sich in Extremsituationen bewusst mit den kulturellen Konventionen auseinanderzusetzen, die oft unbewusst und meist tief verankert sind.

Bei Todesfällen im Allgemeinen gehören dazu die Traueranzeige, die Beerdigung mit Seelsorgenden, schwarze Kleidung, eine Trauerfeier im Kreis der Mitfühlenden oder bestimmte Fristen. Nach dem Tod eines Sternenkindes gibt es zwar rechtliche Regelungen wie Fristen, aber darüber hinaus ist die Konvention kaum ausgeprägt. Bei einem Tabuthema ist eher das Verschweigen oder Verdrängen als verbreitete Konvention bekannt. Lange Zeit gab es kaum Rituale. Erst seit 2013 besteht die Möglichkeit, Sternenkinder beim Standesamt eintragen zu lassen. Mehr und mehr Kliniken, Seelsorgende und Initiativen beginnen, langsam Konventionen zu etablieren. Es kann also hilfreich sein, sich an vertraute gesellschaftliche Gewohnheiten zu orientieren: Beileidskarten schreiben, Trauerbesuche oder Kondolenzgespräche führen, Blumen senden oder zur Beerdigung mitbringen – falls überhaupt eine stattfindet und wenn Mitfühlende eingeladen sind, was bisher selten der Fall ist. Essen für die Trauerfamilie vorzubereiten ist ebenfalls möglich, aber auch nicht selbstverständlich.

Entscheidend kommt hinzu: Es ist ein Wechselspiel zwischen den betroffenen Personen, also den Eltern, und den Mitfühlenden. Wer hält was aus, wer kennt was, und wer kann womit umgehen? Die einfachsten, schnellsten und oberflächlichsten Wege sind das Schweigen oder Ausweichen. Führt aber auf ungesunde Pfade – für beide Seiten. Viele wissen aber einfach nicht, wie sie reagieren sollen. Dann wird häufig nicht nach dem Kind gefragt, es werden keine Karten geschrieben – stattdessen fallen Sätze wie: »Ihr seid ja noch jung« oder »Ihr könnt ja noch ein Kind bekommen«. Das kann sehr verletzen und den Trauerprozess, dessen Ziel es ist, die Trauer als Liebe leben zu können, stark verzögern. Verzeihen ist möglich. Immer. Doch es kann auch auf stärkende Gewohnheiten zurückgegriffen werden.

Es entwickeln sich bereits immer mehr: Karten, Kerzen oder kleine Symbole zu schicken, den Namen des Sternenkindes zu nennen. Es haben sich noch keine Gewohnheiten etabliert, aber eine wachsende, achtsame neue Praxis. Auch das Reden über die Verstorbenen scheint auf den ersten Blick nicht möglich, wenn keine Person das Kind persönlich kennenlernen konnte. Doch es ist möglich, über Gefühle und Vorstellungen zu sprechen. Das müssen wir uns in der deutschen Gesellschaft erst trauen, trainieren und tatkräftig einsetzen. Füreinander.

Sternenkinder sind Menschen wie alle anderen. Kinder wie wir alle. Auch der Tod selbst unterscheidet nicht. Wir können die Trauer als Liebe also mit derselben Intensität ausdrücken, ihr Raum geben und passende gesellschaftliche Konventionen entwickeln. Die wandlungsfähigen Gewohnheiten kann jede Person für sich neu definieren. Das ist einer oder der einzige Vorteil eines Tabuthemas: Wenn wir es loslassen, können wir frei und neu gestalten, wie wir unsere Liebe zeigen.

Wir hatten von allen alles. Neue Freundschaften, neu entfachte Freundschaften, neu definierte Freundschaften. Mehr verbunden, mehr entfernt. Von Menschen, mit denen wir zuvor noch nie wirklich gesprochen hatten, rührende Geschenke, Gesten oder Worte. Von Menschen, die emotional oder natürlich verbunden sind: viel, wenig oder nichts. Lachen, Tränen, Diskussionen, Fragen, Meinungen, Verletzungen, Diskriminierung, Ausgrenzung, Verurteilung – die Liebe in all ihren Formen. In Summe rührte weitaus mehr von Kränkung und hat gekränkt, viel weniger aus energiespendender Liebe. Aber diese in ihrer Anzahl kleinere Liebe hat die in ihrer Anzahl weit größere Kränkung um ein Vielfaches an Wirkung übertroffen, verbunden und aufgefangen, sodass es heute passt. Mehr als »es passt« schon, kann ich aber nicht sagen. Es kränkt trotzdem – und deshalb diese Zeilen. Und viele andere Zeilen. Dieses Buch. Und viele Artikel. Wir könnten uns alle viel Zeit, Nerven und Schmerz sparen – den Eltern und gleichzeitig den Mitfühlenden, der ganzen Gesellschaft – wenn wir Sternenkinder als Menschen, als Teil unserer Gesellschaft, und Trauer als Form von Liebe annehmen, lieben und mit all dem leben lernen. Lernen ist Liebe. Liebe macht das Leben leichter. Leicht ist nicht einfach, wirkt dafür mehr und länger.

Ansprechen

Manche fragen sich: »Wollen die Eltern tatsächlich mit dem Tod des eigenen Kindes konfrontiert werden?« »Steht es mir zu, den Abschied des Kindes anzusprechen?« Kurzum: Es ist die einzige Form, den eigenen Kindern Zeit mit den verstorbenen Kindern zu verbinden – im Reden, im Erinnern und im Fühlen.

Im schlimmsten Fall wollen Sterneneltern es nicht. Aber auch dann ist es besser, sich wütend und verletzt zu fühlen, als einsam zu sein und ignoriert zu werden. Und ich bin überzeugt: Alle Gefühle haben eines gemeinsam – sie verändern sich. Aus Wut wird Wertschätzung.

Dem Tod von Kindern steht nicht mehr zu als dem Tod anderer Menschen – und ganz bestimmt nicht weniger. Wenn die Großeltern oder Eltern von Menschen in unserem Umfeld sterben, ist es in der deutschen Kultur üblich, umgehend sein Beileid, seine Kondolenz auszusprechen. Dabei ist es unerheblich, wie nah wir den Verstorbenen oder den Hinterbliebenen stehen: »Mein Beileid.« oder »Das tut mir leid.« sind so selbstverständlich wie Höflichkeitsfloskeln (Bitte, Danke), wirken so gewöhnlich wie Grußworte (Hallo und Tschüss) und stehen kulturell für Respekt, Wertschätzung, Miteinander, Beistand, Verbindung und Bedeutung. Und das dürfen wir auch den Eltern von verstorbenen Kindern zukommen lassen.

Haben die Eltern nicht aktiv gesagt, wie und wann sie mit uns in Kontakt treten wollen, kann es sinnvoll sein, wenn der erste Schritt von den Mitfühlenden getan wird. Im Kapitel »Satzanfänge und Gesten« finden sich Beispiele für Worte oder auch Gesten.

Der digitale oder postalische Weg kann getrennt vom persönlichen Weg betrachtet und gegangen werden. Sobald der Tod des Kindes bekannt ist, freuen sich viele Eltern im Nachhinein über eine Nachricht. Wenn die Eltern darauf nicht reagieren, hat das keine Aussagekraft. Es gibt zu viele Gründe, und sie herauszufinden hat Zeit.

Wenn die erste Begegnung, ob kleines persönliches Treffen oder ein Aufeinandertreffen im beruflichen oder privaten Alltag, erfolgt: ansprechen. Bestenfalls einander in die Augen sehen – aber auch wenn sich der Blick überall hintraut, nur nicht in die Augen, keine Sorge. Genauso wenig Sorge sollte es bereiten, wenn die Eltern auf eine Nachricht nicht reagiert haben. Beim ersten Treffen: ansprechen.

Der erste Schritt kann von den Mitfühlenden ausgehen, weil die Eltern genug damit zu tun haben, den Alltag zu bewerkstelligen. Sie mögen nach außen wie immer wirken, innerlich kann es ebenfalls so sein – in den meisten Fällen müssen sie sich selbst jedoch neu kennenlernen und sind sehr oft sehr dankbar, wenn Mitfühlende ihnen den ersten Schritt abnehmen. Es darf nicht vergessen werden: Auch als Eltern wissen sie nicht, wie mit toten Kindern im Alltag umgegangen wird – seitens der Mitfühlenden, aber auch von ihnen als Eltern selbst.

Und wenn es sich um Eltern handelt, die nicht über das Thema sprechen wollen, die sich vor den Kopf gestoßen fühlen, die es unangebracht finden – dann merken das beide Seiten sehr schnell. Eine Entschuldigung ist möglich, und rückblickend ist mir keine Person begegnet, die Mitgefühl nicht als solches erkannt hat, darüber dankbar war und es genauso wieder erfahren wollen würde – auch wenn sie es in dem Moment noch nicht annehmen konnte.

Und auch eine mögliche Entschuldigung sollte nicht abschrecken. Lieben ist nicht einfach. Tote Kinder zu lieben ist uns fremd. Bis wir uns an diese Liebesform gewöhnt haben, dauert es. Gemeinsam liebt es sich schneller und leichter – auch wenn es nicht einfach ist.

Als ich das Buch schrieb, starb das Kind einer sehr engen Freundin. Ich dachte, ich müsste wissen, was ihr guttut. Ich müsste sie begleiten, die richtigen Worte finden, die richtigen Gesten, den richtigen Zeitpunkt. Ich schrieb darüber, ich redete darüber seit über sechs Jahren – ich redete darüber nicht nur, ich stritt, ich schrie, ich plädierte dafür – also: Wer, wenn nicht ich, müsste jetzt wissen, was sie braucht? Nicht einmal sie. Und ich erst recht nicht.

Ich wusste nicht, was ich sagen sollte, was ich machen sollte. Vor einer Woche hatte sie mir erst von der Schwangerschaft erzählt. Wir hatten ihr Kindlein gefeiert, und jetzt war es schon tot. Was gab es da zu sagen? Was stand mir zu, zu sagen? Ich schrieb ihr genau das. Und löschte es wieder. Es gab kein Richtig, es gab kein Falsch, es gab keine Worte, und es würde dafür nie Worte geben.

Um die Worte ging es nicht. Also nicht um deren Inhalt. Es ging um deren Macht: Respekt, Wertschätzung, Miteinander, Beistand, Verbindung und Bedeutung. Also schrieb ich ihr: »Das tut mir so unfassbar leid.«

Ich erinnerte mich, wie ich bei anderen Eltern lange Karten, Briefe oder Nachrichten geschrieben hatte. Ich suchte sie wieder heraus. Es war immer unterschiedlich. Je nach der Beziehung zu den Eltern, je nach den Persönlichkeiten, je nach meiner Tagesform.

Ich blickte auch auf die vielen Satzanfänge und Gesten, die ich gesammelt und für die Sternenkindermappe aufgelistet hatte. Vieles war wegen der räumlichen Distanz nicht möglich. Anderes fühlte sich nicht richtig an – genauso wenig wie sich dieser klassische Satz »Das tut mir so unfassbar leid« richtig anfühlte.

Es kam darauf an, wozu ich fähig war. Ich als Mitfühlende. Atmen, aushalten, warten, da sein – immer inbegriffen. Vielleicht hätte sie das Bedürfnis nach mehr gehabt, vielleicht das Bedürfnis nach etwas anderem. Wir würden es erfahren. Irgendwann. Und auch wenn nicht – das Einzige, was definitiv richtig war: Wir würden den Weg gemeinsam gehen. Immer mal wieder meldete ich mich. Wenige Wochen später hatte ich ihr über eine ganz tolle Frau mit liebevollen Holzfiguren ein kleines Geschenk für die ganze Familie zukommen lassen. Es gab keine Musterlösung, keine Faustregel, keine ultimative Anleitung. Der Weg würde immer neblig bleiben. Es konnte entspannen, wenn alles unklar war – weil es egal war, in welche Richtung losgegangen wurde. Wohin auch immer. Wenn es eh keiner wusste – solange wir gemeinsam gingen, uns verbanden, brachten wir Liebe zum Ausdruck. Und sie klärte vieles.

Mit Hirn und Herz der Betroffenen mitgehen

Das Selbstbild beeinflusst das Fremdbild massiv. Wie wir uns verhalten, beeinflusst andere Menschen – und umgekehrt, ob wir uns das eingestehen möchten oder nicht. Sprich Eltern beeinflussen Mitfühlende und Mitdenkende und umgekehrt. Und es kann verdammt schwierig sein, Verständnis und Mitgefühl aufzubringen oder wenigstens zu zeigen, wenn wir selbst völlig anderer Meinung sind, wenn wir uns bei derselben Erfahrung ganz anders verhalten haben oder überzeugt sind, uns anders verhalten zu würden.

Wenn es für uns ein Zellhaufen ist. Wenn wir nicht von einem Kind sprechen wollen, weil wir selbst Fehlgeburten hatten, bei denen sich nicht im Geringsten Elterngefühle eingestellt haben. Wenn wir Angst haben, das Recht auf Selbstbestimmung könnte in Frage gestellt werden. Wenn wir schon im ersten Trimester von einem Kind sprechen, weil eine Abtreibung bedeuten würde, was sie ist: einem Kind das Leben nehmen.

Kurzum: wenn Angst, Unsicherheit, Pflichtgefühl, Konventionsliebe oder gar Gleichgültigkeit Gäste sind und wir in diesem Getummel die Liebe gar nicht mehr wahrnehmen – oder uns zu ihr gezwungen fühlen, obwohl wir uns mit den anderen Gefühlen sicherer, wohler, sortierter fühlen.

In diesem Fall kann es hilfreich sein, sich in die Betroffenen selbst hineinzuversetzen. Denn Meinungen, Verhaltensweisen und damit Möglichkeiten gibt es viele. Sie ändern sich auch. Es wird dann nur noch komplizierter, herauszufinden, was für uns als Mitfühlende das Beste ist. Betroffene gibt es unmittelbar nur eine Person: das Kind. Und mittelbar nur zwei: die Eltern. Sich nach ihnen auszurichten, vereinfacht vieles und lässt die Liebe leichter wirken.

Wenn wir darauf nicht achten, können wir die Eltern auf einen ungesunden Weg schicken oder sie dort gar alleine lassen. Es kann so weit gehen, dass die Eltern einen Weg gehen, den sie nicht wollen – und das nicht einmal wissen können. Oder erst sehr spät. Oft reagieren Mitfühlende nicht – nicht, weil sie kalt wären, sondern weil sie beobachten. Bleibt die Umgebung still, bleiben auch sie still. Das nennt sich Bystander-Effekt oder pluralistische Ignoranz: Alle warten, weil niemand handelt, und jeder glaubt, es sei nichts. Ähnlich zeigte das Asch-Experiment: Menschen geben sogar offensichtlich falsche Antworten, nur um nicht aus der Gruppe zu fallen. Übertragen auf Eltern von Sternenkindern heißt das: Wenn das Umfeld schweigt, wird Schweigen zur Norm – selbst wenn die eigene Wahrnehmung längst Alarm schlägt.

An diesem Beispiel wird klar, was das Problem am Tabuthema ist und warum wir alle helfen sollten, Worte und Verhalten zu finden, den eigenen Weg im Leben mit toten Kindern zu gehen. Wenn eine Person zu einer medizinischen Fachkraft sagt: »Ich bin krank«, kann ihr nicht geholfen werden. Die Orte des Leids müssen gezeigt und beschrieben werden. Noch schwieriger wird es, wenn Symptome verheimlicht oder verzerrt dargestellt werden. Im Falle von Sternenkindern kommt hinzu, dass auch medizinische Fachkräfte durch das Tabu oft blind sind. Es reicht also weder, nur auf sie noch nur auf uns selbst zu hören. Wir müssen miteinander in Verbindung treten – um Worte zu finden, das Unsagbare auszudrücken und das Tabu durch die Trauer als Liebe abzulösen.

Nimm dich als Mitfühlende ernst. Nimm deine Gefühle – oder auch keine – wahr und ernst. Vertraue auf dich. Es geht nicht um uns selbst. Es geht um die Liebe füreinander. Um das Mitgefühl. Um die Trauer in all ihren Facetten.

Meine beste Freundin war gleichzeitig schwanger, und ich streichelte ihren Bauch. Sie war schon am Anfang des zweiten, ich noch im ersten Trimester. Auf unseren Spaziergängen am Fluss in der Frühlings- und dann Sommersonne sprachen wir darüber, wie ich das Gefühl hatte, mehr persönlichen Bezug zu ihrem Kind zu haben als sie selbst.

Ich schloss die Augen und fühlte in ihren Bauch hinein. Es war für uns beide die erste Schwangerschaft. Sie freute sich, sie las nach, was in der jeweiligen Woche mit dem Embryo und in ihrem Körper passierte – so, wie es viele in einer ersten Schwangerschaft tun: Ein Kinderwunsch, ein positiver Test, die Bestätigung beim ersten Praxisbesuch, danach alle vier Wochen die Kontrolle des Verlaufs. So sieht es die Gesellschaft, so erwartet man es – ein gewohnter Ablauf. Und wie es dabei oft ist, spürte sie ihr Kind erst nach dem ersten Trimester.

Ich dagegen hatte bereits zu diesem Zeitpunkt Schmerzen, so stark, dass ich nicht aufstehen konnte. Ich recherchierte die wöchentlichen neuen Diagnosen, als würde ich für ein Medizinstudium lernen. Normalerweise sagen wir »bald Eltern werden«. Aber ich war jetzt schon Mutter – und wie sollte meine Freundin dann keine sein? Das leuchtete auch ihr ein. Trotzdem fühlte es sich für sie anders an. Wir kennen uns seit dem Kindergarten und hatten schon immer sehr unterschiedliche Lebensziele, sodass es für sie nicht neu war, dass wir völlig unterschiedlich zu Dingen stehen können. Daher wussten wir: Gefühle sind Gefühle. Es gilt, alle ernst zu nehmen, weil sie jede Person hat. Aber das Verhalten, die Entscheidungen und die Art, wie jede Person mit ihren Gefühlen lebt, das bleibt individuell. Und wir begleiteten einander schon immer auf dem Weg der jeweils anderen. Sprich: Wenn wir über sie sprachen, drehte sich alles um sie, und ich schenkte meine Blickwinkel, richtete mich dabei aber nach ihr aus – und sie genauso.

Wir erlebten unsere Schwangerschaften auf verschiedene Weise. Für mich war alles von Anfang an intensiv, für sie wuchs es Schritt für Schritt. Beides war getragen von Liebe, einfach auf unterschiedlichen Wegen. Wenn es um meine Schwangerschaft ging, ging sie voll und ganz mit. Selbst bei meiner Beziehung zu ihrem Kind im Mutterleib war sie neugierig und interessiert, warum ich ihren Bauch streicheln wollte, wo er sich ja noch nicht einmal wölbte. Sie war sportliche Fußballerin, bei der ersten Schwangerschaft war nichts zu sehen. Aber wenn wir Menschen nur glaubten, was wir sehen, wären wir nicht, wo und wer wir heute sind.

Das war eine dieser kostbaren Erfahrungen: mit Herz und Hirn mitzugehen. Und doch nur eine von vielen. Denn ich habe auch anderes erlebt.

Bei einer gynäkologischen Untersuchung in meiner Risikoschwangerschaft beschrieb ich meine Schmerzen als viel schlimmer als Menstruationsschmerzen. Dokumentiert wurde »Periodenschmerzen«. Dann dachte ich wohl, ich sei einfach ein Sensibelchen. Weil ich nicht schwach wirken wollte und ehrfürchtig war, glaubte ich das. Natürlich war das naiv. Ich krümmte mich vor Schmerzen, konnte nicht aufstehen, war zeitweise fast wie gelähmt – aber es ging auch gleich wieder.

Bei der Totgeburt wurde ich von der medizinischen Fachkraft fast gerügt, weil ich noch nichts gesagt hätte. Das Kind sei doch schon fast durch den Muttermund, ich müsste Schmerzen haben. »Ja«, sagte ich, »die habe ich. Aber sie waren nicht anders als während der Risikoschwangerschaft.« Es stellte sich heraus: Es waren Vorwehen. Von Wehen hatte ich gelesen, betroffen hatten sie mich noch nie. Von den Aussagen und vom Verhalten im engsten Umfeld gar nicht erst zu sprechen. Leben und Lieben sind einzigartig – und niemals normal. Normal ist der Tod. Und mit Liebe rauben wir ihm seine Kraft. Das Leben miteinander wird leichter – nicht einfacher, erst recht nicht bei Todesfallen, aber verbindender, sicherer. Und eben leichter.

Warum Dasein reicht und wirkt

Manche Mitfühlende sagen, sie seien ja nicht betroffen und könnten nichts tun. Der Mensch muss nicht von etwas betroffen sein, um mitfühlen zu können. Im Gegenteil: Oft fällt es Menschen, die nicht betroffen waren, leichter, sich nach den Betroffenen auszurichten, weil Miterlebende sich erst von ihrem eigenen individuellen Weg lösen müssen, um den Weg der anderen bei ähnlicher Erfahrung mitgehen zu können.

Es reicht, einfach da zu sein. Zuzuhören. Sich zu melden – persönlich oder im Geiste, analog oder digital. Die Beobachtung von Schmerz aktiviert im Gehirn dieselben Areale, als würden wir ihn selbst erleben. Darum können wir aus der Erfahrung anderer lernen und mitfühlen. Ein Blick, eine Geste, das stille Dasein. Mitgefühl wirkt, auch wenn es unausgesprochen bleibt. Diese Resonanz ist biologisch messbar – und zutiefst menschlich.

Oder geht es eher darum, dass es sich nicht gut anfühlt, den Schmerz anderer zuzulassen, mitzutragen? Wenn wir es nicht wollen oder können, müssen wir nicht. Aber wer Mitgefühl, Liebe teilen und ausdrücken kann, wird einen Weg finden. Immer.

Mir fällt es schwer, hier etwas dazu zu schreiben, deshalb nehme ich ein Beispiel aus einem anderen Bereich. Wenn ich mich daran erinnere, wie es war, als ich mich in meinen Mann verliebt habe, und wie es war, als ich von dieser Liebe erzählt habe, dann weiß ich gar nicht mehr, wie genau wer wie reagiert hat. Mit Sicherheit waren aber alle interessiert. Es bliebe nur in Erinnerung, wenn mit Gleichgültigkeit reagiert worden wäre. Aber selbst Menschen, die einem nicht wohlgesonnen sind, sind an Liebe interessiert. Deshalb irritiert es so sehr, dass Trauer – einer Form von Liebe, die den Tod übersteht, die überdauert – so oft mit Scham, Schuld, Schweigen begegnet wird.

Es reicht, einfach um die Möglichkeit zu wissen. Wenn ich in den Bergen einen Klettersteig gehe, brauche ich das Sicherheitsseil meist nicht. Wenn es aber nicht da wäre, würde ich doch den Berg gar nicht erst versuchen zu erklimmen. Mitfühlende sind in ihrem Sein, in ihrer Anwesenheit, einfach nur ihres Seins wegen das Sicherheitsseil, wenn die Miterlebenden den steilen Weg erklimmen. Und das werden sie – wenn sie es gemeinsam angehen. Im für einander Da sein.

Auch am Arbeitsplatz aktiv reagieren

War am Arbeitsumfeld, dass Eltern schwanger waren, ob der Arbeitskontakt zu Mutter oder zum weiteren Elternteil, wie dem Vater besteht, und das Kind gestorben ist, kann die gleiche Aufmerksamkeit geschenkt werden, wie bei anderen Todesfällen auch. Eine Geste, Worte und die Reaktion wird umgehen vermitteln, ob die Person sprechen will oder wie sie es sich wünscht – richtig die Beter der Kinder nicht vergessen auch beim Vater.

Der Kollege eines Freundes feierte im Arbeitsteam die Schwangerschaft. Einen Monat später war er eine Woche krankgeschrieben. Als er zurückkam, informierte er alle über das Ende der Schwangerschaft. Mein Freund erzählte, dass er diesem Kollegen nicht nahestand. Doch bei den Worten »Ende der Schwangerschaft« dachte er: »Scheiße, fuck, verdammt – sein Kind ist tot.«

Er hatte zuvor kaum mehr als Grußworte auf dem Gang mit ihm ausgetauscht. Trotzdem ging er auf ihn zu, sprach sein Mitleid aus und nannte das Ende der Schwangerschaft beim Namen: Kind. Der Kollege umarmte ihn – lange und fest. Bedankte sich und erzählte und erzählte und erzählte.

Mein Freund sagte, dass sie auch heute nur Grußworte austauschen. Aber schon das Nicken und ein Lächeln reichten, um den Arbeitstag gut zu beginnen. Nach dem Tod meiner Sternenkinder machte ich ähnliche Erfahrungen. Menschen kamen auf mich zu. Zweimal wurde ich auf die Toilette gezogen, einmal in den Kopierraum, einmal in den Medienraum. Manche warteten bis zum Schulschluss, bis sie mit mir im Lehrkraftzimmer allein waren. Sie umarmten mich – und erzählten und erzählten. Auch von sich. Von ihren Sternenkindern. Von ihrem Leben mit ihren Sternenkindern.

Ich war so berührt, dass ich oft gar nicht dazu kam, von meinen zu erzählen. Diese Momente bewiesen mir, dass ein Tabu kein Naturprinzip ist. Andere Länder, andere Sitten zeigen das längst. Aber wenn selbst in einer Gesellschaft, die sich über Jahrzehnte hinweg auf Schweigen geeinigt hat, Menschen nicht in der Lage sind, jahrealte Erfahrungen zu verarbeiten, zu verdrängen oder zu verschweigen, dann ist das der deutlichste Beweis: Liebe lässt sich aktiv teilen und annehmen. Und ganz sicher müssen wir den Menschen nicht nahestehen, mit den Menschen schon viel gesprochen haben oder nicht, wenn es um den Tod geht, können wir uns gar nicht näher, gleicher sein, als dass Mitgefühl stärkt.

Kinder haben noch mehr als Mütter

Oft sprechen wir von der besonderen Verbindung einer Mutter zum Kind im Bauch und auch danach über das Stillen und dann aus anderen Gründen. Wenn Eltern Mitgefühl erfahren, dann ist es meist die Mutter, der es zuteil wird. Jedes Kind hat auch einen Vater. Diese Eltern haben ihrerseits Eltern – die Großeltern des Sternenkindes. Und die ganze Familie hat Freunde und ein Umfeld.

Als Mitfühlende können wir allen Mitgefühl ausdrücken. Wir können auch einfach wählen, wem wir am nächsten stehen, für wen wir Mitgefühl spüren. Wenn es nicht die Mutter ist oder nicht nur die Mutter, sondern die Tante oder auch die Nachbarin, die sehr berührt sein kann, dann sollte man nicht scheuen, das Mitgefühl zu teilen. Ein Wort, ein Satz, eine Geste reichen. Liebe teilt sich sehr leicht – und wird dadurch immer mehr.

Mir hat es so gutgetan, mir wurde regelrecht eine Last, eine Aufgabe abgenommen, wenn andere an andere oder sich selbst dachten, als nur an mich. Ich war damit beschäftigt, darum zu kämpfen, dass unsere Kinder als Menschen anerkannt werden. Während der Schwangerschaft schon den Mann als Vater ermöglichen wollen. Bei diesem Engagement gingen bei mir die Großeltern, Tanten und Onkel unter, und erst bei unserem zweiten Kind hatte ich Zugang zu meinem Gefühl für die Freunde, für das mitfühlende Umfeld. Es ist nicht einfach, Liebe wahrzunehmen, zuzulassen und auszudrücken. Aber wenn es gelingt, ist es so leicht, Liebe zu teilen.

Ändert die Todesursache die Reaktion?

Recht und Medizin unterscheiden: Es macht rechtlich und medizinisch einen Unterschied, ob ein Kind in der 4. Schwangerschaftswoche, im 4. Lebensjahr oder im 40. Lebensjahr stirbt. Es macht rechtlich und medizinisch einen Unterschied, ob der Tod durch Fehlgeburt, Krankheit, Unfall, Abtreibung oder medizinischen Abbruch eintritt. Recht und Medizin lassen sich messen, definieren, vergleichen. Gefühle nicht. Trauer nicht.

Ja: Es kann schwierig sein, Mitgefühl zu zeigen, wenn wir selbst anders empfinden oder aus eigener Erfahrung überzeugt sind, es »anders gemacht zu haben« oder anders machen würden. Doch Mitgefühl bedeutet nicht, eine Meinung, ein politisches Statement oder eine Überzeugung abzugeben – Mitgefühl bedeutet Menschlichkeit.

Mitgefühl ist ein Teil von Menschlichkeit, wie Trauer eine Form von Liebe ist. Menschlichkeit kann zu Missgunst führen, wie gekränkte Liebe zu Hass. Doch der Kreislauf des Lebens dreht sich um Liebe – und Trauer ist eine Form davon.

Wer Trauer anerkennt und teilt, drückt sich nicht politisch, moralisch oder gesellschaftlich aus. Schweigen dagegen tut es. Schweigen und Unterschiede sind ein Statement. Es sagt, welche Menschen, welcher Tod wichtig erscheinen – und welche nicht.

Im Moment der Trauer zählt aber kein gesellschaftliches Urteil, kein politisches Bekenntnis. Im Moment der Trauer zählt das Kind. Die Eltern. Und dass wir Mitgefühl zeigen dürfen – immer.

Mit diesen Zeilen richte ich mich an jene, denen es schwerfällt, eine Fehlgeburt, eine Totgeburt, einen Abbruch und das Alter von Kindern in der Trauer gleichzusetzen. Ob dieses Urteil nun im Namen einer des Kindes, des Selbstbestimmungsrechtes, der Gerechtigkeit oder einer Religion gefällt wird: Es ist natürlich etwas anderes – so wie jedes Leben etwas anderes ist. Ich unterscheide zwischen Gesellschaft, Recht, Medizin und Trauer. Und letzteres ist eine Form von Liebe. Nur darum geht es mir in der Sternenkindermappe bei der Frage: »Ändert die Todesursache die Reaktion? Ändert sie die Liebe füreinander, die Liebe als solche?«

Auf mein Leben wirkt sich das so aus: Gesellschaftlich zählte mein erstes Sternenkind als Fehlgeburt, weil die Fruchtblase geplatzt war. Nach den Friedhofsordnungen beginnt die Pflicht zur Bestattung erst ab 500 Gramm. Davor ist es eine Wahl – und schon darin zeigt sich: Dieses Leben zählt anders. Medizinisch aber war es ein Abbruch.

Mein zweites Sternenkind galt als Abtreibung, obwohl es ein medizinischer Abbruch wegen Behinderung und Missbildungen war. Im Krankenhaus wurden wir beim ersten Sternenkind anders behandelt als beim zweiten. Auch die Medizin unterschied: Risikoschwangerschaft, wöchentliche Diagnosen und Fruchtblasenplatzen beim ersten Kind; gesunde Schwangerschaft, Trisomie 21 mit vielen Missbildungen beim zweiten. Was medizinisch gleich war, war die Todesursache: Beide Male entschieden wir uns für den Abbruch der Schwangerschaft – und damit für den Tod unserer Kinder.

In Deutschland fällt ein Schwangerschaftsabbruch unter die §§ 218 ff. StGB. Mein Abbruch war damit nach dem Gesetz rechtswidrig, aber straffrei (§ 218a Abs. 1 StGB, Beratungsregelung) – oder nicht rechtswidrig (§ 218a Abs. 2 StGB, medizinische Indikation). Bei Formulierungen wie »Wir haben ihnen das Leben genommen, wir haben sie getötet, wir haben uns für ihren Tod entschieden« bin ich vorsichtig. Auf der Sachebene mögen sie korrekt erscheinen, auf der emotionalen Ebene tragen sie etwas anderes.

Meine Gefühle waren beim ersten Kind: Die Natur ließ es sterben. Beim zweiten Kind zweifelte ich nie am Naturprinzip, aber ich glaubte lange, ich hätte entschieden. Heute weiß ich: Ja, ich hatte eine Wahl – im Rechtssystem wie in der Natur. Aber die Entscheidung, die Kontrolle hatte ich nicht. Rechtlich war vieles gleich: Beide Kinder wogen unter 500 Gramm, beide Male wurde meine Entscheidung im Rahmen der Tatbestandsmerkmale geprüft. In Deutschland gilt: Ein Abbruch ist grundsätzlich rechtswidrig, aber unter bestimmten Voraussetzungen straffrei – oder nicht rechtswidrig. In anderen Ländern dagegen strafbar – keine Ordnungswidrigkeit, sondern ein schweres Verbrechen, das mit Freiheitsstrafe, umgangssprachlich Gefängnis, geahndet wird.

Darum darf sich jede Person sicher sein: Eltern von Sternenkindern erleben Schuld, Buße, Sünde, Verurteilung – von der Gesellschaft und von sich selbst. Wir müssen uns deshalb nicht auch noch die Liebe verweigern. Wenn jemand traurig ist, dürfen wir einander ein Taschentuch reichen. Egal, warum die Tränen fließen. Und egal, wessen Tränen fließen. Liebe macht kein Leben einfacher, nur leichter. Für alle.

Dasein im Warten aushalten

Manchmal ist das Größte, was ein Mensch tun kann, scheinbar nichts: einfach da sein. In Stille. Ohne Trostformeln, ohne Ratschläge. Warten, wirklich warten und dieses Warten aushalten. Warten kann sehr schwer, manchmal sogar verletzend sein und trotzdem wertvoll – unabhängig davon, wie lange Geschenke, Gesten und Worte unkommentiert bleiben. Für liebevolles Aushalten kann ein italienischer Ausdruck umgedeutet werden: Dolce far niente – wörtlich »die Süße des Nichtstuns«. Was nach Urlaubsgefühl klingt, meint eigentlich etwas ganz anderes: die zarte Kunst, einfach zu sein, nichts zu tun und trotzdem ganz da zu sein. Nicht aus Gleichgültigkeit, sondern aus Liebe. Nicht um zu heilen, sondern um mitzutragen. Oft ist das genau das, was Eltern nach einem Abschied brauchen: eine Person, die liebevoll aushält, die Raum und Zeit unberührt lässt. Und bleibt.

Meine Schwester hat es einmal mit einem Rucksack verglichen, den sie mir hilft zu tragen. Als ich mich lange nicht meldete, nahm sie es zunächst persönlich. Nach genauerem Hinsehen meinte sie: Es geht nicht darum, etwas für uns zu tun – zuzuhören, zu reden, zu weinen, zu umarmen. Das alles bräuchte sie als Mitfühlende, das würde ihr guttut. Denn auch sie hat eine Beziehung zu unseren Sternenkindern. Sie ist ihre Tante. Wir als Eltern, ich als Mutter, gehe meinen Weg. Er kreuzte sich zu diesem Zeitpunkt nicht mit ihrem, aber durch die Liebe meiner Schwester ließ er sich leichter gehen – so schwer er auch war. Liebe muss nicht messbar, greifbar, hörbar werden. Sie wirkt – einfach so.

Karten senden

Geburtskarten oder Kondolenzkarten: Ob an das Kind oder an die Eltern gerichtet, ob viele Worte oder wenige, ob ein Zitat oder selbst formuliert, ob digital oder klassisch – wichtig bleibt allein: zeigen, schreiben, schenken.

Es waren wenige Karten, und jede hatte immense Kraft. Ich dachte damals, die Anzahl würde am Alter der Verstorbenen, meines Kindes, liegen. Doch das heißt nicht zwangsläufig: Je älter ein Mensch bei seinem Tod ist, desto mehr Karten erhalten die im Leben Gebliebenen. Schon die wenigen Karten waren viel mehr, als ich erwartet hatte. Ich habe jede einzelne aufbewahrt. Für mich sind sie der Beweis: Meine Kinder sind Menschen. Und sie wurden behandelt wie Menschen, die gestorben sind – mit Respekt, mit Würde, mit Liebe – einfach so.

Geschenke

Vor allem, wenn die Worte fehlen oder eine Person sich bei Gesten unsicher ist: Etwas zum Anfassen, etwas Greifbares, kann dann mehr sagen als jedes Wort. Besonders bei Sternenkindern ist es wertvoll, weil es nicht viele Erinnerungen gibt. Wenn das Kind während der Schwangerschaft oder kurz danach gestorben ist, hat es wenig oder gar nichts berührt, wenig oder gar nichts angehabt, mit wenig oder gar nichts gespielt. Diese Leere wiegt schwer. Geschenke machen füllen sie nicht und machen es nicht einfacher, aber leichter, weil greifbarer und dauerhafter. Auch bei älteren Kindern zeigen die Dinge, die sie mochten, wie alt sie waren – und dass ihr Tod zu früh kam. Der Tod kommt immer zu früh. Bei den Geschenken geht es nicht nur um Erinnerung, sondern auch um Anerkennung: als Kind, als Mensch. Um Mitgefühl gegenüber den Eltern – Blumen, Karten, Gebasteltes. Auch wenn es keine Fotos gibt, keine Wunschlisten, keine bekannten Interessen, so bleiben unzählige Wege, Liebe sichtbar zu machen – für die Eltern, für das Grab, für das Kind. Liebe lässt sich auf viele Arten greifbar machen.

Es waren so viele Geschenke, und auch heute kommen vereinzelt welche: von selbst Gebasteltem über selbst gestaltbare Bücher oder personalisierte Kerzen und Düfte bis hin zu einem Bild der Sternenkonstellation an ihren Geburtstagen. Und zu einem Weihnachten habe ich mir ein Home-Planetarium gewünscht. Sehr bewegend sind für mich die Kuscheltiere und auch die vielen Steine, Schmuckstücke und Widmungen über die Jahre. Heute fasse ich sie nicht mehr täglich an, heute reicht die Erinnerung, das Da sein, als Ausdruck der stärkenden und schützenden Liebe dieser Mitfühelnden.

Zeitpunkt

Wie bei Todesfällen von Menschen im erwartbaren Alter üblich, sind Geschenke, Gesten und Worte des Mitgefühls auch bei Sternenkindern wohltuend. Vielleicht werden sie erst mit etwas Abstand als hilfreich empfunden – doch gar nichts zu teilen, ermächtigt das Tabu und verletzt am meisten. Dabei spielt es keine Rolle, wie lange der Tod her ist. Viele Miterlebende erzählen, dass es ihnen besonders Wochen, Monate und auch Jahre später guttut – in einem Zeitraum, in dem es ihnen so vorkommt, als seien sie die einzigen Verbliebenen mit der Liebe für die Verstorbenen. Dass dem nicht so ist, kann zu jedem Zeitpunkt gezeigt werden. Liebe braucht keinen Anlass, keinen Kalender, keine Höflichkeit. Wir lieben ein Leben lang.

An die Zeitpunkte kann ich mich nicht erinnern. Ich habe mich immer gefreut und freue mich noch immer – und immer und immer wieder.

Blumen senden

Blumen werden in traurigen Zeiten aus gutem Grund geschenkt. Sie sind ein sichtbares Zeichen von Mitgefühl – auch dann, wenn die Worte fehlen. Ihre Vergänglichkeit erinnert daran, dass alles Leben Teil eines Kreislaufs ist. Und gleichzeitig schenken sie für einen Moment Farbe, Duft und Lebendigkeit.

Bei Sternenkindern dürfen es auch bunte und ausgefallene Sträuße sein. Eltern dürfen wählen, was sich für sie stimmig anfühlt – ob klassische Lilien, Rosen und Chrysanthemen oder ein Strauß voller Farben. Auch Großeltern, Geschwister und andere Mitfühlende können Blumen erhalten. Denn sie alle haben eine Person verabschiedet.

Blumen zeigen uns, dass Liebe bleibt – auch wenn sie verblühen, vergehen und verwelken. Denn ihre Samen wachsen, blühen und teilen die Liebe zum Leben weiter, über den Tod hinaus, weil die Quelle des Kreislaufs Liebe ist.

Wir haben von Menschen Blumen erhalten, von denen wir es nicht erwartet hätten. Um ehrlich zu sein, hatte ich maximal mit Karten gerechnet. Blumen waren ein weiteres starkes Zeichen dafür, dass unsere Kinder als Menschen und wir als Eltern behandelt und geliebt wurden.

Obwohl ich mich über so vieles aufgeregt habe, so viel persönlich nahm, so wütend war, so beleidigt, verletzt und wirklich unfair in meinen Gedanken – auch in Worten zum engsten Kreis – habe ich die Lebenskraft von Blumen nie anstößig gefunden: ihre Farben nicht, die Blumenart nicht. Diese Geste, dieses Leben hat nichts anderes als Liebe gezeigt, Kraft gespendet und mir – auch in den Tagen, in denen ich mich dafür schämte, weil ich dachte, es sei zu früh und dürfe nicht sein, ich es aber trotzdem zuließ – ein Lächeln ins Gesicht gezaubert. Und dabei bin ich nicht der Pflanzentyp, habe keinen grünen Daumen, doch die Liebe und das Leben durch Blumen spüre auch ich.

Aus dem eigenen Leben erzählen

Oft scheuen sich Mitfühlende, von ihren Herausforderungen im Leben zu berichten, weil ihnen ihre Sorgen im Vergleich zum Tod eines Kindes nicht der Rede wert erscheinen. Doch der Tod verändert nichts an einer Gesprächsführung – alle Beteiligten erzählen von sich. Eltern von Sternenkindern benötigen keine Sonderbehandlung. Im Gegenteil.

Wenn sie erst viel später erfahren, wie es den Mitfühlenden in dieser Zeit ergangen ist – und sie aus falsch verstandener Rücksichtnahme kein Teil davon sein durften –, kann das sehr verletzend sein. Es entsteht das

Gefühl von Ausschluss und Einsamkeit. Beziehungen leiden darunter – und oft auch die seelische Gesundheit. Wenn Eltern von Sternenkindern nicht sprechen können oder wollen, werden sie es nicht tun. Und wenn doch – reagieren sie. Im Zweifel lässt sich immer noch nachjustieren. Doch wer aus Mitgefühl über ihren Kopf hinweg entscheidet, welche Themen sie »verkraften« und wann sie »bereit« sind, riskiert Distanz. Eine Distanz, die unnötig ist. Und die bleibt.

Ich wurde nur von wenigen Menschen außen vorgelassen – dafür umso heftiger. Es hat länger gedauert, uns auszusprechen, als ich ausgeschlossen war. In einem Roman bringt die Protagonistin diese Dynamik klar und treffend auf den Punkt:

»Lass es.«

… Sie zeigte vorwurfsvoll mit dem Finger auf mich.

»Was?«

…

»Mir zu sagen, deine Probleme seien gar nichts im Vergleich zu meinen. Das Schlimmste, was dir je passiert ist, ist trotzdem das Schlimmste, was dir je passiert ist. Du musst kein schlechtes Gewissen haben, weil dir nicht was noch Schlimmeres passiert ist. Das ist doch echt bescheuert.«

Ich spreche nicht davon, dass wir einander immer vom Schlimmsten erzählen müssen. Auch über das Wetter, die Politik, die Arbeit, die Nachbarschaft – wonach auch immer uns der Sinn steht – darf gelacht, geschimpft und gestritten werden. Das soll sogar so sein. Im Vergleich zu Gesprächsinhalten in China und Simbabwe nehme ich dieses Granteln – süddeutsch für ziellose Alltagskritik – als einen Teil meiner deutschen Kultur wahr. Und ich bin überzeugt: Es ist ungesund, bis unmöglich, die eigene Kultur zu verdrängen.

Also: unbedingt granteln. Miteinander. Übereinander. Füreinander. Und das Granteln gerne mit Lachen garnieren. Über andere. Übereinander. Über sich selbst. Und auch das Weinen zulassen. Dann ist Granteln auch im Leben mit toten Kindern nicht nur möglich, sondern nötig. Granteln gehört zum Leben. Leben bedeutet lieben.

Interesse für die Erfahrung zeigen

Interesse für die Erfahrung zu zeigen bedeutet nicht, eine eigene Meinung haben zu müssen. Auch Unsicherheit oder abweichende Gefühle schließen Mitgefühl nicht aus. Wahrnehmbar wird Interesse durch aktives Zuhören, Blickkontakt, ein gelegentliches Nicken oder eine Nachfrage. Deutlich wird es auch, wenn die gehörten Worte in eigenen Formulierungen wiedergegeben werden oder wenn kleine Assoziationen geteilt werden, die das Gesagte in Verbindung mit etwas Bekanntem bringen. Manchmal reicht auch ein einfacher Ausdruck von Dankbarkeit für das, was anvertraut wurde. Auf diese Weise wird sichtbar: Die Erfahrung ist bedeutsam, sie wird gehört, und die Person ist mit ihrer Trauer nicht allein.

Mir tat und tut jeder Austausch über meine Sternenkinder gut – persönlich, privat, philosophisch, politisch, poetisch, psychologisch, poetisch, persönlichkeitsbildend, philanthropisch, pragmatisch, peinlich, profan und platt. All diese Facetten dürfen es tatsächlich in jedem Zeitraum sein.

Die Unsicherheit beim ‹Interesse zeigen› als Mitfühlende kenne ich aus einem anderen Kontext. Als Lehrerin erfahre ich von Armut, Hunger und Gewalt in Familien in Deutschland. Mich überfordert das manchmal: Muss ich das melden? Ich kann das nicht auffangen. Ich bin nicht kompetent dafür. Ich weiß nicht, was ich dazu sagen oder machen soll. Ich müsste es doch wissen.

Nein, muss ich nicht, und es geht gar nicht um mich. Das Missverständnis liegt schon in den Satzanfängen: Ich – ich – ich. Es geht um die betroffene Person, und meine Schulkinder haben mir immer wieder gezeigt und auch gesagt, was sie brauchen und was ihnen reicht: Zuhören. Als Feedback erhielt ich oft, ich würde sie ernst nehmen, auf Augenhöhe behandeln und sie wieder mutig und entspannt in den weiteren Tag starten lassen. Auf die Frage, wodurch ich das schaffe – denn meine Schulkinder und ich wissen, dass es nicht an meinen Unterrichtsmethoden liegen kann –, erhielt ich von verschiedenen Klassen die Antwort: »Sie hören nicht nur hin, sie stellen Fragen, sagen nicht, wie es sein sollte, sondern hören einfach nur zu.«

Und bei Sternenkindern soll nichts so sein: kein Tod, nichts, was gesagt werden müsste, nichts, was hätte getan werden sollen, nichts, wie es sich gehört, nichts, was eine Person falsch gemacht hat. Daher reicht es genauso, darüber zu reden, Fragen zu stellen, zu kommentieren, zu diskutieren – und wenn nichts davon möglich ist: zuzuhören. Ein viel zu unterschätzter Kanal der Liebe.

Beim ersten Mal ansprechen

Beim ersten Treffen nach dem Tod eines Kindes sind beide Seiten unsicher. Die Eltern, genauso wie die Mitfühlenden und auch die Mitdenkenden. Ein Kind ist ein Kind. Eine Geburt ist eine Geburt. Ein Todesfall ist ein Todesfall. In all diesen drei Fällen sprechen wir in unserer

Kultur einander darauf an. Die Kombination aller drei Bedeutungen überfordert, und genau aus diesem Grund erleichtert der Austausch. Er erleichtert es allen. Und wenn nicht oder noch nicht, dann zu einem anderen Zeitpunkt. Eine Frage nach Kind, Geburt und Todesfall vermittelt Respekt, Würde und Liebe.

Vor dem ersten Besuch eines Freundes nach dem Tod unseres Kindes war ich sehr aufgeregt. Es handelte sich um die erste Begegnung über den engsten Kreis hinaus. Ich wusste nicht: Wie werden wir einander begegnen, wie begrüßen und sprechen wir miteinander – nachdem unser Kind gestorben ist? Er umarmte mich wie immer und redete wie immer: humorvoll, wertschätzend und interessant – über alles – nur kein einziges Wort über unsere Kinder. Erst als er gegangen war, merkte ich, wie ich fast schon verletzt war, dass er nicht danach gefragt hatte. Als ich ihn darauf angesprochen habe, erklärte ich ihm, wie normal wir uns verhalten haben, als wäre nichts passiert. Dabei ist der Tod passiert – und nicht von irgendwem. Und wie eine Geburt, so ist der Tod normal, also will ich auch normal darüber sprechen. Als er mich lange und fest umarmte, meinte er, dass er sehr froh ist, dass ich ihm das gesagt habe, weil er so aufgeregt gewesen war, bevor er kam, und viel zu unsicher, ob und wie er etwas sagen sollte. Danach redeten wir über alles – was bedeutete: auch über all unsere Kinder. Von mir selbst war ich auch enttäuscht, dass ich unser Kind nicht einfach selbst angesprochen habe. Deshalb bringe ich diesen Punkt in den Kapiteln für die Eltern und Mitfühlenden.

Lächeln, Lachen, Leben und Lieben

Das Schöne, das Positive, das Gute hat immer seinen Platz – mit den Eltern und auch ohne sie. Vor allem Humor ist in jeder, wirklich jeder Situation möglich. Aus Liebe heraus gesprochen, kann er nicht falsch sein. Es darf in einem Moment gelacht und im nächsten geweint werden. Lachen kann sogar entlasten: neurobiologisch baut es Stress ab, verbindet Menschen und öffnet den Blick.

Viele Eltern denken, sie hätten kein Recht auf gute Gefühle. Dass es zu früh sei. Dass es ihnen nicht zustehe. Dass andere es als respektlos gegenüber den eigenen Kindern sehen könnten. Daraus entstehen oft Schuldgefühle. Doch Schönes kann entlasten, Schuldgefühle auffangen und sogar ausgleichen.

Manche Eltern brechen geplante Reisen, Verabredungen oder Aktivitäten ab. Andere wagen es nicht, neue Pläne zu machen. Der Gedanke

»nichts Schönes darf sein, wenn das Schlimmste geschehen ist« hält sie zurück. Für Mitfühlende gilt: sich nicht zurückzuhalten, wenn es um das Schöne im Leben geht. Weder für sich selbst noch für die Eltern. Im Gegenteil – Eltern dürfen ermutigt und bestärkt werden. Vielleicht reagieren sie zunächst abwehrend. Doch langfristig sind viele dankbar für Menschen, die ihnen Zuspruch geben und sie entlasten: Du darfst alles fühlen. Du musst nichts fühlen. Humor, Freude, Trauer – alles hat seinen Platz. Und die Liebe ist und bleibt da.

Mein Mann ist mein Impuls für das Schöne, für lächeln, lachen, leben und lieben. Bis zu unseren Sternenkindern und seither mehr denn je. Sie sind ein Teil von uns, ein Leben lang. Wie viele andere Lieblingsmenschen.

Wie das Kind nennen?

Von Sternenkindern zu sprechen – und nicht von »Fehlgeburt«, »Abgang«, »Abort«, »Schicksalsschlag«, »Krankheit« oder ähnlichen Begriffen – macht einen Unterschied. Medizinische oder technische Worte schaffen Distanz, die für Außenstehende vielleicht hilfreich wirkt, für viele Eltern aber sehr verletzend ist. Vielleicht nicht direkt, aber spätestens langfristig. Gerade bei Sternenkindern wissen die Eltern oft selbst nicht, wie sie ihr Kind nennen sollen. Manchmal gibt es noch keinen Namen, manchmal haben sie es selbst noch nicht als »Kind« bezeichnet. Wenn dann nach der Todesursache oder anhand einer medizinischen oder biologischen Entwicklungsbeschreibung gesprochen wird, geschieht das in den wenigsten Fällen bewusst. Vielmehr zeigt sich darin, wie sehr sich die Tabuisierung in der Gesellschaft festgesetzt hat.

Eine Möglichkeit, diese Distanz zu überwinden, ist damit zu beginnen, das Kind als Kind zu bezeichnen. Ob die Eltern das möchten oder nicht, bleibt jederzeit ihre Entscheidung – sie können es in jedem Zeitraum und in jeder Situation deutlich machen.

Um alle Kinder als Menschen anzuerkennen, schreibe ich diese Sternenkindermappe.

Liebe durch Gesten ausdrücken

Je nach Zeitraum, Persönlichkeit und dem Moment ist manchmal das Größte scheinbar nichts: gemeinsam schweigen, nebeneinander sitzen, Essen vorbeibringen, gemeinsam Musik hören.

Nicht das Geschenk, die Geste oder die Worte, sondern die Beziehung zwischen den Mitfühlenden und mir bestimmt, wie ich das Mitgefühl erkenne – und das ist so vielseitig und vielschichtig wie das Leben und wie die Liebe.

Anbieten was möglich ist

Wenn etwas gar nicht interessiert oder einen viel zu sehr mitnimmt – dann ist das so. Auch das gibt es. Wenn ein Kind nur als Zellhaufen gesehen wird oder aus welchen Gründen auch immer, dann sind diese Gedanken und Gefühle genauso da. Wenn das Thema nervt, als Belehrung empfunden wird, wenn die Haltung lautet: »Ich verstehe, dass du das so siehst, aber ich will damit nicht meine Zeit verbringen« – dann ist auch das so.

Wenn es an den Tod der eigenen Kinder erinnert oder an die Vergänglichkeit des Lebens, kann das schwer auszuhalten sein. Und trotzdem kann weiterhin in aller Ehrlichkeit und Aufrichtigkeit miteinander umgegangen werden. Ja, Ehrlichkeit verletzt. Ehrlichkeit kann unpassend sein. Aber wir können uns entschuldigen und wir können verzeihen.

Gefühle lassen sich nicht herbeizaubern – genauso wenig, wie sie weggezaubert werden können. Beide Seiten würden sich das manchmal wünschen, aber so ist es. Für die Eltern, die traurig sind, bleibt: Du fühlst. Und wenn nicht, dann ist auch das ein Gefühl, das seinen Platz hat. Beziehungen sind wie die Jahreszeiten. Jahreszeiten sind der Kreislauf des Lebens. Der Kreislauf des Lebens nährt sich aus Liebe.

Eine Freundin fragte bei unserem zweiten Sternenkind, wie sie mir helfen könne, ich könnte jederzeit mit ihr reden. Ich antwortete: »Reden nicht, aber ich würde dir gern Fotos von unserem Sohn schicken.« Ihre Antwort war: »Nein, das bitte nicht, von den Fotos deiner Sternentochter hatte ich drei Tage Albträume.« Ich ging jedem Kontakt aus dem Weg. Lange fragte ich mich: Warum bietet eine Person an, was sie nicht leisten kann? Als wir durch einen Zufall miteinander zu tun hatten und ich das Thema Sternenkinder in einem anderen Kontext aufgemacht habe, erfuhr ich, wie sie meinen Weg, mit toten Kindern zu leben, völlig überforderte. Es machte ihr Angst.

Warum bietet also eine Person an, was sie gar nicht leisten kann? Weil sie gar nicht wissen kann, was einer anderen Person hilft, das ist einzigartig und sie kann gar nicht auf die Idee meiner Schritte kommen, weil sie natürlich von ihrem Weg ausgeht. Von keinem anderen kann sie es – und umgekehrt kann ich es genauso wenig.

Das musste ich erfahren, als ich eine Freundin in der Trauer begleitet habe: Es übersteigt meine Möglichkeiten, wenn eine Person nichts sagt, nichts preisgibt, komplett für sich ist und ihr Kind nie wieder erwähnt haben möchte. Das rührt alles aus Gefühlen, und die Quelle aller ist die Liebe. Und zu ihr kommen wir über Verständnis, Verzeihen – aber vor allem über Vertrauen.

Bestattungszeremonie (nicht) begleiten

Besser nicht auf die Beerdigung gehen. Nichts Falsches sagen. Nicht verletzen wollen. Ja, ein Tabu fordert heraus. Es ist oft unklar, wie die Eltern damit umgehen, was sie organisieren wollen.

Besser nichts sagen? Besser nicht hingehen? Nicht verletzen wollen – ein höchst umstrittenes Thema. Im aktuellen Stadium der Trauerkultur in Deutschland kann es sinnvoll sein, die Eltern darüber zu informieren, wenn sich eine Person bereit fühlt mitzugehen. Wichtig ist, das nicht als Frage zu formulieren, sondern als Aussage. So wird keine Erwartung erzeugt, sondern lediglich Bereitschaft signalisiert.

Natürlich kann schon die Frage Druck auslösen, doch sie kann zugleich das Tabu ein Stück auflösen und Nähe ermöglichen. Entscheidend ist, dass Eltern spüren: Es gibt ein Angebot – ohne Verpflichtung.

Bei Beerdigungen ist es grundsätzlich üblich, zu erscheinen, ohne eingeladen zu werden; die Beziehung zum Verstorbenen oder zu den Mitfühlenden reicht aus. Bei Sternenkindern ist die Situation oft anders: Unter 500 Gramm besteht keine Bestattungspflicht, weshalb Gemeinschaftsgräber häufig sind. Dort begegnen sich viele Menschen, die sich nicht kennen. Ab 500 Gramm gilt die Bestattungspflicht im Einzelgrab, und auch geschlossene Zeremonien sind möglich.

Das wirft Fragen auf: Warum gehen wir zu Beerdigungen? Um Anteil zu zeigen, um Liebe sichtbar zu machen, um Verbindungen zu halten. Kann das für Menschen jeden Alters gelten – auch für Sternenkinder? Oder braucht unsere Gesellschaft noch Zeit, diese Liebe selbstverständlich zu zeigen?

Bei unseren Sternenkindern musste ich erst erfahren, dass es einen ökumenischen Gemeinschaftsgottesdienst gibt. Die Großeltern, Tanten und Onkel waren dabei, beim zweiten Sternenkind waren auch Freunde und Kinder dabei. Ich hätte mir im Nachgang gewünscht, mehr hätten gefragt, weil ich gar nicht auf die Idee gekommen wäre. Wenn Personen von selbst aufgetaucht wären, wäre ich sehr positiv bewegt gewesen.

Gleichzeitig rührt das daher, dass ich die Trauer als Liebe schon kennenlernen durfte und weiß, wie viele Steine Eltern kurz nach dem Abschied in den Weg gelegt werden, bis sie die Trauer als Liebe annehmen können. Daher bin ich bei diesem Thema leider indifferent. Ich weiß es für mich selbst wirklich noch nicht – und in solchen Themen entscheide ich mich immer dafür, das Wort an die Betroffenen zu richten und die Entscheidungen nicht abzugeben, sondern anzubieten.

Aus Mitgefühl, aus Liebe.

Immer wieder ansprechen

»Besser etwas Falsches sagen, als gar nichts zu sagen.« Unbedachte oder verletzende Worte lassen sich verzeihen – bei Schweigen wird das sehr schwer. Empfindungen verändern sich mit der Zeit und damit auch die die Wünsche und Bedürfnisse der Eltern. Einzig aus diesem Grund ist es hilfreich, immer wieder ein Gespräch oder eine kleine Geste anzubieten – ohne Erwartung, in dem Maß, wie es sich für beide Seiten stimmig anfühlt. Worte, Karten, ein Blick oder eine kleine Erinnerung können Türen öffnen.

Ich weiß, es gibt Eltern, die nichts über diesen Teil ihres Lebens hören, sehen oder fühlen möchten. Ich bin zutiefst überzeugt, dass das ungesund ist und dass Kinder nicht nur die Eltern betreffen. Ich schreibe die Sternenkindermappe aus dem Grund, weil ich überzeugt bin, dass alle Kinder Menschen sind, dass alle menschlichen Zellhaufen Menschen sind, dass allen Menschen Würde entgegengebracht wird. Wenn wir das Leben – wie in vielen anderen Ländern der Welt und wie es mehr Menschen auf der Welt leben –, dann stellt sich die Frage nicht, ob wir Eltern auf ihre Kinder ansprechen, auch oder gerade wenn sie verstorben sind.

Gedanken, Gefühle und Worte sind die einzigen Möglichkeiten, mit den Kindern Zeit zu verbringen. Wenige Eltern verzichten darauf. Gleichzeitig weiß ich, wie Eltern sich nicht als Eltern bezeichnen, wie Kinder nicht als solche bezeichnet werden. In diesem Fall ist es dann wohl nicht richtig, immer wieder anzusprechen, sondern wirklich sensitiv vorzugehen, auf die Stimmungen zu achten und ganz stark auf die Liebe zu vertrauen. So versuche ich es. Es fällt mir schwer, aber immer leichter.

Lesen

Bücher und Informationsmaterial werden immer zahlreicher. Mit der Zeit fühlen sich viele Eltern weniger allein, wenn Mitmenschen von eigenen Erlebnissen rund um Sternenkinder berichten oder das Gespräch suchen.

Es gibt verschiedene Genre die unterschiedlich tief teilhaben lassen: Fachbücher, Sachbücher, Erfahrungsberichte und auch Romane. So entsteht Verbindung – und Miterlebende werden zurückgeholt, statt durch das Tabu ins Abseits zu geraten.

Ich kann es nur so ausdrücken: Ich fand es so cool und war so stolz, diese Menschen meine Lieblingsmenschen nennen zu dürfen – die mir Fragen gestellt haben und Sachen erzählt haben, von denen ich wusste oder auch nicht. Die aber einfach gezeigt haben: Es ist nicht nur Mitgefühl, es ist auch Interesse, Neugier, Teilhabe, Aufmerksamkeit und so viel mehr, was meine Sternenkinder in ihnen auslösen. Freude. Einfach Freude.

Mitfühlen und Mitdenken – es zählt gleich viel

Der Mensch muss nicht jede Erfahrung selbst machen. Wir lernen auch von den Erfahrungen anderer. Spuren von Sternenkindern im Leben sind neben Gefühlen, die Sternenkinder auslösen, und die uns Miterlebende, Mitfühlende und Mitdenkende verbinden, auch Gedanken, Erkenntnisse und Reflexionen über nicht weniger als Leben, Tod und den Sinn des Lebens.

Politische, rechtliche und medizinische Erfahrungen, Meinungen und Überzeugungen können sich ändern, aber es kann noch tiefer gehen: Die eigene Haltung, die eigenen Werte, der eigene Charakter können sich ändern. Verständnis, Akzeptanz, Toleranz, Gelassenheit, Entspannung und Wut können in völlig neuen Relationen gefühlt und anders priorisiert werden im Leben – was sich auf alle Lebensbereiche, selbst die Küche, den Sport und den Stammtisch, auswirken kann. Nicht nur bei den Eltern, auch bei den Mitfühlenden.

Es lohnt sich, sich dieser Entwicklung und dieses Potenzials bewusst zu werden, es zu beobachten und es zu nutzen. Am besten im Gespräch. Nicht nur mit den Eltern, mit anderen Mitfühlenden und ein besonders interessanter Hebel sind Mitdenkende. Denn die Trauer steht für Liebe und mit ihr lebt es sich leichter.

Dafür steht, was ich über Sternenkinder veröffentliche: Mein Herz, meine Liebe – in Worten. Ich kann mit gesellschaftspolitischem Tagesgeschehen, mit persönlichen Differenzen in Beziehungen, mit Gedankenchaos und Unsicherheit im Alltag sowie mit Zukunftsängsten viel leichter umgehen. Ein ganz anderer Blick – der Blick in Richtung Liebe.

An vor- oder rückwärts zählen erinnern

Wenn Worte fehlen, Gesten nicht helfen, dann kann ein kleiner Impuls reichen – wie das Zählen. Vorwärts zu zählen, ruhig von eins bis zehn, wirkt stabilisierend. Der gleichmäßige Rhythmus kann helfen, einen Moment zu strukturieren – besonders in akuten Situationen. Es muss nicht laut gesprochen werden. Allein das stille Mitzählen, vielleicht mit dem Atem verbunden, kann bereits eine Wirkung entfalten.

Rückwärts zu zählen, von zehn bis eins, ist etwas fordernder. Diese Art des Zählens aktiviert das Denken – und unterbricht dadurch Gedankenkreisen oder Erstarrung. Wenn eine begleitete Person in innerer Unruhe feststeckt, kann dieser kleine Rechenvorgang einen Zugang nach außen öffnen.

Mir hat es schon geholfen, wenn ich einer anderen Person beim Zählen zugehört habe oder wir gemeinsam gezählt haben, weil bereits das stille Mitsprechen reichen kann. Wichtig ist, das Zählen nicht als Technik »gegen« die Trauer zu sehen – sondern als Möglichkeit, in der Trauer einen Moment des Innehaltens zu schaffen.

Zeitangaben in vorher und seither einteilen

Um Eltern leichter zu begleiten, kann es helfen, sich zu verdeutlichen, welchen Einfluss der Tod eines Kindes auf die Zeitrechnung haben kann. Fast jeder erfahrene, reife, alte Mensch kann davon erzählen, dass es in seinem Leben etwas gab, meist einen Menschen, der ihm so wichtig wurde und eine solch metamorphe Veränderung für ihn bewirkt hat, dass er zehn, zwanzig, fünfundsechzig Jahre später zurückblickt und ihm klar wird, dass sich seine Existenz an dieser Stelle in ein Vorher und Nachher teilt. Vor der eigenen Zeitrechnung und danach. Der eigene gregorianische oder Mondkalender.

Manche Ereignisse im Leben stellen sich erst hinterher als wichtige Wendepunkte zwischen zwei Lebensabschnitten heraus. Es geht nicht um Ereignisse, die sich planen lassen, wie von zu Hause auszuziehen, einen neuen Job anzutreten oder sich mit der Liebe seines Lebens für das Leben zu verbinden. Es geht um unerwartete Ereignisse wie mitternächtliche Anrufe, Unfälle, Risiken, die sich nicht auszahlen. Ereignisse, die nicht sein dürfen. Wie der Tod eines Kindes. Er teilt das Leben der Eltern direkt in diesem Moment – ein Leben lang.

Es kann helfen, daran zu denken, dass sich das ein Leben lang nicht mehr ändern wird. Die Brücke für diesen Bruch ist die Trauer. Weil sie eine Form von Liebe ist, wird der Einfluss des Sternenkindes nicht negiert. Wird die Trauer aber nicht anerkannt, ist die Brücke nicht zerstört, sondern verstellt oder schwer begehbar. Es reicht, Trauer als Liebe zu begleiten.

Das war mir vor meinen Sternenkindern nicht klar, und seit meinen Sternenkindern ist es für mich wie ein Naturprinzip. Selbstverständlich. Ich brauche es nicht von anderen zu hören. Mir fällt nur auf, wenn andere diesen speziellen Blick, die spezielle Tonlage, die spezielle Pause in den Austausch einbringen, die zeigt, dass ihnen das Thema unangenehm ist. Je länger der Tod meiner Kinder her ist, desto mehr strengt mich das an. Ich rede dann einfach weiter, weil all meine Kinder erstmal gute Gefühle in mir auslösen. Und am Ende immer.

Von der 3-3-3-Regel erzählen

Es kann nötig und hilfreich sein, Halt anzubieten. Dafür braucht es manchmal keine Worte – sondern einen gemeinsamen Moment. In einem Raum oder in der Natur: Sinneswahrnehmung bringt uns ins Jetzt – sanft, leise, ohne zu fordern. Diese Achtsamkeitsübung kann ein solcher Moment sein:

»Welche 3 Dinge siehst du?
Welche 3 Dinge hörst du?
Welche 3 Dinge spürst du?«

Ich erinnere mich gut an die Zeit, in der ich kaum wusste, wie ich funktionieren sollte – geschweige denn, wie ich Hilfe zulassen könnte. Wenn damals jemand gesagt hätte: »Komm, wir schauen einfach mal, was wir sehen, hören und spüren«, hätte es mir das vielleicht leichter gemacht. Und wenn nicht ziemlich sicher ein Gefühl der Geborgenheit gegeben. Ich erwähne diesen Schritt bewusst mehrmals in der Sternenkindermappe.

Aushalten. Da sein. Bleiben.

Es geht nicht ums Trösten, sondern ums Aushalten und da sein. Mitgehen auf dem Weg, den die Eltern gehen. Sich treiben und führen lassen. Das Thema Sternenkinder mag wie ein Bereich von Trauer mit eigenen Merkmalen klingen, es ist aber nichts anderes als Liebe zu einem verstorbenen Kind und Liebe wird so vielschichtig und vielseitig gelebt, wie Menschen einzigartig sein. Sich den Eltern anzupassen, klingt nicht nur nach dem einfachsten Weg, sondern ist auch machbar und mehr wird nicht erwartet. Und auch nicht weniger.

Ich will alles Durchdenken, lese mich durch jegliche Vorschriften des Rechtsstaates und will am besten jedes Komma diskutieren, selbst mit Moment–Bekanntschaften wie Sitznachbarschaften im Zug. Eine gute Bekannte hingegen möchte nicht mit allen über ihre Kinder sprechen und freut sich über jeden Windhauch, Schmetterling oder schwarzen Raben als Zeichen ihrer Sternenkinder. Hier empfehle ich, einfach mitzugehen, auf dem Weg der betroffenen Person.

Freundschaften Freiraum geben

Ein Miteinander kann mitunter sehr schwer sein, wenn der Umgang mit den Sternenkindern seitens der Eltern die eigenen Werte oder Kapazitäten überfordert. Hier gilt es darauf zu vertrauen, dass die Beziehung zu den Eltern, sich wahrscheinlich neu und lediglich anders gestaltet. Keine Person soll sich zueinander zwingen. Es hilft, sich hier immer auf den Moment zu besinnen und nichts final zu definieren.

Durch meine Sternenkinder habe ich zu ein paar Menschen den Kontakt verloren, mit den meisten fand ich ihn wieder und zu zwei Menschen spüre ich bis heute keine Verbindung. Hier empfinde ich das zirkuläre, daoistisch geprägte Denken in China sehr interessant: »Freundschaft vergeht nicht, sie macht nur manchmal Pause – wie der Winter vor dem Frühling.«

Für immer

ger Zeit anders für ihr verstorbenes Kind, hat es vielleicht nie als solches empfunden. Eine andere kann Jahre später noch nicht lächeln.

Für das Leben von Eltern und Mitfühlenden ist wichtig: Der Tod hinterlässt immer Spuren im Leben. Alle Gefühle und Gedanken sind so einzigartig wie ein Fingerabdruck. Eine Erfahrung ist keine Wunde, die heilt oder verarbeitet werden muss. Wir müssen uns nur an sie gewöhnen. Sie ist Teil des weiteren Lebens – ein Teil, der getragen oder auch in Ruhe gelassen werden darf. Selbst der Tod eines Kindes hält den Kreislauf des Lebens nicht an.

Alles dreht sich weiter.
Wir atmen weiter.
Wir leben weiter.
Wir lieben weiter.
Und auf dieses Leben wirken tote Kinder – ein Leben lang:
Laut oder leise,
einsam oder gemeinsam,
bedrückend oder bereichernd.

Lasst jede Person ihre eigenen Schritte gehen – und den Weg miteinander gehen.

Für diesen Zeitraum habe ich die Definition von Sternenkindern angepasst, weil Details nun keine Rolle mehr spielen können. Anfangs ist es oft wichtig, Menschen mit ähnlichen Erfahrungen zu begegnen. Aus Überzeugungen wie »Es ist etwas anderes, wenn das Kind 8 Jahre alt war und an Krebs starb oder wenn Eltern eine Totgeburt erleiden.«

Auf jeden Fall ist es etwas anderes. Rechtliche und gesundheitliche Angebote widmen sich diesem Thema. Folgerichtig ist die offizielle Definition des Familienministeriums: »Sternenkinder sind Kinder, die während der Schwangerschaft und im 1. Jahr danach verstorben sind.«

In der Sternenkindermappe teile ich, was ich vom Leben mit toten Kindern gelernt habe. Trauer ist ein Wort für Liebe um Verstorbene. Und hier verfehlen Zahlen ihren Zweck. Daher meine Definition: Wenn Eltern ihre Kinder überleben, eint alle ein totes Kind. Mehr pauschale Gemeinsamkeiten gibt es nicht. Auch wenn die Kinder im gleichen Alter und aus dem gleichen Grund gestorben sind.

Liebe ist universell, wie wir sie leben ist individuell. Eine Person fühlt nach einiger Zeit nichts mehr für ihr verstorbenes Kind, hat es noch nie als solches empfunden, eine andere kann Jahre später noch nicht lächeln. Für das Leben von Eltern und Mitfühlende ist wichtig: Der Tod hinterlässt immer seine Spuren im Leben. Alle Gefühle und alle Gedanken sind so einzigartig wie der Fingerabdruck eine Erfahrung ist.

Eltern

Hirn und Herz vertrauen

Wenn Eltern von Sternenkindern Trauer als Liebe leben können, kann das zu posttraumatischem Wachstum führen. Wann dieser Zeitpunkt eintritt, lässt sich meist nur rückblickend erkennen. Es dauert – und es ist ein sich wandelnder Prozess.

Das Gehirn mit unserem Geist, den Gedanken, den Gefühlen und den Stimmungen richtet sich nicht nach unserer linearen Zeitrechnung, sondern ist so wellenförmig wie der Kreislauf des Lebens, vergleichbar mit der asiatischen zirkulären Zeitvorstellung.

Nach dem Tod funktionieren Eltern oft und lange nur noch. Das Gehirn unterdrückt Emotionen, Tunnelblick oder dissoziative Reaktionen treten ein, was das Durchhalten ermöglicht. Habituation – also die Gewöhnung an wiederholte Reize – kann in späteren Phasen hinzukommen und den Alltag etwas erleichtern. All die angenehmen Seiten des Lebens werden überschattet von Gewohnheiten, Ansprüchen, Verpflichtungen und Aufgaben, mit denen der Kalender gefüllt ist. Wir leben nicht mehr nach der Redewendung »jeder Tag ist ein neuer Start«, sondern spüren psychisch wie manchmal auch physisch, dass Zeit eine »nicht mehr reversible« Ressource ist, wie es Harald Lesch beschreibt: Jede Sekunde kann nur einmal genutzt werden und ist dann unwiederbringlich vergangen. Was vor unseren Sternenkindern den Kalender ausgefüllt oder erfüllt hat, erscheint sinnlos. Jede Unterhaltung, jeder Small Talk, jede tiefgründige Diskussion wird auf ihren Sinn geprüft – und im Vergleich mit dem Leben und Tod des eigenen Kindes erscheint es nicht nur sinnlos, es ist sinnlos.

Das limbische System reagiert extrem stark, wenn Gefühle wie Sinnlosigkeit oder Überwältigung dominieren. Für mich ist es, als würde es im maximalen Superlativ schreien: Alles sinnlos. Und der präfrontale Kortex sucht nach Mustern und Bedeutung. Er beginnt, Blickwinkel und Relationen zu verschieben, eine reifere, neue Erzählung zu bauen. Dieser »kognitive Reframing«-Prozess ist neurobiologisch harte Arbeit. Doch das menschliche Gehirn will einen Weg finden – zu lernen, zu leben, zu lieben. Durch Neuroplastizität verändern sich synaptische Verbindungen – so kann das Gehirn Erinnerungen und Gefühle neu einordnen.

So wie es posttraumatische Belastungsstörungen gibt, die unbedingt professionell begleitet werden sollen, kann der Tod der eigenen Kinder auch Resilienz und posttraumatisches Wachstum auslösen. Das Gehirn verändert die Verknüpfungen zwischen dem präfrontalen Kortex und dem limbischen System – so bewertet es anders und konstruiert Sinn- und Zukunftsperspektiven neu. Das geschieht durch sozialen Halt, weil Bindungshormone (Oxytocin) Nähe und Zugehörigkeit fördern und in vielen Situationen Angst und Stress reduzieren. Aus der Nachkriegsforschung ist bekannt, dass Sinn und Werte (Familie, Glaube, Aufgabe) stabilisierend wirken können – besonders, wenn sie an einen Bezugspunkt oder eine Bezugsperson geknüpft werden (Lieblingsmenschen, ein Auftrag, eine Aufgabe). Daher kann auch berufliche, ehrenamtliche oder Care-Arbeit stärkend und heilend wirken, die Trauer als Liebe zu leben.

Andere Faktoren fördern die Neuroplastizität: Das Gehirn entwickelt neue Bahnen, sodass Erinnerungen nicht nur zerstörerisch, sondern auch integrierbar werden. Es baut um: Der Hippocampus (Gedächtnis, Zeit) und der präfrontale Kortex (Planung) verarbeiten den Verlust mit der Zeit so, dass Erinnerungen weniger überwältigend wirken. Die Amygdala (Alarmzentrum) reagiert allmählich weniger heftig auf Erinnerungen. Das Ergebnis: Der Alltag »normalisiert« sich – aber auf einer neuen Grundlage. Routinen kehren zurück (Arbeiten, Essen, Lachen), doch das System bleibt verändert → viele leben bewusster, »sieben sinnvoller«, wie du sagst. Das Gehirn strebt nach Stabilität und Ausgleich – Dauerkrisen sind zu belastend. Es findet neue Wege, damit Leben wieder möglich wird – selbst wenn der Grundton melancholischer bleibt. Die Liebe bleibt auch – und zeigt sich noch stärker.

Meine engste Freundin kennt sich mit psychischer Gesundheit besser aus, als ich und ich fragte sie: »Werde ich wieder normal? Ich spüre mich nicht wirklich. Das bin nicht ich. Es passt alles, aber vieles wirkt oft grau.« Sie meinte, ich werde den Zeitpunkt höchstwahrscheinlich nicht bewusst wahrnehmen, erleben und feiern können, aber er werde kommen – genauso wie der Tag, an dem ich realisieren werde, dass es vorbei ist. Das Gehirn höre dann auf, mich zu schützen. Es traut mir wieder alles zu. Der Körper wird sich immer erinnern, aber das Gehirn wird einen Weg finden können, gesund und auch wieder glücklich zu leben. Und so kam es: Ich lebe glücklich und traurig und lebensfroh mit meinen Sternenkindern.

Ich selbst vergleiche das mit den Gezeiten. Beim ersten Kennenlernen ist die Trauer mit dem schlimmsten Sturm auf der Beringsee vergleichbar, einer der gefährlichsten Meeresregionen der Welt – wenn überhaupt realisiert wird, dass das eigene Kind wirklich tot ist. Dieser Sturm beruhigt sich, aber bei meinen Sternenkindern tobte er noch lange stürmisch, weil ich gekämpft habe, dass meine Kinder als Menschen, als Kinder, als meine Kinder anerkannt und vor allem auch gewertschätzt und eigentlich auch geliebt werden.

Irgendwann beruhigt sich die See gänzlich, aber der Tod der eigenen Kinder ist keine Wunde, die heilt – es ist eine Erfahrung, die bleibt. Ein Teil meines Lebens. All meine Kinder sind der wichtigste Teil meines Lebens. Und so wie kein Meer ruhig bleibt – die Beringsee, der Nordatlantik, der Indische Ozean nicht –, so wird die Trauer als Liebe auch nie wie die vergleichsweise stilleren Meere Sargassosee, Rotes Meer oder Persischer Golf sein.

Und so ist es mit den Trauerwellen. Sie sind nicht regelmäßig und in ihrem Übergang wie Ebbe und Flut. Der beste Vergleich ergibt sich mit Yin und Yang – als deutsche Nordsee und Ostsee. Die Nordsee: flach, daher können sich Wellen sehr steil aufbauen, aber keine endlosen Monsterwellen wie im offenen Ozean. Starke Gezeitenströmungen. Stürme vom Atlantik erreichen sie leicht. Schon »Alltagswetter« kann für Schiffe gefährlich sein.

Doch Atlantische Tiefdruckgebiete erreichen die Nordsee meist schon abgeschwächt, weil sie sich über dem Ozean teilweise »ausgetobt« haben – sie: die Trauer. Oft ist meine Trauer aber auch wie die Ostsee. Deutlich ruhiger als die Nordsee. Fast ein Binnenmeer, stark von Land eingeschlossen. Schwache Gezeiten. Doch Wintereis und plötzliche Stürme können auch hier gefährlich sein. Aber ich weiß und spüre: Es kommen wieder aushaltbare und vor allem auch angenehme Zeiten, in denen Lieben leicht ist.

Leichter, weil ich nicht mehr versuche, so viel zu verstehen, zu wissen – schon gar nicht, was das Richtige für mich ist, was das Beste für mich ist, was ich wirklich will, was ich wirklich brauche, was mir guttut. Davon habe ich auch heute keine Ahnung – und eigentlich noch weniger.

Dafür habe ich viel mehr Vertrauen in die Liebe, in mein Gehirn. Sinnbildlich gesprochen: Ich vertraue meinem Herz, dass das das Leben schon hinbekommt. Ich will nicht verstehen, ich muss es nicht spüren. Ich mache einfach – und vertraue darauf, dass das schon passt.

Weil Liebe passt.

Immer.

Blickwinkel mehren und nutzen

Wir können unsere Lebensumstände nicht kontrollieren. Auch unsere Gefühle nicht. Aber wir können lernen, wie wir auf sie reagieren. Was sich nicht beeinflussen lässt, lässt sich nicht bekämpfen. Auch nicht auflösen. Der Tod eines Kindes bleibt. Doch wie wir über ihn denken, was wir von ihm lernen, darüber können wir beeinflussen, wie wir weiterleben. Ob wir ihn als Ende sehen. Oder als Wendepunkt. Ob wir nur überleben. Oder unser Leben mit der Trauer neu betrachten – als Ausdruck der Liebe.

Es wird viel geforscht zu Schmerz, Verlust und Belastung. Und erstaunlich oft zeigt sich: dieselben Erkenntnisse, die in Krisen stärken, können auch helfen, in Liebe weiterzuleben. Vier davon haben mich begleitet. Bei den Möglichkeiten in der Sternenkindermappe liegen häufig diese vier zugrunde: 1. Selbstwirksamkeit, 2. Bestätigungsfehler, 3. Erwartungseffekt und 4. Neuroplastizität.

1. Selbstwirksamkeit. Wenn wir daran glauben, dass wir etwas bewirken können – in uns, in der Welt, in kleinen Gesten –, dann steigt die Wahrscheinlichkeit, dass genau das gelingt. Die Psychologie spricht hier von Selbstwirksamkeit. Der Begriff wurde von Albert Bandura geprägt und beschreibt die innere Überzeugung, Herausforderungen nicht ausgeliefert zu sein. Studien zeigen: Selbstwirksamkeit korreliert mit höherer Resilienz, besserer psychischer Gesundheit und aktiverer Lebensgestaltung – auch in Trauerprozessen.Sie meint die Überzeugung, dass nicht alles vorgegeben ist. Dass sich etwas verändern kann. Dass wir nicht nur reagieren, sondern auch gestalten dürfen. Auch ohne Kind an der Hand.

2. Bestätigungsfehler. Gleichzeitig arbeitet unser Gehirn so, dass es nach Bestätigung sucht: Wir sehen vor allem das, was wir erwarten. Wer glaubt, dass alles dunkel bleibt, übersieht oft, was leuchtet. Wer sich erlaubt, auch auf Hoffnung zu achten, entdeckt Möglichkeiten, die sonst verborgen blieben. Dieser Mechanismus wird in der Kognitionspsychologie als Confirmation Bias bezeichnet: Informationen, die zu unserem Weltbild passen, werden bevorzugt verarbeitet. Was nicht passt, wird übersehen oder abgewertet. Das beeinflusst Wahrnehmung, Erinnerung und sogar Entscheidungen. Das bedeutet nicht, alles schönzureden. Es bedeutet, das Offene nicht auszuschließen.

3. Erwartungseffekt. Auch unsere Erwartungen anderen gegenüber wirken. Wenn wir spüren, dass uns jemand wohlgesonnen ist, reagieren wir anders. Und diese kleine Verschiebung kann den Lauf eines Gesprächs verändern. Manchmal sogar den Lauf einer Beziehung. Sogar unsere Zukunft reagiert darauf, was wir in ihr sehen. Nicht sofort. Aber Schritt für Schritt. Der sogenannte Pygmalion–Effekt – benannt nach einer Studie von Rosenthal & Jacobson – zeigt: Erwartungen beeinflussen Verhalten. Auch unbewusst. Nicht nur bei anderen, sondern auch bei uns selbst. Positive Erwartungen können Entwicklung fördern, negative hemmen.

4. Neuroplastizität. Unser Gehirn verändert sich ein Leben lang. Es speichert, was wir wiederholen. Es stärkt, was wir wahrnehmen. Diese Fähigkeit zur Veränderung nennt sich Neuroplastizität – und sie macht Mut. Neurobiologische Forschung belegt: Wiederholte Gedanken und Erfahrungen verstärken bestimmte neuronale Netzwerke. Achtsamkeit, Journaling oder das bewusste Wahrnehmen kleiner Schimmer (glimmer, Gegenteil von trigger) verändern langfristig unsere kognitiven und emotionalen Reaktionsmuster. Denn wer immer wieder auch auf Verbindung achtet, auf Schimmer, auf das, was bleibt, formt im Inneren neue Spuren. Nicht, um das Schwere zu überdecken. Sondern weil beides nebeneinander bestehen darf.

Die Inhalte der Sternenkindermappe sind Angebote. Gedanken, Impulse, Fragen: auf das, was noch möglich ist. Sie beruhen nicht auf Glaubenssätzen. Sondern auf der Verbindung von Erfahrung und Erkenntnis. Um die eigenen Blickwinkel so sehr zu vermerken, dass wir Trauer als Liebe leben lernen.

Für mich war es so schwierig zu verstehen, warum denen das Gleiche passiert, sie aber ganz anders damit umgehen als ich, und warum anderen was weniger Ähnliches passiert, sie dennoch ähnlich umgehen. Wenn ich aufgewühlt bin, nehme ich vieles persönlich und vergesse, dass solche Unterschiede normal sind – weil jeder Mensch seinen eigenen Weg geht: mit individuellen Resilienzfaktoren, kognitiv-emotionalen Bewertungen und Schutzmechanismen.

Mir hilft ein gemeinsamer Kern, um mit vielen Blickwinkeln umgehen zu können. Ein innerer Referenzpunkt, damit die Welt für mich eine gewisse Kohärenz ergibt – ein kognitives Schema als Wegweiser, um Dissonanz zu verringern. Etwas, das uns trotz aller Unterschiede näher bringt. Und verbindet.

Was sich messen lässt, lässt sich für mich besser begreifen – und damit meine ich nicht, was sich sehen, greifen, schmecken oder hören lässt, sondern das, was sich objektivieren lässt. Ich habe recherchiert und erfahren: Besonders in der Trauerpsychologie sind Ursachen oft diffus – vielschichtig, unvorhersehbar. Doch Wirkungen lassen sich beobachten: Schlafmuster verändern sich. Stresshormone steigen. Hirnareale reagieren. Das hilft mir.

»Messen« heißt für mich: konkrete Ergebnisse – sichtbar durch bildgebende Verfahren, Verhaltenstests oder standardisierte Skalen. Ich muss nicht alles erklären können. Aber ich kann mich daran halten. Ich muss es nicht verstehen, Ursache und Wirkung müssen (noch) nicht bekannt sein, aber das Ergebnis – das muss sich messen und vergleichen lassen. Und daher bediene ich mich oft der Neurowissenschaft.

Als Lehrerin bin ich ihr durch Pädagogik und Bildungsforschung nah. Im Unterricht, beim Lernen, in der kindlichen Entwicklung – dort gibt sie mir Sicherheit. In der Trauer gibt sie mir Orientierung. Denn auch dort lässt sich vieles nachzeichnen: die Aktivierung des limbischen Systems bei Erinnerung, Veränderungen im präfrontalen Cortex bei chronischer Trauer, die Wirkung von Handschrift auf das Default Mode Network, die Stärkung positiver Netzwerke durch bewusste Aufmerksamkeitslenkung. Die Neurowissenschaft erklärt mir nichts. Schon gar nicht den Tod. Schon gar nicht den meiner Kinder. Aber sie trägt mich. Und sie richtet mich aus.

Schreiben

Wenn die Welt zu laut ist oder wenn wir uns anderen öffnen wollen oder unsere Gefühle, unsere Erfahrung ausdrücken und teilen wollen, fehlen oft die Worte. Bei einem Tabuthema wie Sternenkinder besonders, weil sich wegen des Schweigens keine präzisen Worte etablieren können. Und trotzdem können genau dann Worte helfen. Worte an uns selbst. In Ruhe, kontrolliert und frei: Wenn wir mit der Intention schreiben, als würden eine andere Person diese Zeilen niemals zu Gesicht bekommen. Denn Schreiben bedeutet nicht nur, Gedanken zu ordnen – es ist auch eine Form von innerem Dialog. Der Schmerz, die Fragen, die Erinnerungen – all das findet auf Papier einen sicheren Raum und ist geschützt vor den Meinungen, Erfahrungen und Gefühlen anderer.

Im besten Fall werden diese Gedanken handschriftlich festgehalten. Nicht, weil das schöner aussieht. Sondern weil wir durch das Schreiben mit der Hand langsamer denken, intensiver fühlen und tiefer spüren.

Neurowissenschaftlich betrachtet aktiviert handschriftliches Schreiben andere Hirnareale als Tippen – besonders das limbische System, das für emotionale Verarbeitung zuständig ist. Durch die Bewegung der Hand werden sensorische, motorische und kognitive Netzwerke gleichzeitig angeregt. Das kann helfen, Emotionen besser zu regulieren und Erinnerungen differenzierter einzuordnen.

In der Psychologie spricht man davon, dass das Schreiben in der Trauer »Externalisierung« ermöglicht: Gefühle, die im Inneren kreisen, werden nach außen gebracht und damit überhaupt erst bearbeitbar. Wer schreibt, schafft Abstand – nicht zum verstorbenen Kind, sondern zur Schwere des Gefühls.

Handschrift ist Bewegung. Der Körper denkt mit. Das Gehirn verarbeitet anders, wenn es nicht tippt, sondern Buchstaben formt. Trauer kann sich so setzen und von uns in einem anderen Blickwinkel betrachtet werden. Es gibt Kurse, Anleitungen und Trauergruppen, ein Zettel und ein Stift reichen aber schon aus. Sie reichen, um der Liebe im Leben – auch der Liebe zu einem verstorbenen Kind – einen festen, zeitlosen, geschützten Platz zu geben.

Noch nie in meinem Leben habe ich so viel und so schnell geschrieben wie in den Monaten nach dem Abschied meiner Sternenkinder. Und viele Seiten sind auch mit Szenen aus dem echten Leben gefüllt, in denen ich ganz anders reagiere, als ich es in Wahrheit getan habe. Viel schlagfertiger, viel stärker, viel erfolgreicher, was den Kampf um Anerkennung und Wertschätzung, um Liebe für meine Sternenkinder, angeht. Auf dem Papier füllt sich mir das Wort »Freiheit« erst so richtig mit Leben, und wenn ich weiter und weiter und weiter schreibe, balanciert mich das Schreiben irgendwann so aus, dass ich mich nach der Liebe ausrichten kann. So viel Zeit kann oder will ich mir für das Schreiben oft nicht nehmen, aber schon wenige Minuten können mich oft schon genug entspannen, wenn ich mir, ausgehend von meinen geschriebenen Worten, vorstelle, wie es in Liebe weitergehen könnte. Manchmal überrascht dann das Leben, dass es tatsächlich so oder noch liebevoller passiert. Schreiben bedeutet für mich Selbstwirksamkeit – und die wirkt wirklich.

Basteln oder Nähen

Mit der Familie, Mitfühlenden oder allein. Für Miterlebende, Mitfühlende oder ganz andere Themen, sich selbst oder ohne Grund. Basteln berührt und bewegt, weil es erschafft. Es gibt viele Vereine und Gruppen, die mit Basteln unterstützt werden können. Und Trauer ist nicht nur ein Gefühl ist, sondern auch eine körperliche Erfahrung. Basteln, Nähen oder Handarbeiten binden die Hände ein – und damit den ganzen Körper. Motorische Aktivität aktiviert Areale im Gehirn, die mit emotionaler Regulation verbunden sind. Studien zeigen: Wer schöpferisch tätig ist, senkt messbar Stresshormone, stabilisiert das vegetative Nervensystem und erleichtert dem Gehirn die Verarbeitung.

Basteln bedeutet, etwas Unsichtbarem Gestalt zu geben. Was sich nicht fassen lässt, erhält eine Form. So entsteht ein Symbol, das stellvertretend halten kann, was innerlich zu schwer ist. In der Psychologie nennt man das Externalisierung: ein innerer Zustand wird nach außen verlagert – und dadurch verarbeitbarer.

Gleichzeitig wirkt jede kreative Tätigkeit wie eine kurze Unterbrechung der Überlastungsschleifen im Gehirn. Der Fokus verschiebt sich: von kreisenden Gedanken hin zu Rhythmus, Material, Farbe, Bewegung. Das entspricht einem Prinzip, das in der Neurowissenschaft als »Bottom-up-Regulation« beschrieben wird: Der Körper beruhigt das Gehirn, nicht umgekehrt.

Und Basteln stiftet Beziehung. Wenn Eltern, Geschwisterkinder oder Mitfühlende etwas gemeinsam schaffen – sei es ein genähtes Herz, ein gefalteter Stern oder ein bemaltes Glas – dann wird Trauer geteilt. Das Werkstück wird zum Beweis dafür, dass Erinnerung nicht nur im Inneren bleibt, sondern in Gemeinschaft lebendig gehalten wird.

So entstehen nicht nur Gegenstände. Es entstehen Anker. Anker, die an das Kind erinnern, an Liebe, an Zugehörigkeit. Sie helfen, den Platz der Sternenkinder sichtbar zu machen – und geben Halt in einer Zeit, in der fast alles ins Wanken geraten ist.

Vom Nähen und Basteln könnte ich ein Buch füllen, weil meine Großeltern eine Schreinerei und eine Handschuhstickerei hatten, aber selbst habe ich fast keine Erfahrung mit Basteln oder Nähen. Das ist nicht meins. Dafür von vielen anderen und ich freue mich über gebasteltes:

kleine Sterne aus Papier, Stoff oder Holz, genähte Herzen oder Kissen zum Erinnern und Festhalten, Kuscheltiere oder Puppen, die symbolisch für das Kind stehen, bestickte Decken oder Tücher mit Namen oder Datum, Kerzen mit selbst gestalteten Hüllen, gefaltete Kraniche oder Schmetterlinge aus Papier, Armbänder oder Ketten aus Perlen, Erinnerungsboxen mit Zeichnungen, Fotos oder Stoffstücken, kleine Figuren aus Ton, handgeschriebene Karten mit eigenen

Motiven, bemalte Steine für das Grab oder den Garten, Schlüsselanhänger mit Symbolen, Stofftaschen mit aufgenähten Sternen, Traumfänger, die Hoffnung und Verbindung ausdrücken, oder Bilderrahmen, die mit Stoffen, Farben und kleinen Objekten gestaltet sind, Skulpturen, Grabsteine und so vieles mehr.

Kintsugi

Kintsugi ist eine japanische Reparaturtechnik, bei der zerbrochene Keramik nicht unsichtbar geflickt, sondern mit Gold oder Silber sichtbar zusammengesetzt wird. Der Bruch wird hervorgehoben – als Teil der Geschichte des Gefäßes.

In der Trauer wird Kintsugi sinnbildlich genutzt: als Ausdruck dafür, dass ein Leben mit Rissen weiter weitergelebt und geliebt werden kann. Und dass Schönheit im Sichtbaren zu sehen ist. Es aktiviert das Belohnungssystem, beruhigt das autonome Nervensystem und fördert die Integration von Erfahrung. Kintsugi verbindet dabei Symbolik mit Bewegung – und wirkt dadurch besonders tief.

Gerade bei Sternenkindern kann es helfen, das Unfassbare in etwas Sichtbares zu übersetzen. Der Moment, in dem ein Bruch repariert wird, kann als inneres Bild wirken: Nichts wird wie früher. Aber es wird weitergetragen – mit Wert und Würde. Kintsugi lässt sich zu Hause umsetzen, mit einem einfachen Keramikstück, Kleber, Farbpigmenten oder Lack. Es braucht keine Vorkenntnisse. Nur den Mut, etwas Zerbrochenes in die Hand zu nehmen. Und die Erlaubnis, es neu zusammensetzen zu dürfen.

Kintsugi zeigt für mich, wofür die Falten im Gesicht eines Lebens stehen. Für den Charakter, für die Erfahrung, für das Leben – für die Liebe zum Leben, vor allem aber zu sich selbst und damit zu anderen. Das Lachen, das Weinen, das Alter, das Wetter, die Reisen – alles tätowiert die Haut mit Falten, und das macht für mich mit den Augen und Haaren den Großteil der Attraktivität und Ausstrahlung einer Person aus.

Und wenn ich auch sonst nicht basteln kann – zeichnen, visualisieren, schreiben, das mag ich sehr. Ich liebe Kunst, und Kintsugi ist für mich so ein Ding dazwischen: Es hat kein Ziel, was mich beim Basteln und Nähen hindert, es ist aber auch nicht nur im Kopf, weswegen mir das Malen, Zeichnen, Visualisieren und Schreiben leichter fällt. Und daher taugt es mir. Leider taugt mir die Vorstellung und die Intention, der Sinn davon, viel mehr als dann die tatsächliche Umsetzung.

Es braucht viel Geduld, Erdung, innere Ruhe – die habe ich nur für 30 Minuten. Aber das macht nichts. Denn Kintsugi macht zwar jede Person für sich, doch in der Gruppe am meisten Freude und Sinn. Und mir fallen wenige Tätigkeiten ein, bei denen die Persönlichkeit von Menschen so klar zum Ausdruck kommt wie dann, wenn sich Menschen in Geduld üben.

Symbole

Viele Eltern verbinden mit ihren Sternenkindern bestimmte Tiere, Farben, Lieder, Namen oder sogar charakterliche Eigenschaften – oft ohne bewusst danach zu suchen. Sie sind einfach da. Entstehen manchmal schon in der Schwangerschaft, manchmal erst mit dem Abschied.

Diese inneren Bilder oder Zuordnungen sind psychologisch kein Zufall, sondern Ausdruck von Bindung: Das Gehirn sucht nach Symbolen, um eine Verbindung aufrechtzuerhalten – auch ohne physische Nähe. In der Trauerpsychologie spricht man von Continuing Bonds: einer dauerhaften Beziehung zu einer verstorbenen Person, die nicht abgeschlossen werden muss, sondern sich wandeln darf.

Solche Symbole – ein Schmetterling, ein Lied, ein Stern, ein bestimmter Blick in der Natur – helfen, die Beziehung zum Kind zu verankern. Sie bieten Identifikation, Halt und Wiedererkennbarkeit. Wer sie in Sprache bringt, aufschreibt, malt, näht, in die Natur trägt oder aufbewahrt, macht das Unsichtbare sichtbar. Und das Unsichtbare darf bleiben.

Auch neurobiologisch ist dieser Prozess bedeutsam: Die Wiederholung und Pflege solcher Symbole aktiviert Netzwerke im Gehirn, die für Erinnerung, Emotion und Selbstbild zuständig sind. Wer regelmäßig eine Form der symbolischen Verbindung lebt, stärkt damit unbewusst auch die eigene emotionale Stabilität. Ob auf einen Stein gemalt, in ein Buch geschrieben, als Stofftier genäht oder in einer Geste wiederholt, die Form ist zweitrangig. Entscheidend ist, dass etwas bleibt. Und dass das Kind seinen Platz hat. Immer.

Symbole sind für mich wie Worte. Schon immer und überall in meinem Leben. Sie verbinden und verleihen Bedeutung. Ich finde es auch schön, das Horoskop meiner Sternenkinder zu lesen, ihr Tierkreiszeichen zu erfahren, und auch in unseren Alltag integriere ich Symbole.

Für das Geschwisterbett meiner Kinder an der Hand gibt es für alle ein Kissen. Die Farben und die Tiere habe ich danach ausgewählt, wie ich für alle meine Kinder fühle, was ich in ihnen sehe.

Ich rede nur nicht so gern über Symbole und deren Bedeutung für mich, weil ich öfter schon die Erfahrung gemacht habe, dass es bei mir mit Glauben im religiösen oder spirituellen Sinne oder Aberglauben verwechselt wird. In dem Fall verwandeln sich Gespräche und Interpretationen schnell in Sphären, die mir vielleicht nicht fremd sind, die ich aber nicht gehen möchte. Mir reicht der Wohlfühlmoment, das Glücksgefühl, der Schimmer, den ich mir mit Symbolen verankern und wiederholbar machen kann – für Momente, in denen ich Schimmer besonders brauche.

Im Hirn ist Kopf, Bauch und Herz

Tod und Trauer werden in Deutschland wenig thematisiert. Eine eigene Haltung zu Leben kann mitunter schwer sein. Sogenannte Kopfmenschen versuchen, sich anhand vieler Informationen und Argumente zu orientieren, während sogenannte Bauchmenschen sich auf ihr Gefühl verlassen und erspüren, was ihnen guttut. Beide haben es bei einem Tabuthema schwer, weil sich Worte erst etablieren müssen und persönliche Meinung oder Erfahrung oft als Fakt vermittelt wird. Ob einer Person Gefühle oder Gedanken sicherer erscheinen, beides hat seinen Ursprung im Sinne von dass hormonelle Veränderungen die neurobiologischen Strukturen des Gehirns gestalten, Botenstoffen, Neurotransmittern und Hormonen in unserem Gehirn. Je weniger über ein Thema bekannt ist, desto mehr gilt es, sich selbst zu vertrauen.

Ich hätte mich selbst vor meinen Sternenkindern als Kopfmenschen bezeichnet und das wurde mir zum Verhängnis. Allein die Definition, wann menschliches Leben beginnt, wird im deutschen Rechtsstaat unterschiedlich definiert. Je nach dem aus welchem Blickwinkel die Frage gestellt wird, antworten das Erbrecht, das Strafrecht, das Grundgesetz und das BGB unterschiedlich und längst nicht eindeutig. Erst meine Erfahrung und meine Gefühle haben mir hier Sicherheit gegeben. Seit meiner Sternenkinder würde ich mich daher als Herzmenschen bezeichnen. Ich versuche, was ich nicht verstehe zu vertrauen, im Sinne von das Leben, wie es ist, zu lieben. Und auch Liebe ist ein Zusammenspiel aus Botenstoffen wie Dopamin (Glück, Verbundenheit), Oxytocin (Nähe, Vertrauen) oder Serotonin (Stimmung) – die ihre Quelle im Hirn haben.

Für mich steht der Bauch für Intuition auf Basis von Erfahrungswerten, von Konventionen, Glaubenssätzen, Menschenkenntnis, Gefühlen, Emotionen – also dem Emotionalen im Leben. Der Kopf steht für mich für das Greifbare, Messbare, Erklärbare, mit Sinnen Erlebbare und für den Geist, die Gedanken und Gefüh-

le. Seit meiner Sternenkinderzeit bin ich überzeugt, dass Bauch und Kopf gleichrangig und gleichwertig sind. Und das Herz steht für mich für die Verbindung von Kopf und Bauch. Seither denke ich gar nicht mehr so viel nach, seither versuche ich gar nicht mehr so viel zu erspüren. Zu wissen und fühlen, was das Richtige für mich, was das Beste für mich ist – das weiß und fühle ich bis heute nicht. Herzmensch bedeutet für mich, einfach machen und der Liebe im Leben zu vertrauen.

Codewort ‹8 Minuten› vereinbaren

In akuten Situationen helfen wir einander durch Nähe und Präsenz. Studien zeigen: Schon wenige Minuten echter Zuwendung können entlasten, beruhigen – und das Gefühl geben, nicht allein zu sein. In der Praxis hat sich die Zahl von acht Minuten etabliert. Viele Eltern von Sternenkindern berichten, dass sie nicht wissen, wie sie sich beim Umfeld melden sollen – aus Angst, zu stören oder zu belasten. Ein einfaches Codewort kann hier ein klares Zeichen sein. Wenn in einer Nachricht steht: »Hast du acht Minuten Zeit?«, ist klar: Es geht nicht um eine Lösung, nicht um ein Problem – sondern um das Dasein. Zuhören oder gemeinsam schweigen. Für acht Minuten kann jeder Termin unterbrochen werden – und diese Zeit reicht oft, um einander zu stützen.

Auch heute merke ich manchmal erst im Nachhinein, dass ich eigentlich nur eines gebraucht hätte: nicht allein zu sein. Der Satz: »Ich musste mich einfach nur auskotzen, sorry«, greift oft zu kurz – und ist eigentlich irreführend. Treffender wäre: »Ich brauche ein bisschen Liebe. Danke.« Aber wer würde das schon so sagen – mich selbst eingeschlossen. Und wenn es um den Abschied geht, um den Tod eines Kindes, reichen solche Sätze ohnehin nicht mehr. Dann braucht es keine Worte. Dann reicht es, kurz übers Wetter zu reden, gemeinsam zu weinen, zu schweigen oder über das Kind zu sprechen. Einfach nur: zusammen einsam – und dadurch weniger allein.

Beziehungen Zeit geben

Das Sprichwort »Zeit heilt alle Wunden« kann verletzen. Die Zeit selbst heilt keine Wunden und auch im übertragenen Sinne nicht alle. Zeit kann aber Beziehungen heilen. Vielleicht nicht allein, aber mit Zeit kann Raum entstehen: für Ausdruck, Bewegung, Begegnung.

Das Leben mit Sternenkindern verändert Beziehungen: zur Familie, im Freundeskreis, im Bekanntenkreis, auf der Arbeit, beim Sport, in der Nachbarschaft und sogar Begegnungen, die sich aus Grüßen beim Wandern oder beim Warten ergeben. Meist verhalten sich die Mitmenschen anders, als wir es erwarten. Und es kann sehr schwer sein. Wenige, laute, schwere Erfahrungen können die weitaus mehr leichten, beschwingenden undstärkenden Erfahrungen übertönen. Es kann sich lohnen, eine Beurteilung zu vertagen.

Wenn wir viel Energie für das Verhalten von anderen Menschen aufwenden müssen, dann kann es helfen zu sagen: Ich kümmere mich darum – aber nicht heute. Ein Kalendereintrag kann das dem eigenen Gehirn, den Gefühlen, glaubhaft machen. Beziehungsdifferenzen können sich körperlich zeigen: in Erschöpfung, Schlafproblemen, verändertem Appetit oder erhöhter Anfälligkeit – medizinisch nachvollziehbar, menschlich erklärbar. Wir müssen Beziehungen nicht aufrechterhalten. Wir müssen keine Beziehungen aus Pflicht führen. Wir müssen keine anderen Menschen bestätigen oder gesellschaftlichen Beziehungskonventionen entsprechen.

Oft rührt das Verhalten anderer nicht aus Ablehnung, sondern aus Projektion oder Unsicherheit. Psychologisch gesehen entstehen Spannungen häufig dort, wo Bindung wichtig ist – und Ambivalenz nicht ausgehalten wird. Und oft rührt das eigene Verhalten nicht aus dem Wunsch nach Verbindung von genau dieser Person, sondern aus ganz anderen Bedürfnissen: Aufmerksamkeit, Nähe, Bestätigung, Relevanz, Sicherheit – und vielem mehr. Wir selbst, mit Erfahrungen, gesellschaftliche Konventionen und Glaubenssätzen knüpfen diese Bedürfnisse an bestimmte Menschen. Die Bedürfnisse lassen sich schwer verändern, und andere Menschen noch schwerer – das muss und darf auch nicht sein, aber wir können unsere Bedürfnisse mit anderen Menschen verknüpfen, mit wohlwollenden, mit wertschätzenden. Und die gibt es.

Bei Sternenkindern sind die Beziehungen besonders vielseitig und vielschichtig, doch durch das Tabu meist weniger bewusst und bekannt – den Eltern selbst oft nicht, manchmal nicht mal den Mitfühlenden. Beziehungen sind wie das Wetter, wie die Jahreszeiten: kalt und stürmisch, doch immer in Bewegung. Sie können sich ändern. Und sie beeinflussen nicht nur, wie wir fühlen, sondern auch, wie wir mit anderen in Verbindung treten. Das ist der Grund, warum soziale Zurückweisung im Gehirn teils genauso verarbeitet wird wie körperlicher Schmerz – in denselben Arealen, etwa dem anterioren cingulären Cortex (ACC). Es kann Wochen, Monate oder Jahre dauern. Wir sind alle Teil der Natur. Teil des

Kreislaufs des Lebens. Und so können wir wieder zueinander finden – müssen aber nicht. Doch wir dürfen.

Seit meiner Sternenkinder nehme ich Freundschaften im Moment wahr und auf den Lebensbereich bezogen. Wir gehen so viele Wege im Leben, wie wir Rollen und Beziehungen im Leben eingehen. Wir begleiten einander zum Beispiel nur beim Sport, können hier aber einen so ermächtigenden Impuls auf das Leben mit Sternenkindern setzen, wie es eine lebenslange familiäre Beziehung nicht kann.

Menschen, die mich verletzen, wenn es um meine Sternenkinder geht, motivieren mich, wenn es um meine berufliche Entwicklung geht. Wir gehen auf jeden Fall zusammen. Mal länger, mal kürzer, mal intensiver, mal weniger, mal verletzender, mal stärkender – und das muss ich nicht begreifen, formulieren und keinesfalls aufrechnen. Es haben sich auch Freundschaften so sehr verändert, dass schon lange kein Kontakt mehr besteht. In dem Fall halte ich das Leben mit Sternenkindern für ein wertvolles Selektionskriterium. Ich bin einfach froh über die vielen, viel tieferen und sichereren Freundschaften und mein Vertrauen in Freundschaften.

Rituale

Manche Menschen geraten dabei ins Grübeln, ins Planen, ins Verkopfen – und entfernen sich dabei genau von dem, was sie eigentlich spüren wollten. Doch Rituale stehen immer im Bezug zum Sternenkind. Sie sind Ausdruck der Verbindung. Für viele Eltern werden sie zu einer wiederkehrenden, oft auch dynamischen Gewohnheit – ein Rahmen, der Halt gibt, weil er nicht verlangt, sondern einlädt. Ein Weg, wie sich Sternenkinder ins Leben integrieren lassen. Nicht als Pflicht, sondern als Möglichkeit.

Dass Rituale Wirkung zeigen, ist empirisch gut belegt. In der Resilienzforschung wird immer wieder betont, wie kraftvoll transgenerationale Ressourcen wirken können – also Bewältigungsmuster, Werte, Geschichten und eben auch Rituale, die über Generationen weitergegeben werden. Besonders deutlich zeigt sich das in der Nachkriegsforschung oder bei Kindern von Geflüchteten: Wer erlebt, dass Erinnerung erlaubt ist und dass Bindung auch nach einem Bruch weitergetragen werden darf, entwickelt häufiger innere Stabilität. Der Tod eines Kindes ist das Bindungstrauma schlechthin.

Das Gehirn versucht dennoch, die Verbindung aufrechtzuerhalten – durch Bilder, Gespräche, Gerüche, Wiederholungen. Rituale greifen genau diesen Mechanismus auf. Sie geben der Bindung eine Form, die das Nervensystem beruhigt. Das erklärt, warum gemeinsames Gedenken, kleine Gesten oder wiederkehrende Handlungen so stabilisierend wirken können: Sie imitieren Nähe. Und sie bestätigen, dass die Liebe bleibt.

Mich setzen Rituale unter Druck. Gerade wenn sie zu festen Zeiten stattfinden oder mit bestimmten Erwartungen verknüpft sind. Selbst ein Geburtstag oder ein Todestag, ein Tag im Kalender. Zeitrechnung, Tagesvermessung – ist für mich ein Konstrukt des Menschen. Eine Antwort auf menschliche Grundbedürfnisse nach Ordnung, Wiederholung und Bedeutung. Sie begann mit dem Beobachten des Himmels und wurde mit Kalendern, Uhren und schließlich Zeitzonen zu einem kulturellen und politischen System.

Und daran muss ich irgendwie bei Ritualen denken. Als müsste ich meine Sternenkinder erst echt machen. Diese Haltung hat aber über die Zeit massiv gewandelt. Am Anfang habe ich sie gebraucht, die Rituale, weil meine Sternenkinder nicht anerkannt, nicht wertgeschätzt, nicht geliebt wurden. Deshalb ist die Sternenkindermappe auch voll von möglichen Ritualen für das Leben mit Sternenkindern.

Jetzt werden sie zwar auch noch nicht wie alle anderen Menschen anerkannt, wertgeschätzt und geliebt, aber danach richte ich mich nicht mehr aus. Sondern nach mir und den Menschen und Institutionen von denen sie Anerkennung, Wertschätzung und Liebe, die sie erhalten. Die gibt es immer und überall. Dadurch breitet sich die Liebe aus, verteilt sich auf mehr Menschen, Sternenkinder werden immer sichtbarer – und irgendwie glaube ich, Rituale würden dieser Gewissheit widersprechen. Sie machen sie kaputt, einfach weil sie für mich für Pflicht stehen, für Ordnung, Wiederholung und Bedeutung.

Als müsste ich Sternenkindern eine Bedeutung geben – die haben sie ihrer selbst willen, ihrer bloßen Existenz wegen, ob wir diese Liebe annehmen wollen oder nicht. Und weder Tod, Trauer noch Trauer als Liebe entsprechen für mich einer Ordnung, einer Wiederholung oder benötigen ihre Bedeutung von mir. Ich liebe aber Traditionen, weil die für mich weniger individuell, sondern mehr für den größeren sozialen Kontext stehen. Deshalb sind die Geburtstage und gleichzeitigen Todestage meiner Sternenkinder für mich heute schwieriger. Ich gedenke eher den ganzen Monat über, weil sich meine Stimmung kurz vor und während ihres Geburts- und Todesmonats am besten als Trauerwellenwochen beschreiben lässt. Und ich freue mich, und zelebriere regelrecht den Weltsternenkindertag, am 15.10. Ich fiebre auf ihn mehr hin als den Tag danach – meinem Geburtstag. Der Weltsternenkindertag entwickelt sich hoffentlich immer mehr zu einer weltweiten Tradition: Ein weltweites Kerzenmeer um 19:00 Uhr. Dank Zeitrechnung, Tagesvermessung, Zeitzonen und politischen Entscheidungen des Zeitgeistes kommt es zu einer weltweiten Lichterwelle, gleich einer Laola-Welle im Fußballstadion. Es entzündet stündlich ein Land nach dem anderen überall auf der Welt und so entsteht ein Lichterwellenmeer. Das steht für Liebe und zeigt, wie einzigartig Liebe gelebt und integriert werden darf.

Feste Feiern

Bei Sternenkindern kann es sein, dass Geburtstag und Todestag zusammenfallen – ein Tag voller Liebe, Schmerz, Fragen und Erinnerungen. Manche Eltern nennen diesen Tag den Himmelsgeburtstag. Bei Kindern, die Zeit an der Hand verbracht haben, wird oft der Geburtstag zum Himmelsgeburtstag.

Wie dieser Tag gestaltet wird, ist zutiefst individuell. Manche Menschen fühlen sich getragen durch ein Fest oder ein kleines Gedenken im engsten Kreis. Andere feiern den Himmelsgeburtstag mit Klang und Kerzen, in einem Andachtsraum, auf einer Wiese oder einfach zu Hause. Manche legen ein Geschenk oder eine Reisschale aufs Fensterbrett, wie es in manchen Regionen Chinas üblich ist. Für einige darf der Tag wie ein Geburtstag gestaltet sein – mit Kuchen, Blumen, Erinnerungsalbum oder einem kleinen Ausflug. Für andere sind es leise Gesten, ein Schmuckstück, ein Brief oder ein stiller Gedanke, der den Tag trägt.

Das Feiern eines Himmelsgeburtstags oder anderer Lebensdaten ist ein aktiver, gesunder und identitätsstiftender Bestandteil moderner Trauerkultur. Solche Lebensmarken ermöglichen Sinngebung und Kontrolle in einem Moment, der oft von Ohnmacht geprägt ist. Trauer ist ein aktiver Prozess, bei dem Rituale helfen können, emotionale Bindungen aufrechtzuerhalten. Der Tod eines Kindes aktiviert im Gehirn oft dieselben Areale wie körperlicher Schmerz, insbesondere im anterioren cingulären Cortex (ACC). Rituale oder Gedenkhandlungen wirken beruhigend, weil sie Bindung symbolisch »weiterleben« lassen – das stabilisiert das Bindungssystem. Liebevolle Erinnerungen, geteilte Feste und soziale Nähe – selbst in symbolischer Form – aktivieren neurobiologische Belohnungssysteme, die Stress reduzieren und Trauerverarbeitung begünstigen. Gleichzeitig tragen solche Handlungen zur kulturellen Normalisierung von Trauer bei. Rituale sind eine soziale Sprache, durch die auch nicht gesagte Gefühle kommuniziert werden können. Sie ermöglichen eine transgenerationale Weitergabe von Erfahrungen und Werten. Symbolische Kommunikation schafft »sprechende Räume« in einer sprachlich oft stummen Erfahrung. Und schließlich dienen diese Formen des Gedenkens auch als Gedächtnisstütze für Identität – für Eltern, Geschwister und das soziale Umfeld.

Manche Eltern verändern die Gestaltung dieses Tages über die Jahre sehr. Viele rechnen auch nach, wann ihre Sternenkinder Einschulung oder andere Lebensereignisse gehabt hätten, und integrieren sie in Familienfeste oder Weihnachten. Manche dieser Eltern berichten davon, es ihren toten Kindern schuldig zu sein. Diese Feste stehen für Reden, Lachen, Leben – und Lieben.

Für meine Sternenkinder gestalte ich keine Feste – habe ich auch nie. Ich gedenke ihnen. Ich feiere aber wegen meiner Sternenkinder ein etabliertes und sehr traditionelles Willkommensfest meiner Kinder an der Hand. Erst durch meine Sternenkinder wurde mir bewusst, dass wir in unserer Gesellschaft ein neues Leben erst ein Jahr später feiern: am ersten Geburtstag – und dann meist auch nur klein. Das wird meinen Gefühlen nicht gerecht. Beim Feste-Feiern geht es meiner Meinung nach aber nicht um den Grund des Festes, also die Person, sondern um die Freude über diesen Grund, also um die Freude, dass diese Person Teil der Natur, Teil der Gemeinschaft, Teil unserer Lebens ist.

Für mich bedeutet das auf meine Kinder bezogen: Ich möchte es in König der Löwen. Wenn Simba vom Affen Rafiki allen Tieren in der afrikanischen Steppe der Serengeti stolz präsentiert wird – so möchte ich das Wunder des Lebens feiern. Wenn wir ein Kind kennenlernen dürfen, begleiten dürfen, mit allen Sinnen erleben und lieben dürfen.

Seit meiner Sternenkinder hat sich die Floskel ›Wunder des Lebens‹ mit Erfahrung gefüllt. Das möchte ich ganz Besonders feiern, wie ich es im normalen Alltag nicht tue. Und nichts steht für mich mehr für Prunk und Gloria und passt besser zu einem Willkommensfest wie die katholische Kirche mit dem Sakrament, der Tradition, Taufe.

Die Jahrhunderte, die Generationen an Menschen, die ein Gotteshaus beherbergt hat. Das Gebäude einer Religion, die Menschen von Beginn an anerkennt. Die Religion und im Alltag die Kirche wird viel mit Nächstenliebe, aber noch viel mehr mit Menschlichkeit in all ihren extremen, dramatischen und solidarischen Facetten in Verbindung gebracht.

Die Höhe der Wände, die Dekorationen, die Akustik des Raumes, die Anzahl der Sitzplätze, die Ausrichtung, die Organisation. Berührend. Bewegend. Emotional. Seit meiner Sternenkinder greife ich auf die Taufe zurück und wünsche mir für alle Kinder an der Hand und ihre Mitfreuenden ein Willkommensfest.

Gefühle ausleben

(Der folgende Textabschnitt ist roh. Aber er ist nur so für viele wahr. Deshalb darf er Raum haben. Nicht überall. Aber hier.)

Es ist beschissen. Nichts ist schlimmer. Warum also sollte es sich je anders anfühlen? Gerade wenn »der Monat« kommt. Viele Sterneneltern sprechen nicht vom Tag, sondern vom Monat – weil sich mit seinem Näherkommen die Stimmung verändert. Und wenn dann Sätze fallen wie »Warum?«, »Immer noch?«, »Schon wieder?« – ja. Es ist immer noch so. Das Kind ist tot. Also ja, es ist immer noch beschissen.

Trauer hat kein Verfallsdatum. Und schlechte Tage sind nicht falsch, nicht peinlich, nicht vermeidbar. Sie sind nur ehrlich. Es ist zu viel. Eine Leere. Und dann wieder diese Wut. Einsamkeit. Traurigkeit. Lähmung. Nebel. Im Nervensystem aktivieren Trauer und Schmerz oft dieselben Areale wie körperliche Gefahr. Das bedeutet: Der Körper will fliehen, angreifen, erstarren oder sich anpassen – das sogenannte Fight-Flight-Freeze-Fawn-Muster. Diese Reaktionen sind nicht »unnormal«. Sie sind ein Zeichen dafür, dass etwas unfassbar Ungewolltes passiert ist.

Im asiatischen Denken, besonders im Daoismus, ist gibt es kein Ende wie in unserem linearen Denken. Sondern Übergange. Der Kreislauf von Leben und Tod ist ein einziger ständiger Wandel, getragen von der Balance zwischen Yin und Yang. Was vergeht, bleibt wirksam. Im Inneren. Im Handeln. In der Welt. In der Liebe.

Scheiße.

Es ist oft so verdammt scheiße. So schlimm – es gibt keine Worte.

Ich gehe dann laufen. Oder boxen. Oder weinen. Oder alles zusammen. Also hintereinander – weil gleichzeitig geht nicht. Es ist zu viel.

Und manchmal auch einfach gar nichts. Eine Leere.

Und dann wieder diese Wut. Diese Machtlosigkeit. Diese Sinnlosigkeit. Diese Traurigkeit.

Am besten drücken das Kraftwörter aus. Zurecht sind sie Kraftwörter genannt. Das Wort »Scheiße« zeigt es gut.

Für mich ist Scheiße das wertvollste unter den Kraftwörtern.

Weil Scheiße ein Synonym für Mist ist.
Und Mist ist Nährboden. Kompost. Nährstoff. Heimat für Samen.
Für Samen, die wachsen. Blühen. Früchte tragen.
Verwelken. Vergehen. Verrotten –
doch verschwinden, das tun sie nicht.
Sie werden wieder zu Erde.

Erde, je nachdem, wo sie sich befindet, auch Dreck genannt – was wir oft scheiße finden. Was gleichbedeutend ist mit Mist.

Der Nährboden im Kreislauf des Lebens.
Dessen Nährboden Liebe ist.

Von allen Kindern erzählen

Wenn die Frage kommt: »Wie viele Kinder hast du?« oder »Bist du Mutter?«, bringt sie manchmal mehr mit sich, als sie zeigt. Für viele Menschen ist es eine harmlose Frage. Für Sternenkindeltern kann sie tief treffen.

Manche entscheiden sich in solchen Momenten bewusst dafür, von allen Kindern zu erzählen – auch von denen, die nicht mehr leben. Nicht, um andere zu schockieren, sondern weil es sich richtig anfühlt. Weil jedes Kind Teil der eigenen Geschichte ist. Weil sie Mutter oder Vater dieser Kinder sind – unabhängig davon, wie lange sie auf dieser Welt waren.

Von allen Kindern zu erzählen, kann Kraft geben. Es kann Zugehörigkeit schaffen, Würde verleihen, Identität stärken. Es kann helfen, das eigene Erleben zu ordnen und zu sagen: »Ja, dieses Kind hat existiert. Es gehört zu mir.« Gerade in einer Welt, in der Sternenkinder oft unsichtbar bleiben, kann dieses Aussprechen heilsam sein.

Es geht nicht darum, immer und überall zu erzählen. Sondern um das Recht, es tun zu dürfen – ohne Erklärung, ohne Rechtfertigung. Und um die Möglichkeit, damit ein Zeichen zu setzen: für das eigene Herz, für andere Eltern, für eine liebevollere Sprache des Erinnerns.

Auf der Hochzeitsfeier von Freunden meines Mannes gab es ein Spiel mit den Gästen. Dem Bräutigam wurden die Augen verbunden, und über Handzeichen als Antwort sollte er die Frage erraten. Eine lautete: »Wer im Saal hat Kinder?« Wir hatten zwei Sternenkinder, aber noch keine Kinder an der Hand. Ich hob meine Hand nicht. Selbst wenn ich sie heute heben würde – ich wüsste, dass mit ihr nicht alle meine Kinder verbunden sind. Und ich bin überzeugt: Das liegt mehr am Tabu als an einzelnen Situationen.

Wenn es mir möglich ist, antworte ich auf die Frage nach Kindern immer mit »all meinen Kindern« – oder gebe zumindest einen Impuls, indem ich sage: »Ich habe drei Kinder an der Hand (und zwei Sternenkinder).«

Viel zu oft mache ich es aber nicht, weil der Kontext nach Kindern an der Hand verlangt. Dann ergibt es keinen Sinn – bedrückt mich aber trotzdem. Wenn zum Beispiel beim Ostereiersuchen gefragt wird: »Und wie viele Kinder haben Sie?« – dann ist etwas anderes gemeint. Und ich glaube: Wenn Sternenkinder anerkannt wären, würde es in solchen Momenten gar nicht auffallen. Denn wenn wir wollen, können wir alle damit umgehen, was eine Person meint – auch wenn sie etwas anderes sagt. Nur wenn wir es persönlich nehmen, wenn es um ein Thema geht, bei dem wir uns ungerecht behandelt fühlen – oder um den wichtigsten Teil von uns: unsere Kinder – dann werden wir sehr sensitiv und emotional. Was gemeint ist, und was gesagt wird – das wird bedeutsam. Doch gerade das ist auch ein Zeichen von Liebe: Auch gekränkt – lieben wir.

Erinnerungen zum Festhalten

Wenn ein Kind stirbt, ist oft alles flüchtig: der kurze Moment des Kennenlernens, die wenigen Fotos, das Gewicht auf der Hand, der Duft. Umso wertvoller kann es sein, Erinnerungen zu schaffen, die bleiben – als greifbare Verbindung, als Symbol für ein Kind, das nicht vergessen wird, und als Ausdruck der Liebe, die weiterlebt. Nicht alle Erinnerungen müssen selbst gebastelt oder genäht werden. Es gibt viele Wege, sich etwas gestalten zu lassen oder bewusst etwas auszustellen – zum Gedenken, zur Würdigung, zur Orientierung. Es gibt so viele Möglichkeiten mittlerweile, hier eine Auswahl:

- das Sternenband – ein offizielles Erkennungszeichen für verwaiste Eltern und Paare mit unerfülltem Kinderwunsch. Ein schwarzes Armband mit silbernem Stern und gelben Perlen – jede Perle steht für ein Sternenkind.
- Skulpturen – aus Gips oder Keramik, zum Beispiel als Hand- oder Fußabdruck, mit oder ohne Abdruck des Schwangerschaftsbauchs. Anbietende fertigen daraus Kunstwerke, die sich dezent in den Alltag integrieren lassen.
- Erinnerungskissen – oft basierend auf den Maßen oder dem Gewicht des Kindes. Ein Kissen in der Geburtsgröße kann Halt geben, umarmen, begleiten.

• Personenstandskunde – künstlerisch aufbereitete Dokumente mit Geburts- und Sterbedaten, manchmal kombiniert mit Sternzeichen, Mondphase, Geburtsort oder persönlichem Text.

• Fotografien auf Stoff, Glas oder Metall – zum Beispiel mit Fußabdrücken, Herzschlagkurven oder den Händen der Eltern.

• Schmuck – individuell graviert oder mit Symbolen, Koordinaten, Initialen oder auch mit einem Abdruck. Manche Eltern lassen ein Ultraschallbild auf einen Anhänger drucken oder verarbeiten Muttermilch, Asche oder Haare in ein Schmuckstück.

• Kunstwerke basierend auf dem Schwangerschaftsbauch – Zeichnungen, 3D-Modelle oder digitale Illustrationen, die das Kind in der Geborgenheit des Bauchs zeigen – oft auch kombiniert mit Symbolen wie Licht, Schutz, Farben oder Tieren.

• Papeterie – zarte Karten, Kalender, Lesezeichen oder auch ein Eintrag ins Familienbuch. Es gibt Anbietende, die speziell für Sternenkinder gestaltete Bücher anbieten.

• Online-Galerien oder digitale Gedenkseiten – personalisierbar, dauerhaft zugänglich, manchmal mit Musik oder Erinnerungsfunktionen.

• Gedenkfiguren und Kerzenhalter – dezent oder symbolisch, in Form von Engeln, Tieren oder minimalistischen Figuren. Oft als Set, das auch Geschwisterkinder mit einbezieht.

• Journaling, Tagebücher, Erinnerungsalben – Raum für alle Gedanken und Gefühle, um sich mit den Sternenkindern zu verbinden, lässt sich auch mit Mitfühlenden gestalten.

Ich habe so viele gebraucht. Von den wenigsten wusste ich.

Heute wähle ich aus, was mich wirklich bewegt – wie zum Beispiel die Kissen fürs Geschwisterbett.

Sie sind zum Kuscheln, Spielen, Schmusen, Granteln, Boxen, Kissenschlachten, Höhlenbauen – und werden mit Tränen, Tritten und Umarmungen behandelt. Meist besorge ich mir Erinnerungen zum Festhalten, um die Sichtbarkeit von Sternenkindern ehrenamtlich zu unterstützen. Daher bin ich bei allem dabei – aber brauchen, brauchen tue ich es nicht mehr. Zumindest nutze ich es nicht mehr so, wie ich es früher gebraucht habe: Die Dinge zu drapieren, zu betrachten, zu bestaunen und als Anker zu nutzen. Vielleicht brauche ich sie heute nur deshalb nicht mehr – weil ich es könnte, wenn ich es wollte. Wie auch immer: Sie stehen für viel Liebe.

Sternsteine

An Friedhöfen, an Gedenkständen, in Schubladen oder an besonderen Plätzen in der Wohnung – sogar bei Familienmitgliedern oder im Freundeskreis – finden sie ihren Ort: kleine Steine, in Sternform geschliffen, graviert mit dem Namen und den Lebensdaten des Kindes. Sie erinnern an Geburt und Tod zugleich. Und sie zeigen, oft still und doch unübersehbar, dass dieses Kind einen Platz hatte. Und hat.

Das Festhalten an einem persönlichen Erinnerungsstein – sei es sichtbar im Raum oder symbolisch im Herzen – ist neurologisch sinnvoll, weil haptische und visuelle Reize das limbische System aktivieren, insbesondere die Amygdala und den Hippocampus. Diese Areale sind zentral für emotionale Verarbeitung und Gedächtnisbildung. Ein Stein mit Gravur kann als »sicherer Anker« dienen: Er stabilisiert das Bindungssystem, hilft bei der Orientierung im Trauerprozess und reduziert Stress durch wiedererkennbare Rituale und sinnliche Berührung.

Ich habe gleich mehrere anfertigen lassen: für das Gemeinschaftsgrab, für den Friedhof bei den Großeltern und der Mutter meines Mannes, bei meinen Großeltern, für die Bäume bei meiner Schwester, bei meiner besten Freundin, für die Schublade daheim in Deutschland, in China – und auch auf Vorrat. Kurzum: Ich wollte etwas beweisen. Es hat bei mir – wegen des Tabus – lange gebraucht, keinen Beweis mehr zu benötigen: für die Existenz, die Anerkennung und die Liebe zu meinen Sternenkindern.

Tattoo stechen lassen

Ein Tattoo kann in diesem Zusammenhang zu einem sichtbaren Anker werden: für die eigene Geschichte, für die Liebe, für das, was nicht vergeht. Es ist kein Modeaccessoire, sondern eine körperlich verankerte Form von Erinnerung, Zugehörigkeit und Anerkennung – mitten im Leben.

Gerade in der Trauerbegleitung zeigen Studien, dass körpernahe Symbole (wie Tattoos oder Schmuck) emotionale Selbstwirksamkeit stärken und Identitätsprozesse unterstützen können. Ein Tattoo kann also nicht nur Ausdruck sein, sondern auch Ressource – eine bewusst gewählte, sichtbare Verbindung zu einem unsichtbaren Band.

Ich wollte nie ein Tattoo. Wenn es irgendetwas gibt, von dem ich heute noch so überzeugt bin wie morgen, fürchte ich zu stagnieren. Meine Kinder – die Liebe zu ihnen – ganz sicher nicht, sie war, ist und bleibt – mit allen ihren

Wandlungen beständig auf ewig. Mein Mann tätowierte sich dasgleiche an dergleichen Stelle. Weil: Was auch immer mit unserer Beziehung zueinander ist – unsere Kinder werden auf ewig ein Teil von uns sein. Es war ein bewegendes und langes Erlebnis. Wir sind auf eine Hütte gefahren, um uns wirklich Zeit für uns und für die Verbindung zu nehmen, haben viel überlegt, skizziert, herumprobiert, ausprobiert, gemalt, gelacht, gestritten, gesungen, getrunken und geliebt – Und fanden das perfekte Tattoo für uns – ermöglicht durch die besondere Freundin eines sehr wertvollen Freundes. Ich will am liebsten immer wieder ein Tattoo. Es kann ein Akt aus Liebe und für die Liebe sein.

Zeitlose Gedenkmöglichkeiten wiederholen

Im Unterschied zu genähten Erinnerungsstücken, persönlichen Bastelarbeiten oder dauerhaft sichtbaren Gegenständen wie Schmuck, Kissen oder Skulpturen gibt es auch Formen des Gedenkens, die nicht an ein einzelnes Objekt gebunden sind. Sie lassen sich immer wieder neu gestalten – Jahr für Jahr, ein Leben lang.

Diese Formen des Gedenkens können sich verändern, wachsen, pausieren oder neu beginnen – je nach Lebensphase, innerem Bedürfnis oder äußerem Rahmen. Einige Eltern entwickeln daraus kleine Rituale, andere lassen sich spontan vom jeweiligen Tag oder der Jahreszeit leiten. Sie alle verbindet: Das Gedenken darf bleiben. Es muss sich nicht erschöpfen. Und es braucht keine Bühne, um zu wirken. Wiederkehrende Gedenkmöglichkeiten können sein:

- das Anzünden einer Kerze am Geburtstag oder Todestag
- ein stiller, bewusster Spaziergang – regelmäßig oder ganz intuitiv
- ein Brief an das verstorbene Kind – zum Geburtstag, Todestag, zu Weihnachten, an den Elterntagen oder wann immer der Wunsch entsteht
- ein Symbol (z. B. ein Stein, Herz oder Origami), das jedes Jahr neu gestaltet, ergänzt oder weitergegeben wird – wie beim »Hermann–Kuchen«, einem Kettenkuchen mit Freundschaftscharakter, der sich symbolisch für Sternenkinder übertragen lässt: als Kettenbrief, Gedenkstein oder kreatives Zeichen der Verbundenheit
- eine Spende oder Unterstützung für eine gemeinnützige Aktion im Namen des Kindes
- ein Lied – immer das gleiche oder eines, dessen Text sich verändert, während der Refrain bleibt

• ein Kuchen, der jedes Jahr gebacken wird – auch wenn ein Stück übrig bleibt

• ein Stern am Fenster, der für ein paar Tage leuchtet

• ein neues Erinnerungsstück (z. B. Schmuck, Tattoo oder Kunstwerk), das mit den Jahren ergänzt wird

• ein Eintrag im Notizbuch oder Erinnerungsalbum, das weitergeführt wird

• gemeinsame Aktionen mit Mitfühlenden: Basteln, Pflanzen, Reisen – in Gedenken

• stille oder öffentliche Teilnahme an Gedenkaktionen wie dem Weltsternenkindertag am 15.10. oder einem Sternenkindermarsch

• das Schreiben oder Teilen von Texten, Gedanken oder Gedichten – in sozialen Medien oder ganz privat

Diese wiederkehrenden Formen geben Halt auf Beziehungsebene. Ein Jahr mehr ohne das Sternenkind, ein Jahr mehr in Trauer, in Gedenken, in Liebe.

Allen Kindern in unserer Familie und im Freundeskreis haben wir Blumenpatenschaften geschenkt. Sie werden jährlich erneuert, und die Namen aller Kinder sind auf einer Tafel im Feld eingraviert. Wir hatten auch ein schönes gemeinsames Treffen, um die blühende Wiese zu bestaunen, der Sternenkinder durch die Namenstafel zu gedenken und einen schönen gemeinsamen Sommertag zu verbringen. Mit meinen Fotos von Füßen, als Zeichen für die Spuren von Kindern im Leben, habe ich anfangs nur für mich ein Zeichen gesetzt. Es hat sich zu einer verbindenden Gewohnheit im Freundeskreis und auch mit vielen digitalen wie auch persönlichen Begegnungen entwickelt. Von anderen Umweltprojekten erhalten wir Urkunden mit den Namen aller unserer Kinder – als Geschenk. Kerzen werden von Mitfühlenden in Kirchen, auf Friedhöfen oder daheim angezündet, und Fotos werden geschickt. Ich selbst schreibe sehr viel – auch Gastbeiträge in anderen Formaten und Themenbereichen. Ein sehr originelles und wörtlich bewegendes Projekt ist es, den Namen von Verstorbenen auf einem Surfbrett festzuhalten: Eine E-Mail an ›One last wave‹ reicht. Es gibt so viele Möglichkeiten, die Liebe zu Verstorbenen zu teilen.

Fakten schaffen

Wenn ein Kind stirbt, bleibt immer zu wenig. Zu kurz war die Zeit, zu plötzlich das Ende, zu viel ging unter im Schock, in der Trauer, in der Sprachlosigkeit. Doch es gibt Dinge, die sich trotz allem festhalten lassen

– messbar, nachvollziehbar, aufschreibbar. Für viele Eltern kann das ein Anker sein: etwas, das bleibt. Etwas, das sichtbar macht, dass es dieses Kind gegeben hat – und dass es zählt.

Objektive Informationen helfen, Ordnung ins Chaos zu bringen. Sie lassen sich aufschreiben, dokumentieren oder später in einem Erinnerungsbuch zusammentragen. Dazu gehören zunächst die zeitlichen Daten: der Tag und die Uhrzeit der Geburt, der Todestag, die Schwangerschaftswoche, der errechnete Geburtstermin. Auch der Ort der Geburt oder der medizinischen Betreuung kann genannt werden, genauso wie die Dauer der Schwangerschaft in Tagen oder Wochen, das Datum des positiven Tests oder der letzte Ultraschalltermin.

Wenn das Kind körperlich anwesend war – ob durch eine Geburt, einen Kaiserschnitt oder eine stille Entbindung – lassen sich auch Größe, Gewicht, Kopfumfang, Hand- oder Fußabdrücke, Fotos oder Ultraschallbilder festhalten. In manchen Fällen gibt es medizinische Informationen wie eine Diagnose, eine genetische Besonderheit oder ein Untersuchungsergebnis. Auch Geburts- und Sterbeurkunden, Personenstandseinträge oder Krankenhausberichte können dazugehören – ebenso wie ein Mutterpass oder pathologische Befunde, wenn Eltern das wünschen.

Manche Fakten wirken auf den ersten Blick rein symbolisch, lassen sich aber durchaus genau berechnen: das Sternzeichen, das chinesische Tierkreiszeichen, die Mondphase zum Zeitpunkt der Geburt, das Sternbild, das in dieser Nacht zu sehen war – all das kann zur liebevollen Beschreibung des Kindes beitragen. Sogar der Aszendent lässt sich bestimmen, wenn Uhrzeit und Geburtsort bekannt sind. Die Bedeutung des gewählten Namens oder der Ursprung seiner Silben kann ebenfalls notiert werden – ebenso wie die Namen von Geschwistern, Paten oder begleitenden Personen.

Für manche Eltern ist es heilsam, einen Überblick über alle sichtbaren Orte zu schaffen, an denen das Kind gewürdigt wurde: Der Ort der Geburt, der Friedhof oder das Gemeinschaftsgrab, Gedenkorte in der Wohnung, bei der Familie oder in der Natur. Auch Urkunden von Baumpatenschaften, Kerzen in Kirchen oder eingravierte Namen auf Gedenktafeln zählen zu diesen dokumentierbaren Formen der Erinnerung.

Nicht immer geschieht das alles sofort. Oft dauert es Wochen, Monate oder Jahre, bis Eltern bereit sind, solche Fakten aufzuschreiben – manchmal machen es auch Mitfühlende möglich, ein Geschwisterkind, ein

Großelternteil oder eine nahestehende Person. Wichtig ist nur: Diese Fakten dürfen bleiben. Sie dürfen gesammelt, verwahrt und weitergegeben werden – als sichtbares Zeichen für ein unsichtbares Leben.

Solche messbaren Informationen können dabei helfen, das Unfassbare fassbarer zu machen. Sie schaffen Raum für Würde, Identität und Zugehörigkeit – gerade in einer Gesellschaft, die häufig nur das sieht, was laut, lebendig oder lange da war. Aber Liebe misst sich nicht an Zeit. Und ein Kind ist ein Kind – von der ersten Sekunde an.

Ich mag die Binsenweisheit: Die Hummel kann nach naturwissenschaftlichen Maßstäben nicht fliegen – aber sie weiß das nicht und tut es trotzdem. Auch wenn die Aussage biologisch nicht korrekt ist – oder gerade deshalb – steht sie sinnbildlich dafür, was ich empfinde. Je älter ich werde und nach dem ich Thomas Nagels Aufsatz mehrmals gelesen habe (»What is it like to be a bat?«) Glaube ich, dass wir die Wahrheit nie erfassen können. Was wir erkennen, bleibt immer begrenzt.

Jeder Mensch lebt in einer eigenen Realität, geprägt durch Erleben, Prägung, Perspektive und Sprache.

Jede Perspektive ist ein reales Erleben – und kann einen Teil der Wahrheit sichtbar machen.

Es gibt mehr Realitäten, als es je Menschen in der Vergangenheit gegeben hat, es im Moment gibt und in Zukunft geben wird.

Auch das Leben mit Sternenkindern zeigt mir das: Unterschiedliche Erfahrungen, Ausdrucksformen und Umgangsweisen sind nicht nur möglich, sondern notwendig. Mir geht es nur um einen sachlichen Kern, der dieser Vielfalt ihr Fundament gibt – einen Fakt: Ein menschliches Lebewesen ist ein Kind. Wenn Eltern es überleben, bleibt es ein Kind – gewesen, geblieben und, so bleibt zu hoffen, in Erinnerung als geliebt gewusst. In der Beziehungsrolle nennen wir es: Sternenkind.

Wasser, Meer, See, Fluss als Energiequelle nutzen

Der Ozean ist mehr als nur ein Naturphänomen – er ist ein Resonanzraum für das, was im Inneren geschieht. Der regelmäßige Klang von Meereswellen wirkt beruhigend auf das autonome Nervensystem: Er aktiviert den Parasympathikus, senkt den Cortisolspiegel und fördert im Gehirn Ruhe- und Regenerationsprozesse. Rhythmische Abläufe wie Gezeiten, Sonnenauf- und -untergänge oder die Jahreszeiten strukturieren unser inneres Zeitempfinden und können in psychischen Ausnahmezuständen Stabilität geben. Besonders nach traumatischen Verlusten hilft die Natur dabei, emotionalen Schmerz zu regulieren und wieder Vertrauen in das Leben zu finden. Dabei spielt Wasser eine besondere Rolle: Die Kombination aus Weite, Rhythmus und Lebendigkeit macht Meere und Seen in der Naturtherapie zu heilenden Umgebungen.

Jede Person kennt Wasser: Meer, See oder Fluss. Jede hat dazu eine Erfahrung, Erinnerung, eine Beziehung, ein Gefühl. Wir bestehen zu einem großen Teil aus Wasser – je nach Alter und Körperbau zwischen 45 und 75 %. Wasser ist ein Element – wie Feuer, Luft oder Erde. Im chinesischen Denken kommt als Element noch Metall dazu. Ich ergänze noch das Element Liebe. Wasser eint uns, haben alle Menschen gemein. Wir alle leben, wir alle werden irgendwann nicht mehr leben.

Wie die Trauer als Liebe kann Wasser in unterschiedlichsten Formen erscheinen: wie ein tosendes Meer, das sich mit wenigen Worten in stillste See verwandelt. Es steht für Weisheit, Routine und Tradition – und gleichzeitig für Wildnis, Leben und Veränderung.

Die Natur verändert sich ständig, wie die Trauer dynamisch ist. In einem Jahr sind die Krebse und Quallen an einem Ort, im nächsten Jahr an einem anderen. Sichtweisen auf das eigene Leben, den Sinn des Lebens verändert die Trauer. Keine Person kann den Ozean erklären, vorhersagen, bezwingen – er gibt nur seinen Rhythmus preis: die Geräusche des Meeres, die Sonnenaufgänge und Sonnenuntergänge, die Gezeiten – sie kommen und gehen. Immer wieder. Verlässlich. Und genauso können wir einander in der Trauer begleiten.

Das Meer kann so viel mitteilen, ohne ein einziges Wort zu sagen. Jede einzelne Spur meiner Sternenkinder im Leben, teilt sich ohne ein einziges Wort mit und wirkt als Gedanke, Gefühl oder gar Geste. Der größte Wasserfall der Welt befindet sich in der Dänemarkstraße – unter der Meeresoberfläche.

Der Ozean bedeckt über 70 % der Erdoberfläche und ist das größte zusammenhängende Ökosystem der Welt – und gleichzeitig eines der am wenigsten erforschten. Jede Person hat Trauer erlebt oder wird sie erleben, je nach Definition hat jedes 2. Elternpaar Sternenkinder und doch wissen wir wenig darüber. Die Verlässlichkeit, Sicherheit und Kontinuität des Meeres, selbst im Wandel, können Halt geben. Trauer ist Liebe.

Für viele Menschen zeigt das Meer, dass das Leben – trotz aller Schwere – immer wieder eine Einladung ist, weiterzugehen. Tiefes, nachhaltiges Lernen geschieht meist dann, wenn Emotion und sinnliche Erfahrung zusammentreffen – wie es in der Natur oft der Fall ist.

Wessen Kind gestorben ist und weiterlebt, ist mutig wie Fischende, denen die Gefahr des Meeres bekannt ist – und die trotzdem hinausfahren. Mit großem Respekt und Angstmomenten – alles andere wäre naiv und respektlos – und trotzdem wagen sie sich hinaus. Immer wieder.

Wir alle, Menschen in Trauer, wagen uns weiter ins Leben, ins Lieben. Wir leben, um zu lernen. Und zu lernen bedeutet, zu lieben. Wasser kann sich manchmal von einem Moment auf den nächsten verwandeln – von spiegelglatt zu aufgewühlt, von friedlich zu tosend. Auch in der Trauer um ein Sternenkind zeigt sich dieser plötzliche Wandel. Doch wir können den Kurs steuern. Die Natur lebt, um sich zu wandeln – und wir sind Teil von ihr. Schätzungsweise über 80 % des Ozeans sind unerforscht. Das erinnert mich an das Tabu rund um Sternenkinder: Was unbekannt bleibt, wirkt bedrohlich. Was sichtbar wird, kann Teil des Ganzen sein – und damit heilend.

Wasser ist Wasser. Leben ist Leben. Lieben ist Lieben.
Und: Trauern ist Lieben.

Und das wurde mir in unserem wirkungsmächtigsten Urlaub klar, auf Amrum und Föhr. Zwei Inseln, verbunden durchs Watt, das man zu Fuß durchqueren kann. Barfuß im Schlick, der Wind im Gesicht, das Meer neben mir und doch zurückweichend – Schritt für Schritt. Einmal von der einen Insel zur anderen laufen, das ist kein Spaziergang, das kann ein Run werden. Eben noch die Tierchen betrachtet – und plötzlich schlingt sich die Strömung um die Fersen, mit dem nächsten Schritt um die Knöchel. Ein kurzer Moment von Angst, vielleicht Panik, Ohnmacht. Doch den gestehe ich mir nicht ein, nicht dort, nicht vor anderen. Erst erleichtert am Strand, auf trockenem Boden und bis zum Bauchnabel nass, gebe ich es mir selbst zu.

Dort Fischbrötchen auf die Hand, Sand zwischen den Zehen, die Nordsee laut, kräftig, voller Leben. Aber Amrum, Föhr, auch die kleinen Häfen und Küstenstädte davor – sie rufen still und lassen mich selbst so echt fühlen und so viel sehen – nach innen, wie nach außen:
Sylt. Pellworm. Langeneß. Hooge. Gröde. Oland. Nordstrand.
Dagebüll. Wyk auf Föhr. Hörnum auf Sylt. Husum.

Sie klingen für mich nach Vogelliebe, Salzwasser und Nordwind

Auf den Inseln werden Türen nicht abgesperrt. Verabredungen richten sich nicht nach dem Kalender, sondern nach dem Wetter. Smalltalk ist nicht nötig. Alles wirkt unmittelbar, rauer, näher, aber gerade deshalb so wahr. Wind und Wetter gaukeln keine heile Welt vor, sie machen das Leben ehrlicher. Und trotzdem ist es dort so lebensfroh, nahbar, herzlich. Ich habe mich daheim gefühlt, geborgen, obwohl ich nie zuvor dort war.

Ähnlich und doch ganz anders gilt das für Hamburg, von wo aus die Schiffe und Kräne den Norden begrüßen, weiter hinaus an die Küste. Sommer. Sonne. Strand. Wind. Wellen. Watt. Insel. Fischbrötchen. Drachensteigen. Fahrradfahren bis zum Meer. Deutschland, Heimat, neu entdecken. Ich habe schon viele Länder gesehen, doch erst hier habe ich gespürt, was dieses Heimatweite, dieser Heimatnorden, dieses Heimatmeer selbst mit einem schwäbischen Herzen aus der Wahlheimat München macht.

Und wenn ich nur die Namen lese, und wenn ich ein bisschen recherchiere, dann bin ich, ohne dagewesen zu sein, überzeugt, dass das alles auch für Kiel. Lübeck. Rostock. Stralsund. Greifswald. Wismar. Flensburg. Heiligenhafen. Travemünde. Fehmarn. Rügen. Usedom. Hiddensee. Poel. Vilm. Ummanz. Dänholm. Greifswalder Oie gilt.

Für den Alleinseinurlaub. Für den Freundestrip. Für den Familienurlaub. Für den Trauerurlaub. Immer und immer wieder. Ich will unbedingt in meinen Trauerwellenwochen mal hin. Ich will mit Lieblingsmenschen hin. Ich will Ende des Winters, im rauen Anfangsfrühling hin.

Es war, als hätte ich nicht nur Deutschland neu entdeckt, sondern auch mich selbst. Kein-heile-Welt-Feeling, sondern ein wahrhaftiges-wunderliches-Wellenwelt-Feeling. Ich werde auch nie vergessen, wie mit den Vögeln umgegangen wurde, achtsam, beschützend, welchen Stellenwert sie erhalten haben und wie ich nochmal mehr den Kreislauf des Lebens lieben lernte. Wasser ist Wasser. Leben ist Leben. Lieben ist Lieben.

Die Baggerseen von Vöhringen und das Meer, vor allem den Atlantik, hatte ich schon vor meiner Begegnung mit der Nordsee lieben gelernt, seit dem Ferienhaus am Gardasee auch Seen. Nach einem Bootstag begleiten die Wellen zurück an Land, schaukeln am Lagerfeuer und im Bett. Auch Seen haben Meereskraft. Wasser ist Wasser. Leben ist Leben. Lieben ist Lieben.

Und auch ohne Insulanerin zu sein, ohne an der Küste aufgewachsen zu sein oder sonstigen Wasserkompetenzen, ich zehre noch heute von den 3 Sekunden, die ich in meiner Jugend frühmorgens in den Spätsommerstrahlen auf der Welle stand, als wäre ich eins mit der Natur, als könnte ich fliegen, als könnte ich alle Kräfte dieser Welt bündeln, alle Wehen aushalten, bis die mich eben noch getragene Welle von einer brechenden abgelöst wurde, die mich der Strömung des Atlantiks aussetzte. Wasser in der Nase, den Ohren, dem Mund, unter mir, über mir, neben mir.

Nur in mir. In mir blieb das Wasser aus. Nicht meines. Das unseres Kindes. Das Fruchtwasser.

Wasser ist Wasser. Leben ist Leben. Lieben ist Lieben.

Trauer ist wie ruhiges Wasser.

Und wie Tsunami.

Immer ist da etwas unter der Oberfläche.

Etwas, das zieht.

Etwas, das brodelt.

Etwas, das jederzeit umschlagen kann.

Nicht so berechenbar wie die Gezeiten – der Vergleich hinkt.

Was aber jedes Jahr zuverlässig kommt, ist die melancholische Schwere.

Die Sinnfragen.

Der Zweifel.

Die Liebe.

Die Trauer.

Und damit auch diese Stimmung, die ich gar nicht richtig greifen kann.

Nicht in Worte.

Nicht in Struktur.

Aber vielleicht in ein Bild:

Die Beringsee.

Mit meinem Mann, in der Trauer, in diese Doku versunken – weil sie oberflächlich einfach und banal erschien, mehr traute ich mir nicht zu.

Und dann eröffnete mir die Trauer mit der Zeit die Tiefe dieser Dokumentation.

Für alle, die die Doku über Krabbenfischer kennen – ihr wisst, was ich meine.

Für alle anderen:

Die Beringsee kommt nie zur Ruhe – selbst dann nicht, wenn sie ruhig aussieht.

Dort schlagen Wellen nicht – sie werfen. Sie reißen. Sie widersprechen.

Das Wasser? Dunkel wie altes Metall.

Die Gischt? So kalt, dass selbst der Norden von Game of Thrones dagegen Südsee ist.

Wind und Strömung wechseln in Sekunden die Richtung.

Und es heißt dort: »Wer hier hinausfährt, weiß – Kontrolle ist Illusion.«
Was morgens noch friedlich war, ist abends vielleicht eine Todeszone.
Nicht aus Bosheit.
Sondern einfach, weil sie es kann.

Die Beringsee.
Das Leben.
Die Trauer.
Die Liebe.

Es gibt keine Regeln.
Und Schwäche? Wird nicht geduldet.
Geht ja gar nicht, sonst würde ich ja untergehen.

So fühlen sie sich an: Die Trauerwellenwochen. So – und ganz anders. Und eigentlich müsste ich jetzt mal konkret werden. Wie sich das im Alltag anfühlt

– mit unseren Kindern.
Mit meinem Mann.
Mit dem Leben, das weitergeht. Denn diese Wellen – sie kommen von außen. Sie färben das, was ich sehe. Es ist, als würde ich durch ein Fenster schauen: Draußen ist alles in Nebel gehüllt.
Aber drinnen

– in unserem Zuhause, in meinem Herzen, in unseren Momenten –
ist alles hell.

Es ist Leichtigkeit.
Es ist Innigkeit.
Es ist Intensität.
Es ist der Moment.

Jedes Lachen.
Jeder Quatsch.
Jedes Spielen, Quasseln, Kuscheln, Vorlesen, Schmusen, Staunen.
Jedes Anziehen, jedes Einschlafen, jedes leise Quengeln –
alles ist plötzlich so leicht.

So klar.
So fokussiert.

So voller Liebe.

Mir ist so vieles so egal, weil: Es ist wunderbar.
Wasser ist Wasser. Leben ist Leben. Lieben ist Lieben.
Und: Trauern ist Lieben.

Politik und Trauer trennen

Bei diesem Abschnitt ist es mir am schwersten gefallen, meine persönliche Meinung den sachlichen Teilen unterzuordnen. Er blieb daher auch nach der letzten Überarbeitung mehr Essay, weniger Begleitung, mehr Debatte, weniger Orientierung, mehr Komplexität, weniger Nähe.

In diesem Abschnitt geht es um Fragen rund um Beginn und Ende des Lebens, Schwangerschaft und Abbruch. Er dient als Einladung, diesen Themen in Liebe zu begegnen. Wir können einander in der Trauer begleiten. Auch wenn wir die Gedanken nicht teilen und selbst andere Wege wählen – Liebe bleibt, teilt und eint.

Einige Eltern fühlen sich nicht als solche. Oft wird ihnen erst Jahre später bewusst, dass sie dachten, nicht das Recht gehabt zu haben, sich als Eltern zu begreifen, weil ihre Kinder zu jung waren, während der Schwangerschaft gestorben sind oder weil sie abgebrochen haben. Oft auch, weil sich der Tod im ersten Trimester ereignet hat und es daher ja noch kein Kind gewesen sei. Diese Eltern vermischen bewusst oder unbewusst Konzepte, was das seelische Wohlbefinden stark beeinträchtigen kann.

Oft werden Recht, Medizin und Trauer nicht getrennt betrachtet. Was beim Fußballspiel sinnvoll ist – sich für eine Seite zu entscheiden und in guten wie in schlechten Zeiten davon nicht abzuweichen –, kann im Alltag, wenn es um unser Leben geht, und im Extremen, wenn es um den Tod geht, vieles erschweren und sogar ungesund sein.

Eine Person kann eine Schwangerschaft im Privaten bei Kinderwunsch abbrechen, um ihr Kind trauern, sich öffentlich gegen Abtreibung aussprechen, weil sie aus Überzeugung glaubt, gesündigt zu haben, in Gottes Werk eingegriffen zu haben. Von diesem fiktiven Fallbeispiel gibt es viele reale Versionen. Sie alle eint: Sie setzen so viele Impulse frei, dass ein wildes und wirres Potpourri aus Meinungen, Urteilen und Fakten entsteht. Das zeigt, wie emotional, wie wichtig uns dieses Thema ist, gleichzeitig lenkt es vom wertvollen Kern, vom Leben, Sterben und Lieben ab.

In der Debatte um das »Abtreibungsrecht« wird oft so argumentiert, als ginge es nur für oder gegen die Frau, für oder gegen das Kind, für oder gegen das Leben. Für viele Fragen aber gibt es nicht nur eine Entscheidung für oder gegen. Im Gegenteil: Auf eine Frage gibt es viele Antworten – und auf viele Fragen entsprechend mehr. Pragmatisch bleibt, die Betroffenen auf ihrem eigenen Weg zu begleiten. Und sollten wir selbst einmal an dieser Weggabelung stehen, können wir uns trotzdem für die andere Richtung entscheiden und einander weiterhin verbunden bleiben. Wie das gehen kann, zeigt sich, wenn wir die Bereiche, den Kontext, für sich betrachten:

Trauer ist Trauer, Medizin ist Medizin, Recht ist Recht, Moral ist Moral, Meinung ist Meinung, Fakt ist Fakt. So leben und lieben wir leichter. In der Sternenkindermappe geht es um die Trauer, die Liebe. Also konzentrieren wir uns auf die reine Natur, auf das Naturprinzip. Wenn wir das »Kind« nicht als soziales oder rechtliches Konstrukt verstehen, sondern schlicht als Nachkommen zweier Menschen, dann gilt:

Jede befruchtete menschliche Eizelle ist menschliches Leben. Und jedes menschliche Leben entsteht durch die Verschmelzung von Eizelle und Spermium zweier Menschen und ist biologisch betrachtet deren Kind – unabhängig vom Standort (Reagenzglas, Gebärmutter, an der Hand), Entwicklungsstadium oder der Überlebensfähigkeit. Die Unterscheidungen aus anderen Bereichen wie Zygote, Embryo, Fötus sind eine präzise Stadienbeschreibung, ändern aber nichts daran, dass es sich um den Nachkommen dieser Eltern handelt. Wann für das Kind das Recht als solches gelten soll, wann es eine Persönlichkeit entfaltet und wie es Liebe erfährt – das lässt sich diskutieren und fühlen.

Für das Naturprinzip ist das nicht wichtig. Für einen Rechtsstaat sehr wohl. Je nach Vorschrift des Rechts gelten andere Definitionen für Beginn und Ende menschlichen Lebens. Das hat mit Stammzellenforschung, Selbstbestimmungsrechten und vielem anderen zu tun. Also kann es für das Recht während der Schwangerschaft sinnvoll sein, nicht von Kind zu sprechen und für die Medizin ist es zu unpräzise. Doch für die Trauer ist die Rolle als Kind viel gesünder als die Todesursache, daher Kind von Eltern.

Denn was in der biologischen Fachsprache ein »Nachkomme« ist, meint im Alltag ein »Kind«. Jungfrauengeburten bei manchen Säugetieren wie Krokodilen einmal ausgenommen, pflanzen sich Menschen fort, indem aus Mutter und Vater ein Kind entsteht. Ob wir uns diesem biologischen Begriff sozial verbunden fühlen, darum geht es dem Kreislauf des Lebens nicht. Als Teil davon leben wir leichter in Liebe, und daher in Kürze:

Das Recht ist für die Regeln da, es kann keine Gerechtigkeit garantieren. Die Medizin ist für die Gesundheit da, nicht für die Moral. Die Politik versucht, für die Menschen da zu sein, sie kann den Zeitgeist nicht einfangen. Der Tod holt alle und hinterlässt Trauer. Liebe ist für alle da. Und in allen. Und Trauer ist nichts anderes als eine Form von Liebe.

Für die Trauer zählt nur die Liebe – und die gilt dem Leben. Leben bedeutet biologisch Zellteilung. Startet sie, beginnt das Leben. Hört sie auf, ist das Leben zu Ende. Die Liebe bleibt über das Leben hinaus bestehen. Wir dürfen diese Liebe gemeinsam auf dem eigenen Weg leben. Menschen sind Menschen. Eltern sind Eltern. Kinder sind Kinder. Für die Liebe und in diesem Kontext besonders für den Seelenfrieden des Zeitgeistes oder der eigenen mentalen Gesundheit.

Mir tut es weh, wenn in Gesprächen – in Deutschland, aber auch in China oder Simbabwe – so viel Druck, Stress, innerer Kampf, Abwehr, Gleichgültigkeit, Überheblichkeit oder Arroganz sichtbar wird, wenn es um ein totes Kind geht. Also den Tod dieses Kindes. Die Trauer, die dieses Kind auslöst. Bei wem auch immer, wie stark auch immer – und vor allem bei wem nicht. Väter, Männer, ›Kinderlose‹, Menschen mit politischer Gesinnung so oder so, Wertehaushalte diese oder jene.

Ich liebe Diskussionen über Geschlecht, Politik und Philosophie. Ich führe sie beim Feiern im Club, beim Sport am Gipfelkreuz oder wenn eigentlich alle anderen schon müde sind. Doch selbst mir kommen sie nicht in den Sinn im Anblick trauriger, leidender, verdrängender Augen. In den Augen sehen wir die Liebe. Mit Zeit und Raum – immer.

Treiben und erschaffen lassen

Das Leben mit einem Sternenkind kann immer wieder Sinnfragen aufwerfen. Manchmal stellen sich berufliche oder private Entscheidungen neu, manchmal kommt von außen oder von uns selbst der Druck, »endlich fertig zu sein« mit dem Verarbeiten, endlich weitermachen zu können – als gäbe es für Trauer einen Plan. Doch Trauer nach Plan ist wie Liebe nach Plan. Schon der Gedanke klingt unmöglich. Je mehr Plan, desto länger kann es meist dauern, Trauer als Liebe leicht zu leben. Das liegt daran, dass unser Gehirn für seelische Prozesse Zeit, Raum und Ruhe braucht. Neurobiologisch zeigt sich, dass ständige Aktivität und Input – selbst alltägliche Routinen oder automatische Gewohnheiten – das Gehirn in einem dauerhaften Alarm- und Bearbeitungsmodus halten.

Erst wenn keine neue Aufgabe wartet, wenn kein äußerer Druck besteht, kann das Gehirn von der äußeren Verarbeitung ins Innere wechseln: Erfahrungen sortieren, Gefühle einordnen und das Geschehen ein Stück weit integrieren.

Sternenkinder können in diesem Sinn ein Impuls sein, selbst die banalsten Entscheidungen und härtesten Verpflichtungen im Leben in eine andere Relation zu setzen – und manches einfach sein zu lassen. Denn oft geschieht am meisten in uns, wenn wir scheinbar nichts tun: die Idee unter der Dusche, die Lösung im Schlaf, die plötzliche Klarheit beim Spazierengehen. Unser Gehirn arbeitet gerade dann, wenn es nicht fokussiert sein muss, wenn kein Input drängt und keine Aufgabe wartet. Es sortiert, selektiert, räumt auf, verknüpft und erschafft Neues.

Die Italiener nennen das »il dolce far niente« – das süße Nichtstun. Die Wissenschaft spricht vom Default Mode Network, einem Netzwerk im Gehirn, das aktiv wird, wenn wir in den Ruhezustand gehen und »nach innen schauen«. Dort geschieht Wesentliches: Erfahrungen werden verarbeitet und ins Langzeitgedächtnis übertragen. Gefühle bekommen einen Platz, innere Anspannung sinkt. Wir reflektieren über uns selbst, unser Handeln und unsere Beziehungen. Kreativität und Problemlösungen entstehen, weil Informationen neu verknüpft werden. Und schließlich festigen sich Werte und Prioritäten – ein inneres Wachsen.

Gerade in der Trauer ist dieser Ruhezustand überlebenswichtig. Ständige Ablenkung durch Arbeit, Handy oder Nachrichten hält uns im Außen. Ohne diese inneren Zeiten können Erfahrungen nicht vollständig verarbeitet werden, und Trauer, Stress oder Erschöpfung stauen sich an. Ruhe, Alleinsein und »in Gedanken abschweifen« sind deshalb kein Leerlauf, sondern aktive Hirnarbeit. Es ist die stille Seite der Trauer, die uns trägt, wenn wir sie zulassen.

Wir können diesen Ruhezustand fördern, indem wir kleine Räume schaffen: Spaziergänge ohne Handy, Zeit in der Natur, Musik hören ohne etwas nebenbei zu tun, meditative Tätigkeiten wie Kochen, Handarbeit oder Gartenarbeit. Und vielleicht am wichtigsten: indem wir uns erlauben, einfach nichts zu tun. Damit leisten wir manchmal am meisten.

Immer öfter und für immer längere Phasen gelingt es mir, loszulassen und darauf zu vertrauen. Doch genauso schnell falle ich auch wieder in alte Muster – vor allem, weil sich mein Umfeld nicht mit mir verändert oder weil ich mich zu sehr davon abhängig mache. Am leichtesten fällt es mir, wenn ich bewusst bei meinen Satzanfängen selektiere. Sobald ich mit »Ich muss jetzt …« beginne, weiß ich: Will ich mich vor anderen beweisen? Habe ich ein schlechtes Gewissen? Will ich mich antreiben und die Dringlichkeit verdeutlichen?

Würde es keinen unverhältnismäßigen Energieaufwand bedeuten, hätte ich es nicht in den Satz eingeflochten. Und das betraf sogar einmal Schokoeis mit hartem Schokoladenüberzug, Schokosoße und Schokostreuseln aus dem Eiscafé Cortina in Vöhringen. Selbst das war mir an diesem Tag zu viel, aus Gründen »musste« es aber sein – und es schmeckte nicht so, wie wenn ich einfach hingehe oder den Satz automatisch anders anfange. Und das gilt auch für Friedhofsbesuche, Gedenktage oder Rituale im Leben mit Sternenkindern.

Doch das Eingeständnis, mir fehlt Kraft, löst bei mir den Gedanken aus, schwach zu sein – etwas, das ich keinesfalls sein will. Also reiße ich mich zusammen, zwinge mich dazu. Und genau das zieht mich runter und schwächt wirklich. Aber so ist es nun mal. Die Pomodoro-Technik hilft mir immerhin, Pausen zu machen – Sport– und Teepausen, kleine Dolce-Vita-Nicht-Denkmomente (so merke ich mir il dolce far niente für den Default-Mode-Network-Modus). Ich will die Strömung noch stärker selbst bestimmen, statt mich einfach treiben zu lassen. Und doch: Jedes Mal, wenn es mir gelingt, wird es bis zum nächsten Mal kürzer. Immer öfter, immer kürzer.

Nur der nächste Schritt anpeilen

Am Anfang der Sternenkindermappe stand das Bild: nur den nächsten Schritt anpeilen. Damals in der Akutzeit bedeutete das, nicht zu kippen, im Tunnelblick den kleinsten Radius zu sehen, nur den Wasserbecher, nur das Formularfeld, nur die nächste Tür. Heute, am Ende, bleibt die Trauer – aber sie verändert ihre Gestalt. Sie wird nicht leichter, doch wir lernen, mit ihr zu fahren. Die Strecke bleibt extrem, weil das Leben mit einem toten Kind niemals gewöhnlich wird. Doch wir kennen inzwischen die Linie, wir haben uns an die Maschine gewöhnt, wir können mit Kurven und Steilhang umgehen.

Im Rennsport heißt es: Der Blick gehört dorthin, wo das Motorrad gleich sein wird – nicht auf die gesamte Strecke. Wer zu weit nach vorn schaut, verliert die Linie. Wer zu viel will, kippt. In der Trauer ist es ähnlich: Nicht den ganzen Rest des Lebens auf einmal tragen, sondern immer wieder den Blick dorthin richten, wo der nächste Schritt möglich ist.

In der Geschichte von Charlie Mackesy fragt der Junge: »Ich sehe den Weg nicht.« Und das Pferd antwortet: »Ein Schritt nach dem anderen.

Das ist genug. Bleib einfach dabei.« Genau so fühlt es sich oft an. Es gibt Phasen, in denen wir den Weg nicht sehen, nicht wissen, wohin wir gehen sollen, oder in denen wir einfach nur eine Pause brauchen. Auch das ist Teil des Weges.

Am Anfang war dieser Blick Überleben im Notmodus. Jetzt ist er ein Fokus nach innen. Weg vom Hamsterrad, weg von Druck und voller Kalender. Hin zur Ruhe, zur eigenen Kraft, zur Resilienz, die sich aus Erfahrung gebildet hat. Trauer nach Plan funktioniert nicht. Aber ein Leben mit Trauer findet seinen Rhythmus, wenn der Blick fokussiert bleibt. So wie im Flugzeug zuerst die eigene Sauerstoffmaske angelegt werden muss, bevor anderen geholfen werden kann, so braucht es auch in der Trauer zuerst den Blick nach innen. Erst dann können wir ihn wieder nach außen richten – zu Mitfühlenden, zu anderen Kindern, in die Welt.

Und wir sind nicht allein. In dem bekannten Gedicht, in dem Gott in der schwersten Zeit die Spuren im Sand trägt, erinnert uns ein Bild daran: Selbst dort, wo wir glauben, allein zu gehen, sind wir getragen. Und in der Geschichte vom Fuchs wird deutlich: Beziehungen, Liebe, das »Zähmen«, machen uns verletzlich und unersetzlich – doch gerade dadurch bleiben wir verbunden. Wer Trauer als Liebe zu leben lernt, weiß, mit Extremen zu leben. Weiß, dass wir auf dieser Strecke bleiben – aber auch, dass wir sie fahren können. Schritt für Schritt. Blick für Blick. Gemeinsam.

Ich würde so gern so leben. Schritt für Schritt. Linear oder als Kreis. Das lässt sich auf beides übertragen. Bei mir ist es eher wie mit den Jahreszeiten. Mal kann ich wie im Frühling wirklich Schritt für Schritt den Schnee auftauen lassen, die ersten Knospen beobachten und das Blühen bestaunen – meist dann, wenn ich mir einen Überblick verschaffe, was eigentlich so ansteht, auch in Gesprächen, wie es wem so geht und wie wir zueinander stehen. Doch dann kommt der Sommer: Da ist so viel los und möglich, dass ich meine Aufgaben gar nicht erst in den Kalender schreibe – nicht, weil ich keine Zeit für das Aufschreiben habe (das auch), sondern weil es schlicht nicht so viele Stunden am Tag gibt.

Ein Glück kommt dann der Herbst, wenn irgendwas erreicht ist, geschaffen ist, erledigt ist, abgehakt werden kann – oder wenn ich gar nicht mehr kann und es akzeptiere und annehme. Das führt dann zwangsläufig in den Winter, in dem ich mir denke: Warum? Warum schon wieder? Du weißt doch, wie du es besser machen könntest – nicht mehr schneller, höher, weiter, sondern besser, gesünder, ruhiger, bewusster.

Wenn ich »gesund« schon höre... Das ist wie gesundes Essen. Ja, es ist richtig und wichtig und kann ganz toll sein. Aber es gibt vieles, was mir schon besser schmeckt oder was ich einfach mehr gewohnt bin. Wie auch immer: Mir hilft es, wenn ich mir denke, keine Person – auch nicht die mit dem höchsten oder gerechtesten Kontostand, mit dem breitesten oder seltensten Lächeln oder in der bedrohlichsten oder entspanntesten Lebenslage – hat mehr oder weniger als 24 Stunden. Der Satz »Ich habe keine Zeit« ist eine Ausrede, der Satz »Ich habe Zeit« eine Einladung, und »Ich nehme mir Zeit« die Realität jeder Person. Wir priorisieren und balancieren dabei Gefühle, Gedanken und so viele Einflüsse von außen, dass es nicht einfacher, aber leichter in jedem Fall im Vertrauen geht.

Mit Wu Wei von Schimmern schreiben

Sternenkinder können der Impuls sein für die Schimmer – kleine Wohlfühlmomente, das Gegenteil von Triggern – zu beachten, zu bewahren und zu beobachten, indem wir sie Aufschreiben. Ein Schimmer kann ein Lichtstrahl sein, der durchs Fenster fällt, der Geruch von frischem Brot, ein Lied, welches Erinnerungen weckt, ein Blick in den Himmel. Neurobiologisch bedeutet das: Das Nervensystem wechselt in Richtung Ruhe und Verbundenheit. Stresshormone sinken, Herzschlag und Atem beruhigen sich, Hormone wie Oxytocin und Endorphine stärken das Gefühl von Sicherheit.

Durch die Sternenkinder können wir diese Momente überhaupt erst bewusst wahrnehmen. Schreiben hilft, Schimmer zu beobachten und wieder aufzugreifen – nicht als Aufgabe, sondern als Möglichkeit, das eigene Leben mit Trauer und Liebe leichter zu machen. Über die Jahre können Eltern so sehen: Trauer verändert sich. Sie bleibt, aber sie wandelt sich. Nach einem Jahr sind die Schimmer noch tastend, nach fünf Jahren vielleicht vertrauter, nach zwölf Jahren können sie wie ein roter Faden durchs Leben sichtbar werden. Das macht die Trauer nicht einfacher, aber leichter. Und es zeigt: Wir lernen, mit der Trauer zu leben, wir lernen, die Trauer zu lieben – weil sie die Form unserer Liebe zu unseren Kindern ist. Wu Wei kann ein Name für das Beachten sein.

»Wu Wei« ist keine Technik, sondern eine Haltung ist. Weniger auf das »Ich« zentriert, sondern mehr auf das »Eingebundensein« ins Dao. Das bedeutet aus dem inneren Zentrum handeln, im Einklang mit dem

Fluss des Lebens sein, im Hier und Jetzt leben. Aufhören mit sinnlosem Kämpfen, leben im Augenblick, sich nach dem Fluss des Lebens richten – das bedeutet Wu Wei. Wörtlich übersetzt heißt es etwa «Nichtstun», «Nichthandeln». Damit wird keinesfalls gesagt, man solle träge, entschlusslos oder lässig sein, sondern Wu Wei bedeutet, wir sollten in unseren Entscheidungen nicht gegen unsere innere Autorität und äußere, unkontrollierbare Umstände handeln. Wu Wei ist die Kunst, zum richtigen Zeitpunkt das Richtige zu tun. In der daoistischen Philosophie bedeutet das kein passives Nichtstun, sondern ein Handeln im Einklang mit dem natürlichen Lauf der Dinge.

Wu Wei ist die Regierungs- und Lebensweise, die nicht gegen das Dao (den Weg, die kosmische Ordnung) arbeitet. Weniger Leistung, Aktivität, Effizienz und Kontrolle, sondern Loslassen, Hingabe und Resonanz. Wu Wei wird oft als Haltung beschrieben, die Stress und Widerstand abbaut, indem Menschen Situationen nicht erzwingen, sondern Strukturen und Rhythmen des Lebens aufnehmen. Kulturwissenschaftlich Wu Wei ist ein kultureller Code für Balance, der sowohl spirituelle als auch praktische Dimensionen hat.

Wu Wei bedeutet nicht Passivität, sondern situatives, angemessenes Handeln – ein »Flow« zwischen Tun und Lassen. Wu Wei schafft die innere Leerstelle, in der diese Schimmer sichtbar werden: Wer aufhört, alles zu kontrollieren, spürt plötzlich den Wind, das Lächeln des Kindes, den Geschmack des Kaffees. Diese Wahrnehmung ist kein »Extra-Programm«, sondern geschieht mitten im Alltag – wenn wir nicht gegen ihn kämpfen. Westliche Gesellschaften prägen uns darauf, dass »Tun« = »Wert« ist. In diesem Muster erscheinen Pausen wie Verschwendung. Wu Wei bricht dieses Muster: es zeigt, dass Nicht-Erzwingen nicht Verlust, sondern Gewinn ist.

Schimmer sind ein Gegenmodell zur Logik von Produktivität: Sie zeigen, dass Lebensqualität aus dem Nicht-Erzwungenen kommt – und dass dieses Wahrnehmen sozial erlernt, kultiviert und geteilt werden kann. Wu Wei ist kein esoterisches Ideal, sondern ein Werkzeug für Achtsamkeit im Alltag. Es hilft, in der Rush Hour des Lebens innezuhalten, ohne den Fluss zu verlassen. Genau dort – im scheinbar Nebensächlichen – werden Schimmer spürbar.

Wu Wei in der Theorie ist mir zu komplex, meine Interpreation funktioniert für meinen Alltag aber so leicht und einfach, dass ich der Zukunft vertrauen kann und das verdanke ich nicht zuletzt meinen Sternenkinder. Alle Aufgaben, Pflichten, Ziele, Konventionen und Ansprüche derer ich mir stelle, werden leicht und einfach, wenn ich sie fließen lassen.

Ich wollte zum Beispiel eigentlich alle Spuren von meinen Sternenkindern festhalten. Also jegliche Gedanken und Gefühle, die sie in meinem Leben auslösen. Dafür habe ich einen Blogeintrag ‹1001 Spuren und Schimmer meiner Sternenkinder im Leben›. Mehr als Druck hat das nicht ausgelöst, er wurde nie fertig, obwohl ich überzeugt bin, der Inhalt ist nicht das Problem. Früher hätte ich den Artikel erst veröffentlicht, wenn er fertig ist oder eigentlich noch besser, also noch mehr als 1001 oder ich würde ihn zumindest löschen, wenn ich es nicht erreicht hätte. Heute lasse ich den Artikel bestehen, er ist noch nicht fertig. Punkt. Die Ursache zu überlegen, mache ich, wenn ich es angehen möchte, ansonsten besteht keine Notwendigkeit einer Rechtfertigung, Erklärung oder gar Entschuldigung. So fühlte es sich früher tatsächlich an. Meine Fotos von Füßen im Himmel stehen für die Spuren von Sternenkindern im Leben und reichen mir einfach noch.

Mit einer Freundin habe ich in einer herausfordernden Lebensphase angefangen, dass wir uns täglich kleine Glücksmomente als Foto oder Satz geschickt haben. Oft haben sie mit all meinen Kindern zu tun, wenn sich so gar kein Schimmer finden will, dann sind es die Gedanken, Gefühle oder Gesten zu meinen Kindern. Aus dieser gemeinsamen und verbindenden Gewohnheit hat sich ein System entwickelt. Wir halten die Schimmer über die Jahre am gleichen Tag festhalten, also auf einer Seite ist der gleiche Tag in verschiedenen Jahren, so lässt sich die Entwicklung beobachten. Mehr als spannend.

So kam es auch, dass ich gemerkt habe, wie ein Bild zwar mal als 1000 Worte ausdrückt, aber über die Zeit nicht mehr so, wie es Worte können. Ich weiß zwar noch, warum ich das Foto als Schimmer ausgewählt habe oder was ich mir bei der Skizze dachte, meistens zumindest, aber bei den Worten fühle ich es auch, bestimmt oft anders, aber immer etwas. Vor allem auch, wenn nichts drinsteht, weil ich es vergessen habe, vom digitalen Notizbuch zu übertragen, von den Gedanken auf Papier zu bringen oder einfach so. Macht gar nichts. Schon allein der Gedanke daran ist ein Wohlfühlmoment. Nicht nur der Gedanke an den Schimmer selbst, sondern das Gefühl den eignen Weg gemeinsam zu gehen.

Mitfühlende

Weiterschreiben

Die Erinnerung bewahren und pflegen: je länger, je reifer, je wertvoller. Erinnern lässt uns überleben. Eine Karte zum Geburtstag oder Todestag, ein Zitat, ein Lied oder ein Foto – auch zwischendurch geteilt – kann ihre Spur neu leuchten lassen.

Genauso wie bei allen anderen Verstorbenen ist es völlig normal – und auch gesund –, dass die Gesten des Gedenkens mit den Jahren weniger werden. Das bestätigen auch psychologische und neurowissenschaftliche Erkenntnisse: Trauer verändert sich, die Intensität flacht ab, das Erinnern wird ruhiger, eingebettet in den Alltag. So kann das Leben weitergehen, ohne dass die Verbindung zu den Verstorbenen verloren geht.

Bei Sternenkindern liegt die Schwierigkeit jedoch darin, dass schon kurz nach dem Abschied die Zeichen oft sehr zart, verdeckt und selten sind. Viele Eltern erleben, dass ihr Kind nur in kleinem Kreis oder fast gar nicht erwähnt wird. Während bei anderen Verstorbenen die Rituale zunächst stark und sichtbar sind, haben Sternenkinder häufig von Anfang an nur leise Spuren im Leben der anderen.

Gerade deshalb sind die Gesten, die bleiben, so wertvoll. Ein wiederkehrender Gruß, ein Lied zur rechten Zeit, ein Foto, das noch einmal gezeigt wird – sie halten die Erinnerung lebendig. Nicht laut, nicht groß, sondern leise, selbstverständlich, eingebettet in das Leben der anderen.

So wie Trauer sich wandelt, wandelt sich auch das Erinnern. Aber jedes Mal, wenn Sternenkinder sichtbar gemacht werden, ist es wie ein neues Kapitel: Sie gehören dazu. Für immer.

Ich warte regelrecht auf sie: die jährlichen Karten mit den Namen meiner Sternenkinder. Auf die Worte, die nur ihnen gelten, die zeigen, wie wir uns alle entwickeln und uns mit der Trauer verändern, und wie Liebe bleibt.

Grüße als Gedenken

Ein Zeichen muss nicht groß sein, um tief zu wirken. Oft sind es die kleinen Dinge, die Eltern von Sternenkindern spüren lassen: Ihr Kind ist nicht vergessen.

Das kann eine Postkarte sein, ein Gruß im Namen des Kindes, ein Hinweis auf sein Sternzeichen oder den Monat, in dem es geboren wurde. Es muss nicht unmittelbar mit dem Tod verbunden sein – gerade die Verbindung zum Leben kann ein Geschenk sein.

Blumen für das Grab, ein kleiner Gegenstand, der aufgestellt oder überreicht wird, eine Kerze, die an einem besonderen Tag entzündet wird – all das sind Gesten, die bleiben. Wer möchte, kann auch das Zeichen, das beim Abschied gesetzt wurde, immer wieder aufgreifen und neu ins Leben holen.

Besonders bewegend ist es, wenn Sternenkinder auch im Alltag der anderen sichtbar bleiben. Ein Name in einem Kalender von dem ein Foto oder Screenshot gesendet werden kann. Ein Platz in einer Sammlung von Erinnerungen:

- Sternenpatenschaft. Ein echter oder symbolischer Stern wird nach dem Kind benannt. Dazu gibt es meist eine Urkunde, eine Sternenkarte oder eine App, in der der Stern sichtbar ist.
- Baum- oder Tierpatenschaft. Patenschaften für Bäume, Pflanzen oder Tiere, oft mit Namensschild oder Plakette. Ein lebendiges Zeichen, das wächst und bleibt.
- Digitale Erinnerungsseite. Virtuelle Gedenkseiten mit Namen, Fotos, Musik und Texten, die jederzeit geteilt oder besucht werden können.
- Personalisierte Drucke. Poster, Karten oder Illustrationen zum Ausdrucken, oft mit Namen, Daten oder Symbolen gestaltet.
- LED-Kristalle oder Fotogeschenke. Mit Foto, Namen und Daten graviert, leuchtend oder schlicht, als Erinnerung für zu Hause.
- Gedenksteine, Gartenstecker, Fahnen. Kleine Zeichen für Grab, Garten oder Fensterbank, individuell mit Namen versehen.
- Windspiele, Schmuck, Erinnerungsboxen. Persönliche Gegenstände mit Gravur, die den Namen des Kindes tragen und im Alltag spürbar bleiben.
- Soundwave-Geschenke. Schlüsselanhänger, Schmuck oder Bilder, die eine Audioaufnahme oder ein Lied in Schallwellenform darstellen, mit QR-Code abrufbar und personalisiert mit Namen.

Solche Zeichen schenken Eltern das Gefühl: Mein Kind ist Teil der Gemeinschaft. Für immer. Zeichen setzen heißt: Erinnerung lebendig halten. Immer wieder. Manchmal leise, manchmal sichtbar. Aber stets verbunden.

Die Kärtchen meiner Sternenkinder an einer Wand, zwischen Urlaubsbildern und Karten, fühlen sich so gut an, oder auch, wie sie oft selbstverständlich erwähnt werden, wenn es um zeitlose Geschenke geht, wie eine Spendenurkunde als Geschenk. Es geht für mich weniger um das Geschenk – das setzt mich tatsächlich eher unter Druck, daher mag ich das Digitale. Es geht mir um dieses Selbstverständliche, im Leben eingebunden zu sein. Am allermeisten, weil es für mich am natürlichsten ist, wenn sie einfach in Gespräche eingebunden werden: »Wie war das in der Schwangerschaft bei Thora?«, »Hast du das vor Hugo auch so gesehen?«, »Das sagst du jetzt, aber ich erinnere mich, wie du vor Thora und Hugo noch ganz anders darüber geredet hast«, »Lässt sich das nicht auch mit der Erfahrung oder dem Leben mit Sternenkindern vergleichen?«

Gemeinsame Zeit verbringen

Im Zeitraum für immer kann Erinnerung viele Formen annehmen. Es müssen nicht immer Worte, Musik oder Gesten sein. Manchmal entsteht Nähe dadurch, dass etwas gemeinsam getan wird. Aktivitäten können genauso Ausdruck von Gedenken sein wie stille Zeichen.

Es gibt Erinnerungswälder, in denen Sternenkinder einen Platz finden – Orte, an denen Menschen Bäume pflanzen, spazieren gehen oder verweilen. In München etwa kann auf Friedhöfen eine Führung zu Flora und Fauna gebucht werden, das Grüne kann zu einer Form des Gedenkens werden. Auch Stadtführungen oder Geocaching lassen sich anpassen – oder bewusst nicht. Alles, was passt, darf Raum haben: im Zeichen des Erinnerns, aber auch im Zeichen des Lebens.

Manchmal entsteht Verbindung sogar im Sport. Sands United ist ein Fußballverein von Sternenvätern, die in einer Mannschaft zusammenspielen – gegeneinander und mit anderen Vereinen. Das zeigt: Erinnerung darf auch laut, bewegend und kraftvoll sein.

Ebenso können Kunst, Handwerk oder Reisen Gedenkformen sein. Kintsugi – die japanische Kunst, Bruchstellen mit Gold zu füllen – wird oft als Sinnbild verstanden: Verletzlichkeit bleibt sichtbar, doch sie trägt auch Schönheit. So können auch gemeinsame Aktivitäten ein Impuls sein, Narben nicht zu verbergen, sondern in Gemeinschaft Bedeutung zu geben.

Gemeinsame Zeit schafft Erinnerungen, auch wenn das Leben weitergeht. Sie macht sichtbar: Das Kind gehört dazu. Für immer.

Sobald mir was auffällt, wie eine Ausstellung, eine Führung, ein Workshop oder ich von anderen darauf hingewiesen werde, probiere ich es auch. Es finden sich immer Mitfühlende, die mitmachen. Meist sind die Intentionen in irgend-

einer Weise meine Sternenkinder, der Tag selbst oder die gemeinsame Zeit ist einfach vom gemeinsam Sein geprägt, weil wir gerne miteinander sind. Daran ändern meine Sternenkinder nichts, oder doch, sie zeigen, wie verbunden wir immer waren und bleiben.

8 Minuten reichen

Jeder Termin lässt sich für acht Minuten unterbrechen – und manchmal genügt genau diese kurze Zeitspanne, um für einen Menschen da zu sein. Um wirklich präsent zu sein. Auch mitten im Alltag. In der Begleitung zählt nicht die perfekte Antwort. Es braucht keine Lösung. Was tröstet, ist echtes Dasein. Viele Menschen zögern, weil sie Angst haben, etwas falsch zu sagen. Das 8-Minuten-Prinzip ist nicht wissenschaftlich belegt, aber es hat sich in der Praxis bewährt. Studien zeigen: Entscheidend ist nicht die Dauer, sondern die Qualität der Aufmerksamkeit. Acht Minuten echter Zuwendung helfen oft mehr als jeder gut gemeinte Ratschlag.

Früher dachte ich, ich müsste Lösungen haben. Auch heute erlebe ich Situationen, in denen ich helfen oder das Richtige sagen möchte – und dann rufe ich mir in Erinnerung: Es reicht, einfach da zu sein. Auch wenn mir Fragen gestellt werden, die ich für mich beantworten kann – aber nicht für andere Menschen. Auch wenn mir Dinge erzählt werden, die zutiefst ungerecht sind. Auch bei Dingen, die sich vielleicht nicht ändern lassen, gegen die aber etwas unternommen werden kann. Zum Beispiel bei Gewalt in der Geburtshilfe – auch bei der Geburt von Sternenkindern.

Früher wusste ich oft nicht, wo und wie ich reagieren sollte. Heute weiß ich: Darum geht es in diesen Momenten nicht. Es geht nicht um mich. Es geht nicht um eine Lösung. Es geht nicht einmal um den Schmerz. Es geht um Liebe. Um Mitgefühl. Um Zuhören. Um Zeit. Mehr nicht – und doch ist das oft mehr, als es auf den ersten Blick scheint.

Fragen stellen

Wenn die Nachricht kommt, dass ein Kind sterben wird, erfahren es meist nur sehr wenige Menschen. Diese wenigen sind oft voller Fragen: Was passiert jetzt? Wie verkraften die Eltern das? In dieser Zeit dreht sich meist alles um das Kind, und Eltern würden meist auch keine Antworten kennen.

Nach dem Abschied, in den Tagen und Wochen danach, sind manche Eltern für Fragen erstaunlich offen. Sie haben selbst noch nicht alles realisiert, aber sie wollen teilen. Es dreht sich vieles um das Erinnern. Bei den

Fragen geht es darum, wie die Eltern den Moment erlebt haben, was sie getan, gefühlt, gedacht haben. Für manche Eltern ist es schwer, darauf zu antworten – für andere ist es ein Bedürfnis. Doch auch hier bleibt vieles zurückgehalten, weil der Abschied selbst alles überstrahlt, und aus Rücksicht, Unsicherheit oder Angst, zu viel zu wollen.

Im Zeitraum für immer verändert sich die Situation erneut. Viele Mitfühlende glauben, Fragen seien längst beantwortet, oder sie haben selbst aufgehört, daran zu denken. Für die Eltern jedoch ist es nie vorbei. Ihr Kind bleibt Teil ihres Lebens. Fragen, die vielleicht in den ersten Tagen zu schwer gewesen wären, können Jahre später eine Tür öffnen. Sie zeigen: Ich denke noch immer an dich und an dein Kind.

Wer sich nicht traut, direkt zu fragen, darf Sternenkinder auch ohne Anlass immer wieder ins Gespräch bringen – auch dann, wenn die Eltern es selbst nicht tun. Nur so lässt sich herausfinden, ob sie wirklich aus eigenem Wunsch schweigen – oder ob das Schweigen aus Unsicherheit und Angst seitens der Mitfühlenden entsteht.

Fragen können manchmal mehr schenken als Antworten. Sie sind Zeichen von Nähe, von Erinnerung, von Anteil. Sie geben Eltern die Möglichkeit zu entscheiden, was sie teilen möchten – und dass ihr Kind weiterhin Platz hat, im Leben anderer wie im eigenen.

Als ich einen alten Freund nach langer Zeit besucht habe, ging es eigentlich darum, seine Wohnung zu besichtigen. Nur durch Zufall kamen wir auf meine Sternenkinder. Er brachte das typische: »Ich bin ein Mann, ich kann dazu nichts sagen.« Ich machte darüber einen Witz, er ließ sich provozieren und tastete sich langsam vor. Ich spürte die Neugier und fast schon scheuen Fragen. Langsam entsponn sich ein Gespräch. Weil er völlig andere Interessen hat als ich und beruflich ganz anders aufgestellt ist, waren seine Fragen teilweise so neu für mich, dass ich – ähnlich wie er – anfing, mehr aufgeregt, interessiert und erstaunt über vieles im Leben meiner Sternenkinder zu sprechen, über das ich mir davor keine Gedanken gemacht hatte. Noch heute verbindet mich dieses Gespräch sehr mit ihm.

Kinderlose über Sternenkinder sprechen

Kinderlos bedeutet nicht erfahrungslos. Wir sind alle Kinder. Wir waren alle einmal in einer Gebärmutter. Wir begegnen immer wieder Kindern.

Jede Person ist das Kind ihrer eigenen Eltern und hat allein deshalb jedes Recht, über Kinder zu sprechen – nicht zuletzt, weil wir als Menschen eine Gemeinschaft bilden. Menschen trauern im Beziehungsraum, nicht im sozialen Raster. Oft reagieren Menschen mit eigenen Kindern an der Hand oder Sternenkindern sehr emotional. Das zeugt von so viel Liebe, das verbindet – und genau das brauchen wir. Je nach Situation kann es aber auch ablenken, weil das eigene Erleben im Vordergrund steht und nicht das des Gegenübers. Diese sogenannte emotionale Konkurrenz kann dazu führen, dass sich Eltern nicht gesehen fühlen.

Die Empathieforschung zeigt: Eine Erfahrung muss nicht selbst erlebt worden sein, um verstanden zu werden. Oft wird das Gegenteil behauptet – dabei geht es meist nur darum, dass eine Meinung nicht geteilt wird oder nicht genügend Aufmerksamkeit und Verständnis zugeteilt werden.

Der Mensch lernt von den Erfahrungen anderer – darin ist sich die Lerntheorie einig. Viele Berufe wie Feuerwehr, Psychologie oder Medizin wären sonst gar nicht möglich. Und ob die Menschheit bis heute überlebt hätte, ist zumindest fraglich.

Es heißt auch: Wer es noch nicht erlebt hat, hat es noch nicht gefühlt. Doch Gefühle sind universell – und können auch ohne das individuelle Erlebnis geteilt werden. Trauer kennt jede Person. Liebe kennt jede Person. Und jede Person trauert und liebt als Kind, jugendlicher oder erwachsener anders. Insbesondere Menschen ohne Sternenkinder oder Kinder an der Hand – und vielleicht sogar ohne Kinderwunsch – nehmen die Erfahrungen anderer mit Sternenkindern und Schwangerschaft oft weniger persönlich. Dadurch können sie Ruhe und Klarheit ins Gespräch bringen: durch Zuhören, durch sachliche Fragen, ohne Trigger, ohne persönliche Verstrickung.

In der Trauerbegleitung ist emotionale Distanz nicht gleich Empathielosigkeit – sie kann Halt und Raum schaffen. So gemeinschaftlich, so geborgen sich die Energie und die geteilte Erfahrung Gleichgesinnter anfühlen – so reinigend kann es sein, im Mittelpunkt mit der Erinnerung zu stehen und sie im Scheinwerferlicht einmal aus völlig anderen Blickwinkeln zu betrachten.

Ein Freund von mir traute sich erst gar nicht, etwas zu sagen, weil er ja ein Mann sei. Ein anderer Freund traute sich, mein Manuskript für die Sternenkindermappe zu feedbacken. Ein homosexueller Freund meinte, er könne ja gar nichts dazu sagen, weil er nicht nur ein Mann sei und keine Kinder haben könne, sondern auch nie welche bekommen könne (Adoption für gleichgeschlechtliche Paare ist schwierig).

Mein kinderloser Freundeskreis hatte – nicht alle, aber teilweise – auch solche Gedanken. Manchmal war ich darüber wütend – und gleichzeitig traurig. Ich fragte mich: Wie viele Menschen diskutieren mit echtem Interesse über Sport, Politik oder Ernährung, ohne selbst in der Politik, in der Sterneküche oder im Profisport zu Hause zu sein? Warum also fühlt es sich für manche so viel schwieriger an, über meine Kinder zu sprechen – oder einfach zuzuhören?

Natürlich weiß ich: All diese Themen sind nicht vergleichbar mit dem Leben und dem Tod des eigenen Kindes – und können daher auch nicht so verletzen. Worum ich hier so emotional werde? Weil ich auch nicht mehr Ahnung habe. Ich habe fünf Schwangerschaften erlebt, die alle anders waren – und fünf Kinder, die alle anders sind. Eine repräsentative Stichprobe für wissenschaftlich einigermaßen valide, reliabel und objektive Aussagen umfasst 1.600 Fälle – keine einzelne Frau kann diese Erfahrung abbilden. Im Vergleich dazu haben wir alle unseren eigenen Erfahrungsschatz. Und alle, die ausgebildet, kompetent und erfahren sind, haben das nicht durch das Erleben allein erreicht, sondern durch Austausch, Beobachtung und Ausbildung.

Diese Einteilung in Menschen mit oder ohne Kinder erschließt sich mir nur in organisatorischen Belangen – im Gespräch insbesondere im Zusammenhang mit Sternenkindern verletzt sie mich. Ich bin nur noch mehr ich, seit meinen Kindern. Warum sollte sich also die Mitmenschlichkeit ändern? Ich bin verletzt, traurig, schwach – und ich brauche Zeit, Gedanken und Gesten von meinen Leuten, meinen Lieblingsmenschen, Menschen, die ich kenne, denen ich mich nah fühle, denen ich vertraue, bei denen ich mir erlaube, schwach zu sein. Ich schreibe im Präsens, weil es mich immer wieder einholt – oder weil ich mich immer wieder bewusst hingebe. Um deren Geschlecht oder persönliche Lebensumstände geht es grundsätzlich schon nur bedingt – und wenn es um meine Sternenkinder, meine Trauer und mich geht, dann geht es wirklich nicht um Kategorien, sondern nur darum, dass vertraute Menschen da sind.

»Beziehung sticht Biografie.« Wenn ich das mit einem Lächeln sage, entstehen oft gerade mit Männern oder kinderlosen Menschen die offensten Gespräche. Bestes Beispiel ist für mich auf Nadija – die Gründerin vom Sternenband oder Coby Grand, die solch ein bewegendes Lied als Auftrag der Großeltern für die Eltern eines Sternenkindes schrieb.

Menschen die aufmerksam zuhören, originelle oder bewusste Fragen stellen – unsere Gespräche, Diskussionen und gemeinsamen Gedankenspiele sind geprägt von kindlicher Neugier, tiefem Staunen, ehrlichem Austausch und ganz viel Verbundenheit und Liebe.

Gleichzeitig Musik hören

Ein Zeichen, eine Geste an Eltern von Sternenkindern kann immer Wunder wirken. Nicht das große Gespräch, nicht die richtige Formulierung, sondern etwas Einfaches, das immer wieder zeigt: Euer Sternenkind, ihr seid nicht vergessen. Eine dieser Gesten kann Musik sein.

Musik wirkt tief im Gehirn. Sie aktiviert das Belohnungssystem, setzt Dopamin frei, beruhigt Herzschlag und Atmung, fördert Nähe und Vertrauen. Lieder verknüpfen Erinnerungen mit Gefühlen und können so zu Ankern werden – für Trauer wie für Liebe. Wenn Mitfühlende ein Lied teilen, braucht es keine langen Worte. Schon ein kurzer Hinweis wie »Heute höre ich dein Lied« reicht, um eine Brücke zu schlagen. Das kann ein Lied sein, zu dem bereits eine gemeinsame Verknüpfung besteht, oder es wird einfach erklärt, was damit verbunden ist.

Ein besonderes Bild für diese Form der Verbindung ist die sogenannte »Silent Party«. Dabei hört jede Person über Kopfhörer Musik – manchmal dieselben Songs, manchmal verschiedene. Von außen wirkt der Raum still, doch innen entsteht Gemeinschaft. Dieses Prinzip lässt sich auch in der Begleitung anwenden: Dasselbe Lied gleichzeitig hören, egal wie nah oder entfernt wir uns räumlich sind. Die Dauer eines Liedes genügt, um Nähe spürbar zu machen. Kopfhörer auf, Augen zu, Musik an – und beide sind verbunden.

So kann aus einem Lied ein kleiner Insider werden. Eine gemeinsame Playlist, ein bestimmter Song zum Geburtstag oder an einem anderen Gedenktag, ein spontaner Link ohne großen Kommentar – all das sind Gesten, die leise, unaufdringlich und doch unverkennbar wirken. Sie zeigen: Ich denke an dich. Ich denke an dein Kind.

Musik kann eine Sprache sein, die keine Worte braucht. Ein stiller Code zwischen Menschen, ein Echo von Liebe, das über das Gehör direkt ins Herz geht. Immer wieder. Für immer.

Seit ich in China bin, habe ich mit mehreren Freunden und ganz besonders mit einer Freundin, mit der ich seit Kindheitstagen den Musikgeschmack teile, gemeinsame Playlists. Wir schicken uns gegenseitig Lieder. Selbst wenn wir nicht direkt den Zugang finden, schicken wir uns Stimmungen, Lebenssituationen, und es funkt, wir sind auf Wellenlänge. Wörtlich. Wir verbinden uns. Hörbar.

Politik und Trauer trennen

Bei kaum einem Thema prallen Überzeugungen so heftig aufeinander wie beim Beginn und Ende des Lebens. Schwangerschaft, Abbruch, medizinische Fragen, moralische und politische Debatten – all das ist vielschichtig, voller Emotionen und geprägt von unterschiedlichen Perspektiven. Kein Wunder, dass es gerade hier schwerfällt, die eigene Meinung zurückzustellen. Doch im Kontext von Sternenkindern geht es nicht um politische Positionen. Es geht nicht darum, Recht zu haben oder Werte zu verteidigen. Es geht darum, Liebe zu leben und Trauer zu teilen.

Recht ist Recht. Medizin ist Medizin. Trauer ist Trauer. Manche Eltern fühlen sich nicht als Eltern – weil ihre Kinder sehr früh in der Schwangerschaft gestorben sind, weil sie abgebrochen haben, oder weil die Gesellschaft ihnen das Gefühl gegeben hat, kein »Recht« darauf zu haben. Andere wiederum definieren für sich ganz klar: Es war mein Kind. Diese Spannbreite ist groß, sie ist individuell – und sie ist erlaubt.

Wenn wir in unserer Begleitung jedoch in politischen oder moralischen Mustern verharren, wenn wir »für oder gegen« diskutieren, statt einfach da zu sein, dann verlieren wir den Kern: das Kind, die Trauer, die Liebe. Denn für die Trauer und letztlich für die Gesundheit zählt nicht das Recht, nicht die Moral, nicht die Medizin. Für die Trauer zählt das Erleben – und das Herz.

Recht, Medizin, Politik – sie alle brauchen ihre eigenen Begriffe und Definitionen. Nur so können sie helfen. Also sprechen sie von Zygoten, Embryonen, Föten, von Selbstbestimmungsrechten, Stammzellen, Paragraphen. Sie müssen das tun. Das ist gut so. Das ist präzise.

Doch Eltern brauchen Mitfühlende in ihrer Trauer. Dort ist es für sie leichter (nicht einfacher), gesünder, heilsamer, ihr Kind als Kind zu sehen. Einige Mitfühlende sind froh um eine Formulierung, um Worte um bei unterschiedlicher Meinung zu begleiten. Es erschließt sich für uns nicht die eine Wahrheit. Wir alle leben in unserer eigenen einzigartigen Realität und jede Realität ist ein Teil dieser Wahrheit. Teilen wir unsere Realität, erhalten wir im Austausch andere Blickwinkel und je mehr Blickwinkel je mehr Teile von der Wahrheit.

Wenn wir die eigene Meinung wie einen wertvollen Schatz behandeln, beschützen und bewahren wir sie.

Wenn wir unsere Meinung statt sie schnell und viel zu verteilen als hätte sie keinen Wert, bewusst und behutsam überreichen, entfalten wir uns geistig wie der Schmetterling nachdem er sich im Kokkoon verwandelt hat.

Also kann es Sinn machen den Vergleich, in Form der Meinungen von anderen und Vergleiche über uns selbst, in Form von Urteilen und Bewertungen, als Blickwinkel zu begreifen. Wir entscheiden, ob wir den Vergleich als Urteil oder Blickwinkel ergreifen. Vergleichen kann beleben, insbesondere der Vergleich mit sich selbst. Sich selbst beachten, bewahren und beobachten, weil sie beleben und bereichert, dadurch können wir einander begleiten. Nicht die Debatte trägt. Sondern die Anerkennung. Nicht die Definition heilt. Sondern die Nähe. Am Ende bleibt:

Das Recht ist für Regeln da.
Die Medizin ist für Gesundheit da.
Die Politik ist für Menschen da.
Der Tod trifft alle.
Und die Liebe bleibt.

Trauer ist nichts anderes als Liebe, die gelebt werden will. Wenn wir uns daran orientieren, dann können wir einander begleiten. Und trotzdem bei den eigenen Überzeugungen bleiben, und gleichzeitig ganz nah am Mitmenschen, den Eltern.

Bei den Recherchen in China, Simbabwe und Deutschland gab es nur oberflächlich Unterschiede. Wenn ich unmittelbar auf Trauer zu sprechen kam, keine. Nur wenn es um die Schnittstellen ging, dann stach doch Deutschland heraus. Was sicher auch daran liegt, wie Demokratie und Meinungsfreiheit in Deutschland aktuell noch gelebt werden dürfen.

Ich erwische mich bei anderen Themen dann oft dabei, und gerade in den Gesprächen in diesen Ländern fällt es mir auf, dass ich mir eine Expertise und eine Urteilskompetenz anmaße, die mir bei anderen Leuten unsympathisch ist. Und wenn über Sternenkinder gesprochen wird, kann es mich verletzen oder berühren oder betrüben. Ich nehme es manchmal als Wettbewerb wahr: Wer eine Person kennt, die es noch schlechter getroffen hat – weil ihr Kind schon so und so alt war, oder es ihr schon so und so oft passiert ist, oder es aus den und den Gründen war. Und dann gerne noch mit dem Zusatz: Das ist dann schon was anderes. Oder mittlerweile immer mehr: Das ist natürlich schon irgendwie das Gleiche, aber du weißt schon, wie ich meine, es ist was anderes.

‹Klar› ist es was anderes. Jedes einzelne Leben – von allen Menschen, die bisher auf dieser Welt gewandelt sind, die aktuell darauf wandeln und die darauf wandeln werden, ob an der Hand, allein oder im Mutterleib. Sie alle haben einzigartige Leben und daher ist es immer und alles was anderes. Sie alle kennen aber auch Wut, Angst, Zweifel und Hoffnung, Freude und Liebe. Und nur um Letzteres geht es mir. Wir reden leichter, wenn wir klären, worüber gesprochen wird, über Recht, Medizin, Moral oder über Trauer als Liebe?

Spenden

Bei Kindern bleibt die Todesursache häufig unklar – oft sind seltene genetische Veränderungen beteiligt. Ihre Erforschung ist komplex und deutlich teurer als bei Erwachsenen. Das liegt nicht nur an den Kosten, sondern auch an den Bedingungen: Kinder gelten in der Forschung als besonders schutzbedürftig. Studien müssen daher strengen ethischen Kriterien entsprechen, Beobachtungen sind oft der einzige Weg. Und weil vieles vorsprachlich geschieht, ist es aufwendiger, Ergebnisse zu erheben und zu vergleichen.

Gleichzeitig fließen öffentliche Gelder dorthin, wo ein schneller Nutzen sichtbar wird: in die Behandlung häufiger Krankheiten, in Prävention, in Themen, die sich direkt politisch oder wirtschaftlich begründen lassen. Forschung zu seltenen genetischen Ursachen im Kindesalter, zu Trauer und zu Verlust hat dieses Gewicht nicht.

Darum fehlen öffentliche Mittel – nicht aus Gleichgültigkeit, sondern weil Prioritäten anders gesetzt werden. Umso entscheidender sind Spenden. Sie ermöglichen Antworten, geben Hoffnung und schaffen neue Chancen für Familien, die sonst ohne Erklärung bleiben würden.

Erst seit der Geburt meiner Sternenkinder und durch den Kontakt mit Eltern, deren Kinder an Krebs oder anderen Krankheiten gestorben sind, bin ich mit diesem Thema in Berührung gekommen. Es gibt viele sinnvolle und logische Gründe, warum die Prioritäten in der Forschung so gesetzt werden, wie sie gesetzt sind.

Und dann gibt es: Kapitalismus. Leistungsorientierung. Lobbyismus. Manipulation. Machtmissbrauch. Interessenkonflikte. Pharmaindustrie. Drittmittelvergabe. Antragsverfahren. Haushaltsdebatten. Ausschüsse. Richtlinien. Verordnungen. Zuständigkeiten. Paragraphen. Auflagen. Fristen. Gremien. Kommissionen. Evaluationen. Budgetkürzungen. Förderlogiken. Wirtschaftlichkeitsprüfungen. Regularien. Regularien. Regularien. Und hinter all diesen

Wortkonstrukten stehen Menschen. Menschen, die entscheiden. Menschen, die profitieren. Menschen, die blockieren. Menschen, die, wenn sie auch betroffen sind, mit den Menschen, die trotz allem unterstützen Verbinden. Lieben. Auf ihrem Weg. Einzigartig.

Um Kärtchen bitten

Geburts- oder Sterbekärtchen sind mehr als Papier. Sie sind ein Zeichen: Dieses Kind war da. Dieses Kind gehört zu uns. Für viele Eltern sind sie ein sichtbares Stück Erinnerung, das sie mit ihrem Umfeld teilen.

Wenn Menschen, die erst nach dem Tod des Kindes ins Leben der Eltern treten, nach solchen Kärtchen fragen, kann das eine ganz besondere Form von Verbundenheit auslösen. Denn damit geschieht etwas, das selten ist: Jemand macht von sich aus sichtbar, dass auch dieses Kind dazugehört.

Gleichzeitig kann die Bitte nach einem Kärtchen für Eltern unangenehm wirken – besonders dann, wenn sie selbst keine gestaltet oder verteilt haben. Doch auch darin liegt eine Chance: Die Nachfrage kann ein Impuls sein, darüber nachzudenken, ob sie ein solches Kärtchen vielleicht noch gestalten möchten – mit oder ohne Foto, unmittelbar oder auch viele Jahre später. Ein Kärtchen kann helfen, Erinnerung zu verankern, Trauer einen Ausdruck zu geben und zugleich andere Menschen einzubeziehen. Es ist kein Muss, keine Pflicht. Aber es kann Brücken bauen.

Mein Highlight: Es kam in 6 Jahren viermal vor und ich habe es gefeiert: Menschen, die neu oder intensiver in mein Leben getreten sind, haben mich um Geburts- und Sterbekärtchen gebeten. Und ich habe sie auch schon an deren Fotowand gesehen, und ich fühle mich so geborgen, so gesehen, so sicher, so angenommen, weil alle meine Kinder einfach so, wie sie sind, auf die normalste Weise geliebt werden.

Schweigst du aus Unsicherheit?

Viele Menschen sagen: »Ich will nicht noch mehr verletzten:«, »Ich will nichts Falsches sagen.« Oder: »Das ist doch Privatsache.« Andere meinen, es sei besser, nichts zu sagen, weil jeder Mensch für sich trauert, weil sie nicht stören möchten, weil es jedem selbst überlassen sein sollte, weil es sonst zu persönlich wird.

Doch in vielen Fällen ist dieses Schweigen kein Schutz für die betroffene Person – sondern ein Schutz für sich selbst. Und manchmal heißt

Schweigen in Worten: »Ich weiß nicht, was ich sagen soll.« Oder: »Ich habe keine Kraft, mich damit zu beschäftigen.« Oder auch: »Dieses Thema tut mir selbst weh.«

Das wäre ehrlich. Und Ehrlichkeit ist in der Trauerbegleitung hilfreicher als jedes Schweigen. Denn: Das, was wir verschweigen, wird im Erleben der anderen nicht unsichtbar – sondern unverbunden. Und genau darin liegt der Schmerz.

Aus neurowissenschaftlicher Sicht wissen wir heute: Soziale Ignoranz – also nicht gesehen werden, nicht angesprochen werden, nicht erinnert werden – aktiviert im Gehirn dieselben Schmerzzentren wie körperliche Verletzungen. Es entsteht keine Brücke. Kein Halteseil. Keine Richtung. Nur eine Schlucht. Und das Echo in ihr klingt wie Hohn: »Ich will dich nicht verletzen.« Dabei wirkt es wie: »Ich will dich nicht sehen.« Wer trauert, fühlt sich dann oft nicht nur anders, sondern ausgeschlossen. Als gehöre das eigene Erleben nicht mehr zur Welt der anderen. Als wäre es zu viel, zu krass, zu fremd. Nicht integrierbar.

Dabei braucht es gar keine großen Worte. Manchmal reicht schon ein leiser Satz: »Ich bin für dich – mit all deinen Kindern – da.« Und wer das nicht leisten kann oder will, kann auch sagen: »Ich weiß nicht, was ich sagen soll. Aber ich will nicht schweigen.« Denn auch wenn Worte unsicher machen – das Schweigen trennt. Ein Mensch, der um ein Sternenkind trauert, braucht keine professionelle Begleitung vom Umfeld. Sondern nur Verbindung.

Auch nach einem Unfall bleibt eine Narbe. Und keine Person würde sagen: »Du solltest lieber nicht darüber sprechen.« Warum also bei einem gestorbenen Kind? Und manchmal führen die ehrlichsten Sätze zu angenehmen Gesprächen:

»Ich weiß nicht, was du brauchst – aber ich bin da.« Oder, wie eine trauernde Person es einmal formulierte: »Ich versichere dir, dass ich die Dinge, die ich nicht gesagt habe, erheblich mehr bereue als die, die ich gesagt habe.«

*Ich sage ganz viel zu Menschen, die mir sagen, sie würden aus Gründen nichts zu meinen Sternenkindern sagen. Ich sage auch ganz viel zu Menschen, was immer sie mir erzählen, weil ich gar nicht anders kann. Damit will ich sagen: Es hängt schon auch von der Persönlichkeit ab**, glaube ich. Aber** wie das Meer ohne Worte sprechen kann, so können auch Gesten ohne Worte sprechen. Der Kanal ist egal – es geht um die Brücke, die uns verbindet.*

Einsatz für Sternenkinder unterstützen

Altruistisches Handeln braucht keine Gegenleistung. Das zeigen nicht nur spirituelle Überzeugungen, sondern auch neurobiologische Studien: Das Belohnungssystem im Gehirn reagiert nicht auf Tausch, sondern auf Verbindung. Nicht auf »Ich helfe, wenn du auch« – sondern auf das stille Gefühl von Zugehörigkeit. Kooperation, Großzügigkeit, Fürsorge – sie wirken zuerst nach innen, bevor sie nach außen treten.

Wer sich für Sternenkinder einsetzt – in einem Verein, mit einer Petition, durch eine Gedenkaktion, als ehrenamtlich Helfende oder als öffentlich Sichtbare –, sendet nicht nur ein Signal an andere. Sondern auch an sich selbst. Dass dieses Kind zählt. Dass Trauer sichtbar sein darf. Dass Erinnern ein Ausdruck von Liebe ist.

Wenn Hilfe geschieht, ohne Erwartung, ohne Bühne, ohne Plan, entsteht manchmal ein stiller Schneeballeffekt. Studien zeigen: Wer selbst Hilfe erlebt oder beobachtet, hilft mit größerer Wahrscheinlichkeit auch anderen. Nicht aus Pflichtgefühl, sondern aus innerer Bewegung. Deshalb ist jede Form des Engagements wertvoll – sei es laut oder leise, öffentlich oder im Hintergrund, einmalig oder über Jahre hinweg.

Wer helfen möchte, darf sich fragen: Möchte ich gerade wirklich helfen? Oder fühle ich mich verpflichtet? Bin ich bereit, ohne Gegenleistung, ohne Dank, einfach nur da zu sein? Manchmal besteht Hilfe nur aus Anwesenheit. Aus Zuhören. Aus dem Teilen einer Geschichte. Aus dem Unterschreiben einer Petition. Aus dem leisen »Ich erinnere mich«. Und genau so entsteht Verbindung. Nicht immer sichtbar – aber spürbar.

Wenn ich aufgefordert werde, mich zu einem Thema zu engagieren, reagiere ich oft gereizt. Vielleicht, weil Aufforderung immer auch eine Erwartung mit sich bringt – und ein Gefühl von Pflicht. Und weil wir in einer Welt leben, in der ohnehin ständig alles zu viel ist. Aufmerksamkeit, Zeit, Energie – sie sind begrenzt. Da fühlt sich selbst das Gutgemeinte manchmal an wie ein weiterer Punkt auf der Liste. Wie ein moralischer Zeigefinger, obwohl er es gar nicht sein will.

Es gibt so unfassbar viele Themen: Umweltschutz, Tierschutz, Menschenrechte – so viel Leid, Schmerz, ungerichteit, Ungerechtigkeit. Wenn ich nun hergehe und sage, dass ich persönlich betroffen sein muss, um mich zu engagieren, dann ist das ja logisch. Naja, auf der Metaebene sind wir von allem betroffen. Und auf unseren Alltag bezogen finden sich noch viel mehr Themen.

Bei mir war es einfach ein innerer Antrieb, mich für Sternenkinder zu engagieren. Wie ein Vulkan, der plötzlich aktiv ist. Ohne Vorwarnung. Ohne Zwang.

Ein inneres Feuer, das nicht brennt, weil es soll – sondern weil es muss. Vielleicht ruht er irgendwann, wie ein schlafender Vulkan. Kann ich mir bei diesem Feuer aber kaum vorstellen. Liebe verwandelt sich, aber vergeht nicht. Liebe trägt und bleibt.

An Feier- und Gedenktage melden

Für Eltern von Sternenkindern gibt es Tage, die mehr sind als ein Datum. Manchmal ist es der errechnete Geburtstermin, der nie zur Geburt wurde. Manchmal der Todestag. Oder der Tag dazwischen. Bei manchen liegen Geburt und Tod eng beisammen. Andere erinnern sich an den positiven Test, an die erste Untersuchung, an den Moment des Wissens oder des Abschieds. Und oft kommt all das zusammen – Jahr für Jahr.

Dazu kommen die offiziellen Tage: der Muttertag. Der Vatertag. Weihnachten. Neujahr. Allerheiligen. Ostern. Geburtstage der Geschwister. Familienfeste. Schulanfänge. Die Zeit, in der Karten verschickt, Plätzchen gebacken, Fotos gemacht werden. Auch das kann schmerzen – besonders dann, wenn keiner daran denkt, wer eigentlich noch dabei sein müsste.

Für Mitfühlende ist es oft schwer einzuschätzen, welcher Tag nun der richtige ist, um sich zu melden. Doch die Wahrheit ist: Es braucht keinen richtigen Tag. Es braucht nur einen echten Gedanken. Eine Karte zu den Elterntagen (Muttertag, Vatertag), ein paar Worte an Weihnachten, eine Nachricht einfach so – sie können mehr bewirken, als es auf den ersten Blick scheint. Sie sagen: Ich denke an dich. Ich vergesse dein Kind nicht. Du bist Mutter. Du bist Vater. Auch heute.

Viele Eltern entwickeln mit der Zeit ihre ganz eigenen inneren Gedenktage. Manchmal teilen sie sie, manchmal behalten sie sie für sich. Wer mitfühlt, muss sie nicht alle kennen. Aber wer einmal im Jahr schreibt, zeigt mehr als Erinnerung. Er zeigt Verbundenheit.

Es ist schwierig. Mich hat es doch tatsächlich in irgendeinem Jahr an irgendeinem Tag geschmerzt, weil ein Lieblingsmensch an den errechneten Geburtstermin unseres Sohnes dachte – und ich nicht. Doch die Emotion, die Erinnerung, die Liebe hat schnell überwogen, und wie immer: Wir lieben einzigartig.

Und ich vergesse solche Tage oft, muss für die engste Familie und den Freundeskreis bis heute, auch nach über 25 Jahren, Eselsbrücken bilden. Ich beneide Menschen, die auch dafür Erinnerungen im Kalender nutzen können.

Ein Freund und Sternenvater hat mir geschrieben:

»Ich hatte so viel zu tun, wie immer. Das darf keine Begründung sein. Ist es bei Geburtstagen auch nicht. Am Donnerstag (in jenem Jahr der Wochentag des Geburtstags unserer Sternentochter) standen in meinem Kalender vier Geburtstage, wir waren zu einer großen Feier eingeladen und ich war einfach irgendwie sauer. Ich wollte dir schreiben, fand es dann aber doof, wieder zu sagen: Heute ist Thoras Tag. Ich denke an dich/euch. Soll ich das jetzt jedes Jahr? Wie auf Vorlage oder was? Aber unterscheidet sich das darin ja auch nicht zu anderen. Wenn man doch aber andere Geburtstage jedes Jahr g›scheit feiert, ist es doch was anderes – diese Vorlage. Die Vorlage fürs Feiern. Nur hier ist es die Vorlage für die Geburtstage, die nicht gefeiert werden. Dann habe ich Thoras Tag als Todestag und nicht als Geburtstag im Kalender stehen. Das wühlt mich jetzt irgendwie voll auf. Ich will irgendwie wissen, was ich wann machen, sagen, feiern, fühlen will und kann. Bei all unseren Sternenkindern.« (Er hat auch mehrere.) Hab das Gefühl, sie gerade nicht nah genug in meiner Erinnerung zu haben. Bin immer überrannt, wenn so ein Tag wieder ›plötzlich‹ da ist. Sei es Geburtstag, Todestag, errechneter Geburtstermin. Ich habe mich an den errechneten Termin erinnert und dachte, unser Kind hätte jetzt Geburtstag. W. (Anmerkung: seine Frau) hat es vergessen. Wie ich vom anderen Sternenkind schon.«

Ganz genau so geht es mir. Und wie mir die Nachricht, der Austausch, das ‹Darüber› sprechen zeigte, ganz genau so, geht es: uns.

Nach Fotos fragen

Für viele Eltern ist ein Foto ihres verstorbenen Kindes das Einzige, was bleibt. Kein Geburtsfoto, kein Schnappschuss beim Einschlafen, kein gemeinsames Familienbild. Nur dieses eine. Vielleicht aufgenommen von einer Hebamme, einer Pflegekraft oder einer ehrenamtlich fotografierenden Person. Vielleicht unscharf, unter Zeitdruck, im Halbdunkel.

Und doch: Es ist oft das wertvollste Bild. Viele Mitfühlende fragen sich, warum Eltern von Sternenkindern überhaupt ein Foto möchten – oder warum sie keines zeigen. Manche sind irritiert, manche mit sind extrem berührt, andere sprachlos. Was leicht übersehen wird: Ein Foto ist kein Erinnerungsstück an ein Leben, das war, sondern ein Beweis für ein Leben, das ist. Auch wenn es nur kurz war.

Sternenkinder werden oft zu früh geboren. Ihr Körper ist nicht wie der eines gesunden Neugeborenen. Viele sind klein, rot, durchscheinend, kaum geformt. Manche ähneln eher einem zerbrechlichen Vogelküken als dem Baby, das man sich vorgestellt hatte. Diese Erscheinung kann erschrecken – auch bei Eltern selbst, erst recht bei Außenstehenden.

Genau deshalb zögern viele, ein Foto zu machen. Und genau deshalb trauen sich viele später nicht, es zu zeigen. Aus Angst vor der Reaktion anderer. Aus Angst, dass ein Blick genügt, um ihr Kind zum Tabu zu machen. Dass der Schmerz durch den Blick der anderen noch größer wird. Dass aus Mitgefühl Abwehr wird – oder Schweigen.

Dabei ist das Foto für Außenstehende meist gar nicht gedacht. Es ist für die Eltern. Für ihre Erinnerung. Für ihr Herz. Für das Festhalten an einem Moment, der sonst nur noch in Gedanken existieren würde.

Psychologisch betrachtet kann das Festhalten in Bildern helfen, einen Verlust zu verarbeiten. Visuelle Reize unterstützen das Gehirn dabei, Erlebtes emotional einzuordnen und neuronale Verknüpfungen zu stabilisieren. Ein Foto kann helfen, die Realität begreifbar zu machen – auch dann, wenn Worte fehlen. Auch dann, wenn kaum jemand bezeugen kann, dass es dieses Leben wirklich gab. Doch auch wenn ein Foto fehlt, bleibt das Kind real. Auch wenn es nie gezeigt wird, bleibt es geliebt. Mitfühlende dürfen wissen: Ein Bild von einem Sternenkind ist niemals nur ein Bild. Es ist eine Brücke. Zwischen Jetzt und Damals. Zwischen Sichtbarkeit und Stille. Zwischen der Liebe, die bleibt – und der Welt, die weitergeht.

Ich freue mich mehr, als ich es ausdrücken kann, wenn ich nach Fotos gefragt werde. Und um ehrlich zu sein: Ich bereite mich auch darauf vor, weil ich mich gut erinnere, dass unser Kind für mich aus voller Liebe, mit dem größten Stolz und aus dem Herzen heraus einfach ein bisschen aussah wie ein kleiner Alien. Dieser Begriff kann nun auslösen, was er möchte – er erschien und hat mich bald darauf auch wieder verlassen, doch ich erinnere mich noch genau daran. Und weil wir in Schwangerschaftsapps, in Schulbüchern, Informationsmaterial, auf sozialen Medien, auf Skizzen und wo auch immer wir mit dem Menschen im Mutterleib konfrontiert sind, einen Wurm gezeigt bekommen, der dann so ab dem 2. Trimester wie ein kleines Baby aussieht, ist das für mich völlig in Ordnung. Da reicht der eine Besuch der Ausstellung Körperwelten vor über 20 Jahren. Mir tut es gut, wenn wer ganz ehrlich spricht, wie ihm der Mund gewachsen ist, weil meine Sternenkinder dann behandelt werden wie alle anderen Menschen auch – wertgeschätzt, aber auch mit Geschwätz.

Und was für mich bei Fotos und Mitfühlenden das absolute Hochgefühl auslöst: Immer wieder. Immer wieder, wenn ich bei diesen ganz bestimmten Lieb-

lingsmenschen bin – wenn alle meine Kinder, auch meine Sternenkinder, an der Fotowand ihrer Lieblingsmenschen hängen. Zwischen Urlaubsbildern, Geburtskarten, Sterbekärtchen und allen Fotos, die so viel mehr aussagen als tausend Worte. Und in diesem Fall: Mehr als tausend Worte der Liebe. Bei diesen Zeilen kommen mir selbst bei der tausendsten Überarbeitung Tränen, deshalb: Danke.

Von Schimmern schreiben

Sternenkinder können auch für Mitfühlende ein Impuls sein, die eigenen Schimmer – kleine Wohlfühlmomente, das Gegenteil von Triggern – bewusster wahrzunehmen, zu erinnern, zu nutzen und zu beobachten, zum Beispiel durchs Aufschreiben.

Ein Schimmer kann ein Lichtstrahl sein, der durchs Fenster fällt. Der Geruch von frischem Brot. Ein Lied, das Erinnerungen weckt. Ein Blick in den Himmel. Solche Sinneseindrücke berühren unser Nervensystem auf positive Weise: Stresshormone sinken, Herzschlag und Atmung beruhigen sich. Hormone wie Oxytocin und Endorphine stärken das Gefühl von Vertrauen und Sicherheit – in uns selbst und in Verbindung mit anderen.

Wenn wir solche Momente aufschreiben, schenken wir ihnen Bedeutung. Wir halten sie fest, erinnern uns leichter daran und können sie gezielter nutzen. Das Gehirn lernt: Das tut mir gut. Schreiben hilft, positive Reize nicht nur zu bemerken, sondern sie zu verankern. In der Psychologie spricht man vom positiven Priming – kleine Impulse, die unsere Aufmerksamkeit und Wahrnehmung langfristig verändern können. Wer regelmäßig Schimmer notiert, trainiert das eigene System darauf, mehr von diesen Momenten zu erkennen. Und mit der Zeit kann das zu einer Haltung werden: achtsam, verbunden, liebevoll. Vielleicht zeigt sich über die Jahre: Auch wir wachsen mit der Trauer anderer – weil sie uns zeigt, wie ein Leben in Liebe möglich ist.

Eine Freundin von mir und ich haben in einer herausfordernden Lebensphase angefangen, uns täglich kleine Glücksmomente als Foto oder Satz geschickt. Vor allem dann, wenn ich scheinbar keine Zeit dafür habe – oder glaube, sie mir nicht nehmen zu können, wenn mir auch nichts einfallen will und es einfach fingiert, konstruiert und aufgesetzt wäre, auf Druck, aus Pflicht einen Wohlfühlmoment zu überlegen, bin ich immer wieder überrascht, wie sich einfach jeden Tag ein Schimmer ergibt.

Aus dieser gemeinsamen und verbindenden Gewohnheit hat sich ein System entwickelt, dass wir die Schimmer über die Jahre am gleichen Tag festhalten, also auf einer Seite ist der gleiche Tag in verschiedenen Jahren, so lässt es sich spannend beobachten, vor allem, wenn nichts drinsteht, weil ich es vergessen habe, vom digitalen Notizbuch zu übertragen, von den Gedanken auf Papier zu bringen oder - einfach so. Macht gar nichts. Schon allein der Gedanke daran ist ein Wohlfühlmoment. Nicht nur der Gedanke an den Schimmer selbst, sondern das Gefühl, den eignen Weg gemeinsam zu gehen. Bei allem gilt: Trauernden zutrauen, selbst zu entscheiden, denn sie trauern ein Leben lang. Anders formuliert: Wir lieben lebenslang.

Ching Shihs fernost-europäische Dschunke bei Sonnenuntergang

Ich stelle mir die Seefahrt wie das Leben vor. Als Kapitänin meines Schiffes. Meine Crew, meine Vorräte, meine Kompetenz, die Qualität meines Schiffes – meine Erfahrungen, meine Wurzelkraft, meine Familie und Freunde, alles, was ich mehr oder weniger beeinflussen kann. Wind, Wellen und Wetter – meine Lebensumstände. Den Kurs, die Richtung, meine Haltung, meine ich für mein Schiff zu bestimmen. Ich nutze die Strömung und den Wind, um meinen Lebenskurs zu halten. Sonst schwankt das Schiff und droht zu kippen.

Diesen eigenen Weg fährt es sich gemeinsam leichter. Andere Schiffe sind die Menschen, die mir begegnen. Zusammen mit Familie und Freunden bilden wir eine Flotte – je nach Konstellation mit mir als Admiral oder in einer Ko-Kapitänschaft (geteiltes Kommando). All das machen Schimmer nicht einfacher, aber leichter. Sie sind die Segelkraft, die durch Stürme und Flauten trägt und das tanzende Glitzern des Meeres in der Abendsonne und in der Morgensonne zum Schimmerspektakel werden lässt – einfach so. Nautische Wegmarken auf dem Lebensmeer, maritime Zeichen sind für mich die Schimmer.

Nichts symbolisiert Schimmer für mich deutlicher, als wenn Sonnenlicht auf eine Wellenoberfläche trifft und aus dem passenden Blickwinkel zu einem selbstverständlichen Naturspektakel wird – einfach so: tanzendes Meeresschimmern. Lichtreflexe, Lichtspiele, Sonnenkringel – das Funkeln auf dem Wasser hat vielerorts verschiedene Namen.

Dank meiner Meeresliebe und meines Bootsführerscheins habe ich höchsten Respekt vor Menschen im Zusammenspiel mit dem Wasser. Ob von Land aus, am Strand, im oder auf dem Wasser – ich finde, die See steht für das Leben in all seinen Spannungsfeldern, und dieses tanzende Meeresschimmern steht für die bedeutenden und die guten Zeiten, Momente und Energiequellen. Also für alle Kinder. Für alle. Für uns alle. Also auch für mich. Und für dich.

Interviews mit Eltern und Initiativen

Über fünfundzwanzig Menschen teilen ihre Stimmen. Sie lassen sich nicht auswerten, nicht zusammenfassen, nicht ordnen. Sie zeigen: Es gibt kein Richtig. Kein Gleich. Kein Danach, das so funktioniert wie das Davor.

Es gibt Muster. Manche sprechen zärtlich. Andere tastend. Einige schweigen. Vielleicht weckt eine Stimme Erinnerung, vielleicht tröstet ein Klang, vielleicht stellt sich eine Frage, vielleicht bleibt ein Wort.

Was diese Menschen sagen, ist nicht immer leicht, nicht immer schwer, es ist echt. Und es zeigt: Es gibt mehr als einen Weg, mit der Trauer zu leben.

Einige Eltern haben keine Kinder an der Hand, andere hatten bereits Kinder an der Hand. Bei manchen war das Sternenkind beim Abschied schon einige Jahre alt, bei den meisten ist das Sternenkind – manchmal auch mehrere – bei der Geburt, in der späten oder auch sehr frühen Schwangerschaft gestorben. Alle diese Eltern eint: Sie mussten ihr Kind verabschieden.

Auch wenn nicht alle von Sternenkindern sprechen, Gefühle für ihre Kinder wahrnehmen oder die Fragen beantworten wollten. Die Antworten zeigen das gesamte Gefühlsspektrum. Wir lieben nicht besser oder schlechter – wir lieben einzigartig.

Auch wenn der Fakt bleibt, dass es sich um Mutter, Vater, Kind mit Familie und Umfeld handelt, fühlt die eine Person tief mit, während eine andere sich nie als Oma eines Sternenkindes bezeichnen würde – wir lieben einzigartig.

Wir lieben so einzigartig, wie wir leben. Darum trauern wir auch einzigartig. Das Alter des Kindes beim Abschied oder der Grund für den Abschied haben darauf keinen Einfluss. Die eine Person spürt ihre Elternschaft schon beim Abschied in der sechsten Schwangerschaftswoche ein Leben lang, die andere erst in einem späteren Moment. Was sich nicht messen lässt – wie die Erfahrung, die Trauer, die Liebe – lässt sich nicht vergleichen, dafür aber teilen.

Den Eltern habe ich fünf Fragen gestellt, die Orientierung geben und Raum für eigene Gedanken öffnen:

- Spuren und Dankbarkeit: Welche Spuren hinterlassen deine Sternenkinder? Wofür bist du ihnen dankbar?
- Vorher und seither: Wie hast du dich durch deine Sternenkinder verändert?
- Sinnesreise: Was verbindest du mit Trauer, Liebe, Friedhof, Sternenkindern, Tod und Leben?
- Poesiealbum: Was würdest du in das Poesiealbum oder Freundebuch deines Sternenkindes schreiben? (Für mich strahlst du in dieser Farbe …, für mich gleichst du dieser Form …, und du versetzt mich am häufigsten in diese drei Stimmungen …)
- Steckbrief: Was stünde im Steckbrief des Freundschaftsbuchs deines Sternenkindes? (Name, Alter, Größe, Abschied …)

Neben den Eltern haben auch Mitfühlende und Mitdenkende ihre eigenen Wege gefunden, mit dem Tod eines Kindes umzugehen. Manche von ihnen haben Initiativen gegründet, begleiten Eltern, fotografieren Sternenkinder, gestalten Gedenkorte, bieten Rituale an oder erschaffen Andenken, die Verbindung schaffen. Diesen Menschen habe ich ebenfalls fünf Fragen gestellt:

- Name: Wie lautet der Name für die Initiative?
- Angebot: Welches Angebot besteht für Sternenkindereltern?
- Auslöser: Was war der Auslöser für die Initiative?
- Antrieb: Was ist die Energiequelle, die Kraft gibt, täglich mit dem Tod konfrontiert zu sein und weiterhin anderen zu helfen?
- Kontakt: Wie kann das Angebot am besten erreicht werden, und wann ist mit einer Rückmeldung zu rechnen?

Diese Stimmen sind keine Empfehlung, sondern eine Einladung. Eine Einladung, sich selbst darin wiederzufinden oder etwas Neues zu entdecken – für einen Weg, den jede Person selbst wählt und den wir gemeinsam gehen. Wir sind viele. Wir sind nicht allein.

Antworten von Sterneneltern

1 A. Z.

1. Spuren und Dankbarkeit unsichtbar ist zwar meine Lara, aber überall ist sie dabei. In unserem Herzen lebt sie unendlich weiter. Lara sendet mir regelmäßig Zeichen, sie besucht uns im Garten oder in ihrem Zuhause als Eichhörnchen. Lara hat mir gezeigt, dass mein Leben vorher nicht ganz so weitergehen kann. Ich habe viel zu wenig auf mich geachtet und manchmal meiner Gesundheit nicht so Gutes getan. Lara hat mir den Denkanstoß gegeben, nicht dieses vorherige Leben einfach so zu leben und als selbstverständlich zu nehmen. Ich achte mehr auf meine Bedürfnisse und mich. Ich stehe heute mehr zu meinem Ich.

2. Vorher und seither Vor Lara habe ich drei Sternchen ziehen lassen müssen. Vor all den Verlusten war ich unbeschwert, locker, so frei und lebendig. Richtig lebensfroh war ich als Frau. Ich ging meiner Arbeit nach, die mich sehr erfüllte. Ich hatte Freude an Treffen mit Menschen, und plötzlich wurde es zu viel, als immer ein weiterer Verlust dazukam. Ich holte mir Hilfe. Ich ging das erste Mal zur Beratung. Ich wollte das Danach doch nicht annehmen, dabei war ich doch dort, um Hilfe anzunehmen. Doch ein weiterer Verlust mit unserer Tochter Lara hat einen riesengroßen Teil zerbrochen. Ich wollte nur noch für mich sein. Igelte mich ein. Mein Mann kam lange Zeit nicht so an mich ran. Ich wollte nicht, war so tief in der Trauer. Sah meinen Mann und unseren erstgeborenen Sohn auf Erden nicht mehr wirklich. Ich wollte nur noch allein sein. Ich konnte Menschen um mich nicht ertragen. Ich schaffte einen weiteren Anlauf, um Hilfe anzunehmen. Ich sehe heute, fast drei Jahre später, so viel in kleinen Dingen – die Schönheit. Ich lebe heute bewusster, ganz anders. Bin dankbar, dass mir meine Lara gelehrt hat, so nicht weiter zu funktionieren und zu leben. Dass wir alle nur eine Gesundheit haben. Dies nicht alles als selbstverständlich nehmen zu dürfen. Ich habe durch Lara meine kreative Zeit entdeckt – sobald ich kreativ bin, fühle ich mich ihr besonders nah. Es ist die Zeit mit meiner Tochter. Vorher war meine Leidenschaft zur Kreativität über Jahre etwas verloren gegangen. Heute gibt es ganz viel Raum und Zeit dafür.

3. Sinnesreise ich sehe in Lara mein kleines zartes Mädchen, ein Eichhörnchen, und sehe diese Zartheit regelmäßig. Zack, ist sie aber wieder weg. So, wie sie halt zu uns kam. Schnell und nur für eine kurze Zeit. Trauer ist definitiv Liebe und mehr als das. Trauer ist eine Gefühlswelt zu seinem Kind – für immer. Liebe ist unendlich. Friedhof war früher kein schöner Ort für mich, aber heute ist er für mich beruhigend – und Zeit, die Nähe zu unserer Tochter. Sternenkinder sind besondere Kinder, die für mich ganz besondere Aufgaben im Himmel und auf Erden haben. Sie suchen sich bewusst Familien aus. Ein Weiterleben war für mich erst unverständlich, aber heute ist es ein anderes, ganz bewusstes Leben.

4. Poesiealbum für mich strahlst du in dieser Farbe: Rot wie die Liebe oder Gelb wie das helle Licht – Licht der Liebe und Hoffnung.

5. Steckbrief Wir sind 2015 im Sommer Eltern geworden. Unser Glück, unsere Liebe – zu perfekt. Der Wunsch nach einem Geschwisterchen war enorm groß. So, dass es 2019 eine wahnsinnige Freude mit der erneuten Schwangerschaft war. Doch leider musste ich im Herbst 2019 schmerzlich erfahren, dass diese kleine Seele in den Himmel zog. Der Mut war da, ich erholte mich ganz okay. Ich war optimistisch: Das nächste Mal ist alles gut. 2020 – endlich wieder Freude. Wir bekommen ein Geschwisterkind. Aber nein – nicht nur eins, sondern zwei. Wir waren glücklich und malten uns zauberhafte Dinge aus. Doch auch da wurden wir im Herbst 2020 enttäuscht. Der erste Zwilling ging – und der zweite eine gute Woche später. Ich dachte: Das kann nicht sein. Warum wir – schon wieder? Ich bin kerngesund. Ich bzw. wir, die doch so gerne Kinder möchten. Dadurch zerbrach sehr viel in mir. Mein Halt, meine Stütze: meine Mama und mein Mann. Als ich mich gefangen hatte und weiterlebte, manchmal locker, unbeschwert, traute ich mich wieder auf die Reise zu einem weiteren Geschwisterkind. 2021 war ich schwanger mit Lara. Vorsichtiger, ängstlicher. Alle Schwangerschaften hatte ich mit Übelkeit und nicht so schönen Dingen zu kämpfen. Aber hey – man nimmt alles in Kauf, um ein weiteres Wunder auf Erden für immer zu haben. Lara kam viel zu zeitig, völlig überstürzt, auf die Welt: 27 + 2. Die Gefühle überrannten uns, die ich so mit einem zarten, niedlichen Wunder noch einmal ganz anders kennenlernen und spüren durfte. Doch Lara trat die Reise auf Erden nur für kurze Zeit an. Und wir waren wieder gefangen in einer Welt der Stille. Unsere Familie war zerstört, jeder trauerte so unterschiedlich. Am Anfang war ich nur am Funktionieren – im Überlebensmodus. Am Anfang des Verlustes dachte ich, ich muss funktionieren, stark sein, da es meinem Mann sehr schlecht ging. Wir redeten viel, waren aber auch oft für uns. Wir waren teilweise richtig entfernt voneinander. Aber als es dann daran ging, die Beerdigung zu planen, waren wir uns wieder viel näher. Gar nicht zu beschreiben. Meine Mama war von Anfang an eine Riesenstütze. Sie hat so viel geholfen. Wir gingen zur Trauerbegleitung. Oft führte uns der Weg gemeinsam dorthin – oder aber auch alleine. Ich dachte immer: Ich schaffe das nicht. Aber wir schafften es. Anschließend gaben wir uns Zeit, gingen in der Natur spazieren. Wir brauchten nach der Trauerbegleitung, nach jedem Gespräch, Zeit in der Natur. Wir fanden einen Weg, regelmäßig in die Natur zu gehen. Die Bäume zu umarmen, zu berühren. Es beruhigte ungemein. Manchmal ging es mir schlechter, dann ging es meinem Mann besser. Umgedreht genauso. So war ein Halt da. Ich entdeckte in all den Jahren die Steine, die mir bzw. uns so schwer in den Weg gelegt wurden, plötzlich als etwas Gutes – und so malte ich einige Steine an. Und legte sie an besondere Orte. Für mich haben Steine eine wunderschöne Geschichte. Es ist nicht nur ein Stein – es ist viel mehr. Der gelegentlich noch aufgehübscht wird. Ich fand durch Gespräche das Vertrauen in mein Leben zurück. Ich fand durch Instagram einen enormen Halt, Liebe, respektvollen Umgang und so einen wertschätzenden Zusammenhalt. Ich habe für mich ein Buch an unsere Tochter geschrieben. Dass Lara mir nicht nur das »Traurigsein« mitgegeben hat, sondern ein bewusstes Ändern in meinem Leben – und darüber bin ich so dankbar. Reden, aufschreiben, rauslassen, loslassen – konnte ich plötzlich immer mehr. Aber vergessen – keinesfalls. Lara hat mir so viel Stärke, Mut mitgegeben. Dieses hatte ich vorher nicht. Lara hat uns als Familie sehr durcheinandergeschüttelt. Wir haben uns oftmals entfernt – aber nie angefangen, uns zu verlieren. Wir haben den Mut gehabt – und dank Lara einen Regenbogen auf Erden erhalten. Zwischen all der Trauer, der Liebe: so viel Gutes und Schönes zu sehen. Es ist unglaublich, wie ich mich in zwei Jahren von außen und innen gewandelt habe. Und mein Wandel ist noch lange nicht vollendet. Aber wir heilen Stück für Stück – jeder in seinem Tempo – und tragen voller Stolz den wunderschönen Namen Lara, unserer Tochter, weiter und möchten von ihr erzählen. Mitmachen. Einen Weg wieder weiterzugehen. An sich glauben – auch wenn man diese schwerste Dunkelheit durchläuft. Trauer muss wirklich gefühlt und gelebt werden. Ich möchte Mut machen, dass wir alle nach schweren

Zeiten auch Sonnenschein zurückbekommen. Das Leben verläuft nicht ansatzweise nach Plan. Aber wir dürfen in dem Leben - nach all der Trauer - auch Wunderschönes spüren und sehen. Wir dürfen auch wieder glücklich sein. Freude haben. Sich austauschen tut so verdammt gut. Und keiner ist allein.

2 C. C.

Das Windei, war das Winken für unser späteres Kind an der Hand. Bevor wir mit unserem jetzigen Kind schwanger wurden, waren wir schon mal schwanger. Ob ich mich als Mutter gefühlt habe, weiß ich gar nicht mehr - das weiß ich erst jetzt. Dank dir, liebe Tanja. Ich bin dir deshalb dankbar, weil es sich damals schon so umwerfend, intensiv angefühlt hat, aber ich habe das eigentlich nur mit meinem Mann, dem Vater, erlebt. Ich spreche auch heute noch von ›Windei‹ und nicht von Kind oder Sternenkind, weil ich den Begriff ›Windei‹ so schön finde. Der Wind, das Element Luft, mit seiner Kraft und seiner Allgegenwärtigkeit. Und in unserem Fall fühle ich es als Zeichen, als Winken für unsere Tochter heute. Mir wird es ganz warm ums Herz, wenn ich an das Windei denke, und ich spüre immer den Wind in meinen Haaren. Ich liebe das Gefühl, den Gedanken an unser Windei.

3 S. G.

1. Spuren Spuren zum Beginn der Verlusterfahrung (Spuren, die mich triggern könnten): großer Schmerz - körperlich und seelisch - ein Gefühl von Hilflosigkeit und Ohnmacht Spuren, die sich ins Heute transformierten: Unendliche Liebe, Leichtigkeit (die ich vor meinen Sternenkindern nie spürte), erweiterte Resilienz, Dankbarkeit. Insgesamt haben meine Sternenkinder Spuren von Liebe, Trauer und unglaublicher Stärke hinterlassen. Durch sie habe ich gelernt, wie zerbrechlich und gleichzeitig kostbar das Leben ist. Zudem haben sie mich gelehrt, intensiver zu lieben und zu genießen, achtsamer zu sein und selbst in den dunkelsten Zeiten Hoffnung zu finden.

Dankbarkeit dass sie mich als ihre Mama ausgesucht haben. Dass sie mich auf diese Trauerreise geschickt haben, um die Welt mit anderen Augen zu sehen - mit mehr Achtsamkeit, mehr Wertschätzung mir selbst gegenüber und einem tieferen Verständnis für das, was wirklich zählt. Dass sie mir durch ihre Existenz und somit meine Erfahrung mit ihnen gezeigt haben, dass das Leben schön sein kann. Dass sie in mir die Kraft geweckt haben, über schwierige Themen zu sprechen, Tabus zu brechen und damit einen Raum für Heilung und Verbindung zu schaffen.

2. Vorher und seither Vor meinen Sternenkindern habe ich mich oft über Leistung und Kontrolle definiert. Ich dachte, ich müsste immer alles im Griff haben und mein Leben nach Plan gestalten. Meine Werte und mein Selbstbild waren stark von (äußeren) Erfolgen geprägt, und ich habe selten innegehalten, um wirklich zu fühlen, was in mir vorgeht. Seither hat sich vieles verändert. Meine Sternenkinder haben mir gezeigt, dass das Leben nicht planbar ist - und dass wahre Stärke darin liegt, auch in den dunkelsten Momenten offen und verletzlich zu sein. Ich sehe klarer, was wirklich zählt: Liebe, Verbundenheit und die Fähigkeit, im Hier und Jetzt zu sein. Gefühle, die ich früher vielleicht beiseitegeschoben hätte, dürfen jetzt ihren Platz haben. Ich fühle eine tiefere Verbindung zu mir selbst und zu den Menschen um mich herum. Es ist weniger wichtig geworden, was ich leiste - jedoch viel wichtiger, wer ich bin und wie es mir geht. Denn nur, wenn es mir gut geht, kann ich auch gut für andere da sein.

3. Sinnesreise TRAUER Stille, Tränen, Kerzenwachs, salzig, schwere Umarmungen LIEBE Meeresrauschen, Lachen, Lächeln, warmes Licht, Blumenduft, süß, warme Umarmungen, Küsse FRIEDHOF Vogelgezwitscher, lodernde Kerzen, Baumharz, Erde, Erdbeeren, nasses Laub, kalte Grabsteine STERNENKINDER Weinen, Schluchzen, Schmetterlinge, Sterne, grüner Tee, bittersüß, Haut, Tücher TOD Piep (Nulllinie), Stille, verblassende Farben, Schatten, trockene Luft, geschmacklos, Hände.

4. Poesiealbum für mich strahlst du in dieser Farbe: Gelb, Sonnenscheingelb. Für mich gleichst du dieser Form: einem Bärchen. Du versetzt mich am häufigsten in diese drei Stimmungen: bedingungslose Liebe, Dankbarkeit, Stolz.

5. Steckbrief 5 Sternchen, alle im 1. Trimester (6. – 11. SSW), verließen mich zwischen 2008 und 2015. Davon vier kleine Geburten ohne Begleitung und eine »Ausschabung« während des Kaiserschnitts des überlebenden Zwillings – mein erstes Kind an der Hand. Dominik. Geboren am 22.09.2016 (in der 40. SSW per Not-Kaiserschnitt). Gestorben am 26.09.2016 (auf der Kinder-Intensivstation). Größe: 50 cm. Gewicht: 3500 g – der Riese auf der Neonatologie. Besonderheiten: viele Leberflecken von Geburt an, flauschiges, langes Haar, lange Fingernägel, strahlend blaue Augen. Abschied: in den Tod begleitet, gemeinsame Zeit (Hand- und Fußabdrücke, Taufe, kurzes Kennenlernen der Schwester und Großeltern), offene Aufbahrung.

4 K. W.

Ich schaue mir deine Fragen an. Wieder und wieder. Ich weiß, ich bin schon zu spät für die Antworten, das tut mir leid, ich war krank, aber der Grund ist eher: Ich bekomme es einfach nicht zu Papier, es fällt mir so schwer. Es ist, glaube ich, einfach nicht meine Form, damit umzugehen. Ich würde es so gern, weil ich es so, so schlimm finde, wie einfach nicht darüber geredet wird – aber darüber schreiben kann ich auch nicht. Und genau diese Fragen, das ist nicht meine Art, wie ich an meine Sternenkinder denke, wie ich mich mit ihnen verbinde. Ich würde es so gern, ich finde die Fragen so schön, ich bin aber eher einfach so in mir mit ihnen. Ich hatte angefangen zu schreiben, aber das fühlt sich alles viel zu lehrbuchmäßig an, was ich da an Worten formuliere – als müsste ich das jetzt so sagen. Dabei will ich natürlich die absolute Liebe und alles, einfach alle meine Gefühle, Tränen, Gedanken, Wut, Erfahrungen und alles einfach rüberbringen: über den Kreislauf des Lebens, Liebe und Trauer gehören zusammen, Wunder und Launen der Natur, Kontrollverluste, Gefühlsbereitschaft, sensibler für das Wahrnehmen von Glück und Zufriedenheit – und so viel mehr. Ich fühle das meiste wirklich, aber es ist mir zu viel auf einmal, und das kann ich nicht formulieren.

5 M. G.

1. Spuren und Dankbarkeit Ich habe vier Sternenkinder. Während die ersten drei Sternenkinder keine Namen haben (sie gingen im ersten Trimester), hat vor allem Loreley tiefe Spuren in meinem Leben, meinem Herzen und meiner Seele hinterlassen. Die Fußabdrücke von Loreley sind nicht sehr groß, und sie war nur 24 Wochen bei uns. Doch diese 24 Wochen haben ausgereicht, um ein starkes Band der Liebe zu knüpfen. Durch die Seelengespräche mit ihr habe ich ganz viel über mich und die Arten von Liebe gelernt. Erst durch Loreley lebe ich noch einmal intensiver als vorher. Ich nehme das

Leben viel mehr als Geschenk wahr, und ich lebe seitdem viel bewusster. Ich traue mir mehr zu, mache einfach. Durch Loreley wurde meine Resilienz getestet. Erst durch sie konnte ich meine Depression und das dadurch ausgelöste, jahrelange Mentaltraining zu schätzen wissen. Ich habe durch sie erkannt, wie stark ich geworden bin. Ich kann meine Emotionen bzw. Gefühle aushalten, benennen und mit ihnen umgehen bzw. sie verändern. Durch meine Erfahrung kann ich mich noch viel intensiver in andere Betroffene einfühlen. Darüber habe ich mir vorher nie Gedanken gemacht. Dank Loreley bin ich noch dankbarer und bewusster geworden. Außerdem hat diese Erfahrung sehr zu meiner spirituellen Entwicklung beigetragen. Darüber hinaus habe ich meine Erlebnisse in Büchern festgehalten und dadurch etwas Neues kreiert, um anderen zu helfen. Für all diese Erkenntnisse danke ich Loreley. Sie hat nachhaltig zu meiner Bewusstwerdung beigetragen.

2. Vorher und seither vor meinen Sternenkindern stand auf meiner Bucket List: »Ich will Mama werden.« Ich hatte mir nie intensive Gedanken dazu gemacht. Für mich war eine Frau eine Mama, wenn sie ein Kind im Arm hatte. Diese Perspektive habe ich durch mein Erleben korrigiert. Ich bin Mama – nur anders. Meine Sternenkinder waren nur kurz da, doch sie waren da. Und ich bin liebende Mama.

3. Sinnesreise TRAUER: Liebe und manchmal Tränen. LIEBE: Bedingungslosigkeit und Herzen. FRIEDHOF: Stille und Kälte. STERNENKINDER: kleine Füße und »Der kleine Prinz«. TOD: einen abgeschlossenen Zyklus – Geburt, Leben, Sterben, Tod. LEBEN: Mut und Bewusstsein.

4. Poesiealbum Für mich strahlst du in dieser Farbe: Gold. Für mich gleichst du dieser Form: Jeder. Mein Sternenkind ist Energie, und diese hat keine feste Form – kann aber verschiedene Formen annehmen. Mein Sternenkind ist für mich überall, wenn ich es will. Du versetzt mich am häufigsten in diese drei Stimmungen: fröhlich, entschlossen, friedlich.

5. Steckbrief Die ersten drei Sternenkinder haben keine Namen. Ich hatte zu der Zeit kein Bewusstsein, weshalb ein Name wichtig ist. Bei diesen drei Sternenkindern hatte die Natur entschieden, dass sie mich so früh wieder verlassen. Dafür war ich dankbar, denn ich musste keine Entscheidung treffen. Ich sagte mir tröstend: »Das sollte so.« Und damit waren meine Gefühle der Traurigkeit schnell wieder reguliert. »Weiter geht›s: neuer Versuch, neues Glück« war mein Motto. Dann kam Loreley. Sie blieb, und nach der ersten Feindiagnostik ließ ich eine ganz tiefe emotionale Verbindung zu. Ich war sicher, dass sie bleibt. Ich habe die Haltung, dass nichts ohne Grund passiert und das Leben nicht für mein Glück zuständig ist, sondern für meine Bewusstwerdung. Deswegen bekommen wir unsere »Tiefschläge/Herausforderungen/Päckchen« vom Universum / dem Leben / Gott (der Regie des Lebens) eingespielt. Bei Loreley hatten wir die Diagnose »Spina bifida« und wurden mit der Aufgabe betraut, eine Entscheidung zu treffen. Wir entschieden uns für den Schwangerschaftsabbruch. Loreley kam am 17.03.2023 in der 24. SSW zur Welt. Sie starb am 15.03.2023, war 31 cm groß und 545 Gramm schwer.

6 L. X.

Erst durch die Gespräche mit dir wird mir klar, dass ich ein Kind abgetrieben habe. Das tut mir jetzt sehr weh. Es ist über zehn Jahre her. Ich weiß, warum ich abgetrieben habe. Und ich würde wieder abtreiben. Ich bereue es keine Sekunde. Aber ich bereue, von Abtreibung gesprochen zu haben – und nicht von meinem Kind. Ich werde nun von meinem Kind sprechen, das ich verabschiedet habe. Es wird dauern, bis ich deine Fragen zu diesem Kind beantworten kann – und ich weiß nicht, ob ich es je will.

7 N. R.

1. Spuren und Dankbarkeit Wie Fantasie Realität wird. Für mich als Vater war es schlicht eine Fehlgeburt. Es war schlimm, und ich habe geweint. Meine Frau konnte besser damit umgehen, sie fand es verdammt schade, drängte aber darauf, weiterzumachen. Aber für uns beide war es nach einer gewissen Zeit in Ordnung. Es war und bleibt für uns noch immer eine Fehlgeburt. Erst als unsere Kinder davon erfuhren, hat sich das geändert. Zumindest für unsere Kinder. Unsere älteste Tochter hatte lange einen Fantasiekumpel, der mit am Tisch sitzen musste und selbst im Restaurant einen Stuhl brauchte. Erst als sie von der Fehlgeburt erfuhr, also von ihrem ›Bruder‹ sprach, sprach sie nicht mehr von ihrem Fantasiefreund. Beide, sie und ihre Schwester, wollten ihren Bruder unbedingt beerdigen und einen Platz im Garten für ihn schaffen. Das taten wir alle zusammen – meine Frau und ich für unsere Töchter, und unsere Töchter für ihren ›Bruder‹. Dank unseres Sternenkindes glaube ich also, dass es mehr gibt, als wir messen können.

2. Vorher und seither seit wir mit unseren Töchtern darüber gesprochen haben, sehe ich mehr – als hätten sich alle meine Sinne verdoppelt.

3. Sinnesreise Trauer war lang, kann aber kurz sein oder ewig dauern. Liebe ist ein Wunderwerkzeug. Sie kann alles reparieren. Friedhof ist ein veralteter Begriff. Da gibt es so viel Sinnvolleres. Sternenkinder sind intensive Lebensmomente. Mit dem Tod verbinde ich das Ende, und davon will ich nichts wissen. Ich lebe lieber im Hier und Jetzt. Darum geht›s mir im Leben: um das Hier und Jetzt.

4. Poesiealbum. Dazu fällt mir leider nichts ein.

5. Steckbrief dass ich diese Frage nicht beantworten kann – dafür wurden meine Frau und ich von unseren Kindern viel geschimpft. Mehr als 13. Schwangerschaftswoche und schlimmer Klinikaufenthalt wissen wir nicht. Aber dank unserer Töchter können wir noch den Namen reinschreiben: Abraham Noah.

8 R. F.

1. Spuren und Dankbarkeit ein weiterer belegter Platz in meinem Herzen – mit Liebe, die keinen Abnehmer findet. Das ist es, was Trauer für mich vor allem ist: Liebe, die man nicht loswerden kann. Keine. Weiß ich nicht. Sie ist eine Schwester von mir und fehlt, aber so traurig bin ich nicht, weil ich sie nie direkt kannte.

2. Vorher und seither vielleicht schätze ich meine Kinder an der Hand noch viel mehr als ohnehin. Nicht wirklich, weil ich sie nicht kannte. Und ich wusste, dass so etwas passieren kann – wenn Gott es so bestimmt hat, hat es sicher einen Sinn. Weiß ich nicht. Ich glaube, ich habe mich dadurch nicht verändert.

3. Sinnesreise Trauer ist vor allem Liebe, die man nicht mehr loswerden kann – und die einen erstickt. Liebe ist unendlich. Friedhof ist für mich kein notwendiger Ort – die, die wir vermissen, sind da, wo wir sind. Sternenkinder sind Teil unserer Familie. Tod ist Ende und Anfang. Leben ist jetzt. Traurigkeit. Ich vertraue auf Gott. Ich weiß nicht.

4. Poesiealbum für mich strahlst du in dieser Farbe: Gold. Für mich gleichst du dieser Form: Stern. Und du versetzt mich am häufigsten in diese 3 Stimmungen: Frieden, Liebe, Trauer. Für mich strahlst du in dieser Farbe: Gelb. Für mich gleichst du dieser Form: Sternschnuppe. Und du versetzt mich am häufigsten in diese 3 Stimmungen: Traurigkeit, Wut, Komik. Für mich strahlst du in dieser Farbe: Blau. Für mich gleichst du dieser Form: Engel. Und du versetzt mich am häufigsten in diese 3 Stimmungen: Traurigkeit, Komik, Neutralität. Für mich strahlst du in dieser Farbe: Gelb. Für mich gleichst du dieser Form: Herz. Und du versetzt mich am häufigsten in diese 3 Stimmungen: Dankbarkeit, Liebe, Hoffnung.

5. Steckbrief Sternschnuppi, 3. Schwangerschaftsmonat, Bestattung im Sammelgrab.

9 J. P. S.

1. Spuren und Dankbarkeit der Abdruck mit meiner Tochter in meiner Hand hat so viele Leute bewegt – und sogar ein Fernsehteam dazu bewegt, sich dem Thema zu widmen. Ich habe viele wundervolle Menschen durch diese Erfahrung kennengelernt.

2. Vorher und seither ich habe Vertrauen – und auch meinen Glauben – zu einem Teil verloren.

3. Sinnesreise ich bin dankbar, diesen kleinen Menschen in meinem Arm gehalten haben zu dürfen. Mir hat Kreativität im Umgang mit der Trauer geholfen. Ich ziehe mich dann zurück und schaffe Erinnerungen.

4. Poesiealbum Bei meinem ersten Sternenkind hatte ich immer das Bild von einem Seepferdchen mit Fuchskopf – und bei der Kleinen jetzt im Januar irgendwie die Farbe Apricot im Kopf. Ihr beide habt mich humble gemacht. Ich sehe, dass Kinder zu bekommen nicht so selbstverständlich und einfach ist, wie es mir vorher vorkam.

5. Steckbrief Stellina Aurora. 14 Wochen. Geboren in der 19. Woche. 11 cm. Ihre Schönheit strahlt über den Tod hinaus. Jetzt liegt sie geborgen bei meinem Opa und meiner Uroma – auf Rosen gebettet, in mein Herz verschlossen. Unser Sommersternchen. 10. Woche. Größe einer Dattel. Vereint mit meinem Papa in den Wellen der Welt.

10 B. M.

Also, ich verstehe schon, dass es darum geht, dass ab der Zellteilung ein Kind vorhanden ist – aber ich fühle nicht so. Ich war drei Mal schwanger. Beim ersten Mal kam es zu Blutungen, beim zweiten Mal kam es zu einer Fehlgeburt, und beim dritten Mal wurde ich endlich Mama. Also: In der Schwangerschaft bin ich einfach noch keine Mama. Aber ich finde das Thema so wichtig, weil wir unbedingt darüber sprechen müssen – dass wir eben nicht davon ausgehen dürfen, dass jede Schwangerschaft ein Kind bedeutet.

11 M. K.

1. Spuren und Dankbarkeit ich bin für so viel dankbar – und finde es jedoch so schwer, das auszusprechen, weil kaum jemand versteht, weshalb man über einen, über diesen Verlust, dankbar sein kann. Mein Kind hat mich so viel gelehrt, mir in verschiedensten Bereichen die Augen geöffnet. Es hat meinen Freundeskreis aussortiert – ich sage immer gerne: »die Spreu vom Weizen getrennt«. Ich habe meinen damaligen Job gekündigt und mein Leben umgekrempelt. Meine Ehe und vor allem meine Patchworkfamilie hat es verändert: Alles wurde tiefgründiger, wir sind enger zusammengewachsen. Es hat mich auf meinen Herzensweg gebracht: Ich habe mich zur Trauerbegleiterin ausbilden lassen, arbeite ehrenamtlich für und mit Familien, die Selbiges erlebt haben. Ohne mein Sternenkind hätte es in meinem Heimatort keinen Baum der Erinnerung für verwaiste Eltern gegeben, es gäbe keine Trauergruppe. Und ich bin mir sicher, dass mein Weg noch lange nicht am Ende ist. All das macht mich sehr dankbar!

2. Vorher und seither ich war immer sehr negativ, habe in allem das Haar in der Suppe gesucht, aber habe mir auch grundsätzlich alles gefallen lassen – meine eigenen Bedürfnisse zurückgestellt und viel geschluckt. Mein Sternenkind hat mich gelehrt, dass ich für mich, meine Bedürfnisse, Wünsche, Belange einstehen darf. Dass ich eben ich bin – und es sinnlos ist, mich für andere zu verbiegen. Es hat mich gelehrt, dass ich perfekt bin, so wie ich bin – und ich nur mir, anstatt den anderen, gefallen muss.

3. Sinnesreise a) Trauer: Man sagt so schön: »Trauer ist Liebe« – und das trifft es für mich in jeglicher Hinsicht. Ich kann so vieles betrauern, wenn ich es zulasse – nicht nur den Verlust meines Kindes. Und Trauer heißt für mich auch, dass ich dazu nicht weinen muss. Ich kann glücklich sein, lachen – aber trotzdem eine tiefe Trauer in mir haben. Nur weil mein Leben weitergeht, heißt es nicht, dass ich nicht trauere. b) Liebe: Ist sichtbar – genauso wie unsichtbar. Liebe kann so viele Gefühle hervorrufen – positive wie negative. c) Friedhof: Ich bin sehr gerne auf Friedhöfen, in aller Welt. Dort wird – nicht immer, aber häufig – Liebe sichtbar. Und Trauer. Aber nicht nur. Mein Regenbogenkind, zwei Jahre alt, stand kürzlich bei seinem Opa, den er leider nie kennenlernen durfte, am Grab – mitsamt Werkzeugkoffer – und zeigte Opa Bohrmaschine und Hammer. Das mag nicht überall gut ankommen. Aber wer hat das Recht, zu entscheiden, ob ein Kleinkind mit dem verstorbenen Opa spielen darf – oder nicht? Friedhöfe lassen mich mit der Natur verbinden. Ich mag die Ruhe – aber genauso auch gerne spielende Kinder dort. Denn es ist trotzdem auch Leben. Aber es hat immer eine andere Ruhe als z. B. ein Stadtpark. d) Sternenkinder: Ich habe mich damals kaum getraut, mein Kind zu berühren – da war so eine Angst, noch mehr kaputt zu machen. Es war noch so winzig klein. Es verstarb in der 9. Schwangerschaftswoche. Und doch war es schon so perfekt. Ich hätte mir damals mehr Aufklärung gewünscht. Ich bin froh, ein paar Bilder gemacht zu haben. e) Tod: Gehört dazu – und ist unvermeidbar. Ein wenig traurig macht mich der Gedanke, dass wir ein Leben lang alle nur auf unser eigenes Sterben hinarbeiten. Und noch trauriger, dass manche Menschen – Kinder – so wenig Leben vor ihrem Tod hatten. Das fühlt sich unfair an. f) Leben: Genießen wir alle viel zu wenig. Wir sind immer so gehetzt und eingespannt. Ich wünsche uns allen, dass wir unser Leben mehr wahrnehmen können – Mehr kostbare Momente aufsaugen und mit allen Sinnen genießen können. Aber ich glaube, ich lerne das seit meinem Sternenkind – und bin noch immer mittendrin im »Lernen«.

4. Poesiealbum a) Farbe: Du bist mein Licht - und strahlst ganz hell. Leuchtest mir den Weg. b) Form: Du bist mein geliebtes Gummibärchen - und mein kleiner Krümel. c) Stimmungen: Erfüllt, dankbar, reflektierend.

5. Steckbrief Unser Sternchen heißt Krümel - das war von Anfang an sein Name. Und ich fühle, dass du ein weiterer Junge bist. Unser Abschied war lang: Von der Diagnose in der 11. Woche (verstorben in der 9. Woche) habe ich mich ganze zehn Wochen von dir verabschiedet. Bin mit dir noch verreist, habe dich mit zur Arbeit genommen. Wir haben viele Rituale versucht. Du wolltest lange nicht gehen - oder ich dich nicht gehen lassen? Wer weiß ... Am Ende war deine Geburt ein kurzer Spaziergang im Vergleich zu den anstrengenden Marathonläufen in den Wochen davor. Dein Grab war schon zwei Tage vorher vorbereitet - ebenso wie unsere Abschiedsbriefe. Als wir dich in unserem Garten beerdigt haben, spielten wir für dich, für uns, das Lied unserer Hochzeit: 500 Miles. Genauso weit - und noch viel weiter - wollten wir auch mit dir zusammen gehen. Wir lieben dich, Krümel. Danke, dass du da warst. Danke, dass du immer da bist!

12 A. X.

1. Spuren und Dankbarkeit liebe Tanja, ich habe mir gerade nochmal in Ruhe deine Fragen angeschaut - und ich befürchte, dass ich sie leider doch nicht beantworten kann. Zumindest nicht in einer Form, die für das Buch geeignet wäre ... Ich empfinde keinerlei Dankbarkeit für meine Sternenkinder. Da ist nur Wut, Trauer und Schmerz, dass sie nicht bei mir sind. Als Spuren hinterlassen sie: Trauer, Einsamkeit, Schmerz, körperliche Einschränkungen - und ein Leben, das ich mir so nicht ausgesucht habe. Ich weiß, das klingt sehr dunkel. Mein Leben ist auch hell - aber nicht wegen der Sternenkinder, sondern trotz der Sternenkinder. Weil man als Mensch überlebt. Auch das Allerschlimmste: nämlich sein Kind zu überleben.

2. Vorher und seither seit der stillen Geburt meiner Tochter fühle ich mich manchmal wie von einem anderen Stern. Menschen, die keine tiefe Trauer kennen, sind wie eine andere Gruppe - zu der ich auch mal gehörte. Ich dachte immer, ich sei ein empathischer Mensch, aber ganz ehrlich? Ich hatte vorher keine Ahnung. Die Erfahrung, das eigene Kind zu verlieren, lehrte mich vor allem Demut. Demut vor dem Leben, vor den Möglichkeiten, die wir haben. Demut davor, nie wissen zu können, was andere wirklich bewegt - und die Erkenntnis, niemals die ganze Kontrolle haben zu können. Aber auch die Erkenntnis: gerade deswegen mein Leben so zu gestalten, wie ich will. Denn es kann so schnell vorbei sein!

3. Sinnesreise Ich glaube, die anderen Fragen möchte oder kann ich gerade nicht beantworten ... tut mir leid. Nun beantworte ich sie doch: TRAUER salzige Tränen in ungeahnter Menge. Manchmal nur ein leises nagendes Gefühl von tief drinnen. Bleierne Schwere, unbeschreibliche Sehnsucht - und liebevolles Erinnern. LIEBE Unendlichkeit - und so überaus menschlich. »Die Liebe bleibt«, sagen sie immer. Und damit auch die Trauer - das vergessen sie immer. Es gibt das eine nicht ohne das andere. FRIEDHOF ein Kraftort. Ruhe, Verbundenheit, Natur, Vogelgezwitscher und Trost. Hände in der dunklen Erde - Mutter Erde. Unfassbar viel Laub, rascheln und viel Leben. Geschwätzige alte Weiber. STERNENKINDER es sind so viele. Kleine Zeichen, die mir begegnen: vogelfrei, Regenbögen und Rotkehlchen. TOD UND LEBEN ebenfalls untrennbar miteinander verbunden. Der Tod hat eine wahnsinnige Kraft. Er kann die Ruhe bringen – oder den Boden unter den Füßen wegziehen. Er ist sehr deutlich. Unerbittlich. Kann das Leben so schnell beenden. Und das Leben ist das größte Geschenk, das wir haben. Ich nehme es in Demut an.

4. Poesiealbum meine Tochter: a) rosa-gold-weiß b) nicht greifbar – wie Sternenstaub c) Wehmut, Sehnsucht, Liebe. Meine Sternschnuppe: a) Gelb-Gold b) Sternschnuppe c) Dankbarkeit, Liebe, Erstaunen

5. Steckbrief Lily, 39 + 3 SSW. Mit einem sehr selbstsicheren und klaren Wesen. Mit sich zufrieden – und glücklich, während sie da war. Und das schönste Mädchen, das je geboren wurde. Mein Mädchen. Du fehlst jeden Tag. Leia, 9. SSW. Eine kleine magische Sternschnuppe. So schnell wieder zu den Sternen gereist, wie sie kurz zu Besuch kam – Und doch eine bedeutsame Begegnung, der ich lange nachgetrauert habe.

13 B. H.

Ich habe meine Tochter zur Welt gebracht, kurz nachdem ich von zu Hause abgehauen bin, mich der Vater verlassen hat, kurz nach meiner Meisterprüfung und ein Jahr bevor ich für ein halbes Jahr ins Ausland gereist bin. All das in jungen Jahren, meine Tochter und ich. Als ich fest im Leben stand, meine Tochter schon in der Schule war und wir finanzielle Sicherheit genießen durften, da wurde ich wieder schwanger, als Single, und brach ab. Für mich ist das kein Kind gewesen. Ich beantworte diese Fragen also nicht, bin aber so überzeugt von deiner Arbeit und von Sternenkindern.

14 K. G.

1. Spuren und Dankbarkeit ich glaube, ohne dieses Erlebnis, ohne diesen Verlust, hätte ich mich mit dem Thema »Sternenkinder« vermutlich nicht befasst. Ich bin dadurch zur ehrenamtlichen Sternenkindfotografie gekommen. Dann habe ich meinen Roman Alles, was mir von dir blieb geschrieben, und nun ist es mir sehr wichtig, betroffenen Eltern etwas an die Hand zu geben, das Thema zu enttabuisieren und Aufklärung zu betreiben – gerichtet an Nicht-Betroffene und das Umfeld von Sterneneltern. Zum Beispiel darüber, dass man das Thema nicht um jeden Preis vermeidet – Weil das in den meisten Fällen nur wehtut.

2. Vorher und seither ich habe gelernt, Dinge positiver zu sehen. Zum Beispiel hätte ich meine jüngere Tochter nicht, wenn meine Sternenzwillinge sich nicht entschieden hätten, vorzeitig zu gehen.

3. Sinnesreise Oh, da könnte ich meilenweit ausholen. Trauer kann eine Achterbahn sein. Liebe fängt nicht erst mit der Geburt an und hört nicht mit dem Tod auf. Mit Friedhöfen habe ich persönlich nicht so viel zu tun, weil ich nicht glaube, dass diese Seelen genau dort verweilen würden. Ich denke, man bleibt unabhängig von Gedenkstätten oder Gräbern verbunden. Aber ich kann verstehen, wenn man es anders sieht und eine Anlaufstelle braucht. Sternenkinder sind für mich geliebte Kinder, die von ihren Eltern physisch sehr vermisst werden. Der Tod ist auf keinen Fall das Ende – und das Leben wie eine Schule für uns als Seelen, die mit jedem Mal etwas Neues dazulernt. Das in Kürze zusammengefasst. ;-)

4. Poesiealbum Obwohl ich Synästhesie habe und allem eine bestimmte Farbe zuordne, sehe ich bei meinen Sternenzwillingen einfach nur helles Licht, wenn ich an sie denke. Ich würde schreiben, dass ich gern wüsste, wie sie ausgesehen hätten, wie sie geworden wären, wenn sie noch hier wären – ob sie als eineiige Zwillinge völlig unterschiedliche Seelen waren oder eine, die geteilt wurde. Sie erfüllen mich mit Dankbarkeit für das Leben meiner zwei lebenden und gesunden Kinder. Und für die Erfahrung, die mich wirklich weitergebracht hat. Es ist jetzt acht Jahre her, und ich kann gut damit leben. Aber ich denke noch an sie.

5. Steckbrief Namen: Alexander und Oliver oder Marie und Sophie. Alter: 3. Schwangerschaftsmonat. Größe: Nun, wenn ich das wüsste … Abschied: Kein Abschied, sie sind noch da.

15 N. H.

1. Spuren und Dankbarkeit die Frage fand ich am schwierigsten, denn die Erfahrung hätte ich uns gerne erspart. Ich weiß nicht, ob meine Erfahrung für die Notfallmappe so passend ist. Aber ich versuche es mal: Wenn es mir mal schlecht ging, konnte unser Kind mich zum Lachen bringen. Er war immer auf Harmonie in unserer Familie bedacht. Wann auch immer ein Streit sich anbahnt, denke ich an ihn und stelle mir vor, wie er sich wünschen würde, dass wir uns alle liebhaben sollen. Er hat unser Leben erhellt, und mit ihm war immer etwas los im Alltag. Wenn er etwas wollte, war er so hartnäckig, bis er die Sache bekommen hatte. Mit ihm bin ich über meine Grenzen gegangen. »Geht nicht, gibt›s nicht« war sein Motto. Auch wenn es herausfordernd war, zeigte er mir dadurch, dass ich zu mehr fähig bin, als ich denke. Dafür bin ich ihm sehr dankbar.

2. Vorher und seither vor meinem Sternenkind war ich ein Workaholic, ein People Pleaser, immer unter Strom. Seit seinem Tod ist für mich nichts mehr selbstverständlich. Ich habe gelernt, wie kostbar ein Tag im Leben sein kann. Auch bin ich insgesamt gelassener, weniger streng zu mir und anderen. Ich nehme nicht mehr alles so ernst, finde einiges nicht mehr schlimm, da seine Erkrankung und sein Tod schon das Schlimmste für mich waren.

3. Sinnesreise a) Trauer. b) Liebe. Die Trauer ist die veränderte, verlängerte Form von Liebe. Ich vergleiche die Trauer gerne mit einer Begleiterin, mit der ich mich unterhalten kann, die immer bei mir ist und mit mir die Erinnerung an mein Kind in Liebe aufrechterhält. c) Friedhof. Ein Grab am Friedhof ist für mich nicht der Ort, an den ich hingehen muss, um mein Kind zu spüren. Er ist manchen Menschen wichtig, um einen Platz zum Gedenken zu haben. Für mich ist mein Kind jedoch nicht dort, sondern dort, wo wir sind. d) Sternenkinder. Die Bezeichnung Sternenkinder hat etwas fröhlich Tröstendes. Regenbögen bedeuten mir viel. Sie sind die Verbindung zwischen Himmel und Erde. So wie die Wolken und Sterne etwas Anziehendes haben. Von daher ist »Sternenkind« eine schöne, liebevolle Bezeichnung für ein verstorbenes Kind. e) Tod. f) Leben der Tod beendet das menschliche Leben – und sagt uns, dass wir das Leben als etwas Kostbares annehmen sollten.

4. Poesiealbum Soll nichts rein.

5. Steckbrief Nael, für immer 8. Mochte Lego Ninjago und super Mario. Er war ein aufgeweckter, lustiger, lieber Junge mit Sinn für das Schöne. Unser kleiner Held und Sonnenschein.

16 B. H.

1. Spuren und Dankbarkeit boah. Das Trauma, das ich dadurch erlebt habe, konnte ich tatsächlich erst durch mein Ehrenamt als Wanderbegleiter verarbeiten. Die Jungs gaben meinem Leben einen neuen Weg zu einem alten Ziel.

2. Vorher und seither für mich hat sich vieles verändert – aber nicht nur durch die Sternenjungs, auch durch ihre Drillingsschwestern. Vorher war ich wild, Fußballfan und verrückt danach. Seither bin ich ruhiger, mehr der Natur, dem Wald verbunden. Ich freue mich über Kleinigkeiten und lebe so, wie es mir gefällt, und zeige meinen Töchtern, dass man nicht viel braucht, um glücklich zu sein.

3. Sinnesreise für mich sind Sternenkinder die Erfüllung meines Ehrenamtes. Die Arbeit mit Trauer, Liebe, Tod, Leben – und den Menschen aufzuzeigen, wie es weitergeht – liegt mir sehr.

4. Poesiealbum Trauer, Angst, liebe – aber vor allem: DANKE. Danke, dass sie mich auf diesen Weg geschickt haben.

5. Steckbrief Jonas, Jacob und Michel. Jonas kam am 06.03. zu Hause auf die Welt – mit einem Schrei, und dann Stille. Seine Drillingsbrüder kamen am 10.03. auf die Welt, natürlich ohne Krach. Leider musste Jacob schon 20 Stunden später in meinen Händen sterben. Sein Bruder Michel starb dann 75 Stunden nach der Geburt – in den Armen seiner Mama. Diese Entscheidung, dass sie zuerst leben und dann sterben, weil sie in der 23. SSW kamen, macht mich kaputt – und lässt meine Seele sagen, dass ich sie getötet habe, auch wenn der Verstand weiß, dass es so besser war.

17 K. P.

1. Spuren und Dankbarkeit meine Tochter Sophia war sehr empathisch. Trotz der jahrelangen Mobbingerfahrung in der Schule konnte sie sich an den kleinsten Dingen freuen. Diese Freude möchte ich weitertragen. Sophia entsprach von ihrem Wesen her in erstaunlicher Weise ihrem Namen. Der Titel meiner Diplomarbeit war Sophia – Frau Weisheit, die weibliche Seite Gottes. Ein Kapitel handelte von den weisen Figuren in Märchen. Oftmals sind es die Einfältigen, die empathisch durch das Leben gehen, sich einfühlen können. Manchmal werden diese Figuren belächelt, unter anderem, weil sie langsamer sind. Genauso war Sophia – belächelt und ausgegrenzt durch Mobbing, aber selbst absolut ohne Arg. Mir fallen zu ihr oft so altertümliche Begriffe ein.

2. Vorher und seither ich habe immer versucht, Sophia in allem zu unterstützen. Wie bei jeder Mutter war mein Wunsch, dass meine Töchter eine Ausbildung nach ihren Neigungen machen und ihren Platz finden. Sophias Ausbildung, in der sie aufging, war fast beendet, und sie wäre übernommen worden. Der eigene Sinn war nach ihrem Tod verloren. Als verwaiste Eltern ist es eine der größten Aufgaben, einen eigenen Sinn wieder zu erkennen. Mit ihrem Tod ist aber vor allem die Unbeschwertheit verloren gegangen. Die Gefühle sind bei mir nur noch gedämpft zu fühlen. Freies Lachen und unbeschwerte Freude wären ein Wunsch.

3. Sinnesreise Trauer ist etwas, das nicht endet. Auch wenn die Umwelt es gerne hätte, dass man die Trauer überwindet. Die Zeit legt sich wie eine Decke über die Trauer, und so wird das Gefühl nicht mehr so schmerzhaft – Aber das Vermissen wird ein Leben lang andauern. Auch das theoretische Wissen über Trauer und die Ausbildung zur Trauerbegleiterin verhindern nicht, dass die Trauerwelle über einem zusammenschwappt. Trauer ist die Liebe, die keinen Ort mehr hat. Diesen Spruch finde ich sehr schön. Der Friedhof bedeutet mir nicht so viel. Da wir uns einen Baum im Ruhewald gekauft hatten, fiel die Entscheidung nach Sophias tödlichem Unfall schnell. Ob sie richtig war, weiß ich nicht. Mir fehlte danach ein Ort, an dem ich etwas für sie tun konnte. Mittlerweile wohnen wir nicht mehr in der Nähe des Ruhewalds. Bald nach dem Unglück entstand an der Unfallstelle im Wald eine Gedenkstelle. Dieser Ort – an diesen »gegangenen Wegen«, wie es eine Freundin Sophias formulierte – bedeutete mir bald mehr. Sternenkinder sind für mich alle Kinder, die zu früh gehen. Die Beschränkung dieses Begriffs auf Kinder, die während der Schwangerschaft versterben, finde ich schade. So fand ich zum Beispiel die Idee mit dem Sternenband eine wunderbare Idee. Eine Weile haben wir auch ein Sternenband getragen. Ich fand die Idee eines Abzeichens für verwaiste Eltern schön. Man sollte unter allen verwaisten Eltern die Verbundenheit zeigen. Tod und die Endlichkeit des Lebens werden einem brutal vor Augen geführt durch den Verlust eines Kindes. Man verändert sich – und mit der Sicht auf das Leben verändert sich auch das Verhalten. Ich bin empathischer geworden, nachsichtiger, aber gleichzeitig auch ungeduldiger mit den Menschen. Ich gehe weniger Kompromisse ein. Meine Freundin sagte damals zu mir: »Jetzt ist es auch egal, was andere von dir denken. Das Schlimmste ist dir schon passiert. Etwas Schlimmeres kann dir also nicht passieren.« Man verliert ja so vieles mehr als das Kind selbst. Eltern finden in ihren Kindern einen Sinn im Leben. Was passiert, wenn das Kind verstirbt? Wo ist der Sinn im eigenen Leben? Viele Eltern geben sich selbst eine Aufgabe im Namen ihres Kindes – und finden so einen Sinn. Sie machen sich stark im Kampf gegen Mobbing, sie klären auf über Sepsis, die bei Kindern oft nicht erkannt wird, oder unterstützen eine Klinik oder ein Hospiz. So handeln sie im Sinne ihres Kindes.

4. Poesiealbum ich sehe dich immer noch am Küchenfenster stehen und aufgeregt winken, wenn du nach Hause kamst. Oder wie du vor Freude über etwas in die Hände klatschst.

5. Steckbrief Sophia, 21 Jahre jung, blonde lange Haare, 170 cm groß. Sophia ist am 29.5.2017 abends mit einer Freundin im Wald bei Steinen (Lörrach) ausgeritten. Sie hatte sich kurz von ihrer Mitreiterin entfernt. Ihr Pferd hat wohl gescheut, sodass sie vom Pferd stürzte, auf den Kopf fiel und sofort verstarb.

18 D. W.

1. Spuren und Dankbarkeit Jorah ist immer und überall in unseren Gedanken dabei. Sei es im Urlaub, in dem wir selbstbemalte Steinchen auslegen, oder an Geburts- und Feiertagen, die ganz besonders intensiv wahrgenommen werden – da ist das Vermissen oft sehr stark im Vordergrund, und die Verbindung, die wir haben, sehr intensiv. Aber auch im Alltag denke ich oft darüber nach, wie wir diesen wohl gemeinsam mit ihm führen würden. Ich erwähne ihn, wenn sich die Möglichkeit ergibt – immer und überall. Er hat mir die Kraft gegeben, weiterzumachen. Dafür bin ich sehr dankbar. In seinem kurzen Leben hat er mir gezeigt, wie sehr man kämpfen kann – ganz egal, wie klein man sich manchmal fühlt und wie schlecht es einem geht. Er hat mich gelehrt, wie wichtig es ist, jeden Moment zu genießen und wie schnell sich das Leben drehen kann. Ich lebe jetzt viel bewusster.

2. Vorher und seither Tatsächlich dachte ich früher immer, ich sei besonders empathisch. Aber seit dem Tod meines Sternenkinds habe ich erstmals verstanden, was Empathie ist. Klar – das Verständnis, sich in jemand anderen und dessen Situation hineinzuversetzen. Aber es ist einfach so viel mehr – und anders. Zu dieser Erkenntnis zu gelangen war ein langer Prozess. Es ist die Kunst, selbst in persönlich sehr schweren Situationen das Gegenüber zu sehen, mit dem Herzen zu fühlen und auch Gefühle anzunehmen. Stand heute würde ich sagen, dass ich empathisch bin. Und das war ich in der Zeit nach Jorahs Tod sehr selten – da war ich sehr wütend auf alles. Jetzt, nach drei Jahren, empfinde ich sehr viel Liebe und Vermissen. Die Trauer hat sich von Wut in Liebe gewandelt. Der Schmerz bleibt, da die Liebe nie vergeht. Ich bin auch nicht mehr so streng zu anderen – und zu mir selbst. Das Leben hält so viel mehr bereit. Ich bin einfach mutiger geworden und durch Jorah gewachsen.

3. Sinnesreise Die Trauer ist für mich wie ein Überraschungspaket, von dem man nicht weiß, was man am nächsten Tag erwarten kann. Mal strahlt sie in allen Farben, und man fühlt sich dem Himmel so nah. Mal ist sie schwarz, unangenehm, einsam und kalt. Die Liebe ist unglaublich warm und strahlt Geborgenheit aus. Man fühlt sich angekommen. Mich erinnert die Liebe zu Jorah immer an einen Herbsttag. Man riecht die Blätter vom Laub auf dem Boden, ein leckerer Apple Crumble im Ofen und ein wunderschöner spätsommerlicher Spaziergang, der ganz zauberhaft duftet. Der Friedhof ist für mich eisig kalt – weswegen wir uns gegen einen klassischen Friedhof entschieden haben. Sternenkinder sind für mich voller Kraft – wundervolle, starke Seelen, ganz weich und sanft. Tod und Leben gehören für mich zusammen. Es hat alle Farben und Gerüche und ist so unterschiedlich, je nachdem, an wen ich denke. Denke ich an Jorah, sehe ich eher das Leben, das wir zusammen haben durften. Ganz viel Liebe, seine wundervolle, zarte Stimme und das Kuscheln mit ihm erinnern mich an eine weiche Feder.

19 R. M.

1. Spuren und Dankbarkeit ich trage meine Tochter bei mir, ganz nah und immer. Sie hat gezeigt, was Leben wirklich meint – und was unendliche Liebe wirklich ist. Rubi macht den Unterschied. In meiner kleinen Welt und so vielen weiteren kleinen Welten. Sie war da – und ist es so sehr. Ich bin dankbar, dass sie bei uns war. Ich bin dankbar, dass sie in mir wachsen durfte. Ich bin dankbar, dass ich ihr immer am nächsten war – auch in ihrem Gehen. Ich bin dankbar, dass ich alle ihre ersten und letzten Male mit ihr teilen durfte. Ich bin dankbar, dass wir ihre Familie sein dürfen. Ich bin dankbar. Für sie.

2. Vorher und seither vor der Geburt meiner Tochter war ich romantisch naiv. Ich hatte einen Lebensentwurf und dachte, das geht so auf. Und das tat es eben nicht. Diese Naivität – die hätte ich manchmal gerne wieder. Dieser »Alles wird gut«-Glaube. Denn so ganz und gar gut – das wird es nicht mehr. Ich war vor Rubi eine klassische Ja-Sagerin. Ich habe meine Grenzen oft überschritten. Ich war aber auch sehr fröhlich und humorvoll. Das bin ich heute nicht mehr. Zumindest nicht aus vollem Herzen. Ich bin aber so viel mehr bei mir – und benenne meine Grenzen. Alles, was mit meiner Tochter zu tun hat, lässt mich zur Löwenmama werden. Und ich weiß nun, was unendliche Liebe wirklich meint.

3. Sinnesreise Trauer, Liebe, FriedWald, Leben, Tod: Ich höre eine unüberhörbare Stille. Und ein stilles Schreien. Ich sehe die buntesten Farben. Ich schmecke süß, bitter, sauer und salzig. Ich fühle alles – und manchmal nichts. Ich taste Weiches, Grobes, Rundes und Eckiges. Und all das ist nicht nur in der Trauer, der Liebe, im Friedwald, dem Tod und dem Leben. All das ist in all dem. Weil Trauer Liebe ist. Weil das Leben mit dem Tod endet. Und weil es Plätze wie den Friedwald gibt, in dem all das stattfindet.

4. Poesiealbum a) Für mich bist du bunt. Und strahlst in allen Farben. b) für mich bist du Stern und Feder. Und Schmetterling und Vogel. Für mich bist du das, in dem du dich mir zeigst. c) unendliche Traurigkeit, Sehnsucht und Dankbarkeit.

5. Steckbrief Rubi ist gestorben, bevor sie geboren wurde. In der 41. Schwangerschaftswoche. Rubi ist tot. Und die Welt hätte so sehr eine Rubi gebraucht. Und die Welt hat sie. In ganz vielen kleinen Welten. Da sitzt sie nämlich – und erinnert daran, was das Leben meint. Und daran, was wahrhaftige Liebe ist. Rubi macht den Unterschied. Und ich vermisse sie so. Und bin so fassungslos. Und voller Sehnsucht. Doch auch so dankbar. Für meinen wertvollsten Schatz und meine schönste Erinnerung. Sie war da. Und ist da. Und wird es immer sein.

20 G. G.

Ich habe unser Sternenkind vor 19 Jahren wirklich sehr früh verloren und habe mich lange mit dem Satz »Das war noch nix, nur ein Zellklumpen« irgendwie arrangiert. Erst vor eineinhalb Jahren habe ich das Kind wieder bewusst ins Familiensystem geholt. Das war mir wichtig, nachdem ich da noch einmal in Verbindung gehen konnte. Ich kann dir deine wunderschönen Fragen daher leider gar nicht beantworten, weil ich glaube, dass der Verlust gar nicht so einen Impact auf mein Leben hat(te).

21 I. K.

1. Spuren und Dankbarkeit meine kleine Tochter hat uns 19 Monate begleitet, und ich bin für diese Zeit unglaublich dankbar. Sie hat mich gelehrt, jeden Tag mit Freude zu genießen, mich auch über die Kleinigkeiten zu freuen und dankbar für jeden Moment zu sein.

2. Vorher und seither vor der Geburt meines Sternenkindes war ich oft wegen kleiner Probleme auf 180. Seit dem Verlust meiner Tochter weiß ich viele Dinge besser zu schätzen. Ich nehme das Leben nicht mehr so ernst, versuche achtsamer mit mir umzugehen und jeden Moment bewusst zu erleben.

3. Sinnesreise nach dem Verlust meines Kindes haben sich meine Sinnesorgane noch mehr geschärft – als ob ich davor mit einer dunklen Brille herumgelaufen wäre, die nur die Hälfte von der Welt gezeigt hat. Ich verbinde mit der Trauer unendliche Liebe, die mich meinem Kind so nah fühlen lässt. Auf dem Friedhof, am Grab, fühle ich mich geborgen – meinem Kind sehr nah. Wobei es sich nach zwei Jahren geändert hat: Ich fühle mich jetzt meiner Kleinen überall nah, vor allem in der Natur, weil sie mich immer begleitet und immer um mich herum ist. Mit den Sternenkindern bzw. dem Thema Kindertod verbinde ich eine riesige Herausforderung für die Eltern und Geschwister – und die schwerste Erfahrung in diesem Leben. Der Tod ist für mich kein Ende. Es fängt ein neues Leben an – nur nicht mehr auf der Erde.

4. Poesiealbum für mich strahlt mein Sternenkind in allen möglichen Farben – aber vor allem verbinde ich meine Tochter mit der Farbe Gelb, wie die Sonne, die uns mit ihren Sonnenstrahlen erwärmt – so wie sie uns ihre Wärme und Liebe gegeben hat, die in uns weiter existiert. Wenn ich an mein Sternchen denke, empfinde ich vor allem diese Gefühle: Trauer, Liebe, Dankbarkeit. Ich bin unheimlich dankbar, so ein tolles Mädchen kennengelernt haben zu dürfen. Unser Band der Liebe wird uns immer verbinden. Aber gleichzeitig wird meine Trauer immer bleiben, weil mein Kind mir physisch immer fehlen wird.

5. Steckbrief Mein Sternenkind heißt Linda. Sie ist mit 19 Monaten an einer Pneumokokken-Meningitis-Infektion erkrankt und anschließend an Sepsis verstorben. Der Pneumokokken-Stamm, an dem sie sich infiziert hat, war nicht in der Impfung inbegriffen. Sie war ein kerngesundes, fröhliches Mädchen, in das sich alle sofort verliebt haben. Sie konnte die Menschen sehr gut fühlen – wie es ihnen geht – und hat auf ihre kindliche Art und Weise getröstet. Immer mit einem Lächeln auf den Lippen, immer in Action. Sie hat sehr wenig geschlafen und war ständig mit ihren großen Geschwistern unterwegs – als ob ob sie alles, was nur geht, in ihrem kurzen Leben erleben wollte. Sie hat acht Tage um ihr Leben gekämpft – und wir mit ihr. Am Ende haben wir verloren. Wir standen unter Schock und konnten kaum klar denken. Vieles ist wie benebelt. Beerdigung organisieren und Schulsachen für die Geschwister kaufen mussten wir gleichzeitig. Die Beerdigung war am zweiten Schultag nach den Sommerferien. Diese Parallelen – das Leben geht irgendwie weiter, aber wir stehen wie angewurzelt da und können keinen Schritt weiter bewegen. Erst nach drei bis vier Monaten haben wir angefangen zu realisieren, dass sie nicht mehr zurückkommt und wir ohne sie weitermachen müssen. Die Trauer ist so ein komplizierter Prozess mit ganz vielen Facetten. Wenn es dir an einem Tag besser geht, kann dich am nächsten Tag die Trauerwelle so hart erwischen, dass man am Boden liegt und nicht mehr aufstehen kann. Die erste Zeit hat man nur eine Aufgabe: Überleben. Und das ist schon eine riesige Herausforderung. Man kann nichts von sich erwarten – einen kleinen Schritt nach dem anderen machen, versuchen, für sich zu sorgen und achtsam mit sich umzugehen. Man sollte versuchen, klare Wünsche an die Familie und Freunde zu formulieren – denn sie sind ebenfalls überfordert und wissen oft nicht, wie sie helfen oder reagieren sollen. Ich möchte allen Sternenkindereltern wünschen, sich Hilfe zu holen, wenn es danach ist. Sprecht über euer Kind, nennt es beim Namen, und versucht, euer Sternchen in euer Leben zu integrieren – mit Ritualen, Gedanken, Erinnerungen. Eure Sternchen werden euch immer begleiten. Und euch ihre bedingungslose Liebe schenken. Denn die Liebe stirbt nie.

22 A. H.

1. Spuren und Dankbarkeit Levi und Noah sind immer bei mir und haben eine mega große Lücke hinterlassen, die nie wieder gefüllt werden kann. Nachdem so viele Versuche, schwanger zu werden, scheiterten, konnte ich mich auf die beiden nicht einlassen und mich nicht wirklich freuen. Die beiden haben es geschafft, mich auf den Boden zu schmeißen – und gleichzeitig wieder aufzurichten. Wow.

2. Vorher und seither es hat sich nichts wesentlich geändert – tatsächlich. Nur bin ich jetzt dankbarer, wenn Kinder eine Chance bekommen. Wenn ich ihnen diese geben kann.

3. Sinnesreise Ich muss schon sagen, dass sich das alles sehr soft und spirituell liest. Ich bin eher ein einfacher Mensch, der sich wenig auf solche Reisen begibt. Gefühle sind nicht immer möglich. Daran ist auch meine Verwundung schuld. Nicht immer kann ich das zulassen. Trauer ist ein sehr intensiver Prozess des Tschüss-Sagens. Diese Verletzung und gleichzeitige Erinnerungsbildung ist sehr krass – und fühlt sich wie eine starke Grippe an. Wahnsinn, wie der Geist versucht, die gefühlte Nähe zu löschen –

bzw. in Erinnerung umzuwandeln. Ja, Liebe ist schon merkwürdig. Man fühlt sich jemandem hingezogen und vertraut oftmals bedingungslos. Gleichzeitig hinterfragt man, ob das wahr sein kann. Ein Mensch mit weniger Gefühlen kann sich da schon verlieren. Friedhof? Ein schrecklicher, beklemmender Ort – aber irgendwie nicht endgültig. Ich sage immer, dass ich fünf Kinder habe, zwei davon bereits verstorben. Als meine – unsere – Kids. Unabhängig davon denke ich, dass wir als human beings den unwahrscheinlichen Drang haben, Nachwuchs zu raisen. Wie die Tiere – nur ist es nicht das oberste Ziel bei uns, evolutionär gedacht, versteht sich. Tod ist doof. Ich mag da nicht so gerne dran denken. L'chaim – auf das Leben.

4. Poesiealbum a) Alle Farben. b) Dreieck – geschlossen, aber die Ecken sind schon sehr hart. c) Trauer – aber gesunde Trauer. Auch Dankbarkeit: Ohne die beiden wären sicherlich die drei wunderbaren Zwerge nicht bei uns eingezogen.

5. Steckbrief Noah und Levi. Alter: 0. Größe: 12. Abschied: Hart und schmerzvoll. Meine Frau lag lange in schmerzhaften Wehen, bis die beiden sich entschlossen, auf die Welt zu kommen. Ich wollte die beiden eigentlich nicht in den Arm nehmen – die beiden haben mir die Entscheidung abgenommen. Dafür bin ich dankbar.

23 V. K.

Ich möchte doch nicht mitmachen. Die Fragen passen für mich nicht – damit kann ich nicht viel anfangen. Für mich persönlich passen diese Inhalte nicht zu einer Notfallmappe.

24 R. M.

(Dieses Interview habe ich wegen der dichten Sprache als einziges nicht übersetzt)

1. Spuren und Dankbarkeit My star child left me a softer person. I was such a tough Nut to crack – I always saw the world in black and white. But this experience broke me and left me with pieces that, when I glued them back together, made me more beautiful than before. More kind. More thoughtful. More understanding. I'm grateful that I now understand fertility and having children isn't always straightforward – and doesn›t always happen when or how we want it to. This journey left my marriage stronger, because we went through the cycle of grief together.

2. Vorher und seither How have your star children changed you? Yes, having a child changes you. But a child who›s never held leaves behind a deep longing – for what was, and for what will never be.

3. Sinnesreise What do you associate with grief, love, cemeteries, star children, death, and life? Star children bring out a strength in us we didn›t know we had. I associate mine with strength – and with life. And I carry the hope that when I die, I will be welcomed by my little boy.

4. Poesiealbum To my star child, Nathaniel Mapuranga – To the kisses I never got to give. To the giggles I never got to hear. To the hugs I never got to hold. The songs I never got to sing. The no›s and yes›s I never got to say. To the life that existed, though I never got to see it. To the kicks I felt inside but never got to behold. To my first child, Nathaniel, Who was here but for a moment – And gone before I ever wanted to say goodbye. To you, who drew out a strength I never knew I had. You opened me up to a whole different world. To a mother›s first love. To my star child, Nate.

25 S. H.

All diese Fragen verlangen von mir, meine Erinnerung zu verkopfen. Das möchte ich nicht. Wir haben schon vor langer Zeit unser Sternenkind verabschiedet. Zu der Zeit hieß es einfach nur Fehlgeburt. Und ich finde es so schön, von Sternenkindern zu sprechen. Ich habe erst viel später einmal recherchiert, was wohl mit unserer »Fehlgeburt« passiert ist. Ich nehme an, sie war Klinikmüll und wurde entsprechend entsorgt. Als Naturwissenschaftlerin verstehe ich diesen Vorgang. Als Mensch möchte ich mich nicht weiter damit beschäftigen, weil ich einen anderen Blick darauf habe – nämlich den auf Wasser. Auf den Main. Wir haben Schiffchen gebastelt, darüber gesprochen, was wir mit dem Kind verbinden, die Schiffchen verbrannt und die Asche in den Main geworfen. Es war ein lauwarmer, rötlich-goldener Sommerabend. Wir hielten uns an den Händen – und ich lächelte. Diesen Moment fühle ich, wenn ich an mein Sternenkind denke. Dabei möchte ich es belassen.

26 L. S.

1. Spuren und Dankbarkeit die Liebe Gottes erleben zu dürfen. Die Spuren sind die Liebe Gottes – sie ist überall.

2. Vorher und seither ich bin mir meines Glaubens noch sicherer geworden.

3. Sinnesreise Trauer ist für mich die Gewissheit, dass es weitergeht – und tiefer Schmerz darüber, dem Tod ausgeliefert zu sein. Gleichzeitig weiß ich, sicher zu sein. Eine Gleichzeitigkeit extremer Gefühle. Wie die erste Liebe, der erste Kuss, der erste Tod, die vielen ersten Male – die intensivsten Erfahrungen, an die wir uns mit jedem weiteren Mal ein wenig gewöhnen. Liebe ist das Leben. Die Sonne. Das Starke. Die Kraft. Die Energie. Sie kann mit einem Schlag alles vernichten – aber auch wieder erwecken. Friedhof ist für mich Pause, Werbeunterbrechung, Atmen, Erinnerung – Miteinander in Einsamkeit. Sternenkinder sind für mich meine Kinder. Den Zusatz »Sternen« brauche ich eigentlich gar nicht. Tod ist der Beginn des Lebens an Gottes Seite. Leben ist das Lieben – und Lieben ist die Trauer. Also eigentlich die Überschrift zu dieser Frage.

4. Poesiealbum für mich strahlst du in der Farbe Weiß mit Gold – und Farbkleksen des Lebens, kinderkunterbunt. Für mich gleichst du einem offenen Kreis. Am häufigsten versetzt du mich in eine ruhige, besinnliche, mir zugewandte, selbstsichere Stimmung.

5. Steckbrief Das weiß ich leider nicht. Unser Sternenkind ist neun Schwangerschaftswochen alt geworden – und mehr habe ich nie über es erfahren. Muss ich auch nicht. Ich wüsste nicht, was das ändern sollte. An meiner Liebe. Oder an seinem Leben.

27 E. H.

Als der letzte meiner drei Söhne das Haus verlassen hat, wurde es mit dem Alkohol immer mehr. Ich versuchte, über mein Ehrenamt in Werkstätten für Menschen mit Behinderung einen Sinn für mein Leben zu finden. Nachdem ich aber als Mutter nicht mehr gebraucht wurde – nur noch zum

Wäschewaschen am Wochenende – reichte das nicht mehr. Nach dem Studium meiner Kids, war ich nicht mal mehr fürs Wäschewaschen gut genug. So hätte ich es damals zumindest formuliert. Und der Alkohol nahm so überhand, dass ich professionelle Hilfe suchte. Mit meiner Therapeutin fanden wir heraus, dass mein Zwang, anderen zu helfen, daher rührte, dass ich meine Eileiterschwangerschaft nicht überwunden hatte. Weil es eben keine Eileiterschwangerschaft war, sondern mein Kind – oder meine Kinder, wer weiß das heute schon noch. Damals wurde der Begriff »Eileiterschwangerschaft« leicht dahingesagt und weitergemacht. Auch für mich. Aber nicht für meine Seele. Nicht für Gott. Sie wussten immer, dass ich ein Kind verabschiedet hatte, und ich arbeite heute noch daran, mein Kind lieben zu lernen, ohne je von ihm gewusst zu haben. Für deine Fragen bin ich noch nicht so weit, weil mein Weg ein sehr langer ist.

28 H. K.

1. Spuren und Dankbarkeit Dass ich einfach mehrere Kinder habe. Dass es nicht darum geht, was andere zu dir sagen, sondern dass du deinem Körper vertrauen sollst – der weiß schon alles. Sie sagten zu mir: Die Geburt ist der schönste Tag deines Lebens. Das stimmt nicht. Eine Geburt ist eine Höllenerfahrung. Diese Schmerzen. Oh mein Gott. Und sie sagen dir dann einfach so, während der Schwangerschaft, dass es der Zwilling nicht schaffen wird, dafür aber der andere. Also: ein Kind ist weiterhin gesund. Ich war so dankbar, und erst zehn Jahre später habe ich die Kraft, Ressourcen und Zeit, zu verstehen: Ich trauere seit Jahren um mein Kind. Keine Person hat mich je wieder nach dem Kind gefragt. Also: uns. Dem Vater geht es genauso. Das habe ich aber auch erst nach über einem Jahr erfahren. Und auch nur, weil wir zufällig darauf kamen. Ich bin meinem Sternenkind verdammt dankbar, dass es da war – und ich bin unfassbar traurig und gebrochen, dass ich es nicht in den Armen halten darf. Alle Höllenqualen der Welt sind es wert.

2. Vorher und seither Ich rede noch viel mehr, und schaue noch viel mehr darauf, wie ich es sehe, wovon ich überzeugt bin und wofür ich mich einsetze. Mein Sternenkind gibt mir Kraft, auch wenn keine andere Person außerhalb meiner Familie an mich glaubt. Und Kraft aus dem Universum kann mehr als alles auf Erden ;)«

3. Sinnesreise Das ist mir zu platt, zu klar, zu kitschig, zu klassisch. Liebe ist Leben. Liebe ist Trauer. Wir brauchen mehr Liebe. Viel mehr Liebe und Vertrauen im Leben. In uns selbst. In uns alle.

4. Poesiealbum auch sehr platt – aber es fühlt sich schön an. Also: Farbe – Rot, Tiefrot, Schwarz und Glitzer. Und Glitter. So ein richtig tolles Silvesterdress mit Pailletten auf schwarzem Stoff. Richtig edel. Nicht in die Lametta-Weihnachten-Richtung. Die Form ist ein Feuerwerk: Erst der Knall, dann lange nichts, dann zündet es, dann strahlt es, dann verglüht es – setzt sich aber überall fest und geht nie mehr weg. Puh. Meine Stimmungen? Wut. Aufregung. Und ganz, ganz, ganz viel Liebe. Diese angenehme Schaukelstuhl-Schiff-Stimmung – für das Hin und Her und: Gib mir mehr. Ich kann alles. Ich brauche nichts. Ich bin gut.«

5. Steckbrief nichts. Und genau das ist das Problem. Ich weiß es nicht. Vielleicht sowas wie: ›Der Zwilling hat es nicht geschafft.‹ Mehr als diese Worte hatte die Welt für dich nicht übrig. Für uns bist du aber auf immer die Welt. ›I love you to the moon and back.‹ Kobe Bryant und deine Mama. Jetzt wurde ich doch noch kitschig. Verdammt. Ja, es geht um mein Kind. Klar.

29 J. L.

1. Spuren und Dankbarkeit Jonas hat Spuren in meinem Leben hinterlassen, die für immer bleiben. In jedem Gedanken, in jedem Atemzug, in jeder Sekunde meines Lebens ist er bei mir. Er hat mich verändert, auf eine Weise, die ich mir nie hätte vorstellen können. Ich sehe die Welt jetzt mit anderen Augen, spüre intensiver, liebe bewusster. Ich bin Jonas dankbar für jede einzelne Sekunde, die ich mit ihm verbringen durfte. Für sein Lachen, das unsere Familie erhellt hat. Für seine kleinen Hände, die sich immer so fest an mich geklammert haben. Für die Liebe, die er uns geschenkt hat, die über seinen Tod hinaus weiterlebt.

2. Vorher und seither vor Jonas› Tod war mein Leben klar strukturiert. Ich war ein Vater, ein Ehemann, ein berufstätiger Mensch mit Plänen für die Zukunft, mit einer Vorstellung davon, wie unser Leben weitergeht. Ich war jemand, der glaubte, dass das Leben bis zu einem gewissen Punkt berechenbar ist. Seit Jonas nicht mehr da ist, hat sich alles verändert. Ich weiß jetzt, dass nichts selbstverständlich ist. Dass das Leben von einem Moment auf den anderen zusammenbrechen kann. Und ich habe gelernt, dass Trauer und Liebe untrennbar miteinander verbunden sind. Ich sehe Dinge anders, ich spüre mehr, aber ich leide auch mehr. Ich habe ein tiefes Verständnis für Schmerz entwickelt, aber auch für die kleinen, wertvollen Momente, die das Leben noch bereithält.

3. Sinnesreise a) Trauer: Stille. Ein drückendes Gefühl auf der Brust. Schwere Schritte. b) Liebe: Jonas› Lachen. Seine kleinen Hände in meinen. Der Duft seines Kissens. c) Friedhof: Kalte Luft auf der Haut. Der Geruch von feuchter Erde. Das Geräusch meiner eigenen Schritte. d) Sternenkinder: Ein leuchtender Stern am Himmel, der heller scheint als die anderen. e) Tod: Eine Leere, die nie ganz gefüllt werden kann. Ein Riss in der Welt, den nur wir Eltern sehen. f) Leben: Noahs Lachen. Die Umarmung meiner Frau. Jonas› Name auf meinen Lippen.

4. Poesiealbum a) Für mich strahlst du in dieser Farbe: Ein warmes, leuchtendes Gelb, wie Sonnenlicht, das alles um sich herum erhellt. b) für mich gleichst du dieser Form: Ein Stern, der heller leuchtet als alle anderen, aber den ich nicht erreichen kann. c) Du versetzt mich am häufigsten in diese Stimmungen: Sehnsucht, Liebe, Schmerz, und Dankbarkeit.

5. Steckbrief Name: Jonas. Geboren: 09.06.2021. Gestorben: 27.03.2024. Alter: 2 Jahre und 9 Monate. Größe: Viel zu klein, um so früh gehen zu müssen. Aber groß genug, um eine riesige Lücke zu hinterlassen. Abschied: Plötzlich und ohne Vorwarnung. Eine Herzmuskelentzündung, die niemand vorhersehen konnte. Er schlief ein und wachte nicht mehr auf. Jonas war ein Kind voller Lebensfreude. Neugierig, wild, mit einem Lachen, das ansteckend war. Er liebte es, mit seinem großen Bruder zu spielen, Quatsch zu machen und sich an mich zu kuscheln. Er hat unser Leben so reich gemacht, und seine Abwesenheit hinterlässt eine Leere, die bleibt. Ich vermisse ihn. Jeden Tag, jede Stunde, jede Sekunde. Aber ich trage ihn in mir. Für immer.

Angebote von Sterneninitiativen

1 Gefühl im Bauch

• **Name** Der Name meines Unternehmens ist »Gefühl im Bauch«, und mein Angebot richtet sich deutschlandweit an Eltern, die eine greifbare Erinnerung oder einen Weg zurück ins Leben suchen. Aus einem Foto oder einem Abdruck des Babybauchs kreiere ich individuelle, handgefertigte Skulpturen – voller Liebe, Gefühl und Erinnerung. Meine Kreativität kennt dabei keine Grenzen. Neben den Skulpturen biete ich mit meinem Onlinekurs »Und plötzlich kannst du wieder lachen« auch einen Weg an, der über das Erinnern hinausgeht – hin zum bewussten Leben mit der Trauer. Der Kurs begleitet Sternmamas dabei, ihre Trauer zu verstehen, anzunehmen und Schritt für Schritt wieder Lebensfreude zu spüren. • **Angebot** Ich fertige individuelle Skulpturen zur Erinnerung an das Sternenkind – ein ganz persönliches Andenken, das Halt, Trost und Nähe schenkt. Jede Skulptur wird mit viel Herz gestaltet, und es besteht die Möglichkeit, persönliche Wünsche, Symbole oder kleine Details einfließen zu lassen. Ich begleite Eltern während des gesamten Prozesses einfühlsam und mit offenem Herzen. Eine Skulptur vom Sternenkind kann beim Erinnern helfen – mein Onlinekurs lässt dich wieder leben und lachen. Er hilft Sterneneltern, ihre Trauer in ihr Leben zu integrieren, anstatt sie zu verdrängen – damit wieder Raum für Hoffnung, Leichtigkeit und ein neues Lachen entsteht. • **Auslöser** Der Verlust meiner eigenen Kinder im Herzen hat mir gezeigt, wie wichtig es ist, Erinnerungen zu bewahren. Ich habe erfahren, wie schmerzhaft es ist, wenn es keine greifbaren Erinnerungen gibt. In dieser Zeit habe ich auch mein eigenes Lachen verloren – und ich habe begriffen, dass ich mehr verloren hatte als »nur« mein Kind. Ich hatte mich selbst verloren. Heute weiß ich, dass Heilung beginnt, wenn wir unsere Trauer verstehen und annehmen. Darum möchte ich als Trauerbegleiterin Eltern helfen, ihr Lachen wiederzufinden – nicht, indem sie vergessen, sondern indem sie sich liebevoll erinnern und das Leben wieder spüren dürfen. • **Antrieb** Mein Antrieb ist das Wissen, dass meine Arbeit Trost und Bedeutung schenkt. Die Geschichten und die Dankbarkeit der Eltern geben mir Kraft. Es ist nicht immer leicht – aber zu sehen, wie meine Skulpturen ein Stück Frieden bringen. Und wie Sternmamas in meinem Kurs Schritt für Schritt wieder ihr Lachen finden, motiviert mich jeden Tag, weiterzumachen. Ich wünsche mir, dass Eltern ihre Trauer in ihren Alltag integrieren können – dass sie lernen, mit ihr zu leben, ohne dass sie ihr ganzes Leben bestimmt. Ich möchte, dass sie wieder zu einem unbeschwerten, wenn auch anderen Leben zurückfinden. Einem Leben, in dem Lachen wieder erlaubt ist. • **Kontakt** Eltern können mich am besten erreichen über: www.meingefuehlimbauch.de und hallo@meingefuehlimbauch.de, Instagram: @mein.gefuehl.im.bauch. Ich bemühe mich, alle Anfragen innerhalb von 24 bis 48 Stunden zu beantworten – mit offenem Ohr, offenem Herzen und ganz viel Gefühl im Bauch.

2 Sternenband

• **Name** ich bin Nadija, die Geschäftsführerin von STERNENBAND gemeinnützige UG (haftungsbeschränkt). Das STERNENBAND ist für den gesamten deutschsprachigen Raum. • **Angebot** STERNENBAND | Das offizielle Erkennungszeichen für Sterneneltern und für Paare mit unerfülltem

Kinderwunsch. Akutbegleitung. Begleitung bei stillen Geburten. Trauergruppen. Fortbildungsmöglichkeiten für Fachpersonal. Keynote Speaker. Veranstaltungen für Sterneneltern und interessierte • **Auslöser** Es war ein bisschen, als sollte ich von der Thematik gefunden werden. Eigentlich bin ich gelernte Bankkauffrau, auch wenn mich das nie interessiert hat. Durch die Schwangerschaft mit unserer Maus habe ich bemerkt, dass alles, was mit Schwangerschaft, Geburt und Wochenbett zu tun hat, mich dermaßen anzieht! Also habe ich mir – fernab der normalen »Ich werde Mama«-Bücher – auch Fachbücher gekauft: Bücher für Hebammen und Gynäkolog:innen. In diesen Büchern bin ich das erste Mal über stille Geburten gestolpert … und es hat mich nicht mehr losgelassen. Als ich dann im vierten Monat war, stand unsere Hochzeit an. Ich war mit einer Freundin zeitgleich schwanger – und ja, auf unserer Hochzeit hat sie ihr Baby verloren. Dann war es nicht mehr nur ein Thema in einem Buch. Ich wusste, ich will helfen, wusste nur noch nicht wie. Um noch tiefer in die Thematik einzutauchen, habe ich auf Instagram recherchiert und bin dort auf ein Video gestoßen. In diesem Video haben sich mehrere Sternenmamas und Sternenpapas zu Wort gemeldet – es ging um die Trauer, und es ging um das Gefühl, allein zu sein. Durch das Wissen, das ich mir bis dahin angelesen hatte, wusste ich: Sie sind nicht allein! Wie ein Geistesblitz dachte ich mir, dass es doch helfen würde, wenn es ein Erkennungszeichen geben würde. Also habe ich danach gegoogelt – und nichts gefunden. Daraufhin habe ich mehrere Sternenmamas und -papas angeschrieben und gefragt, ob sie ein solches Zeichen kennen – und wenn nicht, ob sie eines tragen würden. Ich habe tatsächlich von allen eine Antwort bekommen, dass sie keines kennen und es liebend gern tragen würden. Noch in der gleichen Nacht habe ich mein erstes Material bestellt. Das war im Herbst 2018 (gelbes Herz). Seitdem ist es immer mehr geworden. Aktuell verschicken wir über 1000 STERNENBÄNDER im Monat! • **Antrieb** es gibt mir unglaublich viel, zu wissen, dass ich helfen kann! Jede einzelne Dankesnachricht lässt mich immer wieder weitermachen. Das STERNENBAND hat einige Höhen und Tiefen mitmachen müssen – sei es, von einem Onlineunternehmen über die Ohren gehauen worden zu sein, oder die Umwandlung in die Gemeinnützigkeit. Doch das Team STERNENBAND – und auch die Betroffenen – geben einem die Energie. Außerdem beflügelt mich die Vision, dass sich in Zukunft Betroffene nicht mehr allein fühlen müssen: Das STERNENBAND verbindet Menschen im echten Leben – fernab von Social Media. Kurz und knapp: Die Quelle ist die Dankbarkeit (dankbare Geste). • **Angebot** Erreichen kann man uns am besten über Instagram @sternenband – wir sind täglich online. Das STERNENBAND kann man kostenfrei auf www.sternenband.de bestellen.

3 Plus eins im Herzen

• **Name** Plus eins im Herzen. Es gibt keine Region, da alles über mein Instaprofil und meine Website läuft. Auch Menschen in der Schweiz und in Österreich kaufen mein Buch. • **Angebot** Ich habe das Buch Firlefanz am Regenbogen geschrieben und veröffentlicht. Es ist die Geschichte von Mina und Minou, die zusammen mit ihren Freunden am Regenbogen leben. Es behandelt – neben allerlei Abenteuern und schönen Dingen – auch die Frage, warum ein Kind ein Sternenkind wird, wo es dann ist und dass sie weiter auf ganz besondere Art und Weise Kontakt zu ihrer Familie haben. Das Buch ist bunt und fröhlich, mit ernsten Momenten. Ich biete »Gespräche mit Anna« an. Hier haben alle die Möglichkeit, sich in einem einzelnen Gespräch oder einer Monatsbegleitung mit mir auszutauschen.

Trauer ist eine intensive Erfahrung, die das gesamte Leben durchdringen kann. Man muss sich jedoch nicht allein damit auseinandersetzen. In meinen 1:1-Gesprächen biete ich einen geschützten Raum, in dem man Gedanken und Gefühle frei teilen kann – ohne Erwartungen oder Bewertungen. Hier gibt es keine vorgegebenen Lösungen, nur Raum für einen selbst und das, was man gerade erlebt. Mit einer außenstehenden Person, die nicht mit dem Alltag oder der Familie verstrickt ist, kann es einfacher sein, seinen Gefühlen freien Lauf zu lassen. Ab Januar kann man mich zu Veranstaltungen einladen, bei denen es um das Thema Trauer geht. Ich habe eine sehr bunte und leichte Art, mit diesem Thema umzugehen, was die Schwere nimmt und einen ganz neuen Blick eröffnet. Ich nenne es »Werkstattgespräche«. • **Auslöser** Vor fünf Jahren haben zwei meiner Freundinnen ihre Babys verloren. Eine sieben Tage vor dem eigentlichen Termin, eine am Ende des fünften Monats. Das war so traumatisch und hat auch für mich sehr vieles auf den Kopf gestellt. Plötzlich war jemand nicht einfach schwanger und bekommt ein Kind – plötzlich ist jemand schwanger und bekommt hoffentlich ein Kind. Das Buch entstand aus einer Kurzgeschichte, um mir, meinen Freundinnen und deren Familien dabei zu helfen, den Verlust ihres Kindes zu verarbeiten und die Angst und den Schrecken ein wenig zu lindern. Da es so viel Anklang fand, bei jedem, der davon erfuhr und es lesen durfte, entstand die Idee, es für alle zu veröffentlichen. Dieses Buch ist voll mit Freude und Hoffnung, mit Freundschaft, Abenteuern und Mut. Seine Geschichte ist turbulent und voller Spaß, weil Kinder nun mal so sind – egal, ob oben oder unten. Aber es verliert auch nie den Bezug zum eigentlichen Thema. Das Thema Tod und Trauer gehört zum Leben dazu – aber es trifft uns immer völlig unvorbereitet, da es in der Gesellschaft nicht gerne thematisiert wird. Dadurch wird ein ohnehin schon schweres Thema noch schwerer und erdrückender. Trauernde beschäftigen sich nicht nur mit der Trauer, sondern auch damit, wie sie Mitmenschen nicht zur vermeintlichen Last fallen. Kommt dann noch der Tod eines Kindes dazu, werden noch mehr Themen aufgeworfen, mit denen Eltern sich auseinandersetzen: Was stimmt nicht mit mir? Was habe ich falsch gemacht? Am liebsten würde ich mich vor all den mitleidigen Blicken verstecken. Dabei sind sie mit diesem Thema ganz und gar nicht allein. • **Antrieb** obwohl man meinen sollte, dass es ein schweres Thema ist, erfüllt es mich mit sehr viel Freude. Es ist ein Thema, bei dem man richtig viel bewegen kann – und bei dem so viel Dankbarkeit zurückkommt. Menschen eine Stimme zu leihen, die in gewissen Momenten keine eigene haben – das ist mein Antrieb. Ich bin ein sehr positiver Mensch, und wenn ich davon etwas in diese Welt bringen kann, bin ich dabei. (lächelt) In meinem Kopf sind so viele Ideen und Möglichkeiten – es sprudelt richtig. Und nach und nach trage ich sie in die Welt. • **Kontakt** über Instagram oder per Mail an liebe@plus-eins-im-herzen.com. Ich freue mich IMMER über den Austausch mit Lesenden. Ich liebe Menschen und ihre Geschichten. Man kann mir zu allen Tageszeiten schreiben. Ich antworte eigentlich superschnell – aber so, wie es halt passt.

4 Sternenwege Hannes Pahl

• **Name** ich heiße Hannes, bin 34 Jahre alt und komme aus der Nähe von Hamburg. Mein Projekt heißt »Sternenwege« und ist ein nationales, wenn nicht sogar internationales Angebot. Auf jeden Fall aktuell für den gesamten deutschsprachigen Raum. • **Angebot** es ist ein Projekt, das sich auf Instagram dem Hintergrundwissen zum Thema Sternenkinder widmet und den gleichnamigen Podcast mit meinem Gesicht begleitet. Im angesprochenen Podcast geht es um meine Geschichte, meinen zurückgelegten Heilungsweg sowie den noch vor mir liegenden. Dabei lade ich jede Person herzlich ein, mich auf diesem Weg zu begleiten und den eigenen Weg dabei zurückzulegen. Ich teile Tipps, Erfahrungen und plane viele Gespräche mit Personen mit hoher Expertise, Betroffenen oder ehrenamtlich Helfenden, sodass ein riesiges Glossar entstehen kann, in dem für alle etwas enthalten sein wird. • **Auslöser** ich bin im August 2022 Sternenkindvater geworden. Im Zuge der Trauerarbeit und des Prozesses habe ich festgestellt, dass es nur wenige Angebote für Väter und Männer gibt und sich die Themen oft um die Frauen und Mütter drehen. Akut belastet hat mich dies während unserer Folgeschwangerschaft im Jahr 2024. In dieser Phase bin ich in ein sehr tiefes, dunkles Loch gefallen und die Idee von »Sternenwege« ist in mir gereift. Anfang 2025 habe ich das Projekt dann endgültig ins Leben gerufen, gestartet und erzähle hier nun meine Geschichte. • **Antrieb** obwohl all die Geschichten, mit denen ich im Zuge meiner Arbeit konfrontiert werde, sehr schmerzvoll und traurig sind, erfüllen sie mich gleichzeitig. Denn sie lösen ein tiefes Gefühl der Verbundenheit aus und vor allem das Gefühl des Nicht-alleine-Seins bedeutet mir so viel. Es ist genau dieses Gefühl, das ich mit meinem Projekt weitertragen und jeder Person mitgeben möchte. • **Kontakt** die Kanäle, egal ob Instagram oder Podcast (später auch Blog), sind rund um die Uhr verfügbar. Betroffene, Interessierte und Unterstützende können mir jederzeit auf Instagram eine Nachricht schreiben. Ich versuche in der Regel, diese am nächsten Tag zu beantworten.

5 Rebekka Initiative Trauerbegleitung

• **Name** dieTrauerWandlerin. Online-Trauerbegleitung für Deutschland, Österreich und die Schweiz. Die Begleitung richtet sich nach der Verfügbarkeit der betroffenen Personen – sie soll sich in den Alltag integrieren lassen. Zusätzlich gibt es auch ein Angebot für persönliche Begleitung vor Ort. • **Angebot** thematische Begleitung in Bereichen wie: Bewältigungsstrategien, Trauerrituale, die Beziehung zum verstorbenen Kind, Eltern- und Geschwisterrollen, Neuorientierung und Folgeschwangerschaft • **Auslöser** meine drei Sternenkinder – und der Weg in ein erfülltes und glückliches Leben. • **Antrieb** der Tod ist nicht das, was uns über Generationen vermittelt wurde. Hinter jedem schmerzlichen Abschied verbirgt sich ein großes Geschenk – wenn wir bereit sind, uns mit unseren tiefsten Ängsten und Erlebnissen selbst zu konfrontieren. • **Kontakt** über meine Homepage: www.dietrauerwandlerin.com. Dort gibt es einen Notfall-Button, der direkt eine telefonische Kontaktaufnahme ermöglicht. Verpasste Anrufe werden in der Regel am selben oder am nächsten Tag beantwortet. Auf E-Mails erfolgt eine Rückmeldung innerhalb von 24 Stunden.

6 Bohana

• **Name** www.bohana.de. Bohana ist eine Online-Plattform und ein Netzwerk für lebendige Abschiedskultur. Ausgewählte Personen mit Expertise aus den Bereichen Trauer, Bestattung und Coaching klären über Möglichkeiten auf und unterstützen Betroffene im Trauerfall dabei, den Abschied und den Trauerprozess individuell zu gestalten. • **Angebot** Information, Inspiration und Netzwerk zu den Themen Abschied gestalten, Erinnerungen schaffen und Trauer leben. Im Jahr 2025 und 2026 ein Gesprächspaket mit rund 30 Video-Interviews, ein Jahr lang verfügbar – für Menschen, die um ein Sternenkind trauern, und für Menschen, die Trauernde begleiten. • **Auslöser** Bei Bohana geben wir Trauer in ihrer Vielfalt Raum und Sichtbarkeit. Viele Menschen in unserem Netzwerk begleiten mit Herz das Thema Sternenkinder, für sie ist es ein echtes Herzensanliegen. • **Antrieb** ich bin fest davon überzeugt, dass ein guter Abschied entscheidend durch die schwere Trauerzeit hilft. Dafür brauchst du gute Begleiterinnen und Begleiter, Wissen und Ideen. All das möchte ich dir mit Bohana an die Hand geben. Bohana ist eine zentrale Plattform, die anschaulich informiert, hilfreiche Anregungen gibt und viele Beispiele zeigt, was alles möglich ist. Trauer zu sehen und ihr Raum zu geben, macht einfach so viel Sinn. Sinn ist meine Währung und motiviert mich, die Abschiedskultur immer weiter bedürfnisorientiert zu wandeln. • **Kontakt** unsere Website ist kostenfrei und jederzeit erreichbar. Alle in unserem partnerschaftlichen Netzwerk können direkt individuell kontaktiert werden.

7 Thanatos Bestattung

• **Name** Thanatos Bestattung – Berlin und Umland • **Angebot** Bestattung von Sternenkindern. Kremation. Abschiedszeremonie. Symbolische Bestattung • **Auslöser** wir erhalten viele Anfragen zur Bestattung von Sternenkindern, da wir eine informative Website zu diesem Thema haben: www.thanatos-berlin.de/babybestattung. • **Antrieb** Es erfüllt uns, Menschen in schwierigen Situationen zur Seite zu stehen – und sie in ihre Kraft zu bringen. • **Kontakt** als Bestattungsunternehmen sind wir rund um die Uhr erreichbar – per E-Mail oder telefonisch.

8 Mein_Sternenkind

• **Name** mein Sternenkind – www.mein-sternenkind.net. Das Angebot der Online-Hilfskarte gilt für ganz Österreich, Liechtenstein, Südtirol – und ab Jänner auch für Deutschland. • **Angebot** Sternenkindfotografie (Kärnten, Burgenland, Steiermark, Niederösterreich). Begleitung – persönlich, online oder telefonisch – ab Diagnose, österreichweit. Online-Hilfskarte: www.mein-sternenkind.net. Adressen speziell für Sternenkindbetroffene. Organisation einer jährlichen Fachtagung in Graz. Vorträge in Schulen (Pflege, Hebammen, Elementarpädagogik, Grundschulen …). Sternenkindboxen mit Hilfsangeboten und Büchern: juriatti.net/work/sternenkindprojekte. Sternenkindbaum. • **Auslöser** wir haben fünf Sternenkinder und zwei erwachsene Kinder. Bei unseren Verlusten gab es keinerlei Betreuung, keine Informationen – und keine Bestattung. Unsere Kinder wurden mit dem Krankenhausmüll entsorgt. Für die Gesellschaft haben sie nie existiert. • **Antrieb** mir ist es wichtig, den betroffenen Menschen die Unterstützung zu bieten, die wir selbst nicht hatten – und Erinnerungen zu schaffen, die für die Trauerarbeit so wichtig sind. Vor allem möchte ich Informationen weitergeben. Besonders am Herzen liegt mir die Weiterbildung von pflegenden Personen in Krankenhäusern. • **Kontakt i**ch bin täglich zu jeder Uhrzeit erreichbar – telefonisch, per E-Mail sowie online über Facebook und Instagram. Dieses Jahr haben wir zum ersten Mal einen Sternenkindbaum im Advent aufgestellt – und werden das weiterhin tun. Mit dem Baum rücken unsere Kinder ein Stück weit in die Mitte der Gesellschaft.

9 Julia Gohlke

• **Name** Julia Gohlke. Trauer- und traumasensible Coachin. Systemische Therapeutin. Mentorin für Sternenmamas. Das Angebot gilt weltweit (online, auch auf Englisch) sowie vor Ort in Berlin und

Brandenburg. • **Angebot** Unterstützung, die von Herzen kommt – für Sterneneltern. Der Verlust eines Kindes ist eine der tiefgreifendsten und schmerzhaftesten Erfahrungen, die Eltern machen können. Jede Trauerreise ist einzigartig, und doch verbindet Sterneneltern eine besondere Stärke und Liebe. Als Sternenmama, Mentorin, traumasensible Coachin und systemische Therapeutin in Ausbildung möchte ich auf diesem Weg begleiten und neue Perspektiven aufzeigen. Angebote im Überblick: Einzelgespräche – zur Verarbeitung des Verlusts, zur Stabilisierung und Begleitung im Alltag – online oder vor Ort. Mentoring-Minikurse – themenspezifisch, zur Stärkung von Kraft und Resilienz. Workshops und Kurse – zu Ritualen, Selbstfürsorge oder dem Umgang mit Trauer. Trauer- und Trauma-Transformation – Wege in neue innere Balance nach tiefem Verlust. Online-Meetup für Sternenmamas – monatlich, mit Raum für Erinnerung, Austausch und Krafttanken. Blog, YouTube und Podcast – persönliche Einblicke, Geschichten und praktische Tipps für den Alltag mit der Trauer. • **Auslöser** im Februar 2016 wurde mein Sohn Simon als Frühchen geboren. Fünf Tage später musste ich ihn in meinen Armen gehen lassen. Dieser Verlust war der tiefste Einschnitt in meinem Leben – und zugleich ein Wendepunkt. Simons Tod hat mich auf eine intensive Reise der Trauer, Heilung und Selbstfindung geschickt. Dabei entstand der Wunsch, anderen Eltern in ähnlichen Situationen zu helfen, sie zu unterstützen, Trost zu finden und einen Weg zurück ins Leben zu entdecken. Meine Arbeit ist von dem Bedürfnis geprägt, genau die Unterstützung zu bieten, die ich mir damals selbst so sehr gewünscht hätte. Jedes Angebot, jedes Gespräch ist eine Hommage an Simon – er hat mich dazu inspiriert, für andere da zu sein. • **Antrieb** die größte Kraftquelle ist die unendliche Liebe zu meinem Sohn Simon – und der tiefe Wunsch, sein Andenken und das aller Sternenkinder lebendig zu halten. Seine kurze Existenz hat mir gezeigt, wie wertvoll jeder Moment ist, auch wenn er schmerzvoll war. Was mich antreibt, sind die Sterneneltern, mit denen ich arbeiten darf: jedes Lächeln, jeder Moment der Erleichterung, jedes Anzeichen von Heilung. Es ist dieser Austausch, diese Verbindung, die mir zeigt: Aus tiefem Schmerz kann etwas Wertvolles – vielleicht sogar Schönes – wachsen. Meine Arbeit schenkt Hoffnung. Und hilft, Liebe und Erinnerung an einen heilenden Platz im Leben zu bringen. • **Kontakt** E-Mail: hi@juliagohlke.de. Website: www.juliagohlke.de. Instagram: @juliagohlke.de. Telefon: (+49) 151 53333260. Erreichbarkeit: Montag bis Freitag, 9:00 - 18:00 Uhr. Rückmeldung: In der Regel innerhalb eines Werktags.

10 Anja Trostkunst

• **Name** das Erinnerungsalbum ›Im Herzen Vieler‹ – erhältlich überall im Buchhandel. Ich bin Anja Plechinger, die Gründerin von Trostkunst. Das Erinnerungsalbum lädt all die wichtigen Menschen im Leben eines geliebten verstorbenen Menschen ein, sich anhand verschiedener Fragen gemeinsam an ihn zu erinnern – und dieses Album mit Liebe, Gedanken und Erinnerungen zu füllen. Ich war ehrlich gesagt positiv überrascht, als ich von einer Sternenmama erfuhr, dass ihr mein Erinnerungsalbum großen Trost gespendet hat und sie es als eine Art Poesiealbum für ihr Kind benutzt. • **Angebot** zusätzlich zum Erinnerungsalbum Im Herzen Vieler habe ich in meiner Edition TROSTKUNST auch die Trauergedichtkarte Und plötzlich für Sternenkindereltern veröffentlicht – um Worte zu finden für das Unbegreifliche. • **Auslöser** das Erinnerungsalbum Im Herzen Vieler entstand nach dem Tod meines Mannes, der kurz nach der Geburt unseres Kindes verstorben ist. Ich hatte Angst, meine Erinnerungen immer mehr zu verlieren, und wollte sie festhalten. Gleichzeitig konnte ich meinem Kind nicht die

Erinnerungen an den Papa ersetzen, also bat ich Freunde, Familie und Kolleginnen und Kollegen, ihre Erinnerungen mit uns zu teilen. Durch die erinnernden Augen der anderen würde mein Sohn seinen Papa besser kennenlernen können. Das Trauergedicht Und plötzlich schrieb ich, nachdem eine gute Freundin ihr Kind während der Schwangerschaft verloren hatte und kurz darauf auch meine Schwägerin. Das hat mich so bewegt, traurig gemacht und hilflos fühlen lassen, dass ich wenigstens meine Worte nutzen wollte, um einen Ausdruck für all das zu finden und vielleicht etwas Trost zu schenken. • **Antrieb** Weil ich weiß, dass ich mit meiner Arbeit einen Unterschied machen kann. Weil ich anderen Trauernden helfen kann, einen heilsamen und trauermutigen Umgang mit ihrer Trauer zu finden. Weil ich meinen Teil dazu beitragen möchte, dass Sterben, Tod und Trauer wieder mehr in der Mitte unserer Gesellschaft stattfinden dürfen. Und weil ich hoffe, dass irgendwann jeder trauernde Mensch weiß: Du bist richtig, so wie du trauerst. • **Kontakt** Per E-Mail: info@trostkunst.de. Oder per Messenger über Instagram: @Trostkunst. Ich antworte so schnell, wie es mir möglich ist.

11 Trost-Tiger

• **Name** unser Herzensprojekt heißt Trost-Tiger. Es richtet sich unter anderem an betroffene Familien und unterstützende Menschen, die in der schwierigen Situation rund um Sternenkinder nach Trost und Orientierung suchen. Unser Angebot ist aktuell vor Ort in Nordrhein-Westfalen verfügbar. • **Angebot** Einfühlsame Begleitung – persönliche Gespräche, Telefonate oder digitale Treffen. Trauerbegleitung – Vermittlung zu Trauergruppen oder Einzelbegleitungen. Impulse für Erinnerungen – Ideen und Anleitungen, um liebevolle Erinnerungen zu schaffen. Austausch – Raum für Vernetzung mit anderen betroffenen Eltern. • **Auslöser** unser Projekt Trost-Tiger ist entstanden, weil wir selbst schmerzhafte Verluste erlebt haben: den Verlust von Ninas Oma und Petras Mutter durch Krebs. Diese Erfahrungen haben uns gezeigt, wie wichtig Trost und Unterstützung in schweren Zeiten sind. Ein prägender Moment war außerdem der Verlust des Kindes einer Freundin – kurz vor der Geburt. Ich wusste damals nicht, wie ich ihr helfen oder sie unterstützen konnte, und fühlte mich hilflos. Heute – durch unsere Arbeit mit dem Trost-Tiger – habe ich viele Berührungspunkte mit ähnlichen Situationen und weiß, wie wichtig es ist, da zu sein. Mir hätte es damals sehr geholfen, wenn ich gewusst hätte, wie ich konkret Trost spenden und beistehen kann. Genau deshalb ist es uns so wichtig, Menschen in ihrer Trauer nicht nur selbst zu begleiten, sondern auch andere zu ermutigen und zu befähigen, Unterstützung zu geben. • **Antrieb** unsere größte Energiequelle ist das Wissen, dass wir mit dem Trost-Tiger wirklich etwas bewegen. Es ist unglaublich berührend zu sehen, wie dankbar Menschen sind, wenn sie sich in ihrer Trauer und ihrem Schmerz verstanden fühlen. Jede Rückmeldung – ein kleines »Danke«, das Teilen einer Geschichte – gibt uns Kraft. Auch unsere eigenen Verlusterfahrungen treiben uns an: Wir wissen, wie sich Einsamkeit und Orientierungslosigkeit anfühlen, und möchten, dass andere in solchen Momenten nicht allein sind. Die Erinnerung an die Menschen, die wir selbst verloren haben, ist eine starke Quelle der Motivation – sie inspirieren uns, in ihrem Namen weiterzugeben. Und: Unsere Community auf Instagram gibt uns täglich Rückhalt. Sie zeigt uns, wie wichtig diese Arbeit ist – und dass sie Sinn stiftet. Trauer und Tod sind schwer. Aber die Möglichkeit, anderen Trost zu schenken, schenkt uns Sinn und Stärke. • **Kontakt** Sternenkindereltern und Angehörige erreichen uns am besten über folgende Kanäle: E-Mail: hallo@trost-tiger.de. Instagram: trost.tiger – hier sind wir besonders aktiv und antworten zeitnah. Telefon: 0157 72177743 – nach vorheriger Absprache für direkte Gespräche.

Kontaktformular auf unserer Website: www.trost-tiger.de. Wir bemühen uns, innerhalb von 24 bis 48 Stunden zu antworten. Bei dringenden Anliegen – besonders auf Instagram oder per E-Mail – reagieren wir so schnell wie möglich. Unsere Erreichbarkeit passen wir flexibel an die Bedürfnisse der Eltern an, damit sie genau dann Unterstützung bekommen, wenn sie sie brauchen.

12 Sternenkinderzentrum Odenwald

• **Name** Sternenkinderzentrum Odenwald e. V. Wir sind tätig in: Kreis Bergstraße, Darmstadt (Stadt), Kreis Darmstadt-Dieburg, Kreis Groß-Gerau, Odenwaldkreis sowie online über Zoom, Telefon und WhatsApp. Wir sind vernetzt mit Initiativen in Hessen, Rheinland-Pfalz, Bayern und Baden-Württemberg und Mitglied in: Bundesverband Kinderhospiz, Bundesverband Kindstod in Schwangerschaft und nach Geburt e. V. (BVKSG), verwaiste Eltern und trauernde Geschwister in Deutschland e. V., Netzwerk Bohana. • **Angebot** Begleitung für Sternenkinderfamilien: Familientrauerbegleitung. Begleitung trauernder Kinder und Jugendlicher. Themenschwerpunkte: Pränataldiagnostik, Schwangerschaftsabbruch, palliative Geburt, Geburtsbegleitung, Bestattungsbegleitung, Trauerbegleitung zu Hause (1:1 oder in Gruppen), Begleitung in der Folgeschwangerschaft (1:1 oder in Gruppen), familiensystemische Trauerbegleitung im häuslichen Umfeld. Gruppenangebote: Kindertrauergruppen, Vätertrauergruppe, Frauenheilkreise, Regenbogengruppe, Rückbildungskurse für Sternenkindermamas, Elternstammtisch. • **Auslöser** Die Gründung des Sternenkinderzentrums Odenwald war ein Prozess über fast fünf Jahre. Immer wieder begegneten uns betroffene Eltern, deren Erfahrungen sichtbar machten, wie dringend Begleitungen gebraucht werden – und wie sehr ein geschützter Raum dafür fehlte. Daraus entstand der Impuls, diese Lücke zu schließen und ein Zentrum aufzubauen. • **Antrieb** die Auseinandersetzung mit dem eigenen Tod und der eigenen Sterblichkeit. Der Wunsch, dem Tod genau den Platz zu geben, der ihm zusteht – nicht als Feind, Bedrohung oder Strafe, sondern als natürlicher Teil unseres Lebens. Die Möglichkeit, betroffenen Familien einen begleiteten Trauerweg zu eröffnen. • **Kontakt** wir haben eine Notfallnummer sowie eine Notfall-E-Mail-Adresse und melden uns spätestens am darauffolgenden Tag. Erreichbarkeit über unsere Website: www.sternenkinderzentrum-odenwald.de oder auf Facebook, Instagram und per Notfalltelefon: 0151 20710703 oder Notfall-E-Mail: erstkontakt@sternenkinderzentrum-odenwald.de

13 Jennifer Hartmann Trauerbegleitung

• **Name** ich bin Jenny Hartmann – Sozialpädagogin sowie Lebens- und Trauerbegleiterin. Meine Wirkungsstätte ist die Trauerwerkstatt Miltenberg. Ich begleite online und vor Ort, etwa mit meinen Kintsugi-Angeboten und verschiedenen Trauergruppen. »Vor Ort« heißt: am bayerischen Untermain – und überall dort, wo man mich hin einlädt. • **Angebot** ich biete verschiedenste Formen der Begleitung an: Emotionale Begleitung bei »kleinen Geburten.« Sternchenzeit – ein Gruppenangebot (auch online) für Frauen nach einem Schwangerschaftsverlust im ersten Trimester. Einzelbegleitungen. Begleitung nach auffälligem pränatalem Befund. Begleitung während der Kinderwunschbehandlung. Abschied vom Kinderwunsch. • **Auslöser** ich bin selbst Mama von zwei Sternenkindern. In meiner ersten Schwangerschaft hatte ich eine »kleine Geburt« in der 8. Schwangerschaftswoche. Unser drittes Kind haben wir – trotz der Diagnose »nicht lebensfähig« – bis zu seinem Tod in der 36. Woche weitergetragen. Aus diesen Erfahrungen heraus entstand zunächst eine Selbsthilfegruppe. Dann kam der Wunsch, mich weiterzubilden – um noch besser begleiten zu können. • **Antrieb** es erfüllt mich mit tiefer Dankbarkeit, trauernden Menschen zur Seite stehen zu dürfen – und sie in ihr »neues« Leben zu begleiten. Trauer ist für mich nicht nur tiefe Traurigkeit – sie ist vor allem Ausdruck von Liebe. Meine Aufgabe sehe ich darin, das Licht am Ende des Tunnels zu zeigen. Ich vermittle, wie sich Stolpersteine erkennen lassen – und helfe, daraus Trittsteine zu setzen. Es ist so wunderbar zu sehen, wenn Menschen Mut fassen, sich auf diesen Weg einzulassen. Mein Ziel ist es, dass sie sich wieder Leben zutrauen. Das treibt mich an. • **Kontakt** ich bin gut erreichbar über Instagram – oder über meine Website: www.trauerwerkstatt-mil.de. In der Regel antworte ich innerhalb von 24 Stunden.

14 Andrea Heisler

• **Name** mein Name ist Andrea Heisler. Ich bin die Inhaberin von Heisler Coaching – Umgang mit Sternenkindern. Ich begleite Eltern online und vor Ort – mit persönlichem Coaching rund um den Verlust eines Kindes in der Schwangerschaft oder kurz nach der Geburt. • **Angebot** Einzel- und Gruppencoachings. Online-Workshops mit verschiedenen Schwerpunkten: Mit deinem Sternenkind im Herzen im Leben weitergehen. Mit deinem Sternenkind im Herzen die Magie der Rauhnächte erleben. Licht im Dunkeln (immer im November, kostenfrei). Mit deinem Sternenkind im Herzen auf dem Weg zum Regenbogen. Mit deinem Sternenkind im Herzen durch Yoga zur Ruhe kommen. Mit deinem Sternenkind im Herzen eine Selbsthilfegruppe leiten. • **Auslöser** im Jahr 2013 habe ich zuerst unseren Sohn Felix in der 21. Schwangerschaftswoche und später im Oktober unsere Tochter Lea in der 19. Woche verloren. Nach Felix› Tod stellte ich mir die Frage: Was wollte ich eigentlich schon immer tun? – Psychologie studieren. Ich begann mein Studium nebenberuflich, bekam 2016 unser Regenbogenmädchen und übernahm 2017 die Leitung jener Selbsthilfegruppe, die mich nach den Verlusten so wunderbar aufgefangen hatte. Dort spürte ich: Ich möchte professionell und individuell begleiten. Es folgten Ausbildungen zur psychologischen Beraterin, zum Personal Coach, zur zertifizierten Trauerbegleiterin und Trauerrednerin – sowie zur Ersthelferin für mentale Gesundheit (Mental Health First Aid). In über elf Jahren mit Sternenkindern habe ich eines gelernt: Die Begleitung von Sternenkinderfamilien ist meine Berufung. • **Antrieb** es ist die Erfahrung, Familien durch tiefen Schmerz und unermessliches Leid wieder zurück ins Leben zu begleiten. Es sind die Rückmeldungen wie: »Andrea, du hast so viel in uns bewegt.« Oder die Nachrichten: »Unser Regenbogen ist da – gesund und munter.« Sternenkinder bedeuten für mich unendliche Liebe – trotz und neben aller Trauer. Diese Liebe gibt mir die Kraft, weiterzumachen. • **Kontakt** Du kannst mich jederzeit kontaktieren – ich antworte zeitnah, meist innerhalb von 24 Stunden. Website: www.heisler-coaching.com. E-Mail: andrea@heisler-coaching.com. Telefon: 06332 8615482. Instagram und Facebook: andreaheisler78.

15 Sternenzauber Frühchenwunder

• **Name** Sternenzauber & Frühchenwunder e. V. In unserem Förderkreis sind fast 1600 liebe helfende Menschen aktiv. Unser Angebot gilt deutschlandweit – und darüber hinaus. • **Angebot** Einschlagdecken. Abschiedskleidung. Erinnerungsstücke. • **Auslöser** Bei Sternenzauber &

Frühchenwunder e. V. steht nicht die einzelne Person im Mittelpunkt – sondern das WIR. Wir sind aus der Kraft vieler (vorwiegend) Frauen entstanden, die die Welt ein kleines Stück verändern wollten. Und genau so handeln wir bis heute: gemeinschaftlich, stärkend und mit offenem Herzen. Unsere Gemeinschaft macht stark, fängt auf – und gibt Halt. • **Antrieb** die Dankbarkeit der Familien! Auch wenn wir nicht vor Ort sind, dürfen wir oft wie ein Leuchtturm sein – ein stiller Begleiter in dunkler Zeit. Trauer ist Liebe – das spüren wir jeden Tag. Und zugleich führen die Sternenkinder uns immer wieder zusammen. • **Kontakt** über die sozialen Medien – oder per E-Mail: info@sternenzauber-fruehchenwunder.de. Wir sind fast immer da.

16 Foya Schmuck-Design

• **Name** FOYA Schmuckdesign. Wir liefern innerhalb von Deutschland und Österreich. • **Angebot** wir fertigen individuelle Schmuckstücke mit dreidimensionalen Hand- und Fußabdrücken von Sternenkindern. Dabei verwenden wir: tatsächlich genommene Abdrücke (z. B. in Trittschaum, Silikon oder auf Papier). Fotos von Händchen oder Füßchen, die wir als Relief nachmodellieren. So sieht es später aus, als hätte das Sternenkind selbst die Händchen oder Füßchen in das Schmuckstück hineingedrückt. • **Auslöser** es gab kein einzelnes Schlüsselerlebnis – sondern viele kleine Anstupser. Ursprünglich haben wir Schmuck für Eltern (auch für Tiereltern) entworfen. Mit der Zeit erhielten wir immer mehr Anfragen von Sterneneltern, ob wir auch aus den Abdrücken ihrer Sternchen Erinnerungsstücke gestalten könnten. Diese Telefonate haben uns sehr berührt – oft flossen dabei Tränen auf beiden Seiten. Deshalb haben wir uns entschieden, uns im Netzwerk von Hope›s Angel zu engagieren und Mini-Abdrucksets für Krankenhäuser zu spenden. Aus diesen Abdrücken – und auch aus anderen Vorlagen – entstehen Erinnerungsstücke, die berührbar sind. Und die bleiben. • **Antrieb** es geht uns immer wieder unter die Haut, mit dem Tod zu tun zu haben – besonders als Eltern. Wir fragen uns oft, wie es sich wohl anfühlt, ein Kind zu verlieren. Und wir wissen: Wir wollen uns diesem Thema nicht verschließen. Was uns Kraft gibt, ist der Trost, den unsere Arbeit spenden kann. Der Gedanke, dass unsere Schmuckstücke den Eltern etwas geben, das sie bei sich tragen können. Etwas, das ihnen sagt: »Das war kein Traum. Mein Kind war wirklich hier. Es hat Spuren auf dieser Welt hinterlassen.« Diese Spuren werden in unserem Schmuck sichtbar – und fühlbar. Und genau das kann Kraft geben. Dafür sind wir dankbar. Und das motiviert uns jeden Tag. • **Kontakt** am besten erreichbar sind wir per E-Mail: kontakt@foya.de. Wir bemühen uns um eine zeitnahe Antwort – in der Regel innerhalb von 48 Stunden.

17 Dein Sternenkind München

• **Name** Münchner Sternenkind Netzwerk (MSN) – ein Projekt der Verwaisten Eltern und trauernden Geschwister München e. V. Unser Angebot gilt für den Raum München und das Umland, bayernweit über das Netzwerk Bayern – und darüber hinaus in beratender und vermittelnder Funktion. Auf der Website finden betroffene Eltern, Familien und Fachpersonen umfassende Informationen und Hilfestellungen – unabhängig vom Wohnort. • **Angebot** Unterstützungsangebote des MSN: Akutbegleitung durch das Primi-Passi-Team. Einzel- und Paarberatungen – in Präsenz, telefonisch oder online (unabhängig davon, wie lange der Verlust zurückliegt). Gruppenangebote: Sternenkindergruppe

(Präsenz und online), Vätergruppe, Familiengruppe. Seminare und Workshops: www.ve-muenchen.de/veranstaltungen-trauerseminare z. B. Seminartag: »Wieder guter Hoffnung?! Folgeschwangerschaft nach Verlust eines Kindes«, Informationsplattform: www.muenchner-sternenkind-netzwerk.de, Leihbibliothek, Beratungsangebot für Frauen mit frühen Fehlgeburten – Hotline für kleine Geburten in Kooperation mit HebaVaria e. V. • **Auslöser** seit fast 35 Jahren begleiten die Verwaisten Eltern und trauernden Geschwister München e. V. Eltern, Geschwister und Zugehörige, die ein Kind verloren haben – unabhängig vom Alter oder der Todesart. Der Verein wurde von betroffenen Eltern gegründet, um anderen Halt und Unterstützung zu geben. Das Münchner Sternenkind Netzwerk entstand vor vier Jahren – aus der Erfahrung und den Rückmeldungen betroffener Eltern heraus. Es wurde deutlich, dass es noch mehr gezielte Angebote und Informationen für Sternenkindeltern braucht. Ein weiterer Fokus liegt auf der Zusammenarbeit mit Geburtskliniken, gynäkologischen Praxen und Beratungsstellen – auch in Form von Fortbildungen und Inhouse-Schulungen. • **Antrieb** ich durfte selbst in den schwersten Stunden wertvolle Unterstützung erfahren – auf meinem Trauerweg und beim Zurückfinden in ein neues, glückliches Leben. Deshalb ist es mir ein Anliegen, anderen Eltern und Familien beizustehen und etwas weiterzugeben. Durch ständige Reflexion und Weiterentwicklung verliert der Tod für mich allmählich seinen Schrecken. Das Schönste ist, Menschen nach tiefer Trauer in ihrem Wachstumsprozess zu begleiten – hin zu einem neuen Leben. • **Kontakt** verwaiste Eltern und trauernde Geschwister München e. V. Telefonisch erreichbar während der Bürozeiten: Montag bis Freitag, 8:00 - 13:00 Uhr (Anrufbeantworter außerhalb der Zeiten – Rückruf erfolgt am nächsten Werktag). E-Mail: info@ve-muenchen.de. Münchner Sternenkind Netzwerk (Astrid Gosch-Hagenkord). Bürozeiten: Dienstag bis Donnerstag, 8:00–13:00 Uhr. Telefon: 089 4808899–32. E-Mail: gosch@ve-muenchen.de oder kontakt@muenchner-sternenkind-netzwerk.de. Für Akutbegleitungen. Täglich erreichbar von 8:00 – 20:00 Uhr unter: 0173 3779796.

18 Andrea Pechmann Sternenkinderkissen

• **Name** Sterne im Herzen – Nestchen® für Sternenkinder. Versand innerhalb Deutschlands, nach Österreich und in die Schweiz – bei Bedarf auch in andere Länder. • **Angebot:** Sargalternative für Sternenkinder (Nestchen®). Erinnerungskissen. Namenskissen • **Auslöser** im September 2016 kam unser Sohn Florian unerwartet früh und still zur Welt. Damals gab es nur klassische Särge – viel zu groß für ihn – als Option. Also blieb uns nur, selbst etwas für ihn zu schaffen. So wie jedes unserer lebenden Kinder zu jedem Geburtstag ein individuelles Geburtstagsshirt bekommt, wollten wir auch ihm etwas Eigenes mitgeben. • **Antrieb** unser Sohn Florian ist unsere Energiequelle. Jedes einzelne Nestchen® entsteht in Gedanken an ihn – und an das jeweilige Sternenkind. Ich bin überzeugt, dass Nestchen® einen Unterschied machen können: Sie ermöglichen Eltern einen Abschied, der sich möglichst stimmig anfühlt. Wir können nicht verhindern, dass Eltern sich verabschieden müssen. Aber gemeinsam mit Trauerbegleitenden oder Bestattenden können wir das Wie gestalten – und das Netz für diese Familien möglichst eng und tragend knüpfen. Unser eigenes Erleben ist der Antrieb, Eltern in einer ähnlichen Situation eine Alternative zu klassischen Särgen mit Satinstoff und Tackernadeln anzubieten. • **Kontakt** unsere Website ist erreichbar unter: www.sterne-im-herzen.de. Wir sind auch auf Instagram aktiv und

Netzwerkpartnerin der Plattform Bohana für lebendige Abschiedskultur. Kontakt ist tagsüber telefonisch möglich – oder jederzeit per E-Mail.

19 Richtig WiSSEN GmbH

• **Name** richtig WiSSEN GmbH. Das Angebot ist online verfügbar und gilt entsprechend deutschlandweit. • **Angebot** Online-Kurs: Hilfe für Sternenkind-Eltern. Der Kurs bietet Unterstützung nach dem Verlust eines Kindes – ortsunabhängig, kostenfrei und jederzeit abrufbar. Weitere Informationen: Da es sich um ein Online-Unternehmensangebot handelt, entfallen die persönlichen Fragen zu Motivation oder Energiequelle. • **Kontakt** alle Informationen zum kostenlosen Kurs finden sich unter: www.richtigwissen.de/produkt/hilfe-fuer-sternenkind-eltern

20 Natascha Sagorski

• **Name** ich bin Natascha Sagorski, Gründerin der gemeinnützigen Initiative »Familie sind alle« und Initiatorin der Gesetzesinitiative für einen gestaffelten Mutterschutz nach Fehlgeburten. Unser Angebot richtet sich an Familien in ganz Deutschland. • **Angebot** unsere Initiative begleitet, bestärkt und kämpft – für Sichtbarkeit, für Rechte, für Wandel. Ganz konkret: Jede 3. Frau – ein Buch mit Erfahrungsberichten betroffener Personen nach Fehlgeburten. Politisches Engagement für mehr Aufklärung und einen gestaffelten Mutterschutz. Aufbau des Netzwerks unternehmenmithaltung.de für mehr Sichtbarkeit familienpolitischer Themen. Einsatz für: eine öffentliche Aufklärungskampagne zum Mutterschutz nach Fehlgeburten, es gibt die Idee einer schulischen Aufklärung und ein garantiertes Recht auf Krankschreibung im ersten Trimester. Mitgestaltung eines Erinnerungswaldes für Sternenkinder in Unterföhring. Und jede Person kann Teil unserer Bewegung sein – durch: Sichtbarkeit: Teilen, Kommentieren, Liken (Instagram: @natascha_sagorski / @familie_sind_alle), Unterschriften bei Petitionen, Spenden (Spendenkonto unter www.familiesindalle.de – Spendenquittung möglich), Präsenz bei Veranstaltungen. Denn: Familie sind alle. • **Auslöser** meine eigene Fehlgeburt. Ich wurde damals nicht krankgeschrieben – ich musste regelrecht darum kämpfen. Besser gesagt: Mein Mann musste für mich kämpfen, weil ich selbst nicht konnte. Lange dachte ich, ich hätte einfach Pech gehabt. Erst durch die Gespräche für mein Buch Jede 3. Frau habe ich verstanden: Es geht vielen so. Es fehlt an Schutz, Verständnis, Zeit zum Heilen. Das war der Moment, in dem ich die Petition für einen gestaffelten Mutterschutz gestartet habe. • **Antrieb** zum Glück habe ich viele Kraftquellen: Meine Familie, meine Kinder, mein Mann – und der Austausch mit anderen Frauen. Aber vor allem trägt mich die Erfahrung, dass unsere Arbeit etwas bewirken kann. Seit dem 1. Juni gilt in Deutschland ein neues Gesetz: Frauen, die nach der 13. Schwangerschaftswoche eine Fehlgeburt erleiden, erhalten Mutterschutz. Dass wir das auf den Weg bringen konnten, ist für mich eine riesige Motivation, weiterzumachen. • **Kontakt** am besten über Instagram: @natascha_sagorski. Je nach aktueller Kampagne bekomme ich sehr viele Nachrichten – bitte habt Verständnis, wenn ich nicht sofort antworten kann. Für Anfragen zu Lesungen und Vorträgen: paula@pd-pr.de

21 Unsere Sternenkinder Hessen e. V.

• **Name** unsere Sternenkinder Hessen e.V. Das Angebot gilt für ganz Hessen – das Onlineangebot richtet sich an den gesamten deutschsprachigen Raum. • **Angebot** Unsere Sternenkinder Hessen ist ein gemeinnütziger Verein. Wir begleiten Menschen, deren (Enkel)Kinder während der Schwangerschaft, der Geburt oder innerhalb der ersten Lebenszeit verstorben sind – auf dem Weg der Trauer. Unser aktuelles Angebot umfasst: Einzel- und Paarbegleitung, Trauergruppen und Workshops, Selbsthilfegruppen – themen– und ortsspezifisch, Patenschaftsprogramm (1:1-Selbsthilfe), Sprechstunde (auch für Fachpersonen), Kooperationen für Rückbildungskurse und ein Folgeschwangerschaftskurs. Unsere Angebote richten sich an alle betroffenen Familien, unabhängig von der Schwangerschaftswoche, der Diagnose oder dem Zeitpunkt des Todes. Zusätzliche Unterstützung: Empfehlungen zu Filmen und Literatur, Informationen zur Geburtsurkunde, Hilfestellung zu Abschiedsritualen und Bestattung, Unterstützung für Angehörige, Hebammen und Geschwister, Leitfäden für Patenschaft und Trauerbegleitung, Vereinsinformationen: Antrag auf Mitgliedschaft, Satzung Buchprojekt: Einsam mit dir – Gedanken früh verwaister Mütter. • **Auslöser** die Geschichte des Vereins begann 2017 mit einer Selbsthilfegruppe in Offenbach – zu einer Zeit, in der es im Rhein-Main-Gebiet kaum Angebote für betroffene Eltern gab. Diese Gruppe war unser Weg, der Liebe zu unseren verstorbenen Kindern eine Richtung zu geben. 2019 gründeten wir daraus den Verein, um Familien beim Frühtod eines Kindes umfassender zu begleiten. Seitdem sind wir stark gewachsen – der Bedarf ist enorm. Der frühe Kindstod ist bis heute ein gesellschaftliches Tabu. Viele betroffene Menschen fühlen sich allein, nicht aufgeklärt und oft nicht gesehen. Deshalb setzen wir uns mit vollem Engagement für Sichtbarkeit, Information und Begleitung ein – kostenlos, niedrigschwellig und unabhängig von Diagnose oder Schwangerschaftswoche. • **Antrieb** unser Verein schafft Raum für Gestaltungskraft in einer Zeit tiefster Ohnmacht. Durch aktives Mitgestalten erleben Betroffene Selbstwirksamkeit – das gibt Halt in einer bodenlosen Situation. Offene Gespräche, gemeinsames Tun, geteilte Trauer und geteilte Liebe – das alles darf sein, ohne Erklärung, ohne Bewertung. Wir geben den früh verstorbenen Kindern einen Platz und machen ihre Geschichten sichtbar. So tragen wir zur Veränderung der Trauer- und Erinnerungskultur bei. Menschen in tiefen Krisen zu begleiten, ist sinnstiftend und berührend. Es ist ein Geschenk zu erleben, wie Betroffene ihren eigenen Weg finden – und das Unfassbare in ihr verändertes Leben integrieren. • **Kontakt** E-Mail: info@unsere-sternenkinder-rhein-main.de. Telefon: 069 950648310 (Mailbox – wir rufen zeitnah zurück)

22 Hof Narla

• **Name** ich bin Sabrina Lehmann, Trauerbegleiterin, und habe mit Hof Narla einen Schutzraum für Trauernde und Begleitende erschaffen. Hof Narla ist ein Vierseithof in dörflicher Randlage im südlichen Brandenburg. Auf dem Hof gibt es eine Auszeit-Wohnung – dadurch ist das Angebot der Auszeiten (gern in Verbindung mit Trauerbegleitung) regional unabhängig. Die Trauerbegleitung – ob einzeln oder als Paar – ist sowohl vor Ort in meinen Praxisräumen als auch online möglich. Auch meine Weiterbildungen für Begleitende stehen überregional offen (außer bei Veranstaltungen mit

Schwerpunkt regionaler Vernetzung). • **Angebot** Begleitung und Beratung nach Diagnosestellung, Einzel- und/oder Paarbegleitung, intensive Trauerbegleitung mit Aufenthalt auf Hof Narla, inkl. Auszeit-Wohnung: 2 bis 4 Wochen Aufenthalt, intensive Einzel- oder Paarbegleitung, optional ergänzende externe Angebote: Yoga, Massage, pferdegestütztes Coaching, therapeutisches Bogenschießen. • **Auslöser** die entscheidende Initialzündung war die Dokumentation »Pauline - Der Tod und das Leben«. Sie machte für mich sichtbar, wie schwer es für Eltern ist, deren Kind verstorben ist, langfristige Hilfe zu finden - ob in Form einer Kur, Reha oder anderer tragfähiger Angebote. Zu sehen, wie groß die Hürden sind, wie selten passende Angebote existieren - besonders für frühverwaiste Eltern - hat mich tief bewegt. Ich wollte etwas schaffen, das dem etwas entgegensetzt. So entstanden die ersten Ideen zur »Intensiven Trauerbegleitung für verwaiste Eltern«. Und wichtig ist mir: Meine Definition von »verwaisten Eltern« umfasst alle - vom nicht erfüllten Kinderwunsch bis hin zu Eltern, deren erwachsenes Kind gestorben ist. • **Antrieb** Trauernde zu begleiten ist meine Berufung - und ich durfte daraus meinen Beruf machen. Menschen mit ihrer Trauer einen Ort zu geben, an dem sie frei sein dürfen - das ist für mich zutiefst sinnvoll. Zu erleben, wie nach den schwersten Verlusten wieder kleine Schritte ins Leben möglich werden, ist bereichernd und erfüllt mich. • **Kontakt** der einfachste Weg: eine E-Mail an info@hof-narla.de. Ich melde mich in der Regel noch am gleichen Tag, spätestens am nächsten Werktag. Dann vereinbaren wir ein kostenfreies Kennenlerngespräch (telefonisch oder via Zoom), in dem wir offene Fragen, Wünsche und Rahmenbedingungen besprechen. Darauf aufbauend stelle ich ein individuell abgestimmtes Angebot zusammen.

23 Allivestone

• **Name** unser Produkt trägt den Namen Allivestone und wird von der Allive Arnold & Busam GbR angeboten. Derzeit konzentriert sich unser Angebot vor allem auf den Südwesten Deutschlands, wo bereits mehrere Steine aufgestellt wurden. Zukünftig möchten wir Allivestone in weiteren Regionen Deutschlands verfügbar machen. • **Angebot** Allivestone ist ein individuell gestaltbarer Grabstein mit Einwurffunktion. Er ermöglicht es Angehörigen mit den Verstorbenen in Kontakt bleiben können. Der Allivestone versteht sich nicht nur als Gedenkstätte, sondern als Ort des Austauschs, der Verbindung und der stillen Begegnung. Er bietet Raum für Erinnerungen - und einen Weg, diese aktiv weiterzutragen. • **Auslöser** die Idee entstand im Rahmen der Abschlussarbeit unserer Gründer - eine intensive Auseinandersetzung mit den Themen Tod, Erinnerung und Trauerverarbeitung. Dabei wurde deutlich: Trauer betrifft alle Menschen, ist aber bis heute nicht selbstverständlich in der Mitte der Gesellschaft verankert. Zugleich ist die Bestattungsbranche seit Jahrzehnten kaum von Innovation geprägt. Nach dem Studium ließ uns der Gedanke nicht mehr los, dass sich das ändern sollte. Wir wollten ein Produkt entwickeln, das die Einzigartigkeit eines Menschen auch im Grabstein sichtbar macht - und Angehörigen hilft, die Verbindung zur verstorbenen Person aufrechtzuerhalten. So wurde Allivestone ins Leben gerufen - für Sternenkinder, für Kinder, Eltern, Geschwister und alle, die jemanden verabschieden mussten. • **Antrieb** unsere größte Energiequelle ist die Überzeugung, dass unsere Arbeit einen echten Unterschied im Leben trauernder Menschen macht. Die Dankbarkeit und Rückmeldungen der Angehörigen berühren uns immer wieder - und geben uns Kraft, auch in einem emotional fordernden Umfeld weiterzugehen. Es ist der Gedanke, dass jeder Mensch eine würdevolle Erinnerung verdient - und dass diese Erinnerung lebendig bleiben darf. Wenn wir einen kleinen

Beitrag dazu leisten können, dass Trost, Halt und Verbindung möglich werden, ist das für uns der tiefste Antrieb. • **Kontakt** am besten sind wir erreichbar über: Website: www.allivestone.de, E-Mail: info@allivestone.de, Social Media: Instagram und LinkedIn, wir bemühen uns, innerhalb von 1 bis 3 Werktagen auf Anfragen zu antworten.

24 Adriane Wachholz

• **Name** mein Name ist Adriane Wachholz. Ich bin bildende Künstlerin mit Ateliers in Berlin und Dortmund. Mein Buch und die begleitenden Kurse sind online erhältlich. Präsenzkurse finden in Berlin und Dortmund statt. • **Angebot** Male dich zu den Sternen – dort sind alle Kinder zu Hause. Ein FREImalBUCH mit 38 Handzeichnungen und Sinnspiralen für Sterneneltern. MACHTvolle Sterneneltern, kreativ-schöpferischer Onlinekurs zur Selbstermächtigung. Wenn Fingerspitzen den Himmel streifen, Onlinevideo zur feinen Verbindung mit dem Sternenkind. Ahnen- / Sternenkind-Energie-Malerei, ein künstlerischer Zugang zu Verbindung, Erinnerung und Heilung. • **Auslöser** in meiner künstlerischen Arbeit beschäftige ich mich seit jeher mit der Unendlichkeit von Raum und Zeit – durch die Linse der menschlichen Wahrnehmung. Durch meine eigene Erfahrung als Sternenmutter hat sich dieses Thema vertieft: Acht Jahre nach der stillen Geburt meiner Tochter durfte ich ihr in der Tiefe begegnen. Denn wenn Leben ewig ist, gibt es auch jenseits der sichtbaren Welt Möglichkeiten der Verbindung. Diese Begegnung hat das FREImalBUCH inspiriert – ein Geschenk, das, wie ich empfinde, durch meine Tochter in diese Welt fließen durfte. Es ist dafür gedacht, Sterneneltern in stillen Momenten eine sanfte, schöpferische Verbindung zu ermöglichen. • **Antrieb** die Sprache verrät uns viel: Ich habe einen Körper. Wenn ich nicht mein Körper bin, was ist es dann, das mich lebendig macht? Ich glaube: Es ist die schöpferische Kraft, die in allem wirkt – und in der Kunst einen Ausdruck findet. Kunst beginnt jenseits der Sprache, jenseits des Denkens – genau dort, wo Verbindung möglich wird. Zur Trauer. Zum Sternenkind. Zur feinstofflichen Tiefe des Lebens. Meine Energiequelle ist der Wunsch, mit Kunst die Trauer gesellschaftlich zu wandeln – in etwas, das berührt und heilt. • **Kontakt** alle Informationen, Links zum Buch und zur Arbeit findest du auf meiner Website: www.was-bleibt.art/news. Ich plane künstlerische Tageskurse in Berlin und Dortmund. Wer Interesse hat, kann mir gerne schreiben: kontakt@was-bleibt.art. Ich melde mich in der Regel innerhalb weniger Tage zurück.

25 Flor Schmidt

• **Name** mein Angebot heißt Expedition Leben. Es richtet sich an verwaiste Eltern in ganz Deutschland – mit Begegnungen vor allem im Schwarzwald. 2025 ging es zum ersten Mal mit einer kleinen Gruppe verwaister Eltern auf eine Trauerreise nach Marokko. • **Angebot** Trauerwochen im Familienerholungswerk Schramberg (für Familien aus Baden-Württemberg – mit Förderung des Landes). Trauergruppen, orientiert an meinem Buch Wüstenregen, mit Themen wie: Anker finden, Resilienz, Familiensystem & Identität, Bewusstsein, Dankbarkeit & Vergebung, Rituale, die großen Fragen: Wer bin ich? Was ist meine Bestimmung? Was ist der Sinn des Lebens? • **Auslöser** der Tod meines Sohnes Nicolai vor über 13 Jahren. Er wurde mit 17 Jahren in der Silvesternacht von einem Auto überfahren. Damals gab es in Freiburg keine Gruppe für verwaiste Eltern jugendlicher Kinder –

also gründete ich gemeinsam mit einer anderen betroffenen Mutter selbst eine Gruppe. So begann mein Weg in die Trauerarbeit. • **Antrieb** meine Kraft kommt aus der geistigen Welt – besonders aus der Verbindung zu meinem Sohn Nico. Er ist für mich Quelle und Kompass. Mit ihm gemeinsam mache ich Trauerarbeit. Zusammen sind diese Bücher entstanden: Weiter als das Ende – eine biografische Erzählung, mit Heilpflanzen durch die Trauer – mein Wissen über Pflanzen verbunden mit der Erfahrung von Verlust, Wüstenregen – Essenz aus zehn Jahren Trauerarbeit und meinen Erfahrungen in der marokkanischen Wüste. • **Kontakt** am besten über meine Website: www.flor-schmidt.de. Instagram: @flor.schmidt_autorin. Ich antworte in der Regel innerhalb weniger Tage – spätestens nach einer Woche. Informationen zu Trauerwochenenden und Büchern sind dort ebenfalls zu finden.

26 Betty Petri von begleitet-weiter

• **Name** ich bin Betty von begleitet-weiter. Ich arbeite in meinen Praxisräumen in Güstrow (Mecklenburg-Vorpommern) – und biete bei räumlicher Entfernung auch Onlinebegleitung via Zoom an. • **Angebot** Trauerbegleitung und Trauertherapie, Affirmationskarten: Affirmationen für deine Trauer um dein Baby und Affirmationen für deine Folgeschwangerschaft, Closing-the-bones-Ritual, Begleitung in der Folgeschwangerschaft, mentale Geburtsvorbereitung/Hypnobirthing, Duftanker-Produkte für die Trauerzeit und für die Folgeschwangerschaft, Workshops und Weiterbildungen für Hebammen, Bestattende, medizinisches Fachpersonal u. a. • **Auslöser** die stille Geburt meiner Tochter hat mich vor knapp 13 Jahren vollkommen unvorbereitet mit dem Thema Trauer konfrontiert. Damals gab es viele Missstände – und kaum unterstützende Begleitung. Ich brauchte Zeit, um all das zu integrieren. Doch dann wurde mir klar: Ich möchte etwas verändern. Gesellschaftlich – und ganz persönlich, durch direkte Begleitung von Eltern. • **Antrieb** es berührt mich zutiefst zu sehen, wie Eltern es schaffen, ihren Verlust zu integrieren und in einer neuen Realität anzukommen. Meine Arbeit ist sinnstiftend. Eltern zurück in ihre Kraft zu begleiten – in ihre Selbstwirksamkeit – ist für mich eine große Motivation. Auch gesellschaftlich verändert sich etwas. Und ich bin dankbar, dass ich dazu beitragen darf – für alle Eltern, die auch in Zukunft diese schmerzhafte Erfahrung machen müssen. Und ganz persönlich: Mein Leben ist für mich seitdem noch lebenswerter geworden. Weil ich verstanden habe, wie endlich es ist – und wie kostbar. • **Kontakt** am besten per E-Mail: kontakt@begleitet-weiter.de. Ich melde mich so bald wie möglich – auf jeden Fall innerhalb weniger Tage. Eine Übersicht über mein Angebot findest du auf meiner Website: www.begleitet-weiter.de

27 Kerzentier

• **Name** Kerzentiere – Was bleibt ist Licht. Weltweit. • **Angebot** Die Bücher. Ars Edition: ISBN 9783845843506. Das Kartenset. Ars Edition: GTIN: 4014489134633. Der Aufsteller. Ars Edition: ISBN: 9783845860374. Es gibt auch die Möglichkeit, das Kerzentierbuch als Vortrags-PDF zu erwerben. Auf Anfrage. • **Auslöser** der Tod meines dreijährigen Sohnes 2015. • **Antrieb** »Es hilft ja nichts« zu sagen hilft wirklich! • **Kontakt** immer.

28 Stefanie Goldbrich

• **Name** ich heiße Stefanie Goldbrich und bin online sowohl mit meinem Blog als auch auf Social Media als Sternenkind-Mama zu finden. Beides steht in deutscher Sprache weltweit zur Verfügung. Regional engagiere ich mich ehrenamtlich vor allem im Rhein-Main-Gebiet (Hessen, Deutschland). • **Angebot** Sternenkind-Buch: Eine Handvoll Sonnenschein – Vom kurzen Leben meines Sternenkindes & der Ironie des Schicksals. Ein erbarmungslos ehrlicher Erfahrungsbericht über die Zeit mit meinem Sohn Dominik und meine Trauer um ihn. Erhältlich als Taschenbuch, Festeinband, E-Book und Hörbuch. Sternenkind-Mama-Blog: Interviews mit betroffenen Eltern, Buchrezensionen, Artikel zu Sternenkindern, Tod und Trauer und Einblicke in mein Leben als Sternenkind-Mama. Lesungen & Vorträge; Lesungen zu meinem Buch und Teilnahme an Podiumsdiskussionen und Veranstaltungen als betroffene Mutter. Begleitung einer Selbsthilfegruppe in Offenbach (Hessen), 1:1-Begleitung trauernder Eltern im Rahmen des Pat:innen-Programms des Vereins Unsere Sternenkinder Hessen e. V. • **Auslöser** Dass Kinder bereits in der Schwangerschaft sterben können, wusste ich. Während meiner langen Kinderwunschbehandlungen wurde ich regelmäßig über Risiken aufgeklärt – fünf kleine MINI-MEs musste ich jeweils im ersten Trimester verabschieden. Jeder dieser Verluste war schmerzhaft – meine Trauer war damals still. Dann kam Dominik: geboren in der 40. SSW, 50 cm groß, 3.500 g schwer, bildhübsch. Fünf Tage später starb er unerwartet. Ich war nicht vorbereitet. Dominiks Tod hat mein Leben verändert – es gibt ein Davor und ein Danach. Selbsthilfegruppen oder Vereine gab es 2016 im Rhein-Main-Gebiet kaum. Ich begann zu schreiben – meine ganz eigene Form der Verarbeitung. Erst der Rückbildungskurs »Leere Wiege« in Frankfurt holte mich aus dem Schweigen. Der Austausch mit anderen betroffenen Müttern wurde mein Anker – genauso wie das Schreiben, aus dem später mein Buch entstand. Ich veröffentlichte meine Geschichte, um anderen eine Stimme zu geben. Für all jene, die nicht sprechen können oder niemanden haben, der zuhört. Mein Buch begleitet Eltern auf ihrer Trauerreise – es spendet Nähe, Identifikation, Hoffnung. Und es gibt auch Mitfühlenden oder Fachpersonen konkrete Hilfestellungen – zum Beispiel im Anhang. Durch mein Ehrenamt entwickelte sich der Wunsch, auch persönlich zu begleiten. Anfangs zögerlich – aber schnell merkte ich: Zuhören, Dasein, Verstehen – das hilft. Es tut gut, Gutes zu tun. • **Antrieb** ganz klar: das Feedback und die ehrliche Dankbarkeit. Wenn mir jemand schreibt, wie sehr meine Worte – ob im Buch, Blog oder bei Lesungen – helfen, weiß ich: Jede einzelne Entscheidung hat sich gelohnt. Früher habe ich still getrauert. Heute darf ich anderen Mut machen – und wachse dabei selbst. Ich habe das Gefühl, Dominik hat mich auf diesen Weg geschickt. Einen Weg, den ich ohne ihn nie gegangen wäre – der seinem Tod ein Stück weit Sinn verleiht. Ich danke ihm, dass ich seine Mama sein darf – und dass ich ihn zumindest ein wenig kennenlernen durfte. • **Kontakt** Buch: Eine Handvoll Sonnenschein, Infos und Bestellmöglichkeiten (Taschenbuch, Festeinband, E-Book, Hörbuch): https://sternenkind-mama.de/buch/. Blog: https://sternenkind-mama.de/blog/. Anfragen zu Lesungen, Interviews oder Fragen allgemein: über Social Media (Instagram oder Facebook), ich bin dort fast täglich online oder per E-Mail an: hallo@sternenkind-mama.de, Rückmeldung in der Regel innerhalb von 2 - 3 Tagen. Anfragen zur Vereinsarbeit (Unsere Sternenkinder Hessen e. V.) bitte direkt an den Verein richten.

29 Leonie Young

• **Name** Umzug in den Himmel – Was bleibt, wenn jemand geht? Das Buch richtet sich an Menschen, die einen Verlust erlebt haben – unabhängig vom Alter des Verstorbenen oder der Art des Abschieds. Es ist überregional verfügbar: in Deutschland, Österreich, der Schweiz – und überall dort, wo Menschen in ihrer Trauer Halt suchen. Das Buch spricht nicht spezifisch über Sternenkinder, schafft aber einen offenen Raum für stille, übersehene, plötzliche und komplexe Verluste – auch solche, die im Alltag oft keinen Platz finden. • **Angebot** Ich biete kein spezialisiertes Angebot für Eltern von Sternenkindern – aber mein Buch kann ein sicherer Begleiter sein, wenn Worte fehlen und Routinen wegbrechen. Es enthält: Persönliche Gedanken und Erfahrungen im Umgang mit Tod und Trauer, Gespräche mit Expertinnen und Experten aus Psychologie, Bestattung und Trauerbegleitung, Inspiration für eigene Rituale und Erinnerungsräume und eine Sprache, die ehrlich ist – ohne zu verletzen. Ich glaube fest daran: Alle Gefühle, die in der Trauer auftauchen, verdienen Raum. Auch Ohnmacht, Wut und Leere – Aber ganz besonders Liebe. Denn Trauer ist ein ganz großer Liebesbeweis. • **Auslöser** ich habe früh erlebt, wie viel Sprachlosigkeit entsteht, wenn jemand stirbt – vor allem im persönlichen Umfeld. Der Tod meines Großvaters war ein Wendepunkt. Ich hielt damals eine Trauerrede – und merkte: Ich kann über das sprechen, was andere nur fühlen. Und ich will das. Daraus entstand erst eine Auseinandersetzung – und dann ein Buch. Heute weiß ich: Trauer sieht sehr unterschiedlich aus. Und es braucht Mut, ihr ehrlich zu begegnen. Mein Buch ist mein Beitrag, damit wir uns in dieser Ehrlichkeit nicht allein fühlen. • **Antrieb** Trauer ist für mich kein rein dunkler Ort – sondern ein ehrlicher. Mein Antrieb ist, Räume zu öffnen, in denen Menschen mit all ihren Gefühlen willkommen sind – auch dann, wenn sie nicht »funktionieren«. Ich glaube: Trauer muss nicht gelöst werden, sondern verstanden. Sie ist kein Defekt – sondern ein Teil unserer Fähigkeit zu lieben. Kraft geben mir: der Austausch mit anderen, das ehrliche Feedback meiner Community und die Überzeugung, dass es gut ist, wenn wir aufhören, so zu tun, als wäre alles okay. • **Kontakt** mein Buch ist im regulären Buchhandel erhältlich – online und vor Ort. Ich teile zusätzlich auf Instagram unter @leonieyoung regelmäßig Inhalte zu Abschied, inneren Prozessen und Trauerkultur – in Form von Reels, Texten und Reflexionen. Ich lese sehr viele persönliche Nachrichten und antworte auf viele – manchmal mit etwas Verzögerung. Wer sich von meiner Sprache gehalten fühlt, ist herzlich willkommen, Teil dieses Austauschs zu sein.

30 Marion Glück

• **Name** »Schreib dich stark« ist ein wissenschaftlich fundierter Onlinekurs für Mütter und Väter von Sternenkindern – eine stille, kraftvolle Einladung, der eigenen Trauer durch Worte Raum zu geben. In klar aufeinander aufgebauten Modulen begleiten gezielte Schreibimpulse die Teilnehmenden dabei, sich aus dem lähmenden Nebel der Trauer zu befreien, innere Klarheit zu gewinnen und einen ersten liebevollen Schritt in ein neues Leben zu wagen – mit dem eigenen, würdevollen Umgang mit dem Unaussprechlichen. • **Angebot** anders als viele Gesprächstherapien setzt der Kurs auf das Schreiben als geschützten, selbstbestimmten Raum – ohne Erwartung, ohne Bewertung, im eigenen Tempo. Zum Kurs »Schreib dich stark«, der innerhalb von vier Tagen die schriftliche Verarbeitung begleitet, erhalten betroffene Mütter und Väter eine Stunde 1:1-Begleitung mit mir persönlich als Geschenk. In diesem

Gespräch schauen wir gemeinsam auf das, was sich im Schreibprozess gezeigt hat, ordnen Gedanken, lösen Blockaden und entwickeln neue Perspektiven. Das Ziel: Mut, Klarheit und ein liebevoller nächster Schritt. • **Auslöser** der Auslöser war mein eigenes Erleben. Nach drei frühen Verlusten im ersten Trimester und einer pränatalen Diagnose im Jahr 2023, nach der ich meine Tochter Loreley schweren Herzens habe gehen lassen, begann für mich ein Weg durch Trauer, Hoffnung und erneutes Vertrauen – bis hin zur Folgeschwangerschaft, die ebenfalls viele Herausforderungen mit sich brachte. Vor allem in dieser Zeit war das Schreiben mein Anker. Es hat mir geholfen, Klarheit zu finden: über meine Gefühle, meine Entscheidungen und meinen Umgang mit dem, was war. Irgendwann wurde mir bewusst: Alle meine Klientinnen schreiben – und entwickeln durch die Reflexion Klarheit, Selbstvertrauen und Selbstbewusstsein. Sie alle nutzen das Schreiben intuitiv als Weg zu sich selbst. »Schreib dich stark« ist aus meiner eigenen Geschichte und aus der Erkenntnis entstanden, dass Schreiben heilen kann, wenn es richtig begleitet wird. • **Antrieb** tatsächlich der Tod selbst. Die Tatsache, dass nichts selbstverständlich ist und alles kostbar. Meine Kraft schöpfe ich aus dem Wunsch, etwas zu hinterlassen, das bleibt. Etwas mit Wert. Etwas, das auch nach meinem eigenen Tod von mir bleibt. Ich begleite andere nicht »trotz«, sondern wegen meines Erlebens. Ich weiß, dass das Leben nach einem solchen Verlust nie wieder dasselbe ist, aber dass es weitergehen darf. Anders und auch wieder lebenswert. Meine Energie kommt aus dem Wissen, dass wir unsere Kinder nicht loslassen müssen, sondern dass wir uns liebevoll immer wieder an sie erinnern und sie in unser Leben integrieren dürfen. Und wenn ich dabei helfen kann, dass jemand genau das schafft, dann ist das meine größte Kraftquelle. • **Kontakt** Die Sternenmütter und -väter starten genau dann, wenn der Schmerz zu groß wird, um allein zu ertragen – egal, wo sie gerade sind oder zu welcher Tages- oder Nachtzeit die Traurigkeit kommt. Der Kurs ist jederzeit zugänglich, auch dann, wenn der Verlust mitten in der Nacht plötzlich wieder spürbar wird und niemand zum Reden da ist. Für alle, die spüren, dass es so nicht weitergehen kann, aber auch nicht wissen, wie es gehen soll: »Schreib dich stark« zeigt einen Weg, bei dem Worte wieder Halt geben – und der Gedanke an das verlorene Kind nicht mehr nur Schmerz auslöst, sondern auch Liebe, Nähe und Kraft. Niemand muss aushalten oder auf einen Termin warten. Man kann einfach loslegen, wenn man dazu bereit ist. Viele Teilnehmende berichten, dass bereits der erste Schreibimpuls eine ungeahnte Klarheit schafft – vor allem durch das sanfte, urteilsfreie Aufschreiben dessen, was ist. Das Schreiben hilft, den inneren Druck zu regulieren, den Gedanken eine Richtung zu geben und sich selbst Halt zu geben. Und wer anschließend das persönliche Gespräch in Anspruch nehmen möchte, kann sich ganz unkompliziert bei mir melden. Ich sende dann einen Link zu meinem Kalender, aus dem individuell ein Gesprächstermin gewählt werden kann.

31 Color of Dead

• **Name** das inFINITY EMPOWERMENT von Colors of Death ist im gesamten DACH-Raum zu Hause. Wir verstehen uns als Bildungs- und Aufklärungsanbieter, der einzigartig Persönlichkeitsentwicklung, Vorsorge und Nächstenliebe zu einer neuen Endlichkeitskompetenz verbindet – um Menschen und Organisationen im Umgang mit Tod, Verlust und Trauer präventiv zu stärken. Diese Auseinandersetzung befähigt unter anderem, Trauernden mit mehr Mitgefühl, Klarheit und innerer Stabilität zu begegnen – etwas, das sich viele selbst gewünscht hätten. • **Angebot** unser Angebot richtet sich an alle sterbenden Menschen und deren Umfeld – unabhängig von Alter, Herkunft oder Glauben. Auch Eltern von

Sternenkindern finden bei uns Räume, um Fürsorge, Selbstfürsorge und Verbundenheit über den letzten Herzschlag hinaus zu leben. Zum Beispiel durch: Workbook-Paket, App-Training, 1:1-Begleitung, Retreats & Workshops (B2B & B2C), Impulse für achtsame Kommunikation. Wer sich mit der eigenen Endlichkeit praktisch auseinandersetzt, stärkt sich selbst – und jene, die nach unserem Ende weiterleben müssen bzw. dürfen. • **Auslöser** Colors of Death entstand aus dem Wunsch, geliebte Menschen nicht unvorbereitet mit Tod, Trauer und Bürokratie zurückzulassen. Was als private Vorsorge begann, wurde zu einer tief transformierenden Reise hin zu mehr Klarheit, Achtsamkeit und Verbindung. Auch wenn wir kein klassisches Sternenkinder-Projekt sind, berühren uns ihre Geschichten zutiefst. Sie bestärken unsere Vision: Endlichkeitskompetenz soll zu einer neuen, verbindenden Kulturform werden. Denn jeden Tag sterben Menschen – egal, ob geboren oder nicht. Und mit diesen Toden sterben auch Identitäten in uns. • **Antrieb** unsere Energiequelle ist die Überzeugung, dass bewusste Endlichkeit zu mehr Lebendigkeit, Klarheit und Verbundenheit führt. Der Tod ist nicht nur das Ende, sondern ein Lehrer. Er schenkt Orientierung und erinnert daran, das Leben in Dankbarkeit zu gestalten. • **Kontakt** unser Angebot ist jederzeit zugänglich: digital über Website, Newsletter und soziale Medien. Zusätzlich veranstalten wir regelmäßig Retreats und Workshops, deren Termine online veröffentlicht werden. Kontakt ist per E-Mail, Formular oder telefonisch möglich. Wir antworten in der Regel innerhalb von 24 Stunden. Wir laden herzlich ein, sich bei uns umzusehen – und zu spüren: Du bist mit deiner Trauer und dem Wunsch nach einem neuen Umgang mit Endlichkeit nicht allein.

32 Franziska Kreipl-Poller

• **Name** mein Name ist Franziska Kreipl-Poller, und mein Angebot ist unter meinsternenkind.de zu finden. Das Angebot ist für alle geeignet und nicht regional begrenzt. • **Angebot** ich biete: Workshops, um einen Erinnerungsstein selbst zu machen. Unterstützung und Hilfe bei der Gestaltung eines Grabmals für das Baby. Ein persönliches Erinnerungsstück für die Sterneneltern, das ich individuell anfertige. • **Auslöser** ich bin selbst Sternenmama und weiß, wie gut die Arbeit am Stein tun kann. Was ist die Energiequelle, die Kraft gibt, täglich mit dem Tod konfrontiert zu sein und weiterhin anderen zu helfen? Ich habe den Tod meiner Sternchen (sie sind bereits in der 12. Woche gegangen) gut verarbeitet. Ich habe immer offen über sie gesprochen und musste dennoch feststellen, dass so wenige Frauen über das Erlebte sprechen. Mich schockiert immer wieder die Unwissenheit der Frauen. Ich möchte informieren, da sein, zuhören und helfen – am besten auch schon vorher. Wir müssen viel mehr reden. • **Kontakt** am besten bin ich per E-Mail oder WhatsApp erreichbar. Die Workshoptermine sind online auf meinsternenkind.de zu finden.

33 Melanie Klotz

• **Name** Herzensraum – Austausch und Gespräch für Eltern von Sternenkindern. • **Angebot** wir bieten mit unserem Herzensraum einmal im Quartal einen geschützten, wertfreien und behüteten Raum, in dem man sich verstanden fühlt, sich austauschen, miteinander reden, trauern, schweigen und neue Hoffnung schöpfen kann. Zusätzlich wird es die Möglichkeit geben, kreativ zu werden – sowie Angebote mit Atemübungen und Phantasiereisen. • **Auslöser** ich bin privat als Geschwisterkind betroffen. Vor 40 Jahren starb mein Bruder am plötzlichen Kindstod im Alter von drei Monaten. Als Kursleiterin für werdende Eltern und Eltern begegne ich immer wieder Familien, die ein oder mehrere Kinder gehen lassen mussten. Julia hat selbst eine Fehlgeburt erlitten. Als Doula ist sie ebenfalls immer wieder mit dem Tod in der (Früh-)Schwangerschaft konfrontiert. Wir wollen gemeinsam das Tabu brechen und Familien die Möglichkeit bieten, sich bei uns aufgehoben und verstanden zu fühlen – und gleichzeitig mit anderen Betroffenen Kontakte zu knüpfen. • **Antrieb** zu sehen, wie Trauernde im Gespräch ein kleines Stück Heilung erfahren dürfen – vielleicht sogar wieder lächeln können – ist für uns ein Geschenk. Und genau das gibt uns Kraft und Energie. Wir versuchen uns auf dem Gebiet weiterzubilden. Voraussetzung für uns beide war, dass wir gefestigt sind und unsere eigene Trauer gut verarbeiten konnten. • **Kontakt** Wir versuchen gerade, uns bei verschiedenen Organisationen listen zu lassen. Aktuell findet man unser Angebot bei Instagram: @mamaliebe_babyglueck1 und @juliagerhard_herzbauchgefuehl. Weitere Angebote finden sich auf www.sternenkinder.org, beim Verein Unsere Sternenkinder Hessen und vielen weiteren Stellen.

33 Corinna Hansen-Krewer

Name ich heiße Corinna Hansen-Krewer und arbeite als Doula, Dozentin und Autorin. **Angebot** Seit 7 Jahren habe ich mich auf die Begleitung von Fehlgeburten auf natürlichem Weg spezialisiert. Ich begleite Mamas ab der Diagnose bis zur Kleinen Geburt, kläre auf, wo häufig Wissen fehlt, und unterstütze dabei, dass die Zeit des Abwartens als wertvoll empfunden werden kann statt als Ballast. Aus eigener Erfahrung weiß ich, wie traurig es ist, ein Kind zu verlieren. Daher kann ich mich sehr gut in Mütter hineinversetzen, die diesen Prozess gerade durchmachen, und ihnen mit meiner Erfahrung, wertvollen Tipps und Skills eine gute Stütze sein. Zudem biete ich Coachings und Schließungsrituale für Sternenmamas an, die keinen guten Abschied ihres Kindes hatten oder denen durch vorschnelles Handeln die Chance auf eine gute Kleine Geburt genommen wurde. Dabei ist ein guter, selbstbestimmter Abschied sehr wichtig. Für begleitendes Fachpersonal und Interessierte halte ich regelmäßig die Fortbildung „Emotionale Begleitung Kleiner Geburten" sowie Einzelcoachings ab. Hilfreich ist mein Buch „Stille Geburten sind auch Geburten und Sterneneltern sind auch Eltern" nicht nur für Betroffene selbst und Angehörige, sondern auch für die Medizin, da es dort meiner Meinung nach immer noch an Aus- und Fortbildungen zu diesem Thema fehlt. An meinem zweiten Buch schreibe ich noch; es befasst sich mit frühem Schwangerschaftsverlust und erklärt, was Fehlgeburten auf natürlichem Weg erschwert und was sie unterstützt. Ehrenamtlich pflege ich das Kindergrabfeld unseres Dorfes, das ich 2024 initiiert habe, damit nicht nur Kinder nach frühem Schwangerschaftsverlust einen schönen Platz erhalten können, sondern dies auch als Erinnerungsort für diejenigen dienen darf, die früher einen Kindsverlust erlebt und keinen Platz für ihre Trauer hatten. **Auslöser** Tatsächlich waren die stille Geburt unseres Sohnes Jonathan im Frühjahr 2017 sowie meine insgesamt 13 Kleinen Geburten ohne Aufklärung und ohne Begleitung der Grund für meine heutige Arbeit. Für mich war es wichtig, ins Handeln zu kommen, um leichter mit dem Verlust und meinem Schmerz leben zu können. Das Aushalten meiner Emotionen fiel mir leichter, während ich aktiv war, und so begann ich zu recherchieren, mein Buch zu schreiben, startete eine Fotokampagne mit Sterneneltern und meine Begleitung von Müttern. Später ließ ich mich zur Doula ausbilden und spezialisierte mich auf die Begleitung von Fehlgeburten auf natürlichem Weg. Nach umfangreicher Begleitungszeit erarbeitete ich meine Fortbildung „Emotionale Begleitung Kleiner Geburten", um

Fachpersonal allumfassendes Wissen anzubieten und die eigene Begleitungsfähigkeit zu stärken. Mein Wunsch ist es, die schmerzliche Zeit für Betroffene zu erleichtern, Tipps und Unterstützung anzubieten und auch nachträglich bei fehlendem Abschied oder fehlender guter Kleine-Geburten-Erfahrung als Stütze zu fungieren. Meine Sternenkinder und ihr Gehen sind der Grund für all das, was ich heute für andere geben kann; sie sind mein emotionaler **Antrieb**. Es erfüllt mich, und macht mich sehr glücklich zu wissen, dass ich Mamas zu einem guten Abschied ihres Kindes verhelfen und ihnen in einer sehr schweren Zeit eine Stütze sein kann. Mit meinem Wissen und meiner Empathie kann ich dafür sorgen, dass sie gehalten und umsorgt durch diese schwere Zeit gehen. Ich gebe Sternenkindern eine Stimme, die leider jahrzehntelang in unserer Gesellschaft verstummt war – und das macht mich froh. **Kontakt** am besten bin ich per E-Mail unter info@soul-feelings.de oder über Instagram erreichbar, da ich dort regelmäßig aktiv bin und viel Aufklärungsarbeit zum Thema „früher Schwangerschaftsverlust" leiste.

Sternenkinder.org

Die Zusatzkapitel: »Warum diese Sternenkindermappe«, »Was bleibt, wenn sich Details verlieren?« und »Gewalt in der Geburtshilfe« – finden sich auf www.sternenkinder.org

Viele Eltern und Mitfühlende berichten, dass sich im Zeitraum für immer etwas Grundlegendes verändert: Sie werden achtsamer, bewusster, demütiger. Kraft entsteht oft nicht aus großen Gesten, sondern aus kleinen Momenten, aus unerwarteten Augenblicken, in denen Bedeutung spürbar wird. Diese stärkenden Reize – die sogenannten Schimmermomente, abgeleitet vom neurowissenschaftlichen Glimmer und als Gegenstück zu Trigger – begleiten den Alltag und geben Halt.

Aus diesem Ansatz ist eine Buchreihe entstanden, die Schimmer in verschiedene Lebensbereiche übersetzt: in Beziehung, Familie, Freundschaft, Kulinarik, Sport und auch Politik und Zukunft.

Warum und wie Schimmer wirken, damit alle Lebensbereiche ausbalanciert gelebt und geliebt werden – und wie sie dabei unterstützen, im Sinne von Wu Wei das Wesentliche in das eigene Leben zu integrieren – das findet sich in den einzelnen Bänden.

Der Schritt aus der Sternenkindermappe, der mich bis heute begleitet ist: »Von Schimmern schreiben.« Schreiben beruhigt nicht nur den Geist: Es ist auch eine Quelle für Erkenntnis, Energie und Liebe.

Für die Sternenkindermappe habe ich Buchversionen entwickelt – mit einer Struktur, die bereits vielen Menschen regelmäßig ein Lächeln ins Gesicht zaubert. Mehr Bücher zu mehr Themen auf

www.wortjuwelen.com/Verlag

Die Sternenkindermappe bleibt als Kompaktversion kostenfrei zugänglich. Buch, E-Book, Hörbuch und Notizbücher finanzieren die Produktion und ermöglichen, dieses Projekt dauerhaft zu tragen.

Weitere Informationen, Anlaufstellen und Hinweise finden sich auf sternenkinder.org. Für Anmerkungen, Fragen oder Impulse:

tanja@sternenkinder.org

Danke

Es hat so viele Miterlebende, Mitdenkende, Mitfühlende – und auch Ignorierende – gebraucht, damit diese Sternenkindermappe entstehen konnte. Schon immer ist Schreiben für mich wie Joggen oder Atmen. Mit dem Schreiben denke ich. Nach meinen Sternenkindern manchmal so dringlich, dass in einigen Texten so viel Betroffenheit steckt, dass ich mich bis heute nicht traue, sie zu veröffentlichen.

Nicht so mit den Schritten in diesem Handbuch. Nach solchen Blickwinkeln für Balance im Leben mit meinen toten Kindern habe ich gesucht. Um diesen Schritt mit meinem eigenen Verlag und meinem ersten Buchprojekt in Deutschland zu wagen, brauchte es Motivation, Unterstützung und Energie. Und ich bekam sie.

Von Menschen, die mir Regenbogen waren, Regentropfen, Regenschirme. Die mit mir im Regen getanzt haben. Die mir das Wasser entzogen haben, nur um damit einen Staudamm zu brechen und mich zu Wu Wei verhalfen. Die mich durch Nebel begleitet haben. Die das Prasseln von Tropfen auf Mansardenfenster waren, das Gesprenkel von Wasser auf Pfützen. Die mit mir in Matschpfützen gehüpft sind. Die bei mir einfach kein schlechtes Wetter zulassen – weil sie für jedes Wetter die richtige Kleidung sind. Die für Lachfalten sorgen, mich bei Tränen umsorgen und mir wie orientierende Sterne leuchten und für Balance sorgen.

Ich danke allen, die mich begleitet haben. Auf eigenen, einzigartigen Wegen – Wegen, die wir alle eigenständig und doch gemeinsam gehen: im Miteinander, im Füreinander.

Ich freue mich, wenn wir Trauer als Liebe leben, mit all unseren Kindern und das Leben lieben wie Wasser – als Meer, als Sturm, als Regen, als Fluss, als See, als Welle, als Quelle, als Fruchtwasser – als eine der Grundlagen allen Lebens.

Lasst uns alle feiern, selbst Kind zu sein. Denn wie wir uns selbst und damit unsere Kinder behandeln, zeigt letztlich, wie wir uns selbst wertschätzen. Lasst uns in Liebe miteinander leben – und uns über den Tod hinaus lieben. Weil er sich von uns nicht kontrollieren lässt, wir aber immer auf Liebe vertrauen können. Immer.

Alles Liebe

Tanja von sternenkinder.org